NAFEEZ M. AHMED

Geheimsache 09/11

Buch

Nach den Terroranschlägen vom 11. September 2001 standen die Schuldigen sofort fest: Osama bin Laden und seine Al Qaida Terrororganisation. Mit Hilfe umfassender Recherchen und über 700 Quellen aus der internationalen Presse, aus Geheimdienstberichten und Aussagen von Politikern belegt Nafeez Ahmed, dass dies nur ein kleiner Teil der Wahrheit ist: Bereits ein Jahr vor den Anschlägen haben die USA mit Kriegsvorbereitungen gegen Afghanistan begonnen, um ihren Einfluss auf Zentralasien zu verstärken. Und es gab Warnungen vor den Anschlägen des 11. September, aber diese Hinweise wurden nach dem 11.09. geleugnet. Nach Einschätzung maßgeblicher Geheimdienst- und Militärexperten muss mindestens ein Geheimdienst die Anschläge logistisch unterstützt haben. Alles deutet auf den ISI hin, den Geheimdienst Pakistans. Laut FBI hat der vormalige ISI-Chef Mahmoud Ahmed an den Führer der Terroristen, Mohamed Atta, mindestens 100 000 $ gezahlt. Nach dem 11. 09. wurde Ahmed von den USA zum Rücktritt gedrängt, um Nachforschungen und einen politischen Skandal zu verhindern. Ahmeds sachlich-nüchterne Dokumentation führt zwingend zu dem bestürzenden Schluss: Die amerikanische Regierung nahm die Anschläge auf das World Trade Center und den Pentagon billigend in Kauf, um geostrategische Machtinteressen einfacher durchsetzen zu können.

Autor

Nafeez Mosaddeq Ahmed ist Engländer bangladeshischer Abstammung. Er leitet das Institute for Policy Research & Development, einen unabhängigen, interdisziplinär arbeitenden »Think Tank« in Brighton, England. Sein Institut beschäftigt sich mit Untersuchungen und Analysen im Sinne der Durchsetzung von Menschenrechten und der Friedensförderung. Ahmed hat sich speziell mit der jüngeren Geschichte Afghanistans auseinandergesetzt. Seine diesbezüglichen Arbeiten werden sowohl von der Harvard University als auch der California State University empfohlen. Nafeez M. Ahmed lebt in Brighton.

Nafeez M. Ahmed

Geheimsache 09/11

Hintergründe
über den 11. September
und die Logik
amerikanischer Machtpolitik

Aus dem Englischen
von Michael Bayer und Werner Roller

GOLDMANN

Die Originalausgabe
erschien unter dem Titel »The War on Freedom«
bei Tree of Life Publications, Joshua Tree, CA, USA.

Umwelthinweis:
Alle bedruckten Materialien dieses Taschenbuches
sind chlorfrei und umweltschonend.

Der Goldmann Verlag ist ein Unternehmen
der Verlagsgruppe Random House GmbH

2. Auflage
Vollständige Taschenbuchausgabe September 2004
Wilhelm Goldmann Verlag, München,
in der Verlagsgruppe Random House GmbH

Redaktion: Dr. Ulrich Mihr
Umschlaggestaltung: Design Team München
Druck: GGP Media GmbH, Pößneck
Verlagsnummer: 15288
KF · Herstellung: Sebastian Strohmaier
Made in Germany
ISBN 3-442-15288-7
www.goldmann-verlag.de

Inhaltsverzeichnis

Vorwort

Am 11. September 2001 ereignete sich eine Katastrophe, die auf beispiellose Weise die alte Weltordnung veränderte. Zwei entführte Verkehrsflugzeuge rasten in das World Trade Center (WTC) in New York City, ein drittes bei Washington ins Pentagon und ein viertes entführtes Flugzeug stürzte auf ein Feld in Pennsylvania. Der Handel an der Wall Street wurde gestoppt. Die amerikanische Flugaufsichtsbehörde FAA (Federal Aviation Administration) stellte den gesamten Flugverkehr auf amerikanischen Flughäfen ein. Präsident Bush wandte sich an die Nation und versprach, »die Verantwortlichen zu finden und vor Gericht zu bringen«. Hunderte von New Yorker Feuerwehrleuten und Polizisten, die den im WTC Eingeschlossenen helfen wollten, verloren ihr Leben, als die Zwillingstürme einstürzten. Die bis jetzt ermittelte Zahl der Opfer beläuft sich auf fast 3000.

Die Welt hat sich tatsächlich für immer geändert – aber nicht unbedingt in der Art und Weise, wie es von der Mehrzahl der Kommentatoren in den Medien und in der akademischen Welt dargestellt wird. Dieses Buch analysiert die Ereignisse des 11. September 2001, die Reaktionen der Regierung, des Militärs und der Geheimdienste der Vereinigten Staaten sowie den historischen, strategischen und wirtschaftlichen Kontext der gegenwärtigen amerikanischen Politik. Die Studie untersucht auch die Entwicklung der US-Politik in Bezug auf Afghanistan und dessen Nachbarstaaten vor und nach den Anschlägen vom 11. September und deren Auswirkungen auf die amerikanische Innenpolitik. Sie baut auf den Erkenntnissen früherer Untersuchungen des Autors auf: *Afghanistan, the Taliban and the United States: The Role of Human Rights in Western Foreign Policy*[1] und *Distortion, Deception and*

Terrorism: The Bombing of Afghanistan[2], sowie auf Arbeiten anderer Autoren.

Zuerst wird die Geschichte der amerikanischen Afghanistanpolitik von den Achtzigerjahren bis zum Jahre 2001 analysiert. Hier werden Beweise ans Licht gebracht, dass ein Krieg gegen Afghanistan schon mehrere Jahre vor der schrecklichen Katastrophe am 11. September geplant wurde. Der Autor arbeitet die Interessen heraus, die hinter den amerikanischen Kriegsplänen standen, vor allem die Absicht der Vereinigten Staaten, Zentralasien und das kaspische Becken strategisch und wirtschaftlich zu dominieren. Die Studie untersucht danach die vielfältigen Warnhinweise auf die Angriffe vom 11. September, die die amerikanischen Nachrichtendienste vorher erhalten haben, und betrachtet dann in diesem Zusammenhang die Reaktionen der USA. Sie geht auch der Geschichte der Beziehungen zwischen den Vereinigten Staaten und Osama bin Laden nach und behandelt den denkbaren Einfluss dieser Beziehungen auf die Ereignisse des 11. September.

Die Studie befasst sich dann mit den Folgen der von den Amerikanern angeführten militärischen Intervention vom Oktober 2001 für die Entwicklungen in Afghanistan und in den Vereinigten Staaten. Das Ziel dieser Studie ist nicht, endgültige Schlussfolgerungen zu ziehen. Sie soll vielmehr auf die drängendsten Fragen und Probleme hinweisen, die es umfassend zu klären gilt. Dazu müssen alle bekannten Fakten beachtet und bewertet werden.

Trotzdem skizziere ich eine ganze Reihe von Schlüssen, die sich aus einer gründlichen Untersuchung der Tatsachen ergeben, die über die Anschläge am 11. September bekannt sind. Diese Tatsachen und die Schlussfolgerungen, die ich aus ihnen ziehe, sind erschreckend. Sie verdienen es, umgehend zur Kenntnis genommen zu werden, und dies nicht nur von der Öffentlichkeit, sondern auch von denen, die unsere politischen Führer und Repräsentanten sein wollen. Zuletzt ist diese Studie ein Versuch, die Fakten über den 11. September zusammenzutragen, egal wie ungeheuerlich sie auch sein mögen. Zwar analysiere ich häufig diese Tatsachen, um logische Schlussfolgerungen herauszuarbeiten und damit die von mir gezogenen Schlüsse nachvollziehbar zu machen. Aber letzten Endes überlasse ich es dem Urteil des Lesers, worauf diese Fakten hindeuten. Meine Hoffnung ist, dass der Leser die in dieser Studie zusammengetragenen skandalösen Fakten dazu verwenden kann, sich sein eigenes Urteil zu bilden. Dies wäre mir wichtiger, als die bloße Übernahme meiner daraus abgeleiteten, logischen Folgerungen.

1. Die Rolle der internationalen Gemeinschaft in der Afghanistan-Krise

»In einem Krieg, den sich die Zivilisten nicht ausgesucht haben, sind sie die Zielobjekte für Menschenrechtsverletzungen, die von allen kämpfenden Parteien begangen werden. [...] Die Zivilisten sind die Schachfiguren in einem von bewaffneten Gruppen in Afghanistan inszenierten Kriegsspiel. Verschiedene Mächte in der Region unterstützen diese Gruppen, doch die ganze Welt hat den Massakern an Zivilisten zugesehen, ohne irgendwelche wirksamen Maßnahmen zu ihrem Schutz zu ergreifen.«

(Pressemitteilung von Amnesty International, »Civilians in a game of war they have not chosen«, 27. Mai 1999)

Viele einflussreiche Menschen spotten in den Medien über den Gedanken, dass die Terrorakte vom 11. September 2001 irgendetwas mit der amerikanischen Außenpolitik zu tun haben könnten. Eine Suche nach solchen Zusammenhängen, so sagen sie, vermittle den Eindruck, als wollten die kritischen Frager alles noch schlimmer machen. Oder den Fragern wird einfach unpatriotisches Verhalten vorgeworfen.

Gleichzeitig ist aber auch klar, dass solche Anschläge nicht einfach aus heiterem Himmel kommen. Wir kennen die Erklärung von George W. Bush, dies sei ein Angriff auf die Freiheit gewesen, ausgeführt von Terroristen, die die Freiheit hassten. Das mag zwar brauchbare Rhetorik für eine Ansprache an Grundschüler sein, aber bei den intensiven Recherchen zu den Ursachen der Terroranschläge vom 11. September 2001 fand ich nahezu keine Anzeichen, die eine derart schlichte Theorie stützen könnten.

Diese Dokumentation zeigt mit einer Fülle von Material, dass der weltweite Terrorismus auf komplexe und überraschende Art und Weise sehr eng mit der US-Außenpolitik verbunden ist. Wir müssen die Wurzeln dieses Terrorismus ebenso begreifen wie die Ziele der US-Politik in Afghanistan – in beiden Fällen vor und nach dem 11. September 2001. Erst dann kommen wir zu einem umfassenden Verständnis der Frage, wie die Stadt New York und das Pentagon in Washington Ziele von aus Afghanistan gelenkten al-Qaida-Terroristen werden konnten.

Um die Quellen der US-Politik wie auch der Aktionen von al-Qaida zu ergründen, müssen wir uns mit historischen Ursachen und Zusammenhängen vertraut machen. Das beginnt mit den fürchterlichen Krisen, die Afganistan über viele Jahrzehnte hinweg durchmachte. Es setzt sich fort mit den Auswirkungen der Strategie und der Interventionen der Supermächte USA und Sowjetunion während und nach dem Ende des Kalten Krieges. Wir betrachten auch den Aufstieg extremer religiöser Gruppierungen, der al-Qaida und der Taliban im Afghanistan der Neunzigerjahre des vergangenen Jahrhunderts, schließlich auch die Zunahme des weltweiten »islamischen Terrorismus«. Schließlich wenden wir uns der Logistik zu, die hinter den verheerenden Terrorangriffen steht, mit denen die Türme des World Trade Centers zum Einsturz gebracht wurden. Wir beginnen unsere Analyse der Voraussetzungen und Ursachen dieser Terrorangriffe mit einer Untersuchung des politischen Wandels in Afghanistan im Verlauf des Kalten Krieges.

Imperialismus und Kalter Krieg

Die inzwischen schon Jahrzehnte währende Krise in Afghanistan ist ein unmittelbares Ergebnis der von Eigennutz motivierten Einmischung beider Supermächte, der USA und der Sowjetunion, in die inneren Angelegenheiten des Landes. Diese Einmischung beginnt mit dem Staatsstreich von 1978, der in Afghanistans Hauptstadt Kabul eine neue Regierung unter der Führung von Nur Mohammed Taraki an die Macht brachte. Die von Mohammed Daud angeführte Vorgängerregierung löste den Staatsstreich dadurch aus, dass sie nahezu die gesamte Führungsspitze von Tarakis Partei, der Demokratischen Volkspartei Afghanistans (DVPA), verhaften ließ. Dies war der (letztlich vergebliche) Versuch, jegliche Opposition gegen die Regierung zum Schweigen zu bringen.

Der DVPA-Vorsitzende Taraki war durch einen Aufstand untergeordneter Offiziere befreit worden, und innerhalb von 24 Stunden waren Daud und seine Regierung entmachtet. Daud wurde ermordet. Einige führende Köpfe der DVPA hatten in der UdSSR studiert oder dort eine militärische Ausbildung erhalten. Außerdem hatte die UdSSR die seit 1967 in zwei rivalisierende Gruppen aufgespaltene DVPA zur Wiedervereinigung gedrängt, die 1977 erfolgte. Auf diese Weise wurde die DVPA zur wichtigsten, sich an der UdSSR orientierenden kommunistischen Organisation Afghanistans.

Der Militärputsch von 1978 wurde letztlich aus der UdSSR gesteuert, die einen bestimmenden Einfluss auf die DVPA und deren politisches Wirken ausübte. Afghanistan geriet deshalb in völlige Abhängigkeit von sowjetischer Hilfe. Bei früheren Regierungen war das anders gewesen: Diese hatten versucht, die USA und die UdSSR gegeneinander auszuspielen, und gleichzeitig darauf geachtet, sich nicht ausschließlich auf eine Seite zu schlagen.

Die DVPA-Regierung führte die Sozialreformen und Entwicklungsprogramme der Vorgängerregierung fort. Diese Projekte waren jedoch fast ausschließlich auf die größeren Städte beschränkt. Die Privilegien der Großgrundbesitzer blieben unangetastet, am Elend der landlosen Arbeiter und Pächter änderte sich nichts. Die Analphabetenrate betrug in ländlichen Gebieten 90,5 Prozent, unter den Frauen sogar 96,3 Prozent.

Das neue Regime war aus dem gewaltsamen Militärputsch einer kleinen Gruppe hervorgegangen. Diese hatte keinerlei Bezug zu den Wünschen und Bedürfnissen der Mehrheit der afghanischen Bevölkerung und verfügte deshalb auch nicht über Rückhalt im Volk. Die Politik der DVPA war als Zwischenstadium in einem revolutionären Programm gedacht. Sie wurde den Menschen aufgezwungen und wirkte letztlich zerstörerisch, weil sie auch die staatlichen Institutionen zerstörte, die im Lauf der letzten hundert Jahre aufgebaut worden waren.[1]

Die DVPA-Herrschaft war deshalb im Wesentlichen eine mit der Sowjetunion verbündete kommunistische Diktatur. Darin unterschied sie sich von der Vorgängerregierung unter Daud, die sich nicht nur auf eine einzige Supermacht stützte. Die USA wie auch die UdSSR waren allerdings bestrebt, Afghanistan in die jeweils eigene Einflusssphäre einzubeziehen. Das entsprach dem traditionellen Konzept, mit dem beide Mächte ihre politischen, wirtschaftlichen und strategischen Interessen verfolgten. Die Begehrlichkeiten der Supermächte führten zur letzten brutalen Episode des Kalten Krieges: Der Krieg in Afghanistan begann wenige Monate nach dem Saur-Putsch von 1978 (so benannt nach dem Frühjahrsmonat des afghanischen Kalenders, in dem der Putsch sich ereignete). Er war die Konsequenz der Versuche beider Supermächte, eine Region von höchster geostrategischer Bedeutung unter ihre Kontrolle zu bringen.

Die UdSSR hatte sich lange vor den Vereinigten Staaten in die afghanische Politik eingemischt. Dennoch muss – im Gegensatz zur landläufigen Meinung – festgehalten werden, dass es die Vereinigten Staaten waren, die als Erste der beiden Supermächte in Afghanistan direkt aktiv wurden, und zwar noch vor der sowjetischen Invasion. Zbigniew Brzezinski, der Nationale Sicherheitsberater der Regierung Carter, hat zugegeben, dass eine amerikanische Operation zur Infiltration lange vor dem 27. Dezember 1979 begann, dem Tag der sowjetischen Invasion in Afghanistan. Die Nachrichtenagentur Agence France-Presse berichtete: »Trotz offizieller Dementis starteten die Vereinigten Staaten nach Angaben eines ehemaligen US-Spitzenbeamten mindestens sechs Monate vor der sowjetischen Invasion 1979 eine verdeckte Operation zur

Unterstützung der antikommunistischen Guerillas in Afghanistan.«[2]

Brzezinski sagte noch mehr: »Vor der Invasion erhielten die Mudschaheddin von uns eine gewisse Unterstützung.«[3] [...] »Wir drängten die Russen nicht zur Invasion, aber wir erhöhten durch unser Vorgehen ganz bewusst die Wahrscheinlichkeit, dass sie so vorgehen würden.« Und er prahlte: »Dieses Geheimunternehmen war eine ausgezeichnete Idee. Auf diese Weise wurden die Russen in die afghanische Falle gelockt.«[4] Auch der ehemalige CIA-Direktor Robert M. Gates bestätigte in seinen Memoiren (*From the Shadows*, erschienen 1996), dass der US-Geheimdienst bereits sechs Monate vor der sowjetischen Intervention mit der Unterstützung der Rebellen in Afghanistan begann.[5]

Der afghanische Autor Nour Ali merkt zur amerikanischen Politik in jener Zeit an:

> »Nach der Invasion Afghanistans durch die Sowjetunion Ende Dezember 1979 gingen Hunderte von hochrangigen afghanischen Politikern, Technikern und Armeeoffizieren, unter denen sich auch Generäle befanden, nach Pakistan. Sie hofften, von dort aus den für die Befreiung Afghanistans notwendigen Widerstand organisieren zu können. Die US-Regierung missbrauchte die historische Chance im geheimen Einverständnis mit der pakistanischen Staatsführung bedauerlicherweise für ihre eigenen Zwecke. Sie bediente sich dieser Gelegenheit im vollen Umfang und mit allen zur Verfügung stehenden Mitteln und verfolgte dabei ausschließlich die eigenen illegitimen Ziele. Es gab deren drei:
>
> 1. Die Entstehung einer verantwortlich handelnden und unabhängigen, ausschließlich von Afghanen geführten Organisation, die den direkten Austausch mit Washington pflegte, sollte verhindert werden.
> 2. Bei der Vertreibung der Roten Armee sollte nur afghanisches Blut fließen.
> 3. Als Gegenleistung für die hilfreichen Dienste der pakistani-

schen Staatsführung sollte Afghanistan zum Satelliten, wenn nicht sogar zum festen Bestandteil Pakistans werden, und das unter völliger Missachtung der Souveränitätsrechte und der Opfer des afghanischen Volkes.«[6]

Die CIA sorgte im Verbund mit dem pakistanischen Militärgeheimdienst für heimliche Militärhilfe, Ausbildung und Ideologisierung der afghanischen Rebellen. Zu dieser von den USA finanzierten Operation gehörte auch die Entwicklung einer extremen religiösen Ideologie, die zwar vom Islam abgeleitet war, aber dessen ursprüngliche Lehre verzerrte: »Die bestimmenden Themen waren: Der Islam ist eine in sich geschlossene, lückenlose soziopolitische Ideologie. Die atheistischen Sowjetsoldaten brechen die Gesetze des heiligen Islam. Das islamische Volk von Afghanistan soll seine Unabhängigkeit wiedergewinnen, indem es die von Moskau gestützte, linksgerichtete afghanische Regierung stürzt.«[7] Das Endergebnis war ein brutaler, von beiden Supermächten gelenkter Bürgerkrieg, der sechs Millionen Afghanen zu Flüchtlingen machte.

Afghanistan nach dem Kalten Krieg

In den Jahren 1991 und 1992 vereinbarten die USA und die UdSSR schließlich, dass keines der beiden Länder mehr eine um die Macht kämpfende Partei unterstützen würde. Aber jetzt rangen die verschiedenen, zuvor von den USA finanziell und mit Waffen unterstützten Gruppierungen untereinander um die Vorherrschaft im Land. Verschiedene Elemente innerhalb dieser von der CIA finanzierten Gruppen vereinigten sich nun und bildeten die Taliban, eine dezidiert islamische Bewegung. Aus den Fraktionskämpfen nach dem Abzug der sowjetischen Truppen im Jahr 1989 gingen schließlich die Taliban als stärkste Kraft hervor. Sie bestanden erst seit dem Oktober 1994 als öffentlich wahrnehmbare und strukturierte politisch-militärische Gruppierung. Zuvor hatten sie anderen

Organisationen angehört, zu denen Harakat-e-Islami oder Mohammad Nabi Mohammadi zählten. Oder sie hatten unabhängig voneinander und ohne zentrale Kommandostruktur operiert.

Das führte zu einem auch nach dem Ende des Kalten Krieges andauernden anarchischen Bürgerkrieg, in dem sich die Taliban Mitte der Neunzigerjahre als stärkste Kraft im Land durchsetzten. Deshalb kann man schlussfolgern: Afghanistan wurde in eine fortwährende Katastrophe gestürzt, und sie war der Ergebnis einer Serie von Stellvertreterkriegen, die wiederum durch die Machenschaften der USA wie auch der UdSSR ausgelöst worden waren.

Tatsache ist: Sowohl die USA wie auch die UdSSR tragen Verantwortung für die Ereignisse in Afghanistan, weil beide Mächte bestrebt waren, das Land unter ihre Kontrolle zu bringen, und es dabei ruinierten. Hätten sich beide Seiten damit begnügt, dem afghanischen Volk bei der Entwicklung des Landes beizustehen, anstatt zu versuchen, aus strategischem Eigeninteresse heraus die Hegemonie über dieses Gebiet zu erlangen, hätte es keine krisenhafte Entwicklung dieser Art gegeben.

Barnett Rubin, Mitglied des U. S. Council on Foreign Relations, berichtet: »Auch nach dem Ende des Stellvertreterkrieges ermöglichen die enormen Waffenarsenale im Besitz der von der Sowjetunion ausgerüsteten Armee wie auch der islamischen Widerstandskämpfer (die ihrerseits von den USA unterstützt wurden, unter Beihilfe von Pakistan, Saudi-Arabien und anderen Ländern) die Fortsetzung der Kämpfe.«[8]

Die Herrschaft der Nordallianz (1992–1996)

Die Truppen von Gulbuddin Hekmatjar – einem ehemaligen Günstling Pakistans und der USA – machten durch permanenten Raketenbeschuss bis August 1992 eine halbe Million Einwohner der Hauptstadt Kabul zu Flüchtlingen und töteten über 2000 Menschen. Die Menschenrechtsorganisation Human Rights Watch berichtete, dass gegen Ende dieses Jahres »nahezu kein internationales Interesse an diesem Konflikt feststellbar war und Afghanistan am Rand einer gesellschaftlichen Katastrophe zu stehen schien«, während Hekmatjar, der Günstling der USA und Pakistans, die Eskalation des Terrors plante, »die mit Hilfe von durch die USA und Saudi-Arabien finanzierten Waffenarsenalen betrieben wurde«. Der *Economist* berichtete, dass in der Hauptstadt Kabul bis zum Sommer 1993 rund 30 000 Tote und etwa 100 000 Verletzte zu beklagen waren. Der Beschuss ziviler Ziele wurde auch nach diesem Datum ununterbrochen fortgesetzt. Die Zahl der Todesopfer und Flüchtlinge stieg dabei konstant, und die Kurve wies steil nach oben.[9]

Es ist wichtig, festzuhalten, dass die Taliban und die Streitkräfte Hekmatjars zwei verschiedenen Gruppierungen angehörten. Hekmatjar und seine Truppen waren keineswegs die einzigen Verantwortlichen für den Tod Tausender Einwohner Kabuls und die Zerstörung der Stadt. Hekmatjars Leute haben zwar mehr Tod und Zerstörung über die Stadt gebracht als die anderen Gruppen, aber die Milizen unter dem Kommando von Ahmed Schah Massud, Burhanuddin Rabbani, Abdul Rashid Dostum, Abdul Ali Masari und Abdul Karim Khalili sind für die Gewalt, die von 1992 bis 1996 die Stadt und das Land erschütterte, ebenso verantwortlich.

Die von den einzelnen Fraktionen der Nordallianz an der Zivilbevölkerung verübten Gräueltaten waren genauso schlimm wie die Übergriffe des brutalen Talibanregimes, das Ende der Neunzigerjahre den größten Teil Afghanistans beherrschte. Robert Fisk, ein britischer Experte für den Nahen und Mittleren Osten, sprach in der Tageszeitung *Independent* von »der blutigen, räuberischen Bilanz der Mörder in der ›Allianz‹« und von einer »Bande von Terroristen [...]. Die Nordallianz, die Vereinigung von Kriegsherren, Patrioten, Vergewaltigern und Folterern, die einen kleinen Streifen des Nordens von Afghanistan kontrolliert [...], hat einen erheblichen

Anteil an den Massakern im Land. So wie die Taliban.«[10] Fisk hält außerdem fest, dass »[…] es eine Tatsache bleibt, dass die Nordallianz von 1992 bis 1996 ein Symbol für Massaker, systematische Vergewaltigungen und Plünderungen war. […] Die Nordallianz räumte die Hauptstadt im Jahr 1996 und ließ 50 000 Tote zurück.«[11]

Human Rights Watch (HRW) dokumentierte die unmenschliche Politik der Nordallianz nach 1996. Sidney Jones, der Leiter der Asienabteilung von HRW, schrieb, dass die »Kommandeure der Allianz, deren brutales Handeln ihre Legitimation innerhalb Afghanistans in Frage stellt«, für eklatante Menschenrechtsverletzungen verantwortlich waren, die Ende 1999 und Anfang 2000 begangen wurden. Dazu gehörten »willkürliche Exekutionen, das Niederbrennen von Gebäuden sowie Plünderungen. Diese Maßnahmen richteten sich vor allem gegen Paschtunen und andere ethnische Gruppen, die der Zusammenarbeit mit den Taliban verdächtigt wurden.« HRW beschrieb das Verhalten der Nordallianz-Gruppierungen so: »Vom Sturz des Nadschibullah-Regimes 1992 bis zur Eroberung von Kabul durch die Taliban 1996 häuften sich die verwerflichen Angriffe auf Zivilisten.«[12]

HRW erarbeitete eine ebenso detaillierte wie präzise Zusammenfassung der systematischen Übergriffe durch die Truppen der Nordallianz in den von ihnen kontrollierten Gebieten. Dieser Überblick umfasst auch die Zeit des Krieges gegen die Truppen der Taliban:

> »Ende 1999 – Anfang 2000: Flüchtlinge, die im Land geblieben waren und aus Dörfern im Sangcharak-Bezirk oder der unmittelbaren Umgebung kamen, berichteten von willkürlichen Erschießungen, Brandstiftungen und flächendeckenden Plünderungen während der vier Monate, in denen das Gebiet von der Nordallianz kontrolliert worden war. Mehrere Exekutionen wurden nach Zeugenberichten vor den Augen der Angehörigen der Opfer vorgenommen. Ziel dieser Angriffe waren meist Paschtunen, in einigen Fällen auch Tadschiken. […]

Die Einheiten der Nordallianz machten sich [...] schwerer Verletzungen international anerkannter Menschenrechte schuldig. In den Jahren vor der Machtübernahme durch die Taliban im größten Teil Afghanistans hatten sie große Gebiete unter sich aufgeteilt, gleichzeitig kämpften sie um die Herrschaft über Kabul. Die Zahl der Toten in Kabul wird allein für 1994 auf 25 000 geschätzt. Die meisten von ihnen waren Zivilisten, die durch Raketen- und Artilleriebeschuss ums Leben kamen. Ein Drittel der Stadt sank in Schutt und Asche, und viele weitere Gebäude wurden schwer beschädigt. In den von den verschiedenen Gruppierungen der Nordallianz kontrollierten Gebieten herrschte praktisch ein Zustand völliger Gesetzlosigkeit. In Kabul begingen Truppen von Dschamiat-i-Islami, Ittihad und Hizb-i-Wahdat Vergewaltigungen, sie waren verantwortlich für Massenexekutionen, willkürliche Verhaftungen, Folter und das ›Verschwinden‹ von Menschen. Kommandeure der Hizb-i-Wahdat in Bamian ließen Verhaftete routinemäßig foltern und verbanden dies mit Erpressungen.«[13]

Der Aufstieg der Taliban

Die Truppen der Taliban, die von Pakistan und Saudi-Arabien unterstützt wurden, schwächten die Herrschaft der Anführer der Nordallianz über Afghanistan immer mehr. Als die Taliban 1996 Kabul eroberten, schrieb der angesehene französische Afghanistan-Experte Oliver Roy: »Die Übernahme der Macht in Afghanistan durch die Taliban im Jahr 1996 wurde im Wesentlichen vom pakistanischen Geheimdienst ISI und von der Ölgesellschaft Unocal gesteuert, gemeinsam mit deren saudi-arabischem Verbündeten Delta.« Außerdem wird erkennbar, dass die pakistanische Unterstützung für die Taliban zu diesem Zeitpunkt breite Unterstützung fand: bei staatlichen und privaten Institutionen in Saudi-Arabien, bei der CIA und der amerikanischen Ölgesellschaft Unocal.[14]

Das brutale Vorgehen der Taliban wurde besonders deutlich bei der Eroberung der Stadt Mazar-i-Scharif am 8. August 1998. Nach ihrem militärischen Sieg begannen die Taliban mit systematischen Morden, denen 8000 Zivilisten zum Opfer fielen. Die große Mehrheit der Getöteten gehörte der ethnischen Gruppe der Hazara an, die überwiegend Schiiten sind. Die Taliban töteten sie ganz gezielt in ihren Häusern oder in den Straßen der Stadt. Dort oder zwischen den Städten Mazar-i-Scharif und Hairatan ließen sie die Leichen dann tagelang liegen.

Frauen, Kinder und alte Menschen wurden Opfer dieses Völkermords. Viele von ihnen wurden erschossen, als sie zu fliehen versuchten. Taliban-Milizionäre drangen in das iranische Konsulat in Mazar-i-Scharif ein und töteten dort elf iranische Staatangehörige: zehn Diplomaten und einen Journalisten. Nach Augenzeugenberichten ließen die Taliban die Leichen zunächst zwei Tage im Konsulat liegen, bis sie schließlich in einem Massengrab auf dem Gelände der Sultan-Razieh-Mädchenschule beerdigt wurden.[15]

Direkt im Anschluss an die vollständige militärische Eroberung von Mazar-i-Scharif verhängten die Taliban eine Ausgangssperre über die Stadt. Die Bevölkerung in den von Usbeken bewohnten Stadtteilen wurde zur Abgabe ihrer Waffen aufgefordert, während an die Hazara-Bevölkerung die Anweisung erging, zu Hause zu bleiben. Dann drangen Taliban-Soldaten in die Häuser der Hazara ein, töteten die älteren Männer und die Kinder und nahmen die jungen Männer ohne Angabe von Gründen mit. Aus einigen Häusern entführten sie auch junge Frauen, gaben diesmal aber eine Erklärung ab: Diese Frauen würden, ob sie nun zustimmten oder nicht, mit Taliban-Milizionären verheiratet werden.[16]

Tausende von Verhafteten wurden Berichten zufolge mit Militärfahrzeugen zu Internierungslagern in Mazar-i-Scharif und Schebarghan gebracht und dort mit dem Ziel verhört, ihre ethnische Identität zu ermitteln. Wer nicht zu den Hazara gehörte, wurde nach wenigen Tagen freigelassen. Amnesty International berichtet, dass die Inhaftierten während ihrer

Gefangenschaft geschlagen wurden, in manchen Fällen kam es auch zu schweren Misshandlungen. Die Taliban brachten Hunderte von Gefangenen mit dem Flugzeug nach Kandahar, viele andere Häftlinge schafften sie bei Nacht aufs offene Land in der Umgebung von Mazar-i-Scharif und Schebarghan und exekutierten sie dort.[17]

Solche Berichte enthüllen den ebenso schlichten wie entsetzlichen Tatbestand, dass die Taliban ein Zwei-Punkte-Programm der ethnischen Säuberung und des Völkermords verfolgten. Amnesty International hält hierzu fest: »Ein neues Verhaltensmuster in der Tragödie um die Menschenrechte in Afghanistan ist die gezielte Verfolgung von Menschen wegen ihrer Zugehörigkeit zu einer ethnischen Gruppe.« Die Hilfsorganisation bestätigt außerdem, dass »die Taliban«, die zur größten ethnischen Gruppe Afghanistans (den Paschtunen) gehören, »ganz gezielt Minderheiten wie die Tadschiken und Hazaras verfolgen.«[18]

Im Schomali-Tal nördlich von Kabul verfolgten die Taliban eine »Politik der verbrannten Erde«, sie steckten Häuser, ganze Dörfer und die erntereifen Felder in Brand. Nach der damit verbundenen Massenvertreibung zogen lange Kolonnen von Männern, Frauen und Kindern in Richtung Kabul. In einer Stellungnahme von UNO-Vertretern in Pakistan hieß es: »Familien berichten von vollständig niedergebrannten Dörfern und zerstörten Feldern. Dies solle sie daran hindern, in dieses einst fruchtbare Tal zurückzukehren.«

Zu dieser Zeit lebten in Kabul bereits 400 000 Flüchtlinge. Nach der »Säuberung« des Schomali-Tals durch die Taliban kamen Zehntausende weiterer Flüchtlinge hinzu. Außerdem wurde von bis zu 150 000 weiteren Flüchtlingen aus der nordöstlich von Kabul gelegenen Region berichtet, einer Pufferzone zwischen der Hauptstadt und den in dieser Richtung gelegenen Rebellenstützpunkten.[19]

Krieg der Warlords und Zusammenbruch

Es ist sehr wichtig, sich daran zu erinnern, dass alle Kriegsparteien – nicht nur die Taliban – in dem immer noch andauernden Konflikt in Afghanistan systematische Menschenrechtsverletzungen begingen. Von 1992 bis 1997 wurden bei Angriffen auf zivile Wohngebiete, ob diese nun ganz gezielt oder wahllos ausgeführt wurden, über 25 000 Menschen getötet. Häufig kam es Tag für Tag zu solchem Beschuss, meist im Anschluss an schwere Gefechte, mit denen die Kontrolle über das betreffende Gebiet erreicht werden sollte. Der Krieg um die Herrschaft über die verschiedenen Landesteile eskalierte, und den wahllosen Angriffen fielen immer mehr Zivilisten zum Opfer. Luftangriffe auf Wohngebiete, anhaltende Kämpfe, Landminen, Gewehrfeuer, heimliche Massaker und die Entdeckung von Massengräbern, all dies zeigt das Elend, in das die verschiedenen Kriegsparteien das Land gestürzt haben: Es war eine Abwärtsspirale der Verwüstung.[20]

Wegen der Zerstörungen gab es in Kabul ab 1994 keine Wasser- und Stromversorgung mehr. Dieser Zustand hat sich bis Anfang 2002 nicht gebessert. Der Handel wird häufig unterbrochen und unterliegt erpresserischer »Besteuerung« durch die örtlichen Machthaber. Nahezu überall im Land ist eine neue Generation auf den Plan getreten, die so gut wie keine Schulbildung bekommen hat. Durch Landminen werden Tausende von Zivilisten getötet oder verstümmelt. Berichte der UNO zeigten wiederholt, dass die Lebensbedingungen der afghanischen Bevölkerung zu den schlechtesten weltweit gehören.

Die Investitionen der Vorgängerregierungen in den Bereichen Schule, Erziehung, Straßenbau und Gesundheitswesen sind bis zur völligen Bedeutungslosigkeit beschnitten worden. Der Anteil der Lese- und Schreibkundigen ist äußerst gering, bei den Frauen liegt er bei vier Prozent und entspricht der Vorkriegsquote in ländlichen Gebieten. Die Gesundheitsfürsorge kann man bestenfalls als rudimentär bezeichnen, vielen Menschen fehlt es hier am Allernötigsten. Jahr für Jahr sterben Tausende von Kindern an Unterernährung und Atemwegsinfektionen, und die Müttersterblichkeit gehört zu den höchsten weltweit. Bewässerungssysteme wie auch der landwirtschaftliche Bereich insgesamt werden vernachlässigt und zerstört.

Auch im Erziehungswesen gehört Afghanistan im internationalen Vergleich zu den Schlusslichtern. Nach Schätzungen des UNO-Kinderhilfswerks UNICEF erhielten nur vier bis fünf Prozent der Kinder im Grundschulalter eine systematische Schulbildung. Bei den weiterführenden Schulen und im Universitätsbereich sah es noch schlechter aus. Die BBC-Reporterin Kate Clark berichtete:

> »Nach zwanzig Kriegsjahren sind alle gesellschaftlichen Strukturen zusammengebrochen. Beide Kriegsparteien geben in diesem fortdauernden Bürgerkrieg ihr Geld vorzugsweise für militärische Zwecke aus. [...] Doch in Afghanistan besteht ein starkes Verlangen nach Bildung, auch unter den Analphabeten. Die Chancen, eine anständige Ausbildung zu erhalten, sind allerdings sehr gering. Eine ganze Generation von Kindern bleibt ohne jede Ausbildung, und man fragt sich nach den Konsequenzen, die dieser Zustand für die Zukunft des verwüsteten Landes haben wird.«[21]

Ein weiterer Punkt ist die offenkundige Unterdrückung der Frauen. An dieser Stelle soll eine treffende Bemerkung des muslimischen Nachrichtenmagazins *Crescent International* zitiert werden: »Die Kritik an den Taliban, ob sie nun von Nichtmuslimen oder von Muslimen stammt, ist oft stark von Vorurteilen und politischen Interessen beeinflusst.« Deshalb ist es wichtig, Fakten und Propaganda auseinander zu halten. Dennoch räumt auch *Crescent* ein, dass das Regime der Taliban ohne Zweifel außerordentlich repressiv war. Das ging so weit, dass »der Begriff ›islamisches Recht‹ als Synonym für Tyrannei benutzt [wird]«. Zahlreiche Berichte über »drakonische Beschränkungen für Frauen«, die im Namen des Islam verfügt wurden, zeigen bedauerlicherweise die harte Wirklichkeit.

»Männer, die für die Wahrung des öffentlichen Anstandes verantwortlich sind, prügeln dem Vernehmen nach Frauen, die ihr Gesicht oder ihre Fußknöchel zeigen, auf offener Straße. Die meisten Frauen ›dürfen nicht arbeiten‹. Sie dürfen sich nicht von männlichen Ärzten behandeln lassen, aber es gibt im ganzen Land nur wenige Ärztinnen. Die meisten Mädchenschulen sind geschlossen, und Religionsunterricht für Mädchen wird nur in der Zeit vor der Pubertät erteilt.«[22]

Über die repressive Politik der Taliban nach ihrem Einmarsch in Kabul im Jahr 1996 ist weltweit in allen Medien berichtet worden. Politische Gegner wurden ohne Gerichtsverfahren hingerichtet. Mädchen und Frauen verwehrte man sowohl den Schulbesuch wie auch jegliche Erwerbsarbeit. Das Arbeitsverbot schloss auch bis zu 50 000 Kriegswitwen ein, die ihre Familien allein ernähren mussten.[23]

Immer mehr Frauen waren zum Überleben aufs Betteln angewiesen. Gleichzeitig gab es viele dokumentierte Fälle von Zwangsverheiratungen und Prostitution; Frauen wurden mit Gewalt aus ihren Häusern geholt oder unter Gewaltanwendung von ihren Ehemännern getrennt und in Lager gebracht. Unzählige Frauen im ganzen Land litten auf Grund der anhaltenden Unterdrückung, zu der auch sexuelle Übergriffe gehörten, an klinischen Depressionen. Radhika Coomaraswamy, die UNO-Sonderberichterstatterin zum Thema Gewalt gegen Frauen, zog dazu Bilanz: »Noch nie habe ich ein Volk so leiden sehen wie das Volk von Afghanistan. [...] Bei den Themen Armut, Krieg und Frauenrechte bietet sich ein besonders trostloses Bild.« Coomaraswamy folgerte daraus, dass die Diskriminierung von Frauen zur offiziellen Politik der Taliban gehörte, die einen veritablen Krieg gegen Frauen führten. Dieser ist »flächendeckend, systematisch und offiziell gebilligt«.[24]

Betrachtet man diese Entwicklung im historischen Zusammenhang, dann tragen die führenden Akteure der internationalen Gemeinschaft unbestreitbar einen bedeutenden Teil der Verantwortung für diese eskalierende Katastrophe. Das gilt nicht nur für die damalige Sowjetunion, sondern in erster Linie auch für die Vereinigten Staaten.

Die Verfälschung des Islam

Die Rolle der USA bei der Kultivierung des Extremismus war besonders wichtig und besonders schädlich. Der Extremismus gedieh parallel zur Entwicklung des Netzwerks afghanischer Kämpfer, die später dann die verschiedenen einander bekämpfenden Kriegsparteien bilden sollten. Zur Unterstützung der Mudschaheddin durch die USA gehörte auch das Eintrichtern extremistisch-religiöser »kriegerischer Werte«, die sich eines islamischen Jargons bedienten.[25] Selig Harrison, ein Zentralasien-Experte des Woodrow Wilson International Center for Scholars, erinnert sich: »Ich warnte sie davor, dass wir drauf und dran waren, ein Monster zu züchten. Sie antworteten mir, diese Leute seien fanatisch, und je wilder dieser Fanatismus ausfalle, desto wilder würden sie gegen die Sowjets kämpfen.«[26] Die US-Regierung war sich der Tatsache voll bewusst, dass sie hier ein Monster erschaffen hatte. Der amerikanische Journalist Ken Silverstein schrieb dazu:

> »Reagan hatte die Rebellen zwar als ›Freiheitskämpfer‹ bezeichnet, aber kaum jemand in der US-Regierung hegte mit Blick auf die von ihr unterstützten Truppen die geringsten Illusionen. Die Kämpfer der Mudschaheddin verschrieben sich einer radikalen Lesart des Islam. Von einigen Kommandeuren wusste man, dass sie Frauen, die sich geweigert hatten, den Schleier zu tragen, Säure ins Gesicht geschüttet hatten. Sie begingen in ihrem Krieg gegen die Rote Armee abscheuliche Verbrechen gegen die Menschenrechte.«[27]

Die extremistisch-religiöse »Dschihadi«-Ideologie, die in den von der CIA finanzierten Ausbildungsprogrammen gepredigt wurde, verband sich mit von Stammestraditionen geprägten Normen und Werten. Dabei entstand innerhalb Afghanistans ein verzerrtes »islamisches« Wertesystem unter der Herrschaft der verschiedenen Gruppierungen, zu denen auch die Taliban gehörten. Deshalb sollte man hier festhalten, dass es zumindest äußerst fragwürdig ist, wenn die Taliban als genuin islamische Bewegung charakterisiert werden. Nur sehr wenige muslimische Gelehrte würden der Aussage zustimmen, dass die hier erörterte politische Praxis etwas mit der Lehre des Islam zu tun hat.

Der ehemalige US-Kongressabgeordnete Paul Findley merkte hierzu an, dass sich die Taliban zwar »als ›islamisch‹ bezeichnen, aber ihre Anordnungen verstoßen ganz unmittelbar gegen einige der allerwichtigsten Grundsätze des islamischen Glaubens.«[28]

Die meisten muslimischen Gelehrten billigen die Unterdrückung und die Grausamkeiten eines Regimes nach Art der Taliban keineswegs. In einem Bericht der pakistanischen Tageszeitung *Daily Star* heißt es beispielsweise: »Islamische Gelehrte im Nachbarland Pakistan sind der Ansicht, dass die Gesetze der Taliban eher Stammestraditionen widerspiegeln als die Lehren des Islam.«[29] Abdullahi an Naim, ein in den USA lebender Moslem und Rechtswissenschaftler, widerspricht der Behauptung der Taliban, ihre Erlasse beruhten auf dem Koran. Er schreibt: »Solange die Muslime [diese Politik und die damit verbundene Praxis] nicht auch von einem islamischen Standpunkt aus verdammen, werden die Taliban mit ihrer falschen Behauptung davonkommen, diese abscheulichen Verbrechen gegen die Menschlichkeit würden von der Religion des Islam diktiert.«[30]

Der amerikanische Journalist Robin Travis schreibt in einer Studie, die die Politik der Taliban vor dem Hintergrund einer umfassenden Untersuchung islamischen Denkens und islamischer Kultur analysiert:

»Was den Anspruch der Taliban betrifft, ihre religiöse Praxis sei die reine Form des Islam: Es ist klar, dass es eine umfangreiche Diskussion über die Interpretation des Koran gibt. [...] Wir haben gesehen, dass viele unterschiedliche Auslegungen des Koran bestehen, ebenso viele verschiedene Definitionen der religiösen Praxis des Islam. Was wir an dieser Stelle außerdem erkennen können: Die Mehrheit der Menschen, die diese Religion ausüben, deuten den Koran nicht als Rechtfertigungsschrift zur Unterdrückung und zum Missbrauch von Frauen.«

Travis' Schlussfolgerung: »Die Forschung und die Diskussion zur islamischen Glaubenspraxis [zeigen], dass die Taliban eine extreme Lesart des Islam praktizieren, denn andere Varianten und praktische Ausprägungen dieses Glaubens sind nicht mit der Unterdrückung von Frauen verbunden. [...] Die Taliban haben den Koran offensichtlich zu einem ganz bestimmten Zweck in ihrem Sinn ausgelegt: um den Missbrauch und die harte Unterdrückung der Frauen zu rechtfertigen.«[31]

Die Muslim Women's League stimmt mit dieser Analyse überein:

»Das Festhalten [der] Taliban am Ausschluss der Frauen aus dem öffentlichen Leben ist ein als ›islamisches‹ Recht verkleidetes politisches Manöver. Bevor sie an die Macht kamen, benutzten die Taliban das Thema Frauenrechte als taktisches Mittel, um das Land unter ihre Kontrolle zu bringen. Sie eiferten autoritären Methoden nach, die von wahhabitischen Gruppen in vielen Ländern des Nahen und Mittleren Ostens praktiziert werden, um sich auf diese Weise finanzielle und politische Unterstützung (vor allem aus Saudi-Arabien; A. d. Ü.) zu sichern.

Das Beharren der Taliban auf der Isolierung der Frauen ist nicht aus dem Islam abgeleitet, sondern eher aus einem kulturell geprägten Vorurteil, das sich bei vielen repressiven Bewegungen in der gesamten Region findet. [...] Der Koran und das

> Beispiel der ersten muslimischen Gesellschaft geben der Muslim Women's League die Legitimation zur folgenden Feststellung: Die gegenwärtige Instrumentalisierung der Frauen für geopolitische Interessen, ob in Afghanistan oder anderswo, ist unislamisch und inhuman.«[32]

Man sollte außerdem nicht vergessen, dass die Unterdrückung der Frauen in Afghanistan keineswegs allein von den Taliban ausgeht. Dieser Eindruck ist falsch, auch wenn er einer weit verbreiteten Meinung entspricht. Die Herrschaft der Taliban führte mit Sicherheit zu einer Verschlimmerung dieser brutalen Unterdrückung, gleichzeitig ist es aber auch eine historische Tatsache, dass die Unterdrückung schon lange vor dem Auftauchen dieser Bürgerkriegspartei bestand. Unter der uneinheitlichen Herrschaft der einzelnen Gruppen der Nordallianz von 1992 bis 1996 wurde eine ähnlich brutale Politik der Frauenunterdrückung praktiziert. Doch vor der Konsolidierung der Herrschaft der Taliban – und sogar noch während dieser Konsolidierungsphase – hatte die internationale Gemeinschaft diese Unterdrückung weitgehend ignoriert, und diese Tatsache beleuchtet zumindest die sehr wankelmütige Politik des Westens bei der Verteidigung humanitärer Grundsätze. Nach der Übernahme der Macht im Staat durch die Taliban äußerten sich sogar bestimmte führende Mitglieder der internationalen Gemeinschaft positiv über die neuen Herren. Im Bestreben, die eigenen strategischen und wirtschaftlichen Interessen in der Region zu schützen, unterstützten sie die Taliban sogar – trotz öffentlicher Erklärungen der Opposition zu den Menschenrechtsverletzungen des Regimes und zur Unterdrückung der Frauen.

2. Die Vereinigten Staaten, Afghanistan und die Taliban (1994–2001)

»Das Leben unter den Taliban ist sehr hart und von Unterdrückung geprägt. Selbst die bescheidensten Äußerungen von Lebensfreude sind verboten, Kinder dürfen keine Drachen steigen lassen, und die Mütter müssen mit Schlägen rechnen, wenn sie laut lachen. Frauen dürfen nicht außerhalb des eigenen Hauses arbeiten, ja sogar nicht einmal alleine das Haus verlassen. […] Die Notlage der Frauen und Kinder in Afghanistan ist das Ergebnis wohl überlegter menschlicher Grausamkeit, ausgeübt von Menschen, die einschüchtern und herrschen wollen. […] Afghanische Frauen wissen bereits aus eigener Erfahrung, was die übrige Welt erst jetzt entdeckt: Ein Hauptziel der Terroristen ist die brutale Unterdrückung von Frauen.«

First Lady Laura Bush beim Verlesen der wöchentlichen Radioansprache des US-Präsidenten (CNN, 17. November 2001)

Die dringenden Bitten von Menschenrechtsorganisationen um eine wirksame Intervention der UNO gegen die sich verschlimmernde Krise in Afghanistan blieben während der gesamten Neunzigerjahre erfolglos. Die Repression ging weiter, obwohl die beiden wichtigsten Mitglieder der internationalen Gemeinschaft, die USA und Russland, die größte Verantwortung für die kriegerischen Auseinandersetzungen tragen, unter denen Afghanistan bis zum heutigen Tag leidet. Dies hängt mit der von eigenen Interessen bestimmten Einmischung beider Mächte in die inneren Angelegenheiten des Landes zusammen. Beide Mächte lehnten unter Verleugnung ihrer historischen Verantwortung eine wirkungsvolle Intervention ab, auf diplomatischer und auf anderer Ebene. Es kam einfach kein nennenswerter Druck von außen, der die Taliban zu einer Änderung ihrer Politik hätte veranlassen können.

Konsequentes Wegsehen

Der BBC-Auslandskorrespondent Matt Frei stellt zutreffend fest:

> »Der heutige Zustand Afghanistans ist das Ergebnis eines Krieges, den andere Kräfte auf dem Boden dieses Landes ausgetragen haben. [...] Die USA und ihre Verbündeten rüsteten dieses Land mit Stinger-Raketen aus und schickten auch Geld, um den Kampf der Mudschaheddin gegen die sowjetische Besatzung voranzutreiben. Sie förderten den islamischen Fundamentalismus, um Moskau einzuschüchtern, und sie unterstützten den Drogenhandel mit dem Ziel, sowjetische Soldaten abhängig zu machen. Die CIA half sogar den ›arabischen Afghanen‹ wie zum Beispiel Osama bin Laden, heute aus amerikanischer Sicht der ›meistgesuchte Mann der Welt‹, wenn sie zu Kampfeinsätzen ins Land kommen wollten.«[1]

Pakistan, Saudi-Arabien und die Vereinigten Arabischen Emirate waren die einzigen Länder, die die Taliban als rechtmäßige afghanische Regierung anerkannten – alle drei unterhalten zufällig auch gute Beziehungen zu den USA und anderen westlichen Ländern.[2] Hätten die Vereinigten Staaten politischen oder wirtschaftlichen Druck auf diese Länder ausgeübt, mit dem Ziel, die vielfach belegte finanzielle und militärische Unterstützung der Taliban zu beenden, wären die Verbündeten der USA mit hoher Wahrscheinlichkeit zum Einlenken gezwungen worden. Die starke Abhängigkeit dieser Länder von westlicher (insbesondere: amerikanischer) Hilfe ist die schlichte Begründung für diese These.[3]

Die westlichen Länder prangerten die grausame Politik der Taliban in offiziellen Reden zwar gelegentlich an, in Wirklichkeit aber sah man konsequent weg, wenn die Vasallen des Westens in der Region genau diese Politik aktiv unterstützten. Im Endeffekt bedeutete das »grünes Licht« für die Taliban bei der Durchsetzung ihrer politischen Ziele.

Barnett Rubin vom Rat für Auswärtige Beziehungen (Council on Foreign Relations) berichtet hierzu, dass die offiziell verlautbarte US-Politik der Friedensförderung in Afghanistan »unter einer Reihe innerer Widersprüche litt. Die US-Politik gegenüber dem Iran gerät in Widerspruch zur erklärten US-Politik gegenüber Afghanistan, und das ist einer der Gründe, warum viele Menschen in der Region glauben, dass die Vereinigten Staaten die Taliban unterstützen.« Rubin schreibt: »Wenn die USA tatsächlich die vereinte pakistanisch-saudische Hilfe für die Taliban unterstützen, auf irgendeine Art und Weise, vielleicht sogar ohne konkrete materielle Zuwendungen, dann haben sie sich tatsächlich dafür entschieden, Afghanistan zum Opfer und Schauplatz eines weiteren Stellvertreterkrieges zu machen. Dies war diesmal jedoch eher gegen den Iran gerichtet als gegen die UdSSR.«

Amerikas öffentlich bekundete Selbstverpflichtung, die Vereinten Nationen als friedensstiftende Kraft in Afghanistan zu unterstützen, ist ebenfalls sehr halbherzig: »Die amerikanische Unterstützung für die UNO, die die Weltorganisation in die Rolle der treibenden Kraft für einen Verhandlungsfrieden zur Beendigung des Afghanistan-Konflikts erhebt, wird konterkariert durch die Weigerung des Kongresses, die fälligen Gelder für die UNO bereitzustellen oder den US-Anteil an den Ausgaben für die Friedensbemühungen auszuzahlen.«

Rubin fährt fort: »Die USA haben die ganz spezifischen Einmischungen von außen, zu denen es in Afghanistan gekommen ist« – zum Beispiel von Seiten Pakistans oder Saudi-Arabiens –, »weder klar beschrieben noch in eindeutiger Art und Weise kritisiert.« Und er fügt hinzu: »Öffentliche Stellungnahmen aus dem US-Außenministerium verdammen zwar solche Einmischungen, nennen aber niemals die dahinter stehenden Namen«, was den eigentlichen Zweck, die Verurteilung dieser Politik, völlig zunichte macht.[4]

Dr. Nour Ali, der ehemalige afghanische Finanzminister (im Amt von 1965 bis 1969), stieß auf weitere erhebliche innere Widersprüche bei der Vorgehensweise der USA in seinem

Heimatland. Seine Schlussfolgerungen teilt auch die Mehrheit der afghanischen Beobachter der US-Politik gegenüber der UNO Ende der Neunzigerjahre. Nour Ali hebt den Anspruch der Vereinten Nationen hervor, »den Rückzug fremder (sowjetischer) Truppen aus Afghanistan vermittelt« zu haben, und merkt hierzu an, dass die Politik der UNO in Afghanistan lediglich »die einander bekriegenden Gruppierungen hervorgebracht und gestärkt habe«:

»Im Zusammenhang mit dieser Vermittlungstätigkeit erhebt sich nämlich eine Frage: Vermittlung zwischen welchen Konfliktparteien? Orientiert man sich an den üblichen Gepflogenheiten, an Logik und Völkerrecht, dann sollte zwischen Afghanistan und der ehemaligen Sowjetunion vermittelt werden und das Genfer Abkommen entsprechend formuliert sein. Die skandalöse und schändliche Vermittlung befasste sich jedoch mit allen beteiligten Parteien, nur Afghanistan war praktisch ausgeschlossen. Das Abkommen wurde vom Beauftragten der von der Sowjetunion in Kabul eingesetzten Regierung (er vertrat die ehemalige Sowjetunion) und vom Vertreter der pakistanischen Regierung unterzeichnet, der in gewisser Weise die Regierung der Vereinigten Staaten vertrat.«

Diese seltsame »Vermittlung«, die Afghanistan ganz bewusst ausschloss, war typisch für die »von den Vereinten Nationen umgesetzte Politik der US-Regierung, die Afghanistan das Recht auf eine nationale Regierung verweigerte, die das eigene Volk auch außenpolitisch hätte vertreten können. Stattdessen entscheiden andere Mächte über das Schicksal des Landes.« Dieser Zustand wurde mit der anhaltenden Finanzierung der afghanischen Bürgerkriegsparteien durch ausländische Mächte verschlimmert, die ihrerseits nur die eigenen Interessen in der Region absichern wollten:

»Die bösen Vorahnungen wurden durch die anschließende Entwicklung zweifellos bestätigt: Bis zum heutigen Tag hat sich keine afghanische Nationalregierung gebildet. Das Land ist zersplittert und hat seine Unabhängigkeit verloren. Sein Schicksal liegt in den Händen fremder Mächte. Alle sozialen, politischen und Verwaltungssysteme sind zusammengebrochen. Die Krieg führenden Gruppierungen und die politische Zersplitterung – die von der US-Regierung eingeführt und von den Vereinten Nationen nicht bekämpft wurden – bestimmen das öffentliche Leben.«[5]

Die Westmächte hatten deshalb die gesellschaftliche Katastrophe in Afghanistan zunächst ignoriert, sie unternahmen nichts, um die Not zu lindern. Man wundert sich wirklich, warum die NATO-Staaten bei der Ausübung massiven Drucks auf ein Land wie Serbien so entschlossen vorgegangen sind, sich gleichzeitig aber weigern, auf die Taliban einen vergleichbaren Druck auszuüben. Dabei war es eine Tatsache, dass die Taliban dieselben massenhaften Menschenrechtsverletzungen begangen hatten, nur in sehr viel größerem Maßstab.

Die vergleichende Analyse westlicher Außenpolitik unter der Führung der Vereinigten Staaten beleuchtet das selektive Vorgehen im Rahmen des vermeintlichen Engagements des Westens, wenn es um die Förderung der Demokratie und den Schutz der Menschenrechte geht. Die Gleichgültigkeit des Westens hängt nach Auffassung von Ben C. Vidgen vielleicht mit folgender Tatsache zusammen: »Der Fundamentalismus hätte in Afghanistan und Pakistan ohne die heimliche Förderung durch die CIA nicht gedeihen können. Dies wird deutlich, wenn man sich die Geschichte der Region genauer ansieht.«[6]

Amerika und die Taliban: Der Pakt mit dem Teufel

In diesem Zusammenhang gibt es stichhaltige Beweise, dass die gegen die Taliban gerichtete Haltung der USA eine Richtungsänderung ihrer Politik markiert. Die Vereinigten Staaten unterstützten die Taliban von 1994 bis 1998 und versuchten gleichzeitig, ihre strategischen und wirtschaftlichen Interessen in der Region zu wahren. Die Unterstützung der USA für die Taliban war zweckgebunden. Die Perspektive war ein langfristiges und wohlkalkuliertes amerikanisches Engagement in der Region. Die Unterstützung hielt bis in die Jahre 1999 und 2000 an und ließ dann ganz allmählich nach.

Amnesty International berichtet, dass »die USA jegliche Verbindung zu den Taliban bestritten haben«, aber Robin Raphel, die damalige Leiterin der Abteilung für Südasien (Assistant Secretary of State for South Asia) im US-Außenministerin, vertritt die Ansicht, Afghanistan sei ein »Schmelztiegel strategischer Interessen« während des Kalten Krieges gewesen. Sie bestreitet aber gleichzeitig jeglichen US-Einfluss auf oder jegliche Unterstützung für irgendeine der heute tonangebenden Gruppierungen und weist außerdem jeden Gedanken an möglicherweise fortdauernde strategische Interessen zurück. Elie Krakowski, ein ehemaliger Mitarbeiter des Verteidigungsministeriums, der in den Achtzigerjahren mit dem Thema Afghanistan befasst war, vertritt jedoch die Ansicht, dass Afghanistan unverändert wichtig bleibt, weil

> »[das Land] an der Kreuzung liegt zwischen dem (nach der Formulierung Halford Mackinders) »Herzland der Geschichte« und dem indischen Subkontinent. Diese Bedeutung verdankt es seiner geografischen Lage und dem Schnittpunkten wichtiger Verkehrswege. Es ist ein Grenzgebiet zwischen Land- und Seemächten und deshalb auch ein Ort, an dem widerstreitende Kräfte aufeinander treffen, die stärker sind als das Land selbst. Alexander der Große wie auch die Mogulherrscher

nutzten es bei ihren Eroberungszügen als Einfallstor. Im 19. Jahrhundert diente Afghanistan als Zankapfel zwischen dem britischen Empire und dem Zarenreich, im 20. Jahrhundert war das Land Anlass für Kontroversen zwischen den Supermächten USA und UdSSR. Nach dem Zusammenbruch der Sowjetunion wurde es für die neu entstandenen, vom Festland umschlossenen Staaten Zentralasiens zu einem wichtigen potenziellen Zugang zum Meer. Die riesigen Öl- und Erdgasvorräte Zentralasiens haben eine große Anziehungskraft auf andere Länder und auf multinationale Unternehmen ausgeübt. [...] Afghanistan ist eine bedeutende strategische Drehscheibe, was dort geschieht, betrifft auch den Rest der Welt.«[7]

Raphels Dementi in Bezug auf US-Interessen in der Region passt auch nicht zu der Tatsache, dass – nach Berichten von Amnesty International – »viele Afghanistan-Experten von engen politischen Verbindungen der Vereinigten Staaten zu den Taliban-Milizen ausgehen. Diese Experten verweisen auf Besuche von Taliban-Vertretern in den Vereinigten Staaten in jüngster Zeit sowie auf verschiedene Besuche hochrangiger Mitarbeiter des US-Außenministeriums in Kandahar. Einer dieser Besuche fand unmittelbar vor der Einnahme von Jalalabad durch die Taliban statt.«

Amnesty bezieht sich außerdem auf einen Kommentar in der britischen Tageszeitung *The Guardian*: »Führende Mitglieder der Taliban nahmen Mitte 1996 an einer Konferenz in Washington teil, und US-Diplomaten waren häufig Gäste im Hauptquartier der Taliban.« Der *Guardian* merkt hierzu an, dass es »für solche Besuche zwar eine Erklärung gibt, aber »das Timing lässt Zweifel aufkommen, und dasselbe gilt für die generell zustimmende Haltung, mit der US-Regierungsvertreter den Taliban begegnen«.[8] Raphels Dementi steht auch im Widerspruch zu ihrem ganz persönlichen Verhalten. Zu diesem Thema berichtete die Nachrichtenagentur Agence France-Presse:

»Robin Raphel […] entwickelte in den Monaten vor der Machtübernahme durch die Taliban eine intensive Pendeldiplomatie zwischen den Staaten, für die beim [Unocal-] Projekt etwas auf dem Spiel stand. ›Robin Raphel war das Gesicht, das mit der Unocal-Pipeline verbunden war‹, sagte ein Mitarbeiter der ehemaligen afghanischen Regierung, der an einigen Besprechungen mit Raphel teilnahm. […] Das Projekt zapfte neue Energiequellen an und diente außerdem einem wichtigen strategischen Ziel der USA in der Region: Nach Ansicht von Experten isolierte es den Iran und erledigte ein bereits häufig ins Gespräch gebrachtes konkurrierendes Pipelineprojekt, das vom Iran unterstützt worden war.«[9]

Amnesty schreibt in diesem Zusammenhang: »Berichte aus den von den Taliban besuchten pakistanischen Medresen (Religionsschulen) belegen, dass die Verbindungen [des Westens mit den Taliban] vielleicht schon ganz am Anfang der Taliban-Bewegung geknüpft worden sind. […] Benazir Bhutto, die damalige pakistanische Ministerpräsidentin, bekräftigte in einem vom BBC World Service am 4. Oktober 1996 gesendeten Interview, die Medresen seien von Großbritannien, den Vereinigten Staaten, Saudi-Arabien und Pakistan in der Zeit des Dschihad, des islamischen Widerstands gegen die sowjetische Besetzung Afghanistans, eingerichtet worden.«[10]

Michel Chossudovsky, Professor für Wirtschaftswissenschaften an der Universität von Ottawa, hat die finanzielle Unterstützung der CIA für die Taliban-Bewegung via Pakistan und Saudi-Arabien in aller Ausführlichkeit dokumentiert.[11] Selig Harrison, ein Experte für die US-Außenpolitik in Asien, vertrat die Ansicht, die Entstehung der Taliban sei »vom [pakistanischen Geheimdienst] ISI und der CIA aktiv unterstützt« worden.[12] Nasirullah Babar, Generalmajor a. D. und ehemaliger pakistanischer Innenminister, gab in diesem Zusammenhang folgenden Kommentar ab: »[Die] CIA selbst führte den Terrorismus in dieser Region ein, und heute vergießt sie Krokodilstränen, um ihre eigene Verantwortung zu vertuschen.«[13] Deshalb hatte Glyn Davies, ein Sprecher des US-Außenministeriums, in einer öffentlichen Stellungnahme auch »nichts einzuwenden«, als die Taliban 1996 ihre Macht erfolgreich konsolidierten.

Der US-Senator Hank Brown, Vorsitzender des Senats-Unterausschusses für den Nahen Osten und Südasien, verkündete voll Freude: »Das Gute an allem ist, dass endlich eine der Gruppierungen in Afghanistan im Stande zu sein scheint, eine Regierung zu bilden.«[14] Im Anschluss an Besuche des saudi-arabischen Geheimdienstchefs Prinz Turki in Islamabad und Kandahar übernahm Saudi-Arabien, der Verbündete der USA, die Finanzierung und Ausrüstung des Marsches der Taliban auf Kabul.[15] Amerikanische Afghanistan-Experten, unter ihnen auch Radha Kumar vom Rat für Auswärtige Beziehungen, geben heute zu, dass die USA den Aufstieg der Taliban unterstützten. Agence France-Presse berichtete Anfang Oktober 2001:

> »Afghanistans Taliban-Regime, das sich jetzt auf militärische Vergeltungsschläge der USA einrichtet, kam mit Washingtons heimlichem Segen an die Macht. Die Amerikaner engagierten sich zu jener Zeit bei einem verfehlten neuen ›Großen Spiel‹ (›Great Game‹) in Zentralasien.
>
> Washington drängte nach Angaben von Experten Pakistan und Saudi-Arabien, seine wichtigsten Verbündeten in der Region, die Taliban-Milizen bei ihrem Griff nach der Macht zu unterstützen. Die Amerikaner wollten eine starke Zentralregierung, die einer Unternehmensgruppe unter amerikanischer Führung den Bau einer millardenschweren Öl- und Gaspipeline erlauben würde. [...] Die Vereinigten Staaten ermutigten Saudi-Arabien und Pakistan, die Taliban zu unterstützen. Bei dieser Linie blieb es mit Sicherheit bis in die Tage des Vormarsches der Taliban auf Kabul.
>
> Ein Hauptgrund für das Interesse der USA an den Taliban war eine auf 4,5 Milliarden Dollar veranschlagte Öl- und Gas-Pipeline, die ein Ölkonsortium unter amerikanischer Führung

> durch das vom Krieg zerrüttete Afghanistan bauen wollte. [...] Das [Öl-] Konsortium befürchtete, eine solche Pipeline könne nicht errichtet werden, solange das nach dem sowjetischen Abzug im Jahr 1989 vom Bürgerkrieg heimgesuchte Land unter verschiedene Kriegsherren aufgeteilt war. Die Taliban schienen Washington ein attraktiver Partner, dessen Aufstieg zur Macht sehr viel mit dem Versprechen zu tun hatte, den Drogenhandel zu stoppen und Recht und Gesetz wiederherzustellen.«[16]

Die Unterstützung der USA für die Taliban war damit noch nicht beendet, sie hielt fast über die gesamten Neunzigerjahre hinweg an. Professor William O. Beeman, ein auf den Nahen und Mittleren Osten spezialisierter Anthropologe, der an der Brown University in Providence/Rhode Island lehrt und sich als Forscher sehr intensiv mit Zentralasien befasst hat, führt hierzu aus:

> »Vor allem in der Region selbst ist es kein Geheimnis, dass die Vereinigten Staaten, Pakistan und Saudi-Arabien die fundamentalistischen Taliban bei ihrem Krieg um die Herrschaft über Afghanistan eine Zeit lang unterstützt haben. Die USA haben diese Verbindung niemals offen zugegeben, aber sie ist sowohl von Geheimdienstquellen als auch von Hilfsorganisationen in Pakistan bestätigt worden.«[17]

Beeman, ein langjähriger Beobachter der afghanischen Politik, schreibt, dass die von den USA unterstützten Taliban »eine brutale fundamentalistische Gruppe sind, die in kultureller Hinsicht eine Politik der verbrannten Erde betrieben haben«. Es gebe ausführliche Belege dafür, dass die Taliban »Grausamkeiten gegen ihre Feinde wie auch gegen die eigenen Bürger begangen [haben]. [...] Warum also haben die USA sie unterstützt?«

In seiner Schlussfolgerung sieht Beeman die Antwort auf diese Frage »keineswegs in Fragen der Religion oder Volkszugehörigkeit, sondern ausschließlich in der wirtschaftlichen Bedeutung des Öls. Nördlich von Afghanistan liegt eines der ergiebigsten Ölfelder der Erde. Es befindet sich am Ostufer des Kaspischen Meeres auf dem Staatsgebiet der Republiken, die nach dem Zerfall der Sowjetunion entstanden sind.« Das kaspische Öl muss aus dieser Region ohne Zugang zum Meer zu einem eisfreien Hafen gebracht werden, damit die heiß begehrten Gewinne in die Höhe schnellen können.

Die »einfachste und billigste« Pipelinestrecke führt durch den Iran – aber der Iran ist wegen seiner mit Nachdruck vertretenen Unabhängigkeit im Prinzip ein »Feind« der USA. Beeman sagt dazu: »Die US-Regierung empfindet eine so starke Antipathie gegen den Iran, dass sie bereit wäre, alles zu tun, um ein solches Projekt zu verhindern.« Die alternative Route führt durch Afghanistan und Pakistan, und das »würde die Zustimmung der gegenwärtigen Machthaber in Afghanistan voraussetzen« – der Taliban. Ein solches Arrangement würde auch den pakistanischen Eliten nützen, »und deshalb sind sie bereit, dem Iran die Stirn zu bieten.« Die Lösung des Problems besteht deshalb aus Sicht der USA »in einem Sieg der anti-iranischen Taliban in Afghanistan, die anschließend dem Bau der Pipeline durch ihr Staatsgebiet zustimmen werden«.[18]

Über die aktuellen Ölinteressen hinaus bleibt Afghanistan für die USA auch unter einem weiteren, inhaltlich mit dieser Frage verbundenen Aspekt von strategischer Bedeutung. Die Schaffung eines starken, gleichzeitig aber von den USA abhängigen Staates würde den amerikanischen Einfluss in dieser wichtigen Region vergrößern, teilweise auch durch die Stärkung Pakistans – damals ein wichtiger Unterstützer der Taliban –, das die wichtigste Basis für den amerikanischen Einfluss in diesem Teil der Welt ist. Natürlich fördert dies auch das Bauvorhaben mit den dringend benötigten Öl- und Gaspipelines, die zum Kaspischen Meer führen, dabei Russland umgehen und gleichzeitig auch die an Russland grenzenden zentralasiatischen Republiken der GUS für den von den USA beherrschten weltweiten Markt öffnen sollen.

»Wahrscheinlich werden sich die Taliban wie die Saudis entwickeln«, lautete der Kommentar eines US-Diplomaten im Jahr 1997. »Es wird Aramco (seit 1989 Saudi Arabian Oil Company; A. d. Ü.), Pipelines, einen Emir, kein Parlament und jede Menge Scharia geben. Damit können wir leben.«[19] Deshalb lud die Unocal im Dezember 1997 Vertreter der Taliban in ihr Hauptquartier nach Texas ein, um dort über die Unterstützung für den Bau der Pipeline zu verhandeln.

Damals hatte Unocal bereits mit der Ausbildung afghanischer Männer begonnen, die sich die für den Pipelinebau benötigten Kenntnisse aneignen sollten. All dies geschah mit der Billigung der US-Regierung: »Eine hochrangige Delegation der afghanischen Taliban-Bewegung hält sich derzeit zu Gesprächen in den Vereinigten Staaten auf. Verhandelt wird dabei mit einem internationalen Energiekonzern, der eine Gaspipeline aus Turkmenistan über Afghanistan bis hinein nach Pakistan bauen will.«[20]

US-Unterstützung für die Taliban

Das Hauptmotiv für das, was der *Guardian* »den generell zustimmenden Kurs der US-Regierungsverteter gegenüber den Taliban« nannte, waren deshalb strategische und wirtschaftliche Interessen. Der Fernsehsender CNN merkte zu diesem Thema noch an, dass »die Vereinigten Staaten gute Beziehungen [zu den Taliban] wünschen, sich aber nicht in aller Öffentlichkeit darum bemühen können, solange die afghanischen Frauen unterdrückt werden« – deshalb muss man das heimlich erledigen.[21]

Der Inter Press Service (IPS) berichtete, dass »Afghanistan in den Vorhaben der US-Regierung wie auch der großen Unternehmen eine wichtige Rolle gespielt hat, wenn es um die Planung der Führung von Pipelines und Verkehrswegen ging, die die ehemaligen Sowjetrepubliken an Russlands Südgrenze für den Weltmarkt öffnen sollten«. Deshalb gehen auch »einige westliche Unternehmen auf die Taliban zu«, obwohl die Kämpfe noch anhalten, »ungeachtet des Terrors, der Massaker, der Entführungen und der allgemeinen Verarmung, mit der diese Bewegung den Alltag prägt.«

> Leili Helms, eine Sprecherin der Taliban in New York, sagte im Gespräch mit IPS, dass ein US-Unternehmen, die Union Oil of California (Unocal), bei der Organisation eines Besuchs der amtierenden Taliban-Minister für Information, Industrie und Bergbau mitgewirkt habe. »Die drei Vertreter der Bewegung führten Gespräche mit untergeordneten Mitarbeitern des US-Außenministeriums, bevor sie nach Frankreich weiterreisten«, sagte Helms.

»Verschiedene amerikanische und französische Firmen sind am Bau von Gaspipelines durch Zentral- und Südafghanistan interessiert, durch das Gebiet, das die 23 von den Taliban kontrollierten Landesteile umfasst«, fügte Helms mit Blick auf das »zufällige« Zusammentreffen amerikanischer und anderer westlicher Firmen hinzu.[22] Leili Helms wurde von den Taliban als PR-Beauftragte für Washington engagiert. Sie kennt sich mit den verdeckten Aktivitäten des US-Geheimdienstes gut aus – ihr Onkel Richard Helms war 1966 bis 1973 Direktor der CIA.[23]

In diesem Zusammenhang ist der Kommentar von Franz Schurmann zu sehen, einem emeritierten Professor für Geschichte und Soziologie an der University of California, der von »Washingtons diskreter Unterstützung für die Taliban sprach« und sich dabei auf eine Ankündigung vom Mai 1996 bezog. Diese stammte »von Unocal und besagte, das Unternehmen bereite den Bau einer Pipeline für den Transport von Erdgas aus Turkmenistan durch den Westen Afghanistans bis nach Pakistan vor. [...] Prämisse für die Ankündigung von Unocal war ein unmittelbar bevorstehender Sieg der Taliban.«[24]

Der angesehene *Pakistan Observer* hält hierzu fest:

»Die US-Regierung wollte, dass Unocal die Öl- und Gaspipelines von den zentralasiatischen Staaten über Afghanistan nach Pakistan führt. Das Ziel war, die riesigen und bisher noch unberührten Öl- und Gasreserven aus der zentralasiatischen und kaspischen Region zu den Märkten auf dem indischen Subkontinent, nach Südostasien und in den fernöstlich-pazifischen Raum zu bringen.«[25]

Deshalb kann es nicht überraschen, wenn das *Wall Street Journal* schreibt, das Hauptinteresse der amerikanischen wie auch anderer westlicher Eliten bestehe darin, Afghanistan zu »einem Transferland für den Export der riesigen Öl- und Gasvorkommen sowie anderer Bodenschätze Zentralasiens zu machen«. Und das Blatt fährt ungeniert fort: »Ob man sie nun mag oder nicht: Die Taliban sind die Akteure, die in Afghanistan zum gegenwärtigen Zeitpunkt am ehesten für Frieden sorgen können.«[26]

Die *New York Times* berichtete in ähnlichem Ton: »Die Clinton-Regierung ist zu der Überzeugung gekommen, dass ein Sieg der Taliban [...] für ein Gegengewicht zum Iran sorgen [...] und neue Handelswege eröffnen würde, die den russischen und iranischen Einfluss in der Region schwächen könnten.«[27]

Auch die *International Herald Tribune* stieß ins gleiche Horn und berichtete, im Sommer 1998 habe »die Clinton-Regierung mit den Taliban über potenzielle Pipelinestrecken für Öl und Erdgas verhandelt, die von Turkmenistan über Afghanistan und Pakistan zum Indischen Ozean führen sollen«.[28] So wurde deutlich, warum die USA die Konsolidierung der Talibanherrschaft im Land begrüßten und der einheimischen Bevölkerung die Möglichkeit nahmen, die strategische Lage des Landes zu ihrem eigenen Vorteil zu nutzen. P. Stobdan, ein wissenschaftlicher Mitarbeiter des Instituts für Verteidigungsstudien und Analysen (Institute for Defence Studies and Analysis, IDSA) in Neu-Delhi, fasste die Situation in *Strategic Analysis*, der angesehenen Zeitschrift des Instituts, so zusammen:

»Afghanistan ist im Zusammenhang mit der amerikanischen Politik zur Sicherung der benötigten Energieressourcen von großer Bedeutung. Das Unocal-Projekt zur Errichtung von Öl- und Gaspipelines von Turkmenistan über Afghanistan, das zum Ziel hatte, die Rohstoffe auf diesem Weg bis zum indischen Subkontinent zu exportieren, galt als wagemutigster Schachzug während des zentralasiatischen Ölbooms der Neunzigerjahre und sorgte für große Euphorie. Die US-Regierung unterstützte diese Planungen uneingeschränkt, denn sie hielt sie für eine nützliche Option, mit der man die zentralasiatischen Staaten aus der russischen Umklammerung befreien und gleichzeitig verhindern konnte, dass sie sich dem Iran zu sehr annäherten. Das Projekt war außerdem auch als schnellste und billigste Strecke für den Export von turkmenischem Erdgas auf den rasch wachsenden Energiemarkt Südasiens konzipiert. Als Werber für dieses Vorhaben engagierte die Unocal Henry Kissinger, den prominenten ehemaligen Diplomaten und US-Außenminister, Robert Oakley, einen ehemaligen US-Botschafter in Pakistan, sowie John Maresca, einen Experten für die Kaukasusregion. [...] Der Präsident von Unocal ging in seinen spekulativen Überlegungen sogar davon aus, dass die Baukosten halbiert würden, wenn die Taliban siegen und eine Regierung für das ganze Land zu Stande kommen sollte.«

Doch zu diesen von der US-Regierung in vollem Umfang unterstützten Plänen eines Konzerns gehörte auch die direkte materielle Unterstützung für die Taliban: »Es gab Medienberichte, dass die US-Ölgesellschaft auch für heimliche materielle Unterstützung gesorgt hatte, um die Milizen bei ihrem Vormarsch in Richtung Norden und beim Kampf gegen Rabbanis Streitkräfte zu unterstützen.« Stobdan hält jedoch auch fest, dass Unocal im August 1998 sämtliche Arbeiten an der Pipeline auf unbestimmte Zeit verschoben hat.[29] Nach drei weiteren Monaten zog sich das Unternehmen auch aus dem CentGas-Konsortium zurück, das es eigens für den Bau der

Pipeline gebildet hatte.[30] Danach nahmen die USA gegenüber den Taliban eine zunehmend feindselige Haltung ein. Sie begannen mit der Prüfung anderer Möglichkeiten zur Sicherung ihrer Vorherrschaft in der Region, hielten aber die wichtigsten Verbindungen zum Regime noch aufrecht, um weiter über eine nicht-militärische Lösung des Problems verhandeln zu können. Die Unocal hat inzwischen wiederholt erklärt, dass man am transafghanischen Pipelineprojekt kein Interesse mehr habe – diese Dementis sind jedoch nicht sonderlich glaubwürdig. Zum Beispiel berichtete der pakistanische *Business Recorder* im März 2000, das Unternehmen habe sich ungeachtet des öffentlich erklärten Desinteresses am transafghanischen Pipeline-Projekt hinter den Kulissen weiterhin stark interessiert gezeigt:

> »Unocal versucht, erneut in das Turkmenistan-Gaspipelineprojekt einzusteigen, aus dem es ein Jahr zuvor wegen der angeblichen schweren Menschenrechtsverletzungen in Afghanistan ausscheiden musste.
> Das US-Unternehmen führt Gespräche mit den afghanischen Behörden und bemüht sich um Sicherheitsgarantien für sein Personal während der Arbeiten auf afghanischem Staatsgebiet, wie der *Business Recorder* aus zuverlässigen Quellen erfuhr. Dies ist ein interessantes Manöver des Unternehmens, denn Afghanistan ist von den USA wegen der Beherbergung von Terroristen mit harten Sanktionen belegt worden.«[31]

Die Unocal war bei den Gesprächen mit den Taliban nicht allein. Der riesige amerikanische Energiekonzern Enron, der beste Kontakte zur US-Regierung unterhielt, war in dieser Angelegenheit ebenfalls stark engagiert. Enron übernahm die Ausarbeitung der Machbarkeitsstudie für die Gaspipeline. Die anfallenden Kosten wurden mit einer Zuwendung der U. S. Agency for Trade and Development in Höhe von 750 000 Dollar beglichen.[32] Der *National Enquirer* berichtet hierzu: »Die Firma Enron gab den Taliban Millionen von Dollars«, offenbar mit dem Segen der US-Regierung, »im Bestreben, beim Pipelinebau in Afghanistan mit allen Mitteln ins Geschäft zu kommen – während die Taliban Osama bin Laden bereits Unterschlupf gewährten. [...]«

»Enron-Führungskräfte trafen sich sogar in Texas mit Taliban-Vertretern, für die aus diesem Anlass der rote Teppich ausgerollt wurde und denen man außerdem ein Vermögen versprach, falls das Geschäft klappen sollte. [...] Der *Enquirer* enthüllte außerdem, dass ein Teil des Enron-Geldes schließlich in den Taschen bin Ladens und seines terroristischen al-Qaida-Netzwerks landete!
[...] Atul Davda, der bis zum Zusammenbruch des gesamten Unternehmens an führender Stelle in der internationalen Abteilung von Enron arbeitete, bestätigte dem *Enquirer*: ›Enron hatte engste Kontakte zu Vertretern der Taliban. Der Bau der Pipeline war eines der wichtigsten Ziele des Unternehmens.‹
Der *Enquirer* enthüllte bereits vor zwei Wochen, dass Enron heimlich CIA-Agenten engagierte, um seine Geschäftsziele in Übersee zu erreichen. Und ein CIA-Insider verriet: ›Enron umschmeichelte die Taliban und war gewillt, diese beim Betrieb einer Pipeline durch Afghanistan zu Partnern zu machen. Enron bot den Taliban hohe Summen an, als eine Art Steuer für jeden Kubikmeter Gas und jedes Barrel Öl, das durch die Pipeline fließen würde.‹
Enron bezahlte über 400 Millionen Dollar für eine Machbarkeitsstudie zur Pipeline, und ›einen großen Teil der Unkosten machten die Zahlungen an die Taliban aus‹, verlautete von der CIA.
Schockierenderweise setzte Enron seinen Schmusekurs gegenüber den Taliban auch nach den von al-Qaida-Agenten 1998 in Afrika ausgeführten Bombenattentaten auf zwei US-Botschaften fort. Die USA übten mit Raketenangriffen auf vermeintliche Stützpünkte von al-Qaida in Afghanistan und im Sudan Vergeltung.
›Die USA schossen mit Raketen nach Afghanistan hinein, und

es war klar, dass die Taliban bin Laden und al-Qaida unterstützten‹, sagte der Terrorismusexperte Jeffrey Steinberg, Redakteur des *Executive Intelligence Review*, dem *Enquirer*. ›Dennoch arbeiteten die Ölkonzerne hinter den Kulissen weiter am Abschluss des Pipelinegeschäfts.‹

[...] Und ein FBI-Mitarbeiter berichtete dem *Enquirer*: ›Enron und Unocal investierten Hunderte Millionen Dollar in ihre Afghanistangeschäfte und die Taliban. Die Pipeline würde unsere Abhängigkeit von Saudi-Arabien verringern – und Enron würde dabei Milliarden verdienen. Obwohl Clinton 1998 bin Ladens Stützpunkte in Afghanistan bombardierte, ließ Enron den Taliban und den Beauftragten von bin Laden Geld zukommen, um das Pipelineprojekt am Leben zu erhalten. Es ist völlig ausgeschlossen, dass zu jenem Zeitpunkt noch einer der Akteure nichts von den Verbindungen zwischen den Taliban und bin Laden gewusst haben könnte, zumal auf den Enron-Gehaltslisten auch CIA-Agenten standen!‹«[33]

Andere Quellen zeigen, dass wichtige Mitarbeiter und Geheimdienstleute mehrerer US-Regierungen über den Enron-Flirt mit den Taliban – folglich auch mit al-Qaida – genau Bescheid wussten und die Aktivitäten des Unternehmens in dieser Region aktiv unterstützten. »Ein abgefangenes al-Qaida-Dokument beweist, dass US-Energieunternehmen heimlich mit den Taliban über den Bau einer Pipeline verhandelten«, berichtet der amerikanische Rechtsanwalt und frühere Staatsanwalt im Justizministerium John Loftus. »Das Dokument gelangte in die Hände des FBI, aber die Weitergabe an andere Institutionen wurde untersagt, um Enron zu schützen. [...]«

»Zahlreiche Quellen bestätigen, dass die amerikanischen Strafverfolgungsbehörden absichtlich nicht informiert und daran gehindert wurden, die Indizienkette vor dem 11. September zu verknüpfen, um Enrons geheime und unmoralische Verhandlungen mit den Taliban weiterhin zu ermöglichen.

Das unter Verschluss gehaltene al-Qaida-Dokument belegt aktuelle Vorwürfe, die jeweils auf mittlerer Ebene tätige Geheimdienstleute und Mitarbeiter im Gesetzesvollzug erhoben haben. Sie vertraten die These, es habe eine Vertuschung gegeben, denn ihre noch andauernden Nachforschungen in Sachen Terrorismus seien offensichtlich in genau derselben sensiblen Zeitspanne behindert worden, in der Enron weiterhin mit den Taliban verhandelte. Eine unbeabsichtigte Konsequenz des Vertuschungsmanövers zum Taliban-Pipelineprojekt war, dass die Freunde der Taliban bei al-Qaida acht Monate Zeit für ihre abschließenden Vorbereitungen zum 11. September gewannen, denn der Enron-Geheimnisschutz funktionierte nach wie vor.

Die jüngste Anweisung, sämtliche Nachforschungen abzublocken, war angeblich die Konsequenz einer dringenden Bitte von Enron, die im Januar 2002 an Vizepräsident Dick Cheney gerichtet wurde. Es sieht allerdings so aus, als habe es bereits zuvor mindestens drei weitere Anweisungen zur Geheimhaltung gegeben, wobei eine auf der anderen aufbaute. Der fragliche Zeitraum reicht Jahrzehnte zurück und betrifft sowohl republikanische als auch demokratische US-Regierungen.«[34]

Sogar Mitglieder der US-Regierung haben die heimliche Unterstützung ihres Landes für die Taliban kritisiert. Man sollte hier zum Beispiel das umfassende schriftliche Zeugnis des Kongressabgeordneten Dana Rohrabacher über die amerikanische Afghanistan-Politik zur Kenntnis nehmen. Rohrabacher hat sich seit den frühen Achtzigerjahren mit Afghanistan befasst, seit einer Zeit, in der er noch als persönlicher Assistent des US-Präsidenten Ronald Reagan tätig war. Heute ist er ein führendes Mitglied des Außenpolitischen Ausschusses des Repräsentantenhauses (U. S. House International Relations Committee). Bereits 1988 reiste Rohrabacher in seiner Eigenschaft als Kongressabgeordneter nach Afghanistan und beobachtete auf der Seite der Mudschaheddin die Schlacht von Jalalabad gegen die Sowjets. Vor dem Außenpolitischen Unterausschuss des Senats zu Südasien sagte er im April 1999 aus:

> »Nach zwanzig Jahren intensiver Beschäftigung mit der US-Politik in Afghanistan habe ich die Frage gestellt, ob diese Regierung eine heimliche Politik zur Stärkung der Taliban betreibt oder nicht, eine Politik, die diese brutale Bewegung an der Macht hält. Der Präsident und die Außenministerin haben zwar ihre Abscheu vor der brutalen Politik der Taliban öffentlich kundgetan und dabei die Unterdrückung der Frauen besonders hervorgehoben, aber die praktische Politik der USA wirkte immer wieder genau in die andere Richtung.«

Rohrabacher dokumentierte eine Fülle von Anhaltspunkten für eine konkrete Unterstützung der Taliban durch die USA und zog daraus seine Schlussfolgerungen:

> »Ich behaupte, dass diese Regierung eine heimliche Politik der Unterstützung der Talibanherrschaft über Afghanistan betreibt und bereits seit geraumer Zeit betrieben hat. [...] Diese unmoralische Politik beruht auf der Annahme, dass die Taliban in Afghanistan für stabile Verhältnisse sorgen würden und den Bau von Ölpipelines aus Turkmenistan über Afghanistan bis nach Pakistan zulassen würden. [...] Ich glaube, dass die Regierung an diesem heimlichen Ziel festgehalten und den Kongress nicht über ihre Politik der Unterstützung für die Taliban informiert hat, für das am meisten antiwestliche, frauenfeindlichste Regime der Welt, das die Menschenrechte unablässig mit Füßen tritt. Man muss kein Genie sein, um zu verstehen, dass sich die amerikanischen Bürger – vor allem die amerikanischen Frauen – über diese Politik empören würden. Der vielleicht eklatanteste Beweis für diese heimliche Unterstützung der Taliban durch unsere Regierung ist die Tatsache, dass sie sich gegenwärtig intensiv bemüht, den Kongress an der Aufdeckung der Details zu hindern, die sich hinter dieser Politik verbergen. Nach mehreren inoffiziellen Anfragen beim Außenministerium richtete ich im August letzten Jahres eine offizielle Anfrage nach sämtlichen diplomatischen Dokumenten zur US-Politik gegenüber den Taliban ans Ministerium.

> Das betraf insbesondere die Telegramme und Dokumente unserer Botschaften in Pakistan und Saudi-Arabien. Als führendes Mitglied im Außenpolitischen Ausschuss des Repräsentantenhauses habe ich Aufsichtsfunktion für diesen Teil der Welt. Nach mehreren Monaten des Mauerns versprach schließlich die Außenministerin persönlich vor dem Außenpolitischen Ausschuss, die Dokumente würden zur Verfügung gestellt. Sie erneuerte dieses Versprechen im Februar diesen Jahres, als sie vor unserem Ausschuss zum Haushalt des Außenministeriums aussagte. Der Ausschussvorsitzende Ben Gilman gab seine Unterstützung für meine Anfrage zu Protokoll. Bis zum heutigen Tag haben wir nichts bekommen. Dafür kann es nur zwei Erklärungen geben: Entweder ist das Außenministerium vollkommen inkompetent, oder es findet die fortdauernde Vertuschung der wahren Grundlinien der Außenpolitik in Sachen Afghanistan statt. Vermutlich erwarteten Sie nicht, dass ich nach dieser beißenden Kritik das Außenministerium loben werde. Doch genau das werde ich tun. Ich glaube nicht, dass das Außenministerium inkompetent ist. Diese Leute sollten sich für ihre Politik verantworten müssen, und das amerikanische Volk sollte durch dokumentierte Beweise erfahren, was sie wirklich tun.«[35]

Der *San Francisco Chronicle* bezog sich in einem Artikel auf das Taliban-Buch des Zentralasien-Experten Ahmed Rashid *(Taliban. Afghanistans Gotteskrieger und der Dschihad)* und berichtete:

> »Das US-Außenministerium und der pakistanische Geheimdienst ISI waren von der Skrupellosigkeit der zu diesem Zeitpunkt auf der politischen Bühne erschienenen Taliban ebenso beeindruckt wie von ihrer Bereitschaft, das Pipelinegeschäft abzuschließen. Beide kamen deshalb überein, Waffen zu liefern und die Taliban bei ihrem Krieg gegen die von ethnischen Tadschiken beherrschte Nordallianz auch finanziell zu unterstützen. Noch 1999 kamen die US-Steuerzahler für das gesam-

te Jahresgehalt sämtlicher Regierungsangestellter der Taliban auf.«[36]

Erst im Jahr 2000 wurde bei Hearings des Außenpolitischen Ausschusses des Repräsentantenhauses bestätigt, dass die amerikanische Unterstützung für die Taliban vom pakistanischen Geheimdienst ISI abgesichert worden war (vgl. hierzu auch den Anhang):

> »Die Vereinigten Staaten haben in dieser ganzen Zeit einen wesentlichen Teil der Unterstützung für die Taliban beigetragen, und lassen Sie mich hinzufügen: Das ist immer noch so. [...] Jetzt hat Pakistan eine [von Präsident Musharraf] angeführte Militärregierung, die die Taliban bis an die Zähne bewaffnet. Lassen Sie mich festhalten, dass [US-]Hilfe stets in die von den Taliban beherrschten Gebiete geliefert wurde. [...] Wir haben die Taliban unterstützt, denn all unsere Hilfsgüter gehen in die Gebiete der Taliban. Und wenn Menschen von außerhalb Hilfslieferungen in Gebiete bringen wollen, die nicht von den Taliban beherrscht werden, dann macht ihnen unser eigenes Außenministerium einen Strich durch die Rechnung.«[37]

Dieses Dokument zeigt, dass die USA die Taliban ganz gewiss unterstützten, während diese sich auf ihren Siegeszug durch das ganze Land begaben. Ahmed Rashid merkte hierzu an, dass die Vereinigten Staaten »die Taliban tatsächlich unterstützt haben, und [die Amerikaner] können diese Tatsache nicht bestreiten.«[38]

Der ehemalige afghanische Finanzminister Dr. Nour Ali fasste die ökonomischen und strategischen Interessen, die der aktuellen Politik der USA zugrundeliegen, in der Bemerkung zusammen, das »Große Spiel« in Zentralasien gehe keineswegs zu Ende, es gehe vielmehr »zügig weiter«. Heute jedoch seien es »die Vereinigten Staaten, die nach Norden schauen und vorhaben, von Pakistan aus Afghanistan zu durchqueren, als ob man danach strebe, erstens den Iran zu beherrschen; zweitens die eigene Macht über den Amudarja hinaus auszudehnen, um über die Bodenschätze Zentralasiens verfügen zu können; und drittens die russische Föderation von Süden aus und das chinesische Kernland von Nordwesten aus beeinflussen zu können, wann und wie auch immer dies nötig sein sollte:«

»Die US-Regierung versucht in Komplizenschaft mit ihren regionalen Verbündeten – und da ihr nichts Besseres einfällt –, eine ihr dienstbare Regierung der eigenen Wahl einzusetzen, um so die nötigen Einflussmöglichkeiten auf die Politik und Wirtschaft in der Region zu erlangen, die ihren imperialistischen Zielen entsprechen. Eine solche Regierung ist bisher weder gefunden noch eingesetzt, und so lange muss das Land einen der Sachlage entsprechenden Zustand der Anarchie und Instabilität erdulden.«[39]

Der Zerfall des Bündnisses USA–Taliban und die US-Kriegspläne

Die amerikanische Unterstützung für die Taliban nahm jedoch mit dem Amtsantritt der Regierung Bush weiter ab. Der wichtigste Grund für diese Entwicklung war die Tatsache, dass sich die Taliban nicht in der Lage sahen, die Rolle der amerikafreundlichen »dienstbaren Regierung« zu spielen. Ahmed Rashid führt hierzu aus:

»Das Unocal-Projekt basierte auf der Prämisse, dass die Taliban drauf und dran waren, ganz Afghanistan zu erobern. Diese Prämisse wurde dem Unternehmen von verschiedenen Ländern (etwa von Saudi-Arabien und Pakistan) und von Persönlichkeiten in der US-Administration übermittelt. Im Prinzip war diese Prämisse grundfalsch, denn sie basierte auf Eroberung. Deshalb war von Anfang an völlig klar, dass das Unternehmen die Pipeline nicht bauen konnte, weil die Sicherheiten nicht garantiert werden würden, die für ein solches Vorhaben nötig sind.«[40]

Nachdem die US-Regierung diesen Sachverhalt erkannt hatte, wurde offensichtlich, dass die Taliban nicht in der Lage sein würden, den für den Bau des Pipelineprojekts benötigten Sicherheitsrahmen zu schaffen. Die Skepsis gegenüber dem Projekt wurde auf amerikanischer Seite noch durch die Tatsache verstärkt, dass die Taliban eine zunehmende Unbotmäßigkeit entwickelten, wenn es um die Wahrnehmung amerikanischer Interessen ging. Eine zunehmend antiamerikanische Weltsicht

> »schien das Denken führender Persönlichkeiten der Taliban zu bestimmen. [...] Bis zur Ankunft [Osama bin Ladens] hatte die Taliban-Führung keine besonders feindselige Haltung gegenüber den USA oder dem Westen gezeigt, sondern nur die Anerkennung ihrer Regierung verlangt. Nach den Bombenanschlägen in Ostafrika schlugen die Taliban allerdings immer aggressivere Töne an: gegen die USA, die UNO, die Saudis und gegen muslimische Regime auf der ganzen Welt. In ihren öffentlichen Erklärungen spiegelte sich zunehmend die von bin Laden angenommene, trotzig-herausfordernde Sprache, die ursprünglich kein Wesenszug der Taliban gewesen war.«[41]

Mit anderen Worten: Die USA erkannten allmählich, dass durch die Neigung der Taliban zu extremer, vom Tribalismus motivierter Gewalt die Konflikte zwischen den einzelnen Gruppierungen eskalierten und das Land auf Dauer destabilisiert wurde. Durch den folgenden, in *Oil & Gas International* berichteten Tatbestand wurden diese Zusammenhänge endgültig klar:

> »Die Taliban stellten weitere Forderungen und gingen über die vorgesehenen 100 Millionen Dollar Jahresmiete hinaus. Sie wollten eine Wasserversorgung, Telefon- und Stromleitungen, außerdem noch eine Zapfstelle an der Pipeline zur Entnahme

> von Öl und Gas für Afghanistan. Die Unocal wurde stutzig und ließ ihre Pläne nach den Bombenanschlägen auf die Botschaften in Ostafrika schließlich ganz fallen.«[42]

Im Winter 1998 und Frühjahr 1999 erkannten die USA, dass die Taliban ein wichtiges Hindernis für die Durchsetzung amerikanischer Interessen waren. Deshalb kam es jetzt zu einer Kehrtwendung in der US-Politik gegenüber den Taliban. Die französischen Geheimdienstexperten Jean-Charles Brisard und Guillaume Dasquié[43] haben die Abfolge der Ereignisse in ihrem Buch *Die verbotene Wahrheit. Die Verstrickung der USA mit Osama bin Laden*, das auf breite Zustimmung stieß, sehr detailliert beschrieben.[44]

Es gibt Hinweise darauf, dass parallel zur sich anbahnenden Wende in der amerikanischen Politik gegenüber den Taliban schon lange vor dem 11. September 2001 eine militärische Invasion in Afghanistan geplant wurde. Umfangreiches Beweismaterial zeigt, dass die Regierung Bush wegen des Ignorierens amerikanischer Forderungen durch die Taliban bereits für Oktober 2001 einen Krieg geplant hatte. Dies geschah in Abstimmung mit verschiedenen anderen Mächten, zu denen auch Russland, Indien und Pakistan gehörten.

Frederick Starr ist der Leiter des Instituts für Zentralasien und den Kaukasus an der Washingtoner Nitze School for Advanced International Studies der Johns-Hopkins-Universität. Starr schrieb bereits im Dezember 2000 in der *Washington Post*, dass

> »[...] sich die Vereinigten Staaten in aller Stille mit denjenigen Kräften in der russischen Regierung zusammentaten, die militärisches Eingreifen in Afghanistan forderten und mit der Idee eines neuerlichen Militärschlags spielten, um bin Laden auszuschalten. Unter dem Druck vor Ort zog man die Pläne zurück, ging aber vorher so weit, zu prüfen, welches Land in der Region sein Territorium für einen solchen Zweck öffnen würde.«[45]

Starrs Einblick in die Zusammenhänge kann man kaum in Frage stellen. Er ist Zentralasien-Experte, und der Rektor der Johns-Hopkins-Universität war der aktuelle Stellvertretende Verteidigungsminister Paul Wolfowitz. Im oben zitierten Artikel schrieb Starr außerdem, die Treffen zwischen amerikanischen, russischen und indischen Diplomaten hätten Ende 2000 stattgefunden, »um zu erörtern, welche Art von Regierung die Taliban ersetzen sollte. [...] Die Vereinigten Staaten sprechen inzwischen über den Sturz eines Regimes, das fast das gesamte Land beherrscht. Dies geschieht in der Hoffnung, es könne durch eine fiktive Regierung ersetzt werden, die noch nicht einmal auf dem Papier existiert.«[46]

Im März 2001 bestätigte *Jane's Intelligence Review*, dass sich Indien »Russland, den USA und dem Iran« angeschlossen habe, und zwar »zu einer gemeinsamen Front gegen das afghanische Taliban-Regime. [...] In jüngster Zeit fanden verschiedene Treffen zwischen eigens eingerichteten indisch-amerikanischen und indisch-russischen Arbeitsgruppen zur Frage des Terrorismus statt. Die Treffen führten dann zu Bemühungen, den Taliban taktisch und logistisch entgegenzutreten.« Die Vereinigten Staaten, Russland, Indien und der Iran gewährten den Gegnern der Taliban in Afghanistan militärische, informationstechnische und logistische Unterstützung. »Militärische Kreise ließen durchblicken, dass Tadschikistan und Usbekistan bereits von Indien und Russland als Stützpunkte für Operationen benutzt werden.«[47]

Die politische Zeitschrift *India Reacts* berichtete im Juni 2001 von einer Eskalation bei den gemeinsamen russisch-amerikanischen Plänen für ein militärisches Eingreifen in Afghanistan. Indische Regierungsvertreter formulierten das folgendermaßen: »Indien und der Iran werden nur die Rolle des ›Vermittlers‹ spielen. Die USA und Russland werden die Taliban direkt bekämpfen, zwei zentralasiatische Länder werden ihnen dabei helfen, Tadschikistan und Usbekistan.« Weiter war zu lesen: »Tadschikistan und Usbekistan werden den Angriff mit Bodentruppen anführen, mit starker militärischer

Unterstützung durch die USA und Russland. Der Angriff wird wichtigen Einrichtungen der Taliban und militärischen Stützpunkten gelten. Indien und der Iran tragen dazu mit logistischer Unterstützung bei.«

Bei einem Anfang Juni in Moskau veranstalteten Treffen »[hatte] der russische Staatspräsident Wladimir Putin bereits gegenüber den GUS-Staaten ein militärisches Eingreifen gegen die Taliban angedeutet.« Nach diplomatischen Stimmen erfolgte die Bildung dieser Anti-Taliban-Front »nach einem Treffen zwischen dem US-Außenminister Colin Powell und dem russischen Außenminister Igor Iwanow, später traf Powell in Washington auch noch den indischen Außenminister Jaswant Singh. Zwischen Russland, dem Iran und Indien gab es außerdem noch eine Reihe von Gesprächen, und es werden weitere diplomatische Aktivitäten erwartet«.[48]

Mit der Formulierung der US-Kriegspläne gegen die Taliban war auch die Verhängung von Sanktionen gegen Afghanistan verbunden. Der Richtungswechsel in der amerikanischen Politik von der Unterstützung der Taliban hin zu ihrer aktiven Bekämpfung brachte keine Veränderung der schrecklichen Lage des afghanischen Volkes mit sich. Das lag in erster Linie daran, dass der Politikwechsel nur der Sicherung der amerikanischen strategischen und wirtschaftlichen Interessen dienen sollte. Die Sanktionen gegen Afghanistan hatten keinerlei Wirkung auf die Taliban gehabt, ja sie hatten in erster Linie die Lebensbedingungen des afghanischen Volkes weiter verschlechtert. »Die USA setzten gegen das vom Krieg heimgesuchte Afghanistan ein Embargo nach Art der Maßnahmen gegen den Irak in Kraft, und das zu einer Zeit, als viele der 18 Millionen Einwohner des Landes hungerten und ohne Obdach waren«, berichtete die *Toronto Sun* im Dezember 2000.[49]

Die Verhängung von Sanktionen gegen Afghanistan mitten in einer noch andauernden Hungersnot führten zu einer Verschlimmerung der Krisensituation im Land: ein absehbares Ergebnis. »Im Land herrschen katastrophale Verhältnisse, von denen die Weltöffentlichkeit nichts erfährt«, berichtete

Luke Harding aus Kandahar. »Im Süden und Westen hat es seit drei Jahren praktisch nicht mehr geregnet. Die Straße von Herat nahe der iranischen Grenze nach Kandahar, der Wüstenstadt im Süden, führt durch halb verlassene Dörfer und völlig ausgetrocknete Flussläufe. Rund zwölf Millionen Menschen leiden unter dieser Dürre, und rund drei Millionen sind dem Hungertod nahe.«[50] Der pakistanische Korrespondent Arshad Mahmud sah in Afghanistan Menschen, vor allem Kinder, »die die schwer wiegenden Folgen der UNO-Sanktionen zu tragen haben«, und diese Entwicklung wurde durch die anhaltende Dürreperiode noch verschärft.[51]

Die Kriegsdrohung wie auch der wirtschaftliche Würgegriff wurden offensichtlich eingesetzt, um die Taliban zur Annahme der US-Forderungen zu drängen. Die Bush-Regierung entwickelte ihre Kriegspläne weiter, versuchte aber gleichzeitig, die Beziehungen zu dem brutalen Regime trotz der Gefahr eines Bruchs zu erhalten. Der *Pakistan Observer* hat die Methoden, derer sich die Bush-Regierung bediente, um die Taliban an sich zu binden, anschaulich beschrieben:

> »Noch im Juli dieses Jahres traf sich Christina Rocca, die stellvertretende US-Außenministerin für Südasien, in Islamabad mit Vertretern der Taliban und sagte Hilfsgelder in Höhe von 43 Millionen Dollar für Nahrung und Unterkünfte zu, was den amerikanischen Beitrag zu internationalen Hilfsprogrammen allein in diesem Jahr auf 124 Millionen Dollar erhöhte. Die humanitäre Hilfe steht den Taliban allein zur Verfügung, ohne dass diese über die Verwendung Rechenschaft ablegen müssten. Diese neu geknüpften US-Kontakte zu den Taliban – dazu gehörte auch ein Besuch von sieben Regierungsvertretern in Kabul Ende April, dem zu Beginn desselben Monats ein Besuch dreier weiterer US-Abgesandter vorausgegangen war, bevor dann am 11. September in Amerika der Terror zuschlug – führten zu Spekulationen der Medien über eine Akzentverschiebung in der Politik der USA, weg von der ausschließlichen Fixierung auf das Thema Osama bin Laden, und hin zu

> einem Ansatz, der auf einer vorsichtigen Verständigung mit den Taliban beruhte. Das galt selbst dann noch, als die Taliban bereits von Washington und vom UNO-Sicherheitsrat mit strikt einzuhaltenden Sanktionen belegt worden waren.«[52]

Vorsichtig aufgebaute Kontakte zu den Taliban, die das Ziel hatten, so etwas wie ein annähernd stabiles Regime in Afghanistan hervorzubringen, waren anscheinend die offizielle Politik mehrerer aufeinander folgender US-Regierungen. Die Nachrichtenagentur United Press International (UPI) berichtete im April 1998: »Der amerikanische UNO-Botschafter Bill Richardson wird bei seiner am Freitag beginnenden Reise nach Südasien auch das vom Krieg zerrissene Land besuchen. [...] Diese Mission ist nach Auskunft von US-Regierungsvertretern ein Versuch, die Talibanmilizen und ihre Gegner, die Koalition aus verschiedenen Gruppierungen im Norden des Landes, zu vorbereitenden Friedensgesprächen an einen Tisch zu bringen. In Richardsons Begleitung befinden sich auch der Abteilungsleiter im Außenministerium Karl Inderfurth und der Regierungsberater Bruce Riedel.«[53] Im August 1999 meldete UPI: »Die Vereinigten Staaten und die Talibanmilizen, die Machthaber in Afghanistan, haben Gespräche geführt, und das trotz der Spannungen, die die gegenseitigen Beziehungen prägen, seit die Taliban vor etwa fünf Jahren erstmals auf der politischen Bühne des Landes erschienen sind. [...] ›Die Gespräche mit den Taliban finden meist in Islamabad, Washington oder New York statt, wo der UNO-Vertreter der Taliban lebt‹, erklärte der Sprecher der amerikanischen Botschaft und fügte hinzu: ›Beide Seiten haben auch im Rahmen internationaler Konferenzen und Seminare miteinander gesprochen.‹«[54]

Im März 2000 berichtete UPI dann, dass eine Reihe von den USA unterstützter Gespräche mit den Taliban und mit anderen afghanischen Gruppierungen begonnen habe. Das damit verbundene Ziel sei die Erörterung von Möglichkeiten für einen politischen Kompromiss gewesen, der das Ende des verheerenden Bürgerkrieges bringen könnte. So könnte der Boden für eine neue Sicherheit in der Region bereitet werden, und das wäre natürlich auch den amerikanischen Interessen ebendort dienlich, einschließlich des seit langem zur Verwirklichung anstehenden Unocal-Pipelineprojekts: »Man rechnet damit, dass auch führende Vertreter der in Afghanistan herrschenden Talibanmilizen an den Gesprächen teilnehmen werden. Vertreter des pakistanischen Außenministeriums sagen, die Unterredungen seien ein Teil des so genannten Sechs-plus-Zwei-Prozesses, den die Vereinten Nationen mit Unterstützung der USA initiiert haben. Die Vereinigten Staaten und Russland nehmen als Garantiemächte an diesen Treffen teil, und die sechs Nachbarländer Afghanistans erörtern verschiedene Optionen, wie ›den Kämpfen ein Ende gesetzt werden kann‹.«[55]

Die Bush-Regierung intensivierte diesen Verhandlungsprozess mit den Taliban unmittelbar nach der Amtseinführung des Präsidenten im Januar 2001. Diplomaten der USA und der Taliban trafen sich im Februar 2001 mehrmals in Washington, Berlin und Islamabad. Das letzte Treffen zwischen US- und Taliban-Vertretern fand im August 2001 statt – fünf Wochen vor den Angriffen auf New York und Washington. Christina Rocca, damals Leiterin der Zentralasien-Abteilung im amerikanischen Außenministerium, traf in Islamabad den Botschafter der Taliban in Pakistan.[56] Die Bush-Regierung betrachtete diese Verhandlungen offensichtlich – so wie die Regierung Clinton – als letzten Versuch, so etwas wie eine funktionsfähige Beziehung zum Regime der Taliban aufrechtzuerhalten. Die Erkenntnis, dass die Taliban nicht in der Lage sein würden, die Sicherheit im Land durch »Eroberung« zu gewährleisten, verband die amerikanische Seite nun mit der Hoffnung, das Regime werde einer gemeinsamen Regierung mit den anderen Gruppierungen zustimmen. Die USA schienen sich aber darüber im Klaren zu sein, dass eine solche Lösung extrem unwahrscheinlich war.

Brisard und Dasquié halten fest, dass bis zum heutigen Tag

»die Öl- und Gasreserven Zentralasiens von Russland kontrolliert worden sind. Die Bush-Regierung wollte das gründlich ändern.« Nachdem sich die Taliban aber geweigert hatten, auf die amerikanischen Bedingungen einzugehen, »wurde das Ziel der Sicherung von Energie zur militärischen Angelegenheit«. Brisard sagte bei einem Interview in Paris: »An einem bestimmten Punkt bei den Verhandlungen angekommen, sagten die US-Vertreter den Taliban: ›Entweder ihr akzeptiert unser Angebot eines goldenen Teppichs, oder wir werden euch unter einem Bombenteppich begraben.‹«

Die internationalen Geheimdienstexperten analysierten auch das Hauptthema einiger Treffen im Jahr 2001:

»Einige Treffen in diesem Jahr, bei denen die Lage in Afghanistan erörtert wurde, standen unter der Vermittlung von Francesc Vendrell, dem Sonderbotschafter von UNO-Generalsekretär Kofi Annan. Teilnehmer waren die Vertreter der USA und Russlands sowie der sechs an Afghanistan grenzenden Länder. Manchmal saßen auch Vertreter der Taliban mit am Tisch.«[57]

Die drei Amerikaner bei einem Gespräch im Juli 2001 in Berlin waren: Tom Simons, ein ehemaliger US-Botschafter in Pakistan, Karl ›Rick‹ Inderfurth, der ehemalige Abteilungsleiter für Südasien im US-Außenministerium, sowie Lee Coldren, der im Außenministerium bis 1997 die Abteilung für Pakistan, Afghanistan und Bangladesch leitete. Auch der ehemalige pakistanische Außenminister Niaz Naik, der selbst unter den Teilnehmern war, bestätigte diese nach der Anzahl der beteiligten Staaten benannten »Sechs-plus-Zwei«-Treffen (sechs zentralasiatische Nachbarn Afghanistans plus die beiden neuen Partner Russland und USA).

In einem Fernsehinterview in Frankreich sagte Naik Anfang November 2001 über den Kernpunkt eines der »Sechs-plus-Zwei«-Treffen in Berlin im Juli 2001: »[...] die Bildung einer Regierung der nationalen Einheit. Hätten die Taliban diese Koalition akzeptiert, hätten sie sofort internationale Wirtschaftshilfe erhalten. Und die Pipelines aus Kasachstan und

Usbekistan über Afghanistan wären gebaut worden.« Naik sagte in aller Deutlichkeit, dass Tom Simons, einer der US-Unterhändler bei diesen Treffen, den Taliban wie auch Pakistan offen gedroht habe:

»Simons sagte: ›Entweder die Taliban verhalten sich so wie gewünscht oder Pakistan bringt sie so weit – oder wir werden von einer anderen Option Gebrauch machen.‹ Simons verwendete dabei auch den Ausdruck ›eine militärische Operation‹.«[58]

In einem Bericht des Londoner *Guardian* heißt es zu diesem Thema, dass »das Bush-Team einen neuen Plan zum Sturz des afghanischen Regimes ausgearbeitet hatte«:

»Schon zuvor gab es in diesem Jahr Anzeichen dafür, dass Washington sich in Richtung einer militärischen Bedrohung Afghanistans aus dem Norden bewegte, über die unruhigen ehemaligen Sowjetrepubliken. Dr. Jeffrey Starr, ein Abgesandter des US-Verteidigungsministeriums, besuchte im Januar Tadschikistan. Die *Guardian*-Reporterin Felicity Lawrence entdeckte, dass US-Rangers in Kirgistan Elitesoldaten ausbildeten. Außerdem kursierten unbestätigte Berichte, dass in Alaska und Montana tadschikische und usbekische Eliteeinheiten ausgebildet würden.
Und der US-General Tommy Franks besuchte am 16. Mai Duschanbe, um eine Botschaft der Bush-Regierung zu übergeben, nach der die USA Tadschikistan als ›strategisch bedeutsames Land‹ betrachten. Gleichzeitig wurde umfassende Militärhilfe angeboten, nicht aber Waffen. Tadschikistan nutzte die Gelegenheit, um sich für eine Aufnahme in die ›Partnerschaft für den Frieden‹ der NATO zu bewerben.
Wenig später kehrte Richard C. Shelby, republikanischer Senator für Alabama und stellvertretender Vorsitzender des Geheimdienstausschusses im Senat, von einer Reise an den Persischen Golf zurück und gab sich im Gespräch mit der *Washing-*

> *ton Post* sehr optimistisch: die amerikanischen Spezialisten für die Terrorbekämpfung seien drauf und dran, den Krieg gegen bin Laden zu gewinnen. [...] Zuverlässige militärische Quellen im Westen sprechen von einem fertig ausgearbeiteten amerikanischen Plan, nach dem gegen Ende des Sommers Afghanistan von Norden her angegriffen werden solle. [...] Am 8. Juli treffen sich Vertreter der afghanischen Opposition, pakistanische Diplomaten und hochrangige Mitarbeiter des britischen Außenministeriums in Weston Park unter der Schirmherrschaft der UNO zu privaten Gesprächen über die Lage in Afghanistan. [...] Und wieder einige Wochen später traf sich eine weitere Gruppe in einem Berliner Hotel. Dort überreichte Lee Coldren, ein früherer Spitzenbeamter im US-Außenministerium, eine Botschaft, die er von Bush-Mitarbeitern erhalten hatte. In diesem Papier stand zu lesen, ›die USA empfänden solche Abscheu vor den Taliban, dass sie eine Militäraktion in Erwägung ziehen könnten‹. [...] Das außerordentlich Spannende an dieser privaten Warnung war, dass sie – nach Auskunft eines der Anwesenden, des pakistanischen Diplomaten Niaz Naik – mit ganz besonderen Details zu Bushs bevorstehendem Sieg verbunden war. [...] Die Falken in Washington konnten auf die stillschweigende Duldung von Seiten der russischen Truppen zählen, außerdem auf die Nutzung militärischer Einrichtungen in Ländern wie Usbekistan und Tadschikistan, in denen bereits amerikanische Militärberater tätig waren.«[59]

Die Warnungen an die Adresse der Taliban kamen nach einem viertägigen Treffen Mitte Juli in Berlin, an dem hochrangige Vertreter der USA, Russlands, des Iran und Pakistans teilnahmen. Naik wurde bei seinem Fernsehinterview gefragt, ob er sicher sei, dass die amerikanischen Abgesandten die Überlegungen der Bush-Administration weitergäben und nicht einfach nur ihre privaten Gedanken. Er antwortete: »Die Amerikaner äußerten sich uns gegenüber vermutlich auf der Grundlage offizieller Anweisungen. Das waren sehr hochrangige Leute. Auch wenn es ›inoffiziell‹ zugeht, sind die Leute sehr vorsichtig mit dem, was sie sagen und was sie nicht sagen.« Naik zitierte auch Tim Simons, der erklärt habe, eine Aktion gegen bin Laden stehe unmittelbar bevor: »Diesmal waren sie sich sehr sicher. Sie hatten die ganzen Geheimdienstinformationen, und bei dieser Aktion sollte er ihnen nicht entwischen. Es würde ein Schlag aus der Luft erfolgen, vielleicht mit Kampfhubschraubern, und der sollte nicht nur in aller Offenheit erfolgen, sondern auch aus der unmittelbaren Nachbarschaft Afghanistans heraus geführt werden.«[60]

In einem Interview mit der BBC berichtete Niaz Naik weiter, was ihm die amerikanischen Gesprächspartner im Juli 2001 mitgeteilt hatten. Er sagte, die Regierung Bush plane für Mitte Oktober einen Militärschlag gegen Afghanistan. Die BBC berichtete:

> »Der ehemalige pakistanische Außenminister Niaz Naik erfuhr Mitte Juli von hochrangigen US-Regierungsvertretern, dass für Mitte Oktober ein Militärschlag gegen Afghanistan geplant sei. [...] Die Amerikaner berichteten ihm von diesem Plan bei einem Treffen einer von der UNO finanzierten internationalen Kontaktgruppe zu Afghanistan. [...] Bei diesem Treffen in Berlin sagten die US-Verteter ihrem pakistanischen Gesprächspartner, Amerika werde eine Militäraktion starten, falls bin Laden nicht bald an die USA ausgeliefert werde. Das Ziel einer solchen Aktion sei, bin Laden und Mullah Omar, den Anführer der Taliban, zu töten oder gefangen zu nehmen. Das weiter reichende Ziel sei, so wurde es Mr. Naik übermittelt, der Sturz des Taliban-Regimes und die Einsetzung einer aus gemäßigten afghanischen Politikern gebildeten Übergangsregierung – möglicherweise unter der Führung des ehemaligen afghanischen Königs Zahir Schah.«

Niaz Naik sagte weiterhin (unter stetiger Berufung auf seine US-Gesprächspartner beim Treffen im Juli 2001): »Washington würde seine Operation von Stützpunkten in Tadschikistan aus beginnen, amerikanische Militärberater seien bereits vor Ort«, und »Usbekistan würde ebenfalls an dieser Operation teilnehmen. [...] 17000 russische Soldaten stünden auf Abruf bereit.« Naik erfuhr außerdem, dass »eine eventuelle Militäraktion auf jeden Fall vor den ersten Schneefällen in Afghanistan stattfinden würde, spätestens Mitte Oktober.« Naik merkte an, dass die Angriffe vom 11. September einen willkommenen Anlass für diese Kriegspläne lieferten. »Er zweifelte nicht daran, dass nach dem Angriff auf das World Trade Center dieser bereits bestehende Kriegsplan weiter ausgearbeitet und innerhalb von zwei bis drei Wochen in die Tat umgesetzt werden würde«, berichtete die BBC. Die Pläne erweckten in der Tat nicht einmal den Anschein, als sei die Gefangennahme Osama bin Ladens das wichtigste Ziel: »Er sagte, es sei nicht gesichert, dass Washington seinen Plan fallen lasse, selbst wenn die Taliban bin Laden umgehend auslieferten.«[61]

Der Kurswechsel in der amerikanischen Afghanistan-Politik von Pro-Taliban hin zu Anti-Taliban war also mit den amerikanischen Bestrebungen begründet, die eigenen strategischen und wirtschaftlichen Interessen zu sichern.[62] Die Taliban waren nicht mehr gewillt, die ihnen zugewiesene, untergeordnete Rolle zu spielen, deshalb nahm die amerikanische Politik ihnen gegenüber eine zunehmend feindselige Haltung ein. Die USA arbeiteten Kriegspläne aus, verhandelten gleichzeitig aber weiterhin mit dem Regime, um abzuklären, ob es den jüngsten amerikanischen Forderungen nachkommen würde. Da die Taliban dies aber hartnäckig verweigerten, wurde der Politikwechsel gegenüber dem Regime – der »ohne öffentliche Diskussion und ohne Konsultationen mit dem Kongress«[63] erfolgte – im August definitiv besiegelt, obwohl er im Großen und Ganzen schon zuvor geplant worden war. Die Kriegspläne für Afghanistan waren zu diesem Zeitpunkt bereits ausgearbeitet. Es fehlte nur noch ein geeigneter Anlass.

Wie dringend ein solcher Anlass gebraucht wurde, zeigt sich vor allem an der Tatsache, dass die USA von den Sondierungen für einen möglichen Krieg in Afghanistan Abstand genommen hatten, nach einem Bericht der *Washington Post*[64] »unter örtlichem Druck« (in Zentralasien). Deshalb wurde so etwas wie ein neuer Vorwand gebraucht, um sich über diesen Mangel an Unterstützung aus der Region hinwegsetzen zu können.

Die US-Regierungsvertreter hatten Naik im Juli 2001 über amerikanische Pläne für eine Invasion in Afghanistan bis spätestens Mitte Oktober informiert. Möglicherweise hatten sich die USA also vorgestellt, dass sich der Anlass für die Umsetzung der eigenen Kriegspläne irgendwann im Zeitraum von August bis Oktober ergeben würde. Tatsächlich wurden Präsident George W. Bush am 9. September 2001, nur zwei Tage vor den Angriffen von al-Qaida, detaillierte Pläne für einen Krieg in Afghanistan vorgelegt, der zum Sturz der Taliban führen sollte. Das meldeten jedenfalls die NBC-Nachrichten. Diese Pläne wurden in einer Direktive des Präsidenten zur nationalen Sicherheit umrissen und erörterten in aller Ausführlichkeit eine weltweit angelegte militärische, diplomatische und geheimdienstliche Kampagne gegen die al-Qaida. Zu dieser Kampagne gehörte auch ein an die Adresse des Taliban-Regimes in Afghanistan gerichtetes Ultimatum, das durch eine Kriegsdrohung bekräftigt wurde:

> »Amerikanische wie auch ausländische Quellen sagten NBC News, man habe damit gerechnet, dass Präsident Bush detaillierte Pläne für einen weltweiten Krieg gegen al-Qaida unterzeichnen würde. Das sollte bereits am 9. September 2001 geschehen, aber es ist vor den Terrorangriffen in New York und Washington nicht mehr dazu gekommen.
>
> Das Dokument war eine offizielle Direktive des Präsidenten zur nationalen Sicherheit und verfolgte die ehrgeizige ›Strategie, al-Qaida weltweit zu vernichten‹, sagte eine der Quellen zum NBC-Mitarbeiter Jim Miklaszewski.
>
> Der Plan handelte sämtliche Aspekte eines Krieges gegen al-Qaida ab. Das Spektrum der Maßnahmen reichte von diplomatischen Initiativen bis zu militärischen Operationen in Af-

ghanistan, sagten die Quellen unter der Bedingung, dass ihr Name ungenannt blieb. Die Direktive umriss nach der NBC-Schilderung in vielerlei Hinsicht genau den Kriegsplan, den das Weiße Haus, die CIA und das Pentagon nach den Angriffen vom 11. September umsetzten. Die Regierung war höchstwahrscheinlich nur deshalb zu einer so schnellen Antwort auf die Angriffe fähig, weil sie einfach die Pläne ›aus der Schublade holen musste‹, sagte Miklaszewski.«

Im Zusammenhang mit der obigen Dokumentation wird deutlich, dass dieser Kriegsplan durch einen sehr gründlichen Konsultationsprozess entstanden ist, der zumindest einige Monate dauerte (vielleicht sogar über ein Jahr) und an dem Pentagon, CIA und Außenministerium beteiligt waren, neben anderen Sicherheits- und Nachrichtendiensten.[65]

Es lohnt sich an dieser Stelle, die Mitte Oktober 2001 aufgeschriebenen Beobachtungen von Francis A. Boyle, einem Professor für Internationales Recht an der Universität von Illinois zur Kenntnis zu nehmen:

»Offensichtlich nahmen die Planungen für einen Krieg gegen Afghanistan recht lange Zeit in Anspruch. Wir wissen mit Sicherheit, dass das Pentagon diese Strategie bereits ab 1997 entwickelt hat. [...]
Ausgerechnet um den 11. September herum erreichten zwei von Flugzeugträgern geführte Flottenverbände im Rahmen einer ›Rotationsmaßnahme‹ den Persischen Golf. Das war offensichtlich von langer Hand geplant. Unmittelbar vor dem 11. September hatte Großbritannien einen Flottenverband zusammengestellt, der als die ›größte Armada seit dem Falklandkrieg‹ bezeichnet wurde und Kurs auf das Sultanat Oman nahm. Dort halten mittlerweile 23 000 britische Soldaten Manöver ab. Die Planungen für diese Aktion liefen über einen Zeitraum von mindestens drei Jahren. Außerdem läuft in Ägypten derzeit die amerikanische Operation ›Bright Star‹. An ihr beteiligen sich 23 000 amerikanische Soldaten sowie wei-

tere 17 000 Mann aus NATO-Staaten und verbündeten Ländern. Dies wurde mindestens zwei Jahre lang vorgeplant. Und schließlich schickte die NATO eben erst weitere 12 000 Soldaten in die Türkei. Planungszeit: mindestens zwei Jahre. Es ist offensichtlich, dass hier vor unseren Augen ein strategischer Einsatzplan umgesetzt wird, an dem zumindest während der letzten vier Jahre gearbeitet wurde. Der 11. September ist entweder ein Vorwand oder ein Anlass oder beides zugleich.«[66]

3. Das strategische Konzept hinter den US-Kriegsplänen

»Es gibt keinen geheimen Plan. Die Operation ›Enduring Freedom‹ hat zum Ziel, Afghanistan, Zentralasien sowie die benachbarten Länder vom Terrorismus zu befreien.«

Ein Mitarbeiter der Regierung Bush (*New York Times*, 15. Dezember 2001)

Die Vereinigten Staaten begannen als Führungsmacht einer internationalen Koalition im Oktober 2001 mit einer militärischen Invasion Afghanistans. Die gängige Auffassung ist, die US-Invasion sei als Vergeltung für die am 11. September erfolgten Angriffe auf die Vereinigten Staaten begonnen worden und ihr einziges oder grundsätzliches Ziel sei das Aufspüren und Ausschalten des für die Angriffe verantwortlichen terroristischen Netzwerks al-Qaida. Das gelte ganz besonders für Osama bin Laden, den Führer der al-Qaida.

Die bis heute vorliegenden Fakten bieten jedoch ein anderes, völlig klares Bild: Der Krieg der USA gegen Afghanistan, der im Oktober 2001 begann, war ziemlich unabhängig von den Angriffen des 11. September geplant worden. Dieser Krieg war weniger eine Reaktion auf diese Angriffe, vielmehr sieht es ganz danach aus, als hätten die Anschläge einen nützlichen Vorwand geliefert, mit dem sich bereits ausgearbeitete Pläne für eine militärische Invasion rechtfertigen, »ausbauen« und umsetzen ließen. Die sehr präzise auf die bestehende Problemlage zugeschnittenen Pläne waren nämlich ausgearbeitet worden, weil die Taliban zuvor nicht mehr auf die von strategischen und wirtschaftlichen Interessen bestimmten amerikanischen Forderungen eingegangen waren. Und diese Pläne sollten im Oktober 2001 auch verwirklicht werden.

Nachdenken über Zentralasien

Im militärisch-industriellen Komplex der USA wurde mindestens ein Jahrzehnt lang über eine umfassende und langfristige militärische Intervention in Zentralasien nachgedacht. Bereits 1991, unmittelbar nach dem Golfkrieg, brachte *Newsweek* unter der Überschrift »Operation Steppe Shield?« einen Bericht zu Vorbereitungen der amerikanischen Streitkräfte für eine Operation in Kasachstan. Die Planungen folgten den Stationierungen im Rahmen der »Operation Desert Shield«, die in Saudi-Arabien und Kuwait erfolgten und zur Einrichtung eines Systems fester US-Militärstützpunkte in der Region führten.

Die genauere Analyse ergibt, dass der amerikanische Invasionsplan für Afghanistan seine Wurzeln in strategischen und wirtschaftlichen Überlegungen hat, die bis ins Jahr 1989 zurückreichen. Viele Mitarbeiter im amerikanischen Regierungsapparat sehen Afghanistan als Tor für Zentralasien und die kaspische Region und folglich als Tor zur weltweiten Hegemonie der USA. Ein im September 2001 erschienener Ergebnisbericht zu einer Konferenz der Brookings Institution, die im Mai 2001 stattgefunden hatte, zeigt sehr deutlich, dass die Ausbeutung der kaspischen und asiatischen Energieressourcen bei der Bush-Regierung absolute Priorität hatte:

> »Der Bericht der Regierung wies eindringlich auf die Tatsache hin, dass die ›steigende internationale Nachfrage nach Öl für zunehmenden Druck auf den internationalen Ölmärkten und die Verfügbarkeit von Öl sorgen wird‹. Die sich entwickelnden asiatischen Volkswirtschaften und das Wachstum der Bevölkerung – vor allem in China und Indien – werden einen erheblichen Anteil an dieser erhöhten Nachfrage haben. [...] Im Lauf des letzten Jahrzehnts wurden verschiedene Optionen für den Bau von Erdgaspipelines diskutiert, die, von der kaspischen Region ausgehend, den asiatischen Markt versorgen sollen.«

Der Zugang zu den zentralasiatischen und kaspischen Ressourcen wurde deshalb zum Herzstück von Bushs Energiepolitik.[1] Die Experten sind sich in der Einschätzung einig, dass das Kaspische Becken und Zentralasien bei der Lösung der Energieprobleme des 21. Jahrhunderts eine Schlüsselrolle spielen werden. James Dorian schreibt zum Beispiel in *Oil & Gas International*: »Wer die Öltransportwege aus Zentralasien heraus beherrscht, wird alle zukünftigen Transportwege und -mengen beeinflussen, und ebenso die Verteilung der Einkünfte aus der neuen Produktion.«[2] *Oil & Gas International* beschreibt außerdem die einzigartige Schlüsselrolle Afghanistans für den Zugang zu den zentralasiatischen Rohstofflagerstätten: »Afghanistans Bedeutung in Energiefragen ergibt sich aus seiner geographischen Lage als potenzielle Transitstrecke für Öl- und Erdgasexporte von Zentralasien bis zum Arabischen Meer. Zu diesem Potenzial gehört auch die mögliche Errichtung von Öl- und Erdgaspipelines für den Export über Afghanistan.«[3]

Ein 1999 von den führenden Zentralasienexperten Michael Croissant und Bulant Aras unter dem Titel *Oil and Geopolitics in the Caspian Sea Region* herausgegebenes Buch bietet weitere Einsichten zu diesem Thema. Im Vorwort beschreibt Pat Clawson von der National Defense University in Washington, D. C., das Kaspische Meer als wichtigste Ölregion der Welt, als Zielobjekt fortbestehender und konfliktträchtiger Interessen der Anliegerstaaten wie der mächtigen Länder der westlichen Welt. Die wirtschaftlichen und geostrategischen Themen beziehen sich insbesondere auf mögliche Routen für Pipelines und auf Versuche der Vereinigten Staaten, diese zu monopolisieren, indem ein passendes internationales Herrschaftssystem über das Öl in der Region eingerichtet wird.[4]

Die Errichterung eines solchen Regimes verlangt naturgemäß nach einer Verbindung wirtschaftlicher, politischer und militärischer Absprachen, um die Förderung und den Transport des Öls hin zu den Märkten zu schützen.[5] Die US-Politik zielte auf die Schaffung einer an den amerikanischen Interessen ausgerichteten Situation in der Region. Sie ging deshalb auf drei Ebenen gleichzeitig vor und versuchte die Region wirtschaftlich, politisch und militärisch zu durchdringen. Dazu gehörte auch das ständige Bemühen, andere Mächte beiseite zu schieben – ganz besonders Russland und Europa –, wenn es darum ging, den Zugang zu den Ressourcen der Region zu kontrollieren.[6]

Bereits 1997 schrieb ein Energieexperte des Nationalen Sicherheitsrates zur US-Politik in Zentralasien: »Die amerikanische Politik förderte die rasche Erschließung der kaspischen Energie. [...] Wir taten das insbesondere, um die Unabhängigkeit dieser ölreichen Länder zu fördern, letztlich auch, um Russlands Kontrollmonopol über den Export des Öls aus dieser Region zu brechen und, ganz offen gesagt, um durch eine Diversifikation auf der Lieferantenseite die Energieversorgung für den Westen zu sichern.[7]

Der ehemalige US-Energieminister Bill Richardson sagte 1998 mit Blick auf die zentralasiatischen Republiken:

> »Uns wäre es lieber, wenn sich diese erst seit kurzem unabhängigen Staaten an den westlichen Handels- und politischen Interessen orientieren würden, anstatt einen anderen Weg zu gehen. Wir haben in der kaspischen Region im politischen Bereich erhebliche Investitionen getätigt, und uns ist sehr wichtig, dass sowohl die Landkarte der Pipelines als auch die Politik im Endergebnis aussehen, wie von uns gewünscht.«[8]

Ein Jahr später verabschiedete der 106. US-Kongress den Silk Road Strategy Act, »[...] in Ergänzung des Foreign Assistance Act von 1961 und um notwendige Hilfe zur Unterstützung der wirtschaftlichen und politischen Unabhängigkeit der Länder im südlichen Kaukasus und in Zentralasien festzulegen.« Im Protokoll des US-Kongresses heißt es: »Die aus dem südlichen Kaukasus und Zentralasien bestehende Region könnte genügend Öl und Erdgas produzieren, um die Abhängigkeit der Vereinigten Staaten von Energie aus der instabilen Region am Persischen Golf zu verringern.« Dementsprechend einigte man sich darauf, eines der grundsätzlichen Ziele der US-Politik sei »die Unterstützung der amerikanischen Wirtschaftsinteressen und Investitionen in der Region«.[9]

Die politischen Pläne der USA in Zentralasien sind deshalb in einen umfassenden, imperialistischen Kontext eingebettet. Ein 46-seitiger Entwurf eines Pentagon-Dokuments, der von Mitarbeitern des Verteidigungsministeriums im März 1992 an die Presse weitergegeben wurde, gibt den Sachstand bei den internen Planungen und strategischen Konzepten, die der US-Militärapparat in der Ära nach dem Kalten Krieg produzierte, sehr anschaulich wieder. Das Pentagon-Dokument hält fest, das aus der Sicht der Vereinigten Staaten »wichtigste Ziel« sei, »das Auftauchen eines neuen Rivalen zu verhindern«, eines Rivalen, der die amerikanische Dominanz beim Zugriff auf die weltweiten Ressourcen in der Zeit nach dem Ende des Kalten Krieges gefährden könnte. Aus diesem Ziel ergibt sich auf Seiten der USA natürlich das Bestreben, »eine neue internationale Ordnung zu errichten und zu bewahren, die geeignet ist, potenzielle Konkurrenten davon zu überzeugen, dass sie nicht nach einer bedeutenderen Rolle zu streben brauchen oder eine aggressivere Haltung einnehmen müssen, um ihre berechtigten Interessen zu schützen.« Diese Weltordnung muss sich »in ausreichendem Maß um die Interessen der hochentwickelten Industrienationen kümmern. So hält man sie von dem Vorhaben ab, einen Umsturz in der bestehenden politischen und wirtschaftlichen Ordnung anzustreben«, die unter der Vorherrschaft der USA steht. Die militärische Vorherrschaft der USA muss aufrechterhalten werden, als »Abschreckungsmechanismus gegenüber potenziellen Konkurrenten, die eine wichtigere regionale oder globale Rolle anstreben«.

Eine solche militärische Vormachtstellung schließt die Erhaltung »der NATO als wichtigstes Instrument westlicher Verteidigung und Sicherheit« mit ein, weil die NATO die amerikanische Hegemonie auf Westeuropa ausdehnt. Deshalb müssen die USA »darauf achten, das Entstehen rein europäischer Sicherheitssysteme zu verhindern, die die NATO unterminieren würden«, und in der Folge dann auch die US-Hegemonie über Europa. Eine »dominierende Überlegung, die der neuen regionalen Verteidigungsstrategie zugrunde liegt«, ist die zwingende Notwendigkeit für die USA, »zu verhindern, dass irgendein feindlicher Staat eine Region dominiert, deren Ressourcen bei stabilen inneren Verhältnissen ausreichen würden, um globale Macht zu ermöglichen«.

Zu diesen Regionen gehören Westeuropa, Ostasien, die ehemalige Sowjetunion und der Nahe und Mittlere Osten. Diese Regionen sollten dann, dem strategischen Konzept folgend, in das von den USA dominierte globale Wirtschaftssystem eingebunden und so ein Teil der weltweiten Vorherrschaft der USA werden. Am allerwichtigsten ist deshalb das Aufrechterhalten »des Gefühls, dass die Weltordnung letztlich von den USA zusammengehalten wird. [...] Die USA sollten unabhängig handeln können, wenn keine kollektive Aktion zustande kommt.«

Es besteht kein Zweifel an der Annahme, dass dieser Pentagon-Entwurf die grundlegenden Handlungsmotive und Sorgen der heutigen Strategen der amerikanischen Politik wiedergibt.[10]

Aus diesen Gründen bestehen auch in der Ära nach dem Kalten Krieg immer noch Spannungen zwischen den Vereinigten Staaten und Russland, wenn auch nicht mehr mit derselben Intensität und Konflikthaltigkeit. Dies ist in erster Linie auf die Schwächung Russlands nach dem Zusammenbruch der UdSSR zurückzuführen. Sie hat ganz erheblich die russische Bereitschaft gefördert, sich den Vereinigten Staaten im Rahmen einer Allianz anzuschließen, die von Letzteren beherrscht wird. Gleichzeitig versuchte Russland dennoch, unter von den USA dominierten Rahmenbedingungen die eigenen Ziele zu verfolgen, stellte diese Bedingungen dabei jedoch kaum in Frage.

Douglas MacArthur und Professor Stephen Blank, der führende Experte für Russland, die Gemeinschaft Unabhängiger Staaten (GUS) und Osteuropa am Institut für Strategische Studien des US-Army War College in Carlisle/Pennsylvania, hielten fest: »Transkaspien ist mittlerweile zum vielleicht wichtigsten Gebiet für den direkten Wettstreit zwischen dem Westen und Russland geworden.«[11] Russland ist in der kaspischen Region jedoch nicht der einzige Rivale der USA. Die amerikanische Politik scheint – mit britischer Unterstützung – so angelegt, dass der deutsche wie auch der EU-Einfluss insgesamt von den Ländern des Balkans und Zentralasiens ferngehalten wird. Ebenso sollen die Durchsetzung der Ölinteressen der konkurrierenden Staaten Frankreich, Belgien und Italien behindert werden.[12]

Stephen Blanks Argumentation legt nahe, dass derzeit unter dem Deckmantel von Friedensmissionen eine raffinierte Methode zur Durchsetzung der amerikanischen Hegemonialansprüche verfolgt wird. Eine offene, von der Armee abgesicherte diplomatische Konfrontation mit Rivalen der USA wie etwa Russland, China oder anderen bleibt nach wie vor gefährlich und erscheint deshalb nicht angemessen. Die amerikanische Politik muss deshalb Mittel und Wege finden, um das »funktionale Äquivalent [...], [das heißt] also: Friedensoperationen«[13] auf den Weg zu bringen. Deshalb gibt es gute Gründe für die Behauptung, das US-Engagement in Zentralasien, obwohl offiziell als humanitär motivierte Friedens- und Sicherheitsoperation angepriesen, diene in Wirklichkeit der Sicherung wirtschaftlicher und strategischer Interessen.

Niemand kann ernsthaft bestreiten, dass die Militärintervention als Mittel der Politik vor allem dem Schutz der Interessen des Westens dient und weniger dem Schutz der Menschenrechte oder der inneren Sicherheit des jeweiligen Landes.

Die militärische Expansion der NATO wird zwar öffentlich als legitimer Schutz für NATO-Mitglieder vor internationalen Konflikten dargestellt, in jüngerer Zeit gleichzeitig auch als Schutz der Menschenrechte in aller Welt, aber die Wirklichkeit sieht anders aus. Das tatsächliche Ziel der NATO, das sich auch mit deren regionalen Strategien wie der Partnerschaft für den Frieden verbindet, lässt sich daran ablesen, was unter »Sicherheit« verstanden wird: Es geht um Sicherheit vor *jedem Ereignis oder Gebilde, die die »gemeinsamen Interessen« der NATO-Mitglieder bedroht.*

Warren Christopher und William Perry, ehemalige Außen- bzw. Verteidigungsminister der Regierung Clinton, erklärten beispielsweise 1997, dass »die Gefahr für die Sicherheit [...] nicht in erster Linie in einer potentiellen Aggression gegen ihr gemeinsames [NATO]-Territorium besteht, sondern in Bedrohungen ihrer gemeinsamen Interessen außerhalb ihres Territoriums. [...] Die Mitglieder der Allianz brauchen ein System, mit dem sich militärische Koalitionen sehr schnell bilden lassen, um solchen Bedrohungen begegnen zu können. Damit lassen sich dann Ziele außerhalb des NATO-Territoriums verwirklichen.«[14]

Die NATO muss folglich militärischen Druck ausüben und die Rolle des Beschützers westlicher Interessen in ausgewählten Zielregionen spielen. Ist von »Sicherheit« die Rede, bezieht sich das folglich auf diese Interessen, die in erster Linie wirtschaftlicher Natur sind. Verschiedene Beispiele zeigen, dass sich diese Interessen in erster Linie an strategischen und wirtschaftlichen Zielen orientieren, etwa am Zugang zu den Ressourcen der jeweiligen Region und an Maßnahmen, die gegen die Konkurrenten der USA gerichtet sind. Ein Beispiel dafür war ein Treffen amerikanischer Experten für Zentralasien, die im NATO-Hauptquartier zusammenkamen, aber nicht, um einen drohenden Konflikt zu erörtern, sondern vielmehr, um über das große amerikanische Interesse an den Erdöl- und Erdgasvorkommen im Kaspischen Becken zu sprechen. Javier Solana, der während der Konflikte auf dem Balkan Generalsekretär der NATO, später dann EU-Generalsekretär und Hoher Vertreter für die Gemeinsame Außen- und Sicherheitspolitik der EU wurde, erklärte bei einer Konferenz zur NATO-Osterweiterung in Washington, dass Europa nicht wirklich sicher sein könne, wenn der Kaukasus nicht in seine Sicherheitszone einbezogen werde.[15]

Der US-Botschafter Nathan Nimitz machte sehr deutliche und weiterführende Angaben zur künftigen Strategie amerikanischer Politik: Seine Schlussfolgerung war, dass ganz Eurasien unter die militärische und wirtschaftliche Hegemonie der USA gebracht werden müsse: »Eine Pax NATO ist die einzige, logisch zwingende Regierungsform, unter der Sicherheit in der traditionellen Bedeutung noch fortbestehen kann. [...] Die NATO muss die Notwendigkeit zur Ausdehnung ihres stabilisierenden Einflusses in die angrenzenden Gebiete erkennen. Das gilt besonders für Südosteuropa, die Staaten am Schwarzen Meer (natürlich in Abstimmung mit den regionalen Mächten) und rings um den Arabisch-Persischen Golf. Die Vereinigten Staaten müssen in diesem Sicherheitssystem auch künftig die dominierende Rolle spielen.«[16]

Nach Stephen Blanks Bericht hatten die regionalen Manöver des Jahres 1997 die Funktion, der Welt zu demonstrieren, dass »US- und NATO-Truppen überall stationiert werden könnten. [...] Ganz offensichtlich steht hinter der aktuellen Politik der Anspruch, die NATO (unter amerikanischer Führung) in Transkaspien zum internationalen Polizisten und Hegemon zu machen. Sie wird auch die Grenzen für die russische Teilhabe am bevorstehenden Ölboom in der Region ziehen.«[17]

Interventionsstrategien des Rates für Auswärtige Beziehungen

Mit anderen Worten heißt das: Das »Große Spiel« um die Vorherrschaft in Zentralasien wird im 21. Jahrhundert fortgesetzt, und die Vereinigten Staaten geben die Richtung vor. Dabei ist Afghanistan der Dreh- und Angelpunkt für die Herrschaft über Zentralasien, Zentralasien wiederum ist ein äußerst wichtiges Faustpfand für die globale Vorherrschaft.

Die einzige Weltmacht. Amerikas Strategie der Vorherrschaft (Originaltitel: *The Grand Chessboard: American Primacy and its Geostrategic Imperatives*) lautet der Titel einer 1997 erschienenen Studie des Rates für Auswärtige Beziehungen (Council on Foreign Relations, CFR). In diesem Buch wird der Sachverhalt im Zusammenhang ausführlicher strategischer Planungen für künftige Interventionen der USA in der Region diskutiert. Der Autor ist Zbigniew Brzezinski, langjähriger strategischer Berater der US-Regierung und von 1977 bis 1981 Nationaler Sicherheitsberater in der Regierung Carter. Die CFR-Studie handelt die amerikanischen Interessen in »Eurasien« ebenso detailliert ab wie die Notwendigkeit eines »anhaltenden und gezielten« US-Engagements in der zentralasiatischen Region zur Absicherung dieser Interessen.[18]

Die Einleitung über »Supermachtpolitik« beginnt Brzezinski mit dem Satz: »Seit den Anfängen der Kontinente übergreifenden politischen Beziehungen vor etwa fünfhundert Jahren ist Eurasien stets das Machtzentrum der Welt gewesen.«[19] Eurasien besteht aus Mittel- und Westeuropa und dem gesamten Gebiet östlich und südöstlich von Deutschland und Polen. Dieses Gebiet erstreckt sich über ganz Russland und China bis zum Pazifischen Ozean und schließt auch den Nahen und Mittleren Osten sowie den größten Teil des indischen Subkontinents ein. Brzezinski schreibt, die Kontrolle über die Länder Zentralasiens sei der Schlüssel zur Herrschaft über Eurasien.

Weiterhin beschreibt er Russland und China, die beide an Zentralasien grenzen, als die beiden wichtigsten Mächte, die die amerikanischen Interessen in der Region bedrohen könnten, wobei Russland nach seiner Einschätzung die größere Bedrohung ist. Die USA müssen demzufolge die »schwächeren« benachbarten Mächte, zum Beispiel die Ukraine, Aserbaidschan, den Iran und Kasachstan, umgarnen und manipulieren. So wirkt man russischen und chinesischen Vorstößen entgegen, die auf eine Kontrolle über die Öl- und Erdgasvorkommen und die weiteren Bodenschätze der zentralasiatischen Staaten abzielen. Es geht hier vor allem um Turkmenistan, Usbekistan, Tadschikistan und Kirgistan. Brzezinski hält außerdem fest, dass jedes Land, das die Vorherrschaft über Zentralasien erlangen würde, eine direkte Bedrohung für den Zugriff der USA auf die Ölvorkommen innerhalb und außerhalb der Region wie auch im Persischen Golf wäre. Den zentralasiatischen Republiken, »kommt [...] sicherheitspolitische und historische Bedeutung zu, weil mindestens drei ihrer unmittelbaren und mächtigeren Nachbarn, gemeint sind hier Russland, die Türkei und der Iran, von alters her Absichten darauf hegen und auch China ein immer größeres politisches Interesse an der Region zu erkennen gibt«:

> »Viel wichtiger aber ist der eurasische Balkan, weil er sich zu einem ökonomischen Filetstück entwickeln könnte, konzentrieren sich in dieser Region doch ungeheure Erdgas- und Erölvorkommen, von wichtigen Mineralien einschließlich Gold ganz zu schweigen. Der weltweite Energieverbrauch wird sich in den nächsten zwei oder drei Jahrzehnten enorm erhöhen. Schätzungen des US-Energieministeriums zufolge steigt die globale Nachfrage zwischen 1993 und 2015 um voraussichtlich mehr als 50 Prozent, und dabei dürfte der Ferne Osten die bedeutendste Zunahme verzeichnen. Schon jetzt ruft der wirtschaftliche Aufschwung in Asien einen massiven Ansturm auf die Erforschung und Ausbeutung neuer Energievorkommen hervor, und es ist bekannt, dass die zentralasiatische Region und das Kaspische Becken über Erdgas- und Erdölvorräte verfügen, die jene Kuwaits, des Golfs von Mexiko oder der Nordsee in den Schatten stellen.«[20] »Kasachstan ist der Schild und Usbekistan die Seele des nationalen Erwachens der verschiedenen Völker in der Region. [...] Usbekistan [kommt] bei der Förderung eines modernen Nationalismus in der Region eine Vorreiterrolle zu [...].«[21]»Wenn erst einmal Pipelines in die Region führen, verheißen die wahrhaft riesigen Erdgasvorkommen Turkmenistans seiner Bevölkerung eine blühende Zukunft. [...] Eine islamische Wiedererweckung, die bereits von

außen her vom Iran, aber auch von Saudi-Arabien Unterstützung erfährt, wird wahrscheinlich aggressive Nationalismen beflügeln, die jeglicher Reintegration unter russischer – und mithin ungläubiger – Herrschaft entschiedenen Widerstand entgegensetzen.«[22] »Pakistan ist bestrebt, durch politischen Einfluss in Afghanistan geostrategische Tiefe zu gewinnen – und den Iran aber daran zu hindern, dasselbe zu tun und sich in Tadschikistan einzumischen – und aus jeder neuen Pipeline Nutzen zu ziehen, die Zentralasien mit dem Arabischen Meer verbindet.«[23] »Einsichtige Politiker in Russlands Führung erkennen zudem, dass die in den neuen Staaten im Gang befindliche Bevölkerungsexplosion an der russischen Südgrenze eine brenzlige Lage heraufbeschwören dürfte, sollten diese Staaten ihr Wirtschaftswachstum nicht aufrechterhalten können.«[24] »Turkmenistan [hat] aktiv die Möglichkeiten für den Bau einer neuen Pipeline durch Afghanistan und Pakistan zum Arabischen Meer geprüft […].«[25]

Aus diesen Überlegungen schloss Brzezinski dann: »Amerikas primäres Interesse muss folglich sein, mit dafür zu sorgen, dass keine einzelne Macht die Kontrolle über dieses geopolitisch bedeutsame Gebiet erlangt und dass die Weltgemeinschaft hier einen ungehinderten finanziellen und wirtschaftlichen Zugang hat.«[26]

»Chinas wachsende wirtschaftliche Präsenz in der Region und sein Interesse an ihrer Unabhängigkeit sind ebenfalls deckungsgleich mit den Interessen der USA.«[27] »Amerika ist heute die einzige Supermacht auf der Welt, und Eurasien ist der zentrale Schauplatz. Von daher wird die Frage, wie die Macht auf dem eurasischen Kontinent verteilt wird, für die globale Vormachtstellung und das historische Vermächtnis Amerikas von entscheidender Bedeutung sein:
In der Mitte Eurasiens wird der Raum zwischen einem sich erweiternden Europa und einem regional aufstrebenden China geopolitisch so lange ein Schwarzes Loch bleiben, wie sich

> Russland noch zu keiner postimperialen Selbstdefinition durchgerungen hat, während die Region südlich von Russland – der eurasische Balkan – ein Hexenkessel ethnischer Konflikte und Großmacht-Rivalitäten zu werden droht.«

Brzezinski kommt dann zur entscheidenden Schlussfolgerung: »Ohne ein anhaltendes und gezieltes Engagement Amerikas könnten bald die Kräfte weltweiter Unordnung die internationale Bühne beherrschen. Angesichts der geopolitischen Spannungen, nicht nur im heutigen Eurasien, sondern überall auf der Welt, ist ein solches Szenario des weltweiten Zerfalls durchaus denkbar.«[28] Diese Beobachtungen wurzeln felsenfest in der größten Sorge des Rates für Auswärtige Beziehungen – der Aufrechterhaltung der weltweiten Vorherrschaft der USA:

> »Im letzten Jahrzehnt des 20. Jahrhunderts hat sich die Weltlage tiefgreifend verändert. Zum ersten Mal in der Geschichte trat ein außereuropäischer Staat nicht nur als der Schiedsrichter eurasischer Machtverhältnisse, sondern als die überragende Weltmacht schlechthin hervor. Mit dem Scheitern und dem Zusammenbruch der Sowjetunion stieg ein Land der westlichen Hemisphäre, nämlich die Vereinigten Staaten, zur einzigen und im Grunde ersten wirklichen Weltmacht auf.«[29]
>
> »Aber bis es soweit ist, lautet das Gebot, keinen eurasischen Herausforderer aufkommen zu lassen, der den eurasischen Kontinent unter seine Herrschaft bringen und damit auch für Amerika eine Bedrohung darstellen könnte. *Ziel dieses Buches ist es deshalb, im Hinblick auf Eurasien eine umfassende und in sich geschlossene Geostrategie zu entwerfen.*«[30]
>
> »Amerikas geopolitischer Hauptgewinn ist Eurasien. [...] Nun gibt dort eine nichteurasische Macht den Ton an – und der Fortbestand der globalen Vormachtstellung Amerikas hängt unmittelbar davon ab, wie lange und wie effektiv es sich in Eurasien behaupten kann.«[31]
>
> »In diesem Kontext kommt es darauf an, wie Amerika mit Eu-

rasien umgeht. Eurasien ist der größte Kontinent der Erde und geopolitisch axial. Eine Macht, die Eurasien beherrscht, würde über zwei der drei höchstentwickelten und wirtschaftlich produktivsten Regionen der Erde gebieten. Ein Blick auf die Landkarte genügt, um zu erkennen, dass die Kontrolle über Eurasien fast automatisch die über Afrika nach sich zöge und damit die westliche Hemisphäre und Ozeanien gegenüber dem zentralen Kontinent der Erde geopolitisch in eine Randlage brächte. Nahezu 75 Prozent der Weltbevölkerung leben in Eurasien, und in seinem Boden wie auch in seinen Unternehmen steckt der größte Teil des materiellen Reichtums der Welt. Eurasien stellt 60 Prozent des globalen Bruttosozialprodukts und ungefähr drei Viertel der weltweit bekannten Energievorkommen.«[32] »Zwei grundlegende Schritte sind deshalb erforderlich: erstens, die geostrategisch dynamischen Staaten Eurasiens auszumachen, die die internationale Kräfteverteilung möglicherweise entscheidend zu verändern imstande sind, sowie die zentralen außenpolitischen Ziele ihrer jeweiligen politischen Eliten zu entschlüsseln und die sich daraus wahrscheinlich ergebenden politischen Konsequenzen zu antizipieren; [...] zweitens, eine spezifische US-Politik zu formulieren, die in der Lage ist, die unter Punkt eins skizzierten Verhältnisse auszubalancieren, mitzubestimmen und/oder unter Kontrolle zu bekommen [...].
Bedient man sich einer Terminologie, die an das brutalere Zeitalter der alten Weltreiche gemahnt, so lauten die drei großen Imperative imperialer Geostrategie: Absprachen zwischen den Vasallen zu verhindern und ihre Abhängigkeit in Fragen der Sicherheit zu bewahren, die tributpflichtigen Staaten fügsam zu halten und zu schützen und dafür zu sorgen, dass die ›Barbaren-‹Völker sich nicht zusammenschließen.«[33] »Von nun an steht Amerika vor der Frage, wie es mit regionalen Koalitionen fertig wird, die es aus Eurasien hinauswerfen wollen und damit seinen Status als Weltmacht bedrohen.«[34] »Somit muss die Rückendeckung für die neuen postsowjetischen Staaten – für einen geopolitischen Pluralismus im Raum der

früheren Sowjetmacht – ein integraler Bestandteil einer Politik sein, die Russland dazu bringen soll, seine europäische Option ohne Wenn und Aber auszuüben. Drei dieser Staaten fallen geopolitisch besonders ins Gewicht, nämlich Aserbaidschan, Usbekistan und die Ukraine. [...] Usbekistan, volksmäßig der vitalste und am dichtesten besiedelte zentralasiatische Staat, stellt das Haupthindernis für jede neuerliche Kontrolle Russlands über die Region dar. Seine Unabhängigkeit ist von entscheidender Bedeutung für das Überleben der anderen zentralasiatischen Staaten, und es versteht sich des russischen Drucks noch am besten zu erwehren.«[35]

Außerdem hält Brzezinski fest:

»In Anbetracht des Wetterleuchtens am politischen Horizont Europas und Asiens muss sich jede erfolgreiche amerikanische Politik auf Eurasien als Ganzes konzentrieren und sich von einem geostrategischen Plan leiten lassen. [...] *Dies erfordert ein hohes Maß an Taktieren und Manipulieren, damit keine gegnerische Koalition zustande kommt, die schließlich Amerikas Vorrangstellung in Frage stellen könnte [...].*

»Zunächst besteht die Aufgabe darin, sicherzustellen, dass kein Staat oder keine Gruppe von Staaten die Fähigkeit erlangt, die Vereinigten Staaten aus Eurasien zu vertreiben oder auch nur deren bestimmende Schiedsrichterrolle entscheidend zu beeinträchtigen.«[36]

»Die Konzentration hegemonialer Macht in den Händen eines einzigen Staates wird, auf Dauer gesehen, immer weniger in die weltpolitische Landschaft passen. Daher ist Amerika nicht nur die erste und die einzige echte Supermacht, sondern wahrscheinlich auch die letzte.«[37]

Brzezinskis nächstes Argument ist von entscheidender Bedeutung:

> »Da Amerikas Gesellschaft in steigendem Maße multikulturelle Züge annimmt, dürfte, außer in Fällen einer wirklich massiven und von breiten Bevölkerungskreisen so empfundenen unmittelbaren Bedrohung von außen, ein Konsens über außenpolitische Fragen zunehmend schwerer herbeizuführen sein.«[38]

Langfristige amerikanische Ziele zur Errichtung der Hegemonie – der mit »Amerikas Vorrangstellung« verbundenen »bestimmenden Schiedsrichterrolle« – über »Eurasien«, deren Voraussetzung die Kontrolle über Zentralasien ist, zogen deshalb ein »anhaltendes und gezieltes Engagement« nach sich. Gerechtfertigt wurde dies durch das Herbeiführen »einer wirklich massiven und von breiten Bevölkerungskreisen so empfundenen unmittelbaren Bedrohung von außen«. Dies ist auch im Zusammenhang mit der Darstellung eines Musters der US-Außenpolitik im 10. Kapitel dieses Buches zu sehen: »Die öffentliche Meinung in den USA bezog zu der Frage, ob diese ihre Macht international geltend machen sollten, viel weniger eindeutig Stellung. Den Eintritt Amerikas in den Zweiten Weltkrieg unterstützte die Öffentlichkeit hauptsätzlich wegen der Schockwirkung, die der japanische Angriff auf Pearl Harbor ausgelöst hatte.«[39]

Brzezinski sah klar voraus, dass die Errichtung, Konsolidierung und Erweiterung der in Zentralasien ansetzenden militärischen Vorherrschaft der USA über ganz Eurasien eine bisher noch nie dagewesene, unbefristete Militarisierung der Außenpolitik voraussetzen würde. Diese Militarisierungskampagne musste außerdem mit einem zuvor unbekannten Ausmaß an Unterstützung und Zustimmung im eigenen Land verbunden werden. Brzezinski erkannte auch, dass für eine solche Entwicklung das Gefühl einer in dieser Form noch nie erlebten äußeren Bedrohung gebraucht wurde.

Wenn man voraussetzt, dass Afghanistan das wichtigste Einfallstor nach Zentralasien ist, leuchtet sofort ein, dass die strategische Planung des Rates für Auswärtige Beziehungen zur Erweiterung und Konsolidierung der weltweiten Vorherrschaft der USA notwendigerweise mit der Errichtung einer US-Hegemonie in Afghanistan beginnen würde: Globale Vorherrschaft sichert man sich durch die Kontrolle über Eurasien, diese wiederum erlangt man über die Schlüsselregion Zentralasien. Mit anderen Worten: Die Strategie zu einer weltweiten Führungsrolle der USA setzt in Afghanistan an und erweitert die Planungen über Zentralasien und darüber hinaus auf ganz Eurasien.

Kriege um Öl und der Plan zur weltweiten Vorherrschaft

Die bisher beschriebenen strategischen und militärischen Überlegungen sind untrennbar mit der prognostizierten Höchstmenge der weltweiten Ölproduktion verbunden. Dieses Ereignis wird außerordentlich weitreichende Folgen für die Weltwirtschaft und die westlichen Industrienationen haben. Gerald Leach war früher Direktor des Energieprogramms im Internationalen Institut für Umwelt und Entwicklung in London und beschäftigt sich heute als Senior Research Fellow am Stockholmer Umweltinstitut mit Fragen von Energie, Umwelt und Entwicklung. Er untersucht sehr genau das Problem, das sich aus »der Wahrscheinlichkeit [ergibt], dass die Weltölproduktion irgendwann im Verlauf dieses Jahrzehnts einen Spitzenwert erreicht, dann allmählich zurückgeht und nie wieder ansteigt«:

> »Ein kräftig sprudelndes und stetig wachsendes Angebot billigen Öls war eine der wichtigsten Triebfedern des wachsenden Wohlstands im vergangenen Jahrhundert. Gleichzeitig war eine Angebotslücke – oder die Angst davor – einer der wichtigs-

ten Gründe für wirtschaftliche Not, geopolitische Manöver und Krieg. Deshalb verspricht ein unmittelbar bevorstehender Tag mit einer Höchstfördermenge dieses industriellen Lebenselixiers, ein Tag, auf den dann ein Rückgang folgt, zum Ausgangspunkt schwerer wirtschaftlicher Probleme und politischer Spannungen auf der ganzen Welt zu werden. Das wird für nahezu alle Menschen Konsequenzen haben, nur wenige bleiben davon unberührt.

Diese weltweiten Umwälzungen mögen in ihrem Ausmaß und ihrer Gewichtigkeit sämtliche Auswirkungen von klimabezogenen Fragen übertreffen, etwa die Strategien zur Verminderung von Treibhausgasen und die Richtwerte zur Verringerung anderer Emissionen. Und dennoch werden sie nebenbei auch diese Berechnungen völlig über den Haufen werfen. [...]

Um mit dem Offensichtlichen zu beginnen: Die Ölvorkommen auf diesem Planeten sind endlich. Experten bezeichnen die zur Verfügung stehende Größenordnung als ›gesamte förderbare Ölmenge‹ (›ultimately recoverable reserve‹) oder schlicht als ›Gesamtmenge‹ (›the Ultimate‹). Diese Gesamtmenge ergibt sich stets aus der bisherigen Gesamtproduktion, den (nachgewiesenen, wahrscheinlichen, vermuteten) Reserven sowie den noch aufzufindenden Lagerstätten. Eine Schätzung aus dem Jahr 1999 ging von folgenden Erdölmengen aus (Angaben jeweils in Milliarden Barrel): bisherige Produktion 820, Reserven 827, noch aufzufindende Vorkommen 153, was eine Gesamtmenge von 1800 Milliarden Barrel ergibt.

Nach diesen Schätzungen wird die bisherige Produktion im Jahr 2003 die Marke von 900 Milliarden Barrel erreichen, was der Hälfte der Gesamtmenge entspricht. Und was mit Blick auf die Ereignisse seit dem 11. September 2001 nichts Gutes ahnen lässt: Etwa die Hälfte der noch aufzufindenden Ölreserven wird auf dem Staatsgebiet von nur fünf Ländern des Nahen Ostens vermutet, im Iran, Irak, in Kuwait, Saudi-Arabien und den Vereinigten Arabischen Emiraten.

Die Hälfte der Gesamtmenge ist ein äußerst wichtiger Meilenstein. Fundierte historische Erfahrungen mit vielen Öllagerstätten zeigen, dass die Ölproduktion einen Spitzenwert erreicht und dann allmählich zurückgeht, wenn etwa die Hälfte der an diesem Ort zur Verfügung stehenden Gesamtmenge aus dem Boden geholt worden ist. Diese Erfahrungen haben eher mit der physikalischen Beschaffenheit der Öllagerstätten zu tun als mit der Produktionstechnologie oder wirtschaftlichen Fragen.

Der US-Geologe und Erdölspezialist M. King Hubbert war im Jahr 1956 der Erste, der diese These vertrat. Auf der Basis zweier Schätzungen zur in den USA vorhandenen Gesamtmenge sagte er voraus, dass die Ölproduktion der Vereinigten Staaten in den frühen siebziger Jahren ihren Spitzenwert erreichen werde. Er wurde dafür vom Großteil der heimischen Ölindustrie lächerlich gemacht. Doch Hubbert behielt Recht, die US-Ölproduktion erreichte im Jahr 1971 einen Spitzenwert und ging anschließend zurück.

In den siebziger und achtziger Jahren des 20. Jahrhunderts übernahmen dann so kompetente Autoritäten wie Esso, Shell und die Weltbank Hubberts Modell. Sie gingen von einer geschätzten weltweiten Gesamtmenge von rund 2000 Milliarden Barrel aus, und alle sagten unabhängig voneinander für einen Zeitpunkt um das Jahr 2000 die Produktionsspitze voraus. Diese Prognosen übersahen jedoch die Verlangsamung bei der zuvor stetig gestiegenen weltweiten Nachfrage nach Öl, die sich nach dem Ölpreisschock der siebziger Jahre ergab. Unter Berücksichtigung dieses Aufschubs korrigierten die Experten schließlich den Zeitpunkt der Produktionsspitze auf etwa 2010.

Mitte der neunziger Jahre bedienten sich verschiedene unabhängige Experten derselben Methode und einigten sich auf der Basis aktualisierter Daten zu den weltweiten Ölvorräten, dass die Produktion der nicht der OPEC (der Organisation Erdöl exportierender Länder) angehörenden Staaten etwa zu jenem Zeitpunkt ihren Spitzenwert erreichen würde. Den Spitzenwert für die weltweite Produktion sagten sie für den Zeitraum von 2005 bis 2010 voraus.

Die Analysen gehen davon aus, dass die Ölproduktion täglich um etwa zwei Millionen Barrel sinken wird, wenn der Spitzenwert einmal erreicht worden ist. Die Tagesproduktion liegt derzeit bei rund 74 Millionen Barrel, der jährliche Rückgang wird also zunächst etwa 2,7 Prozent betragen. Angesichts des gegenwärtig immer noch steigenden Ölverbrauchs wird das gewaltige und äußerst brisante Veränderungen mit sich bringen.«[40]

Colin J. Campbell dokumentierte, dass die Produktionsspitze bei der konventionellen Ölgewinnung offensichtlich bereits im Jahr 2000 erreicht worden ist. Dieser Autor, ein Experte aus der Ölindustrie und Kurator des in London ansässigen Oil Depletion Analysis Centre, wies nach, dass nahezu die Hälfte des verfügbaren Öls bereits gefördert worden ist und nur noch geschätzte 150 Millarden Barrel ihrer Entdeckung harren. Die Ölreserven werden gegenwärtig mit einer Jahresrate von rund zwei Prozent abgebaut, und deshalb scheint klar zu sein, dass die konventionelle Ölproduktion ihren Spitzenwert bereits erreicht hat. Es wird aber wohl noch einige Jahre dauern, bis der folgerichtig anstehende Produktionsrückgang erkennbar durchschlägt.[41] Der Strukturgeologe Dale Allen Pfeiffer beschreibt die möglichen Auswirkungen des bevorstehenden Rückgangs bei der Ölproduktion:

»Wenn die Öl- und Erdgas-Produktion abnimmt, wird sich das auch in der Gesamtwirtschaft und in unserer technologischen Zivilisation zeigen. Ohne Öl und Erdgas wird die moderne Landwirtschaft nicht mehr funktionieren, und die Menschen werden hungern. Ohne Öl und Erdgas wird die Industrie zum Stillstand kommen, das Transportwesen wird zusammenbrechen, und die Menschen in den nördlichen Klimazonen werden im Winter frieren.

Der Wissenschaftler Richard Duncan hat ein Modell erarbeitet, das bis heute unwiderlegt blieb. Dieses Modell besagt, dass die technologische Zivilisation ohne ihre Rohstoffgrundlagen

> nicht überleben kann, vor allem nicht ohne Energie. Sobald dieser Rohstoff erschöpft ist, kann keine Lebensform auf einem einzelnen Planeten die technologische Zivilisation aufrechterhalten. Duncan stellt sein Modell gerne jedem Interessenten zu Testzwecken zur Verfügung, in der Hoffnung, es möge jemandem gelingen, dieses Modell zu widerlegen. Bis zum heutigen Tag hat dies niemand geschafft.«[42]

Richard Duncan, Direktor des Institute on Energy and Man in Seattle/Washington, stellte sein wissenschaftliches Modell bei der Jahrestagung 2000 der Geological Society of America vor. Es zeigt detailliert die bedrohlichen Konsequenzen, die sich mit dem Spitzenwert in der weltweiten Ölproduktion für die industrielle Zivilisation verbinden. Diese Konsequenzen seien nur durch schnelle und geeignete Maßnahmen abzuwenden, die die Abhängigkeit vom Erdöl verringern und die Umstellung auf erneuerbare Energien einleiten.[43] Leider scheinen die Regierungen der westlichen Länder an solchen Maßnahmen nicht interessiert zu sein. Vielleicht hängt das mit der auf eine solche Umstellung folgenden Dezentralisierung der Macht zusammen. Es ist sehr viel schwieriger, die Kontrolle über erneuerbare Energiequellen wie zum Beispiel die Solarenergie in den Händen weniger Menschen zusammenzufassen. Das liegt in der Art dieser Energiequellen begründet. Die amerikanischen/westlichen Machteliten scheinen sich größere Sorgen um den Fortbestand ihrer direkten Investitionen und Profite zu machen. Gleichzeitig entwickeln sie Strategien für die Stabilisierung ihrer Kontrolle über die noch verbleibenden weltweiten (fossilen) Energievorkommen. Colin Campbell beschreibt, wie sich die US-Außenpolitik deshalb offenbar in erster Linie an einem möglichst schnellen Zugriff auf diese Energiereserven orientiert:

> »Rückblickend werden wir vielleicht feststellen, dass der Spitzenwert bei der Ölförderung im Jahr 2000 erreicht wurde: ein Wendepunkt, ab dem der Wohlstand der Vergangenheit, der

mit Hilfe des reichlich sprudelnden, billigen Öls aufgebaut wurde, ganz allmählich vom Niedergang abgelöst wurde. Es fällt sehr schwer, sich einen historischen Bruch dieser Größenordnung vorzustellen. Die armen Länder werden den größten Teil der Last zu tragen haben. Aber auch die Vereinigten Staaten werden in ernste Schwierigkeiten geraten. Es besteht die Gefahr unüberlegter Militärinterventionen, die einfach nur den Zugriff auf Öl sichern sollen.«[44]

Es sollte uns nicht überraschen, dass der jetzt ausgerufene »Krieg gegen den Terror« auf längst ausgearbeiteten militärischen Einsatzplänen beruht, die lange vor dem 11. September 2001 formuliert wurden und strategisch besonders wichtige Regionen, in denen große Energiereserven lagern, zum Ziel haben. Der wichtigste Rohstoff ist das Öl. Die schottische Zeitung *Sunday Herald* bezieht sich in einem Beitrag auf »einen geheimen Entwurf für die weltweite Vorherrschaft der USA«. Darin werden ausführliche militärische Planspiele enthüllt, die von »Präsident Bush und seinem Kabinett [...] sogar noch vor der Amtsübernahme im Januar 2001« gutgeheißen wurden.

»Der vom *Sunday Herald* aufgedeckte Entwurf zur Schaffung einer ›weltweiten Pax Americana‹ war für den folgenden Personenkreis gedacht: für Dick Cheney (den jetzigen Vizepräsidenten), Donald Rumsfeld (den Verteidigungsminister), Paul Wolfowitz (den Stellvertretenden Verteidigungsminister), für Jeb Bush (George W. Bushs jüngeren Bruder, den Gouverneur von Florida) sowie für Lewis Libby (Cheneys Stabschef). Das Dokument trägt den Titel ›Rebuilding America's Defences: Strategies, Forces And Resources For A New Century‹ und wurde im September 2000 von der neokonservativen Expertengruppe Project for the New American Century (PNAC) verfasst.«

Die Erläuterung dieses schockierenden Dokuments durch den *Sunday Herald* lohnt an dieser Stelle, ausführlich wiedergegeben zu werden:

> »Der Plan beweist, dass Bushs Kabinett vorhatte, die Golfregion militärisch zu kontrollieren, ganz egal, ob nun Saddam Hussein an der Macht war oder nicht. In diesem Plan heißt es: ›Die Vereinigten Staaten waren jahrzehntelang bestrebt, bei der Sicherung der Golfregion eine beständigere Rolle zu übernehmen. Der ungelöste Konflikt mit dem Irak liefert nur die aktuelle Begründung, denn die Notwendigkeit einer bedeutsamen militärischen Präsenz Amerikas in der Golfregion geht über die Probleme mit dem Regime von Saddam Hussein hinaus.‹
> Das PNAC-Dokument bietet einen ›Entwurf für die Aufrechterhaltung der weltweiten Vorrangstellung der USA. Dieses Konzept soll verhindern, dass ein rivalisierender Staat ebenfalls zur Großmacht aufsteigt, und es soll einer internationalen Sicherheitsordnung Gestalt verleihen, die mit den amerikanischen Prinzipien und Interessen übereinstimmt.‹
> Diese ›Große amerikanische Strategie‹ muss ›so weit und so lange wie möglich‹ vorangetrieben werden, heißt es in dem Bericht. Er fordert die USA außerdem auf, ›so viele begrenzte regionale Kriege wie möglich zur gleichen Zeit zu führen und für sich zu entscheiden‹. Dies sei der ›Kern des ganzen Unternehmens‹.

Der Bericht schildert die amerikanischen Streitkräfte im Auslandseinsatz als ›Kavallerie an der neuen amerikanischen Frontier‹ (der einstigen Grenze der »Zivilisation« im »Westen«; A. d. Ü.).

> Der PNAC-Entwurf bestätigt ein früheres, von Wolfowitz und Libby verfasstes Dokument, in dem die Ansicht vertreten wird, die USA müssten ›die anderen modernen Industriestaaten davon abhalten, unsere Führungsrolle in Frage zu stellen

oder auch nur einen größeren regionalen oder globalen Einfluss anzustreben‹.
Das PNAC-Papier enthält noch eine Reihe weiterer Anhaltspunkte. Es

- bezeichnet die wichtigsten Verbündeten der USA, zum Beispiel Großbritannien, als ›effektivstes und effizientestes Mittel für die Ausübung der weltweiten Führungsrolle der USA‹;
- beschreibt Friedensmissionen als ›Demonstration der politischen Führungsrolle Amerikas, mit Vorrang gegenüber den Vereinten Nationen‹;
- enthüllt die Sorgen innerhalb der US-Regierung, Europa könnte zu einem Konkurrenten der USA werden;
- spricht davon, dass feste US-Stützpunkte in Saudi-Arabien und Kuwait verbleiben werden, ›selbst wenn Saddam Hussein von der Bildfläche verschwindet‹. An der Stationierung von US-Soldaten soll auch gegen die einheimische Opposition in den Staaten am Persischen Golf festgehalten werden, denn ›der Iran kann sich künftig als ebenso große Gefahr für die Interessen der USA erweisen wie der Irak in der Vergangenheit‹;
- wirft ein Schlaglicht auf China und spricht vom ›Regimewechsel‹, denn ›es ist an der Zeit, die amerikanische Truppenpräsenz in Südostasien zu verstärken‹. Dies, so heißt es, könnte dazu führen, dass ›der Einfluss der USA und seiner Verbündeten den Auslöser für den Demokratisierungsprozess in China liefert‹;
- fordert die Gründung von ›U. S. Spaces Forces‹, um den Weltraum zu beherrschen; außerdem wird die totale Kontrolle über den Cyberspace angestrebt, um zu verhindern, dass ›Feinde‹ das Internet gegen die USA einsetzen.

Schließlich werden Nordkorea, Libyen, Syrien und der Iran als gefährliche Regime bezeichnet, deren Existenz die Schaffung eines ›weltweiten Kommando-und-Kontroll-Systems‹ rechtfertige.

Der Labour-Abgeordnete Tam Dalyell, dienstältester Parlamentarier des britischen Unterhauses und eine der führenden Stimmen gegen einen Krieg mit dem Irak, sagte: ›[...] Dies ist ein Entwurf für eine weltweite Vorherrschaft der USA – für eine neue Weltordnung nach dem Geschmack der USA. Dies sind die Gedankenspiele amerikanischer Phantasten, die nach der Weltherrschaft streben. Ich bin entsetzt über die Tatsache, dass ein der Labour Party angehörender britischer Premierminister mit Leuten von so zweifelhafter moralischer Gesinnung ins Bett gestiegen ist.‹«[45]

An diesen Plänen wurde allerdings fast zehn Jahre lang gearbeitet. David Armstrong, ein investigativer Reporter des in Washington angesiedelten National Security News Service, berichtete auf der Basis öffentlich zugänglicher Dokumente aus dem Verteidigungsministerium, die im Wesentlichen aus der Feder des gegenwärtigen Vizepräsidenten Dick Cheney oder anderer wichtiger Regierungsmitglieder wie Paul Wolfowitz, Colin Powell und Donald Rumsfeld stammen: Es gab eine immer wieder aktualisierte Planung »für eine weltweite Dominanz der USA«.[46] Die Dokumente umreißen einen konsequenten Kurs in der US-Außenpolitik, den Armstrong als »den Plan« bezeichnet. Dieser Plan wurde zuletzt 1993 als *Defense Strategy for the 1990s* veröffentlicht, als Cheneys Amtszeit als Verteidigungsminister unter George Bush sen. zu Ende ging. Der »Plan«, ein »sich ständig weiterentwickelndes Werk«, gelangte dann im Juni 2002 erneut ans Licht der Öffentlichkeit, diesmal »in Form einer Ansprache des Präsidenten bei einer Abschlussfeier an der Militärakademie West Point«. Diese Rede wurde »der Presse als neue Variante der *Defense Planning Guidance* zugespielt [...]«.

»Ihre endgültige Form werden diese Gedanken jedoch erst als neue nationale amerikanische Sicherheitsstrategie erhalten. [...] Der Plan zielt auf eine Weltherrschaft der USA ab. In der Öffentlichkeit spricht man von Unilateralismus, aber letzten

Endes geht es um weltweite Vorherrschaft. Es ergeht ein Appell an die Vereinigten Staaten, ihre gewaltige Überlegenheit aufrechtzuerhalten und neue Rivalen daran zu hindern, die Weltmacht auf globaler Ebene herauszufordern. Es ist die Rede von Vorherrschaft über Freunde wie auch über Feinde. Der Plan spricht nicht davon, dass die Vereinigten Staaten mächtiger oder am mächtigsten sein müssen. Sie müssen vielmehr absolute Macht ausüben.«[47]

Bin Laden ist unwichtig

All dies belegt eindeutig das umfassende wirtschaftliche und strategische Programm, das sich hinter den lange vor dem 11. September 2001 bestehenden militärischen Planungen verbirgt.

Dieses Programm wurde im Februar 1998 bei Hearings vor dem Unterausschuss Südasien/Pazifik im US-Repräsentantenhaus erneut bestätigt. Die Treffen dieses außenpolitischen Unterausschusses im Repräsentantenhaus enthüllten die grundlegenden strategischen und wirtschaftlichen Interessen der USA in Zentralasien sowie Afghanistans entscheidende Rolle als Ausgangsbasis bei der Sicherung dieser Interessen. Der US-General Tommy Franks, Oberbefehlshaber des US Central Command, das auch den Einsatz in Afghanistan steuerte, sagte sogar unmittelbar nach dem 11. September, das Aufspüren von Osama bin Laden gehöre nicht zu den Zielen dieses Kampfauftrags:

> »›Wir haben nicht gesagt, dass Osama bin Laden zu den Zielpersonen dieser Aktion gehört‹, sagte Franks einen Monat nach dem Beginn des Krieges bei seinem ersten Briefing im Pentagon zu Reportern. Franks [...] sagte: ›Unser Ziel ist die Vernichtung des al-Qaida-Netzwerks und der Taliban [...], die bin Laden und al-Qaida Unterschlupf gewähren.‹ Der Marine-Oberstleutnant Dave Lapan, Verbindungsoffizier des Central

Command im Pentagon, sagte, Franks versuche die umfassenderen Ziele in Afghanistan zu umreißen. ›Sollte uns morgen früh irgendjemand berichten, Osama sei tot, heißt das noch lange nicht, dass unsere Arbeit in Afghanistan getan ist‹, sagte Lapan.«[48]

Dass es den USA in Wirklichkeit gar nicht um die Gefangennahme bin Ladens ging, zeigte auch ein Bericht des Londoner *Daily Mirror*: »Ende September und Anfang Oktober verhandelten führende Vertreter der beiden islamistischen Parteien Pakistans über die Auslieferung bin Ladens nach Pakistan, wo er sich für die Anschläge vom 11. September vor Gericht verantworten sollte:«

»Es war verabredet, dass er in Peschawar unter Hausarrest gestellt werden sollte. Nach Berichten aus Pakistan (und auch im *Daily Telegraph*) hatten dem sowohl bin Laden selbst als auch Mullah Omar, der Anführer der Taliban, zugestimmt. [...] Ein US-Regierungsvertreter erklärte später, dass eine ›zu enge Definition unserer Ziele‹ das Risiko ›eines vorzeitigen Zusammenbruchs der internationalen Anstrengungen‹ mit sich bringe, ›falls Mr. bin Laden durch einen glücklichen Zufall gefangen genommen würde‹. [...] Das afghanische Volk bekam statt dessen ›amerikanische Gerechtigkeit‹, durchgesetzt von einem Präsidenten, der internationale Abkommen über Atomwaffen, biologische Waffen, über Folter und die Reduzierung von Treibhausgasen ablehnte und sich außerdem weigerte, den Internationalen Gerichtshof zur Verfolgung von Kriegsverbrechen anzuerkennen: Das ist genau die Institution, die bin Laden vor Gericht stellen könnte.«[49]

Dem Krieg gegen Afghanistan und dem darauf folgenden, umfassenderen »Krieg gegen den Terror«, der lange vor dem 11. September geplant worden war, lagen sehr viel weiter gehende, imperialistische Überlegungen zugrunde. Die Gefangennahme bin Ladens und ein anschließender Gerichtsprozess waren ein Vorwand für die Öffentlichkeit, aber kein grundsätzliches Ziel der US-Militäraktion. Langfristige militärische Planungen für eine Invasion in Afghanistan fußten auf weit reichenden strategischen und wirtschaftlichen Interessen. Das Ziel war die Konsolidierung der weltweiten Hegemonie der USA durch die Beherrschung Eurasiens und Zentralasiens.

4. Warnhinweise vor dem 11. September und das Versagen der Geheimdienste

»Was in den Vereinigten Staaten passiert, überraschte mich völlig. Ich erwartete, dass es nach dem 11. September eine Riesenauseinandersetzung darüber geben würde, was alles schief gelaufen war. Und dann gab es in den USA gar keine Aufregung. Keine gegenseitigen Beschuldigungen, nichts was mit dem zu vergleichen wäre, was 1941 nach Pearl Harbor los war ... Die Vereinigten Staaten haben einen Mantel des Schweigens über das Thema eines eventuellen Geheimdienstversagens gebreitet.«

Wesley Wark, kanadischer Geheimdienstexperte und Berater des kanadischen Staatsratsbüros für Geheimdienstangelegenheiten (Privy Council Office of Canada on Intelligence Policy). (Globe & Mail vom 18. Dezember 2001)

»Wir haben schon seit drei Jahren diesen Verbrecher Osama bin Laden im Visier, aber das haben wir nicht vorausgesehen,« sagte Vincent Cannistraro, der frühere Antiterrorchef der CIA. Ein General der US-Luftwaffe beschrieb den Anschlag als »etwas, das wir noch nie gesehen hatten, an das wir auch in unseren kühnsten Träumen nie gedacht hätten.« FBI-Direktor Robert Mueller erklärte darüber hinaus, dass »es, soweit ich weiß, keine Warnhinweise gegeben hat«. Führende FBI-Beamte äußerten sich über Geheimdienstwarnungen vor dem 11. September: »Die Idee, dass jemand ein Flugzeug in ein Gebäude steuern oder es sonst wie als Bombe benutzen könnte, ist nie aufgetaucht.«[1] Glaubt man diesen offiziellen Darstellungen, hatte niemand in der Administration des Präsidenten Bush die geringste Ahnung von der Identität der Leute, die hinter den Anschlägen vom 11. September steckten oder von deren Plänen und Zielen.

Aber im Gegensatz zu diesen dezidierten Behauptungen gibt es schlagende Beweise dafür, dass die US-amerikanischen

Nachrichtendienste über ausführliche Vorwarnungen auf die Anschläge vom 11. September in New York und Washington verfügten. Vieles lässt sogar vermuten, dass diese Angriffe tatsächlich im Interesse einiger Leute in der Bush-Administration gelegen haben könnten.

Flugzeuge als Bomben

Im Jahre 1993 beauftragte das Pentagon eine Gruppe von Experten, die Möglichkeit zu untersuchen, ob man ein Flugzeug als Bombe auf nationale Wahrzeichen stürzen lassen könnte. Der pensionierte Luftwaffen-Oberst Doug Menarchik, der diese 150 000-$-Studie für das Amt für Spezialoperationen und Kleinkonflikte des Verteidigungsministeriums erstellte, erinnerte sich später: »Man betrachtete diese Idee als viel zu radikal, sie war wohl auch zu gruselig für die damalige Zeit. Als ich weg war, starb das Ganze dann einen stillen Tod.« Andere Teilnehmer notierten, dass die Entscheidung, keine detaillierten Szenarien zu veröffentlichen, auch deswegen getroffen wurde, weil man befürchtete, Terroristen könnten diese Ideen aufgreifen. Trotzdem war ein Papier mit den Ergebnissen dieser Untersuchung im Pentagon, dem Justizministerium und der FEMA, dem Bundesamt für Katastrophenschutz, im Umlauf. Höhere Regierungsbeamte entschieden sich dann gegen eine Veröffentlichung.[2]

Die besondere Verwundbarkeit der New Yorker Zwillingstürme war ebenfalls erkannt worden. Im Jahre 1994 kommentierte einer der Experten der Pentagon-Untersuchung im *Futurist*-Magazin, dass das World Trade Center mit hoher Wahrscheinlichkeit Ziel eines solchen Terroranschlags sein könnte:

> »Ziele wie das World Trade Center liefern nicht nur die nötige hohe Opferzahl, sondern sorgen auch wegen ihres Symbolgehalts für weltweites Aufsehen. Um ihre Erfolgsaussichten so

weit wie möglich zu vergrößern, werden Terrorgruppen wahrscheinlich mehrere Operationen gleichzeitig durchführen, um damit die Abwehrmöglichkeiten der US-Regierung zu überlasten und gleichzeitig ihre Professionalität und ihre Möglichkeiten zu demonstrieren.«[3]

Die Schlüssigkeit der »viel zu radikalen Ideen« des Pentagons bestätigte sich, denn bereits im Jahre 1994 wurde dreimal versucht, Flugzeuge auf Gebäude stürzen zu lassen.

Im April 1994 drang ein Flugzeugingenieur der Federal Express, der kurz vor der Entlassung stand, als Passagier einer DC-10 ins Cockpit ein und wollte das Flugzeug auf ein Gebäude der Firma in Memphis steuern. Glücklicherweise konnte er von der Besatzung überwältigt werden.

Der zweite Versuch fand im September statt. Ein Pilot stürzte mit seinem Kleinflugzeug auf einen Baum im Garten des Weißen Hauses, und zwar unmittelbar vor dem Schlafzimmer des Präsidenten.

Der dritte Versuch fand im Dezember statt. Mitglieder der Bewaffneten Islamischen Gruppe (GIA) mit Verbindungen zur al-Qaida entführten in Algier eine Maschine der Air France, um damit den Eiffelturm zu rammen. Französische Spezialeinheiten konnten das Flugzeug in Marseille am Boden erstürmen.[4]

Es muss festgestellt werden, dass die amerikanischen Geheimdienste nach dem ersten Anschlag auf das World Trade Center von 1993 sehr wohl wussten, dass Terroristen mit Verbindungen zu Osama bin Laden und der al-Qaida die Twin Towers als ideales Terrorziel im Fadenkreuz hatten. So heißt es in einer Meldung der Associated Press: »Nach dem Anschlag auf das World Trade Center im Jahre 1993 entdeckten Ermittlungsbeamte, dass einer der Verschwörer, Nidal Ayyad, eine erschreckende Computerbotschaft hinterlassen hatte: ›Nächstes Mal wird es dann ganz präzise ablaufen.‹ Diese Bemerkung zusammen mit Erkenntnissen, die man aus vergangenen Terrorismusfällen gewonnen hatte, weisen auf einen

Lernprozess hin, der über ein Jahrzehnt zu den schrecklichen Ereignissen des 11. Septembers führte.«[5] Mit anderen Worten, al-Qaida hatte den amerikanischen Ermittlern sehr klar zu verstehen gegeben, dass es sicherlich ein »nächstes Mal« geben werde, bei dem das World Trade Center noch einmal das Ziel eines Terroranschlags sein würde.

Al-Qaida-Pläne: Das Projekt Bojinka

Westliche Geheimdienstkreise hatten bereits im Jahre 1995 Kenntnis von Terrorplänen, aus der Luft Ziele auf amerikanischem Boden, vor allem wichtige US-Gebäude, anzugreifen. FBI und CIA hatten ausführliche Informationen über mögliche Flugzeugentführungen und Selbstmordanschläge von Terroristen mit Verbindungen zu Osama bin Laden. So heißt es in einem Bericht der *New York Times*:

> »Im Jahre 1994 wurden zwei Airliner von Leuten entführt, die sie auf Gebäude stürzen lassen wollten, eines der beiden von einer militanten islamistischen Gruppe. Und die in diesem Jahr erschienene Ausgabe des Jahresberichts der FAA, der US-Luftfahrtbehörde, über kriminelle Angriffe auf die Verkehrsluftfahrt im Jahre 2000 erwähnt, dass, obwohl ›nichts von einem Angriff Osama bin Ladens auf die Zivilluftfahrt bekannt ist, er dazu sowohl über die Motivation als auch über die nötigen Mittel verfügt‹. In dem Bericht heißt es weiter, dass ›bin Ladens antiwestliche und antiamerikanische Einstellung ihn und seine Anhänger zu einer bedeutenden Bedrohung für die Zivilluftfahrt, vor allem der Vereinigten Staaten, machen‹.«[6]

Außerdem kannten die amerikanischen Geheimdienste bin Ladens spezielle Absichten, entführte Verkehrsflugzeuge als Waffen zu benutzen. Darüber berichtete die *Chicago Sun-Times*:

»Obwohl das FBI schon vorher Hinweise auf Pläne hatte, US-Flugzeuge zu entführen und sie als Waffen zu benutzen, ergriff es keine Maßnahmen und gab diese Informationen auch nicht an lokale Polizeibehörden weiter. Gleich nach den Anschlägen vom 11. September behaupteten hochrangige Bundesbeamte steif und fest, von der Vorgehensweise der Terroristen völlig überrascht worden zu sein. Viele bleiben bis heute bei dieser Darstellung. Tatsächlich kannte aber das FBI schon 1995 Teile des Entführungsplans und hätte bei einer Abgleichung mit neueren Informationen die Verschwörung durchaus vorher aufdecken können.«[7]

Diese Verschwörung »tauchte 1997 im New Yorker Prozess gegen den Pakistaner Ramzi Yousef, den Organisator des Anschlags auf das World Trade Center von 1993, wieder auf ... Das FBI und die CIA müssten allerspätestens zu diesem Zeitpunkt von diesem Plan gewusst haben.«[8] Dazu bemerkt der unabhängige Presseinformationsdienst Public Education Center (PEC) in Washington, D. C.: »Untersuchungsbehörden des Bundes bestätigten, dass Murad, ein enger Vertrauter und Helfer des wegen des Bombenanschlags auf das World Trade Center von 1993 verurteilten Yousefs, einen detaillierten Plan enthüllte, Flugzeuge als Bomben auf das CIA-Hauptquartier in Langley, Virginia, und andere US-Gebäude stürzen zu lassen.« – »Unabhängig davon brüstete sich Yousef auf dem Auslieferungsflug von Pakistan in die Vereinigten Staaten im Februar 1995 dieses Plans gegenüber dem US-Geheimagenten Brian Parr und dem FBI-Agenten Charles Stern«, führt der PEC-Bericht weiter aus. »Dies bezeugten die Agenten später vor Gericht ... Der Plan zielte nicht nur auf die CIA ab, sondern auch auf andere US-Regierungsgebäude in Washington, einschließlich des Pentagons.«[9]

Raphael M. Garcia III, der Chef der Mega Group of Computers, einer philippinischen IT-Firma, der oft mit der Bundespolizei der Philippinen NBI (National Bureau of Investigation) auf seinem Wissensgebiet zusammenarbeitet, war auch an der Geheimdienstoperation beteiligt, die das »Projekt Bojinka« aufdeckte. Garcia war verantwortlich für die Entschlüsselung von Yousefs Computer. »Auf diese Weise enthüllten wir die Pläne von Ramzi Yousefs Terrorzelle. Zuerst sollte Papst Johannes Paul II. ermordet werden. Dann entdeckten wir ein zweites, noch unheimlicheres Komplott: das Projekt *Bojinka*, der jugoslawische Begriff für einen lauten Knall.[10] Man wollte innerhalb von 48 Stunden elf Verkehrsflugzeuge über dem Pazifik in die Luft sprengen. Diese Flugzeuge wären aus Seoul, Hongkong, Taipeh, Tokio, Bangkok, Singapur und Manila gekommen:«

> Dann fanden wir ein weiteres Dokument, das die Alternative diskutierte, die elf Flugzeuge auf ausgewählte Ziele in den Vereinigten Staaten stürzen zu lassen, anstatt sie einfach nur zu sprengen. Dazu gehörten das CIA-Hauptquartier in Langley, Virginia; das World Trade Center in New York; der Sears Tower in Chicago; das TransAmerica-Gebäude in San Francisco und das Weiße Haus in Washington ... Ich leitete meine Erkenntnisse an NBI-Beamte weiter, die ihrerseits den Bericht (und den Computer) dem Leitenden Direktor der PNP (der Philippinischen Nationalpolizei) oder Bob Heafner vom FBI übergaben ... Ich hatte seither mehrere Treffen mit gewissen US-amerikanischen Stellen, die mir bestätigten, dass auf Grund meines Berichtes tatsächlich zahlreiche Maßnahmen ergriffen worden seien.«[11] (Weitere Quellen dazu mit Internet-Adressen im Anhang unter den Nummern 12 und 13.)

Diese Tatsachen wurden von der Washingtoner unabhängigen Medienbeobachtungsgruppe AIM (Accuracy in Media) ausführlich gewürdigt. Dabei kritisierte AIM die Medien scharf dafür, weil sie weitgehend ignoriert hatten, dass die US-Geheimdienste schon vorher Kenntnisse von diesem Projekt hatten:

»Projekt Bojinka war sowohl der CIA als auch dem FBI bekannt. Es wird in den Gerichtsprotokollen des New Yorker Prozesses gegen Ramzi Yousef und Abdul Murad wegen deren Beteiligung an den Bombenanschlägen auf das World Trade Center von 1993 genau beschrieben. Da die CIA als ein Ziel dieses Planes erwähnt wurde, hätte sie sich stark für jedes Anzeichen interessieren sollen, dass bin Laden dessen Ausführung vorbereitete. Der offensichtlichste Hinweis hierfür, auf den man hätte achten müssen, war die Tatsache, dass junge, überzeugte al-Qaida-Anhänger das Fliegen amerikanischer Verkehrsflugzeuge zu lernen begannen. Dies hätte eigentlich eine intensive Überwachung der Flugschulen erfordert, an denen diese Ausbildung stattfand.«[14]

Dem *Insight Magazine* gelang es, »Originalkopien von Murads Verhör durch die philippinische Polizei (der Bericht trägt den Codenamen *Blue Marlin*)« zu erhalten und dessen wichtigste Teile zu veröffentlichen. Murad »beschrieb ausführlich seine Pilotenausbildung, die er an mehr als einem halben Dutzend amerikanischer Flugschulen zusammen mit anderen Männern aus dem Nahen Osten und Pakistan absolvierte«:

»Er begann 1990 an der Alpha-Tango-Flugschule in San Antonio, wechselte dann zur Richmore Aviation in Schenectady, New York, und später zur Coast Aviation Flugschule in New Bern, North Carolina. Am Ende bekam er von der FAA den Pilotenschein zum Fliegen kleiner Propellerflugzeuge.
Die Befragung Murads ging weiter bis Februar und Anfang März 1995. Dabei begann er, der Polizei mehr über das Projekt Bojinka zu erzählen. In *Blue Marlin* heißt es: ›Hinsichtlich ihres Plans, ein Verkehrsflugzeug auf das CIA-Hauptquartier in Virginia stürzen zu lassen, gab der Befragte an, dass die Idee, mehr zu tun, bei einem Gespräch mit Abdul Basit (Yousef) entstanden sei und es noch keinen genauen Ausführungsplan dafür gebe. Der Befragte plant, als ganz gewöhnlicher Passagier ein amerikanisches Linienflugzeug zu betreten. Dann wolle er

besagte Maschine entführen und sie, nachdem er das Cockpit in seine Gewalt gebracht habe, auf das CIA-Hauptquartier stürzen lassen. Dazu wolle er weder eine Bombe noch Sprengstoff benutzen. Es wäre also eine Selbstmordmission, die er gerne ausführen werde. Er müsse es nur schaffen, eine Pistole ins Flugzeug zu schmuggeln, dann werde die Entführung gelingen.‹ Dieses *Blue-Marlin*-Protokoll wirkt wie eine ausführliche Blaupause dessen, was volle sieben Jahre später am 11. September tatsächlich passieren wird.«[15]

Geheimdienstarbeit nach diesen Erkenntnissen

Tatsächlich wurde die Überwachung der Flugschulen verstärkt, was zeigt, dass man die Bedrohung durch das Projekt Bojinka nicht unterschätzte – im Gegenteil, man nahm sie sogar sehr ernst und verstärkte auf ihrer Grundlage noch die nachrichtendienstliche Aufklärungsarbeit. Schon Garcia hatte ja berichtet, dass er bei Treffen mit »gewissen US-amerikanischen Stellen« erfahren habe, dass auf Grund seines Berichtes über das Projekt Bojinka »tatsächlich zahlreiche Maßnahmen ergriffen worden seien.«[16] Und auch das *Insight Magazine* berichtet Ähnliches: »Haben also die US-amerikanischen Nachrichtendienste geschlafen? Nicht ganz. Wie der Sender Fox News und Associated Press im März berichteten, nahmen FBI-Agenten *Blue Marlin* zur Hand, besuchten alle Flugschulen, die Murad erwähnte, und befragten alle Männer aus dem Nahen Osten, die er genannt hatte.« *Insight* zitiert aber auch ungenannte US-Beamte, die behaupteten, dass all ihre Nachforschungen zu nichts geführt hätten und dass sie »keine Beweise dafür gefunden hätten, dass irgendeine Person aus dem Nahen Osten mit Ausnahme Murads etwas im Schilde führte. Da es auch keine anderen Beweise gegeben habe, hätten sie auch nichts unternommen«.[17]

Diese Angaben sind jedoch falsch. Die weitere Überwachung durch das FBI lieferte nämlich tatsächlich die Bestätigung, dass Terroristen mit Verbindungen zur al-Qaida an US-Flugschulen trainierten, was wiederum klar zeigte, dass die Vorbereitungen für das Bojinka-Projekt weitergingen. Laut dem *San Francisco Chronicle* »stürzten sich FBI-Agenten 1995 auf alle Flugschulen« als Reaktion auf die Enthüllungen über das Projekt Bojinka. Murad hatte in der Tat zu zehn Männern aus dem Nahen Osten Kontakt gehabt, die ebenfalls US-Flugschulen besuchten.[18] Die *Washington Post* berichtete in einer Reportage über die Bojinka-Planungen: »Das FBI hat seit 1996 immer mehr Hinweise darauf bekommen, dass internationale Terroristen auf US-Flugschulen das Fliegen von Jumbojets erlernten.« Kurz nachdem das FBI von dem Projekt Bojinka erfahren hatte, nahm das Beweismaterial für eine terroristische Präsenz an amerikanischen Flugschulen sogar noch zu. »Offizielle Stellen bestätigen, dass ein gescheitertes Komplott, in Manila US-Flugzeuge in die Luft zu jagen, und später die Aussagen, die ein Vertrauter bin Ladens vor Gericht machte, FBI-Nachforschungen in verschiedenen Schulen ausgelöst hätten.«[19] Vor allem zeigt dieser Bericht, dass al-Qaidas Pläne für das Projekt Bojinka von den US-Nachrichtendiensten als ernst zu nehmende Bedrohung angesehen wurden und so auch weitere Nachforschungen »ausgelöst« haben, die Beweise für terroristische Aktivitäten an Flugschulen erbrachten.

Ein früherer Artikel der *Washington Post* beschreibt detailliert, wie einige dieser Nachforschungen abliefen und wie viele dieser Untersuchungen zu substanziellen Ergebnissen führten oder sogar zu bestätigen vermochten, dass al-Qaida-Terroristen tatsächlich ein Flugtraining absolvierten:

> »In der letzten Woche berichteten zwei Betreiber von Flugschulen, dass sie im Jahre 1996 von FBI-Agenten aufgesucht worden seien, die an Informationen über einige arabische Piloten interessiert waren. Sie hatten Verbindungen zu einem pakistanischen Terroristen, der schließlich wegen eines geplanten Bombenattentats auf US-Linienflugzeuge verurteilt wurde.

Diese Flugschulen, die Coastal Aviation in New Bern, North Carolina, und die Richmor Aviation in Schenectady, New York, waren zwei der vier, bei denen nach Angaben philippinischer Behörden Abdul Hakim Murad Anfang der Neunzigerjahre ein Flugtraining absolviert hatte. Murad wurde 1995 in Manila verhaftet und später in New York wegen des Plans verurteilt, ein Dutzend amerikanische Flugzeuge über dem Pazifik in die Luft sprengen und sich dann mit einem Selbstmordflugzeug auf das CIA-Hauptquartier stürzen zu wollen.

Dale Davis, der Betriebsdirektor der Airman Flugschule in Norman, Oklahoma, gibt an, dass im Jahre 1998 FBI-Agenten Vertreter dieser Schule nach einem Absolventen befragten, der sich später vor Gericht als ein Pilot im Dienste bin Ladens herausgestellt habe.

In diesem Jahr wurden im Prozess gegen bin-Laden-Vertraute wegen der Bombenanschläge auf die US-Botschaften in Kenia und Tansania weitere Dokumente vorgelegt, die auf verschiedene Verbindungen zwischen amerikanischen Flugschulen und Piloten bin Ladens hinwiesen [...]«[20]

Es gab also mit anderen Worten ein klares Muster von Aktivitäten der al-Qaida an Flugschulen. Die US-Nachrichtendienste hatten auch zu keiner Zeit diese spezielle Bedrohung einfach vernachlässigt, die sich mit den Vorbereitungen zum Projekt Bojinka verband, sondern hatten im Gegenteil ihre Aufklärungs- und Überwachungstätigkeit Jahr um Jahr fortgesetzt und dabei auch zahlreiche Beweise für terroristische Umtriebe gefunden.

Spätestens 1997 waren al-Qaidas Absichten, Flugzeuge als fliegende Bomben gegen wichtige US-Gebäude einzusetzen, in amerikanischen Geheimdienstkreisen allgemein bekannt. So schreibt die *Washington Times*: »Ende 1998 meldeten die amerikanischen Geheimdienstberichte, dass Osama bin Laden Anschläge auf Washington oder New York plane, um einen US-Raketenangriff auf sein Hauptquartier in Afghanistan zu rächen.«[21] Eleanor Hill, die Direktorin des Gemeinsamen

Untersuchungsausschusses von Senat und Repräsentantenhaus, erwähnt eine ganze Reihe von Berichten aus dem Jahr 1998 über al-Qaidas Pläne für einen Angriff auf die Vereinigten Staaten, die »bei allen Nachrichtendiensten und wichtigen amerikanischen Regierungsstellen im Umlauf waren«. Diese Berichte »hatten alle ein zentrales und äußerst wichtiges Thema: Osama bin Ladens Absicht, in den Vereinigten Staaten Terroranschläge durchzuführen«, und zwar vor allem auf symbolische Ziele in Washington und New York.[22]

Die *Washington Post* berichtet darüber hinaus, dass »ein 1999 für den National Intelligence Council, eine Unterorganisation der CIA, zusammengestellter Bericht davor warnte, dass mit bin Laden verbundene Terroristen ein Flugzeug entführen und es ins Pentagon, das Weiße Haus oder das CIA-Hauptquartier stürzen lassen könnten«.[23]

Ungefähr zur selben Zeit, im Oktober 1999, begannen bei den US-Nachrichtendiensten immer mehr glaubhafte Informationen darüber einzugehen, dass al-Qaida einen Anschlag in den USA vorbereitete, dessen Ziele höchstwahrscheinlich in New York lägen. So heißt es bei *NewsMax*: »Das Londoner Fachblatt *Jane's Terrorism and Security Monitor* berichtet, dass US-amerikanische Geheimdienstquellen die Besorgnis hegen, dass der Terrorist Osama bin Laden einen größeren Terrorangriff auf die Vereinigten Staaten planen könnte. Diese amerikanischen Quellen befürchten angeblich ›besonders einen Angriff auf New York und empfahlen deswegen erhöhte Sicherheitsmaßnahmen für die New Yorker Börse und die Amerikanische Bundesbank‹.«[24]

Auch Eleanor Hills Stellungnahme vor dem Gemeinsamen Untersuchungsausschuss des US-Kongresses macht deutlich, dass die amerikanischen Nachrichtendienste während des ganzen Jahres 1999 zahlreiche Hinweise darauf erhielten, dass ein solcher Anschlag gerade vorbereitet werden könnte. Dazu ein Beispiel aus ihrem Bericht:

»Am 14. Dezember 1999 wurde ein Mann namens Ahmed Ressam verhaftet, als er versuchte, aus Kanada in die Vereinigten Staaten einzureisen. Ein aufmerksamer US-Zöllner stoppte Ressam in Port Washington und durchsuchte dessen Fahrzeug. Dabei fand er Chemikalien und Material für einen Bombenzünder. Ressams Ziel war der Internationale Flughafen von Los Angeles. Später stellte es sich heraus, dass er Verbindungen zu Osama bin Ladens Terrornetzwerk hatte. Bisher wurde er noch nicht rechtskräftig verurteilt.«[25]

Der FAA-Jahresreport über Verbrechen gegen die Luftfahrt erwähnte 1999 die von bin Laden ausgehende Bedrohung und erinnerte daran, dass ein im britischen Exil lebender radikaler Moslemführer schon im August 1998 gewarnt hatte, dass bin Laden »eine Verkehrsmaschine abstürzen lassen oder entführen wird, um die Vereinigten Staaten zu demütigen«.[26]

Spätestens im Jahr 2000 zeigte die Vorgehensweise des Pentagons ganz klar, dass die militärischen Geheimdienste genau wussten, dass der al-Qaida-Anschlag auf amerikanischem Boden eine Selbstmordattacke aus der Luft sein würde und ein entführtes Flugzeug als fliegende Bombe dienen würde. Im Oktober 2000 berichtet der Londoner *Mirror*: »Die militärische Führung war so davon überzeugt, dass Terroristen ein Flugzeug auf das Pentagon lenken konnten, dass sie mit den Planungen für einen solchen Fall begannen:«

»Fast elf Monate vor dem Selbstmordattentat des 11. September, das 189 Menschen im amerikanischen militärischen Hauptquartier das Leben kosten sollte, führten sie schon eine ausführliche Notfallübung durch.
... [Ein] Bericht beweist, dass Militärplaner vom 24. bis zum 26. Oktober 2000 eine Übung abhielten, die als Vorbereitung für ›Ereignisse wie den Absturz eines Passagierflugzeugs auf das Pentagon‹ dienen sollte.
Dieser Report, der in einer internen Pentagon-Zeitung erschien, liest sich wie eine Darstellung der späteren Ereignisse:

›Vom Hof drangen Feuer und Rauch des abgestürzten Flugzeugs herein.‹ [...] Der Sprecher der Notfallplanungsabteilung des Pentagon, Glen Flood sagte: ›Wir wussten, dass es möglicherweise Flugzeugabstürze geben könnte, und führten verschiedene entsprechende Planspiele durch.‹«[27]

Warnhinweise aus dem Jahre 2001

Unterdessen ging die Überwachung der Machenschaften der al-Qaida auf amerikanischem Boden weiter. Zwischen 2000 und 2001 hatte die CIA dem FBI die Namen von ungefähr 100 mutmaßlichen Mitgliedern von bin Ladens Terrornetzwerk mitgeteilt, von denen sie annahm, dass sie auf dem Weg in die Vereinigten Staaten seien oder sich bereits dort aufhielten.[28]

Von Februar bis Juli 2001 fand in New York eine Prozess gegen vier Männer statt, die wegen Verwicklungen in die Bombenanschläge auf die US-Botschaften im Jahre 1998 angeklagt waren. Alle wurden verurteilt. Der Prozess lieferte auch Anhaltspunkte für laufende terroristische Aktivitäten an US-Flugschulen und bewies, dass zwei Handlanger bin Ladens in Texas und Oklahoma ein Pilotentraining absolviert hatten, während ein weiteres al-Qaida-Mitglied sich um eine solche Ausbildung beworben hatte. Einer der Helfer bin Ladens vermittelte dem FBI als Kronzeuge tiefe Einblicke in das weiterlaufende Ausbildungsprogramm der al-Qaida-Piloten.[29]

In den folgenden Monaten wurden diese klaren Hinweise auf ein weiteres Terrortraining als Vorbereitung auf einen Anschlag in den Vereinigten Staaten durch viele zusätzliche Anhaltspunkte immer wieder bestätigt. Eleanor Hill erwähnt in ihrer offiziellen Stellungnahme einige dieser Berichte, die in der US-amerikanischen Geheimdienstszene im Umlauf waren. Drei Beispiele seien hier aufgeführt:

> »Von Mai bis Juni (2001) fing die National Security Agency (NSA), die amerikanische Nachrichtenver- und -entschlüsselungsbehörde, mindestens 33 Botschaften auf, die auf einen möglicherweise unmittelbar bevorstehenden Terroranschlag hindeuteten. Diese Berichte wurden an die anderen Nachrichtendienste weitergeleitet.
> Im Mai 2001 erhielten die amerikanischen Geheimdienste die Nachricht, dass Anhänger Osama bin Ladens angeblich planten, über Kanada illegal in die Vereinigten Staaten einzureisen, um einen terroristischen Sprengstoffanschlag durchzuführen. Dieser Bericht erwähnte auch einen Anschlag in den Vereinigten Staaten.
> Im Juli 2001 wurde diese Information an das FBI, die Einwanderungsbehörde INS, den US-amerikanischen Zoll und das US-Außenministerium weitergegeben und im August 2001 in einen vertraulichen Geheimdienstbericht für höhere Regierungsbeamte aufgenommen.«[30]

Nach veröffentlichten Erklärungen enthielten diese Warnungen keine genaueren Angaben über die Art und Weise der bevorstehenden Terroranschläge, über ihren Ablauf, ihre Ziele und den Zeitpunkt ihrer Ausführung. Diese offizielle Version wurde jedoch gründlich durch wichtige Daten diskreditiert, die von deutschen Geheimdienstkreisen veröffentlicht wurden. Diese konnten nachweisen, dass die amerikanischen Nachrichtendienste im Jahre 2001 glaubhafte Hinweise darauf erhielten, dass Terroristen eine Operation nach Art des Bojinka-Projekts planten.

Schon sechs Monate vor dem 11. September wussten US-Dienste aus verlässlichen Quellen, dass bin Laden das Projekt Bojinka bald durchführen wollte. Drei Monate später wurden diese Warnungen wiederholt. Die amerikanischen Geheimdienste ignorierten diese Berichte nicht, sondern nahmen sie im Gegenteil sehr ernst. *Newsbytes*, ein Onlinedienst der *Washington Post*, berichtete Mitte September:

»Die *Frankfurter Allgemeine Zeitung* behauptet in einem Bericht, dass US-amerikanische und israelische Nachrichtendienste vor wenigstens drei Monaten schlüssige Warnhinweise erhalten hätten, dass nahöstliche Terroristen planten, Verkehrsflugzeuge zu entführen und sie als Waffen zum Angriff auf wichtige Symbole der amerikanischen und israelischen Kultur zu benutzen.

Die *FAZ* zitierte ungenannte deutsche Geheimdienstquellen, die behaupteten, dass das Echelon-Spionagesystem dazu benutzt worden sei, Informationen über diese Terrordrohungen zu sammeln, und dass vermutlich auch britische Nachrichtendienste entsprechende Warnhinweise erhalten hätten. Die *FAZ*, eine der angesehensten deutschen Zeitungen, berichtet sogar, dass schon vor sechs Monaten westliche und nahöstliche Pressedienste erfahren hätten, dass solche Angriffe geplant würden. Die Zeitung fügt hinzu, dass die amerikanischen Geheimdienste diese Warnungen durchaus ernst genommen und ihre Überwachungstätigkeit verstärkt hätten.«[31]

Die letzte Bemerkung ist von entscheidender Bedeutung. Sie zeigt klar, dass alle amerikanischen Nachrichtendienste als Reaktion auf die Hinweise des ECHELON-Systems einen Angriff im Stil des Projekts Bojinka erwarteten und folglich ihre Aufklärungstätigkeit intensivierten. Ein nachrichtendienstliches Briefing für höhere Regierungsbeamte, von dem Eleanor Hill berichtete, legt es nahe, dass diese Informationen sehr schnell auch das Weiße Haus erreichten.[32]

Aber wie viele Leute erfuhren denn überhaupt von diesen Hinweisen auf einen bevorstehenden al-Qaida-Anschlag? Deutsche Geheimdienstkreise behaupten, dass alle amerikanischen Dienste davon erfahren und daraufhin auch Maßnahmen ergriffen hätten, da sie diese Informationen für glaubhaft hielten. Es scheint sogar, dass die ganze Angelegenheit so ernst genommen wurde, dass der Direktor der CIA sogar einige ausgewählte Kongressmitglieder darüber informierte. Am Morgen des 11. September brachte das öffentlichrechtliche National Public Radio (NPR) in der Sendung »Morning Edition« eine Livereportage über die Anschläge. Dabei wandte sich der Moderator Bob Edwards an einen Reporter vor Ort, den NPR-Kongresskorrespondenten David Welna, der sich gerade im Kapitol befand, als das Gebäude evakuiert wurde. Welna berichtete:

> »Ich sprach gerade mit dem Kongressabgeordneten Ike Skelton, einem Demokraten aus Missouri und Mitglied des Verteidigungsausschusses, der mir erzählte, dass erst neulich der CIA-Direktor gewarnt habe, es könne da einen Angriff – einen *nahe bevorstehenden* Angriff – *dieser Art* auf die Vereinigten Staaten geben. So kommt dies alles wohl nicht gänzlich unerwartet.«[33]

Auch der *New Yorker* liefert einige Facetten zur Bestätigung dieses allgemeinen Bildes.[34] In einem Bericht der *Washington Post* vom 5. Juli 2001 wird der damalige Antiterrorkoordinator des Weißen Hauses, Richard A. Clarke, mit der Bemerkung zitiert, dass »hier etwas wirklich Spektakuläres passieren wird, und es wird sehr bald passieren.«[35] Offensichtlich erwarteten alle amerikanischen Geheimdienste schon Anfang Juli 2001 einen Anschlag der al-Qaida und wussten, dass »nahöstliche Terroristen planten, Verkehrsflugzeuge zu entführen und sie als Waffen zum Angriff auf wichtige Symbole der amerikanischen ... Kultur zu benutzen.«[36]

Zu den Gebäuden, die US-Geheimdienste als »Symbole der amerikanischen Kultur« im Sinne von al-Qaidas Bojinka-Plänen betrachteten, gehörte auch das World Trade Center. Dass die Twin Towers aller Wahrscheinlichkeit nach Ziele sein würden, ergab sich schon daraus, dass Kräfte, die Osama bin Laden nahe standen, schon einmal vergeblich versucht hatten, die Gebäude in die Luft zu sprengen und danach angekündigt hatten, beim nächsten Mal würden sie die Türme in Schutt und Asche legen.

Auch danach gingen weiterhin Warnungen vor einem bevorstehenden Attentat ein. Ungefähr vier Wochen vor dem 11. September bekam die CIA ganz konkrete Hinweise auf einen Anschlag auf amerikanischem Boden. In einem Bericht der Associated Press heißt es dazu: »Informierte Kreise berichten auch, dass die CIA einen Monat vor den Anschlägen allgemeine Hinweise erhielt, die die Besorgnis noch erhöhten, dass bin Laden und seine Anhänger immer entschlossener waren, in den USA zuzuschlagen.« Ein CIA-Mann konnte dies bestätigen: »Anfang August geschah etwas, das uns zeigte, dass er auf amerikanischem Boden bald zuschlagen würde.« AP fügt noch hinzu, dass »die CIA auf Grund dieser Information Bundesbehörden eine Warnung zukommen ließ«.[37]

Diese alarmierenden Hinweise wurden während dieser ganzen Zeit von den amerikanischen Nachrichtendiensten sehr ernst genommen. Zwei Beamte der US-Terrorabwehr beschrieben die Warnungen, die im Früh- und Hochsommer 2001 eingingen, als »die Brisantesten und Dringendsten seit Jahrzehnten«.[38]

Anfang Juli 2001 führte dieser Nachrichtenstrom dazu, dass der Nationale Antiterrorkoordinator des Weißen Hauses, Richard A. Clarke, alle inländischen Sicherheitsbehörden des Bundes alarmierte. Bis Anfang August 2001 tauchten weitere Indizien dafür auf, dass ein al-Qaida-Angriff unmittelbar bevorstand. Monate später schreibt die *Los Angeles Times* über diese Zeit: »Die amerikanischen Nachrichtendienste und die Spionageorganisationen anderer Länder wurden im letzten Sommer mit Warnungen vor möglichen Terrorangriffen geradezu überhäuft. Der Vorsitzende des Geheimdienstausschusses des Repräsentantenhauses, Porter J. Goss, ein republikanischer Kongressabgeordneter aus Florida, erinnerte sich erst neulich, dass ›schon seit etlichen Monaten darüber spekuliert und gemunkelt wurde, wo immer man hinkam‹.«[39] Bei einer Betrachtung all dieser Tatsachen erscheint es klar, dass die amerikanischen Nachrichtendienste Monate vor dem 11. September einen Anschlag nach Art des Projekts Bojinka erwartet und ihre Überwachungstätigkeit verstärkt hatten.

Die al-Qaida – infiltriert und abgehört

In einem Bericht der Presseagentur UPI enthüllte der Terrorismuskorrespondent Richard Sale, wie ECHELON bin Laden und andere Terrorgruppen ständig abhört:

> »Nach Auskunft von einem halben Dutzend Spezialisten, die von UPI befragt wurden, hört ECHELON nicht eine bestimmte Einzelperson ab. Vielmehr zeichnet das System eine riesige Anzahl von Gesprächen auf und filtert dann mit Hilfe von Computern, die auf bestimmte Stichwörter ansprechen, alle Botschaften mit einem nachrichtendienstlichen Wert heraus und identifiziert sie anschließend. Danach werden sie sofort in die Hauptquartiere der Abhörorganisationen geschickt – bei der NSA ist das der riesige Gebäudekomplex voller Computer in Fort Meade, in dem 20 000 Menschen arbeiten.«[40]

Wie effektiv ECHELON bin Ladens Terrornetz überwacht, zeigte sich auch bei einer Verhandlung gegen ihn vor einem US-Bezirksgericht in Manhattan, die zeigte, dass die NSA in bin Ladens bestgeschütztes Kommunikationssystem eindringen konnte. »Die Anklageschrift gegen ihn vor dem US-Bezirksgericht in Manhattan beruht hauptsächlich auf von der National Security Agency abgehörten Telefongesprächen zwischen bin Laden und seinen in der ganzen Welt verteilten Handlangern – von Afghanistan bis London, von Kenia bis in die Vereinigten Staaten.«[41]

Bin Laden versuchte seit mindestens 1995, die ECHELON-Überwachung seiner elektronischen Kommunikation durch fortgeschrittene Verschlüsselungstechnologien zu verhindern, allerdings vergeblich:

> »Ben Venzke, der Leiter der nachrichtendienstlichen Abteilung von iDefense, einer privaten »Cyberwar«-Firma in Virginia, die sich mit der Sicherheit der modernen IT-Kommunikation befasst, gibt an, dass bin Laden seit 1995 versucht habe,

seine Kommunikationssysteme mit ›allen verfügbaren Computer-Tools‹ zu schützen ... Wenn also bin Laden schon 1995 damit begonnen hat, bestimmte Anrufe zu verschlüsseln, wie können sie dann jetzt als Teil einer Anklageschrift wieder auftauchen? US-Beamte geben die Antwort: ›Seine Codes wurden geknackt!‹, und Venzke fügt noch hinzu, dass man die höchste Sicherheitsstufe nicht immer verwendet, da dies zu umständlich und auch auf andere Weise angreifbar wäre.«[42]

Dieser UPI-Bericht zeigt, dass ein Großteil des Beweismaterials in dieser Verhandlung aus ECHELON-Abhörprotokollen stammt, die man nach den Bombenanschlägen auf die ostafrikanischen US-Botschaften von 1998 erstellt hatte. So hatte zum Beispiel die NSA fast jede Minute der Gespräche aufgezeichnet, die Osama bin Laden mit einem Satellitentelefon von Afghanistan aus führte. Der dazu gehörende Laptop war in New York wahrscheinlich von einem in den USA lebenden Verbindungsmann gekauft worden. Bin Laden verbrauchte fast alle der mehr als 2000 vorausbezahlten Minuten, um Anhänger in Dutzenden von Ländern anzurufen.[43] In Anbetracht der Tatsache, dass US-Beamte »glauben, dass die Planungen für den 11. September wahrscheinlich schon vor zwei Jahren begannen«, sollte ECHELON also Informationen über die Vorbereitung der Anschläge abgefangen haben.[44]

Einige US-Beamte behaupteten aber kürzlich, dass dieser Informationszugang schon 1998 versiegt sei, als al-Qaida den Gebrauch aller elektronischen Kommunikationsmittel eingestellt habe. Diese Leute werden von der *Baltimore Sun* folgendermaßen zitiert: »Personen, die sich in der US-Geheimdienstwelt auskennen, behaupten, dass die NSA nach den Bombenanschlägen in Ostafrika bin Ladens Kommunikationen nicht mehr nahezu komplett abhören konnte.« Die Möglichkeit dazu »sei seit 1998 beträchtlich geringer geworden, auch wenn sie bis zum gewissen Grade immer noch bestand.[45]« Diese Behauptung erscheint jedoch als pure Desinformation, die dazu bestimmt ist, das Versagen der amerikanischen Geheimdienste bei der Verhinderung der Ereignisse des 11. 9. zu bemänteln. Die Bestätigung, dass die US-Nachrichtendienste die Kommunikation der al-Qaida auch noch nach den Anschlägen überwachen konnten, lieferte Orrin Hatch, Senator aus Utah, ein konservativer Republikaner mit guten Kontakten zur nationalen Sicherheitsszene. Am Tag der Anschläge bestätigte Hatch, dass die US-Regierung Osama bin Ladens Nachrichtenverkehr elektronisch aufzeichnete und dabei abgehört habe, wie zwei Helfer bin Ladens die Attentate feierten: »Sie haben einen Mitschnitt von Gesprächen von Leuten mit Verbindungen zu bin Laden, die bestätigten, dass ein paar Ziele getroffen worden sind.«[46]

In einem Interview mit ABC News vom gleichen Tag ergänzte Hatch noch, dass ihn sowohl die CIA als auch das FBI über diese Tatsache informiert hätten. Die US-Regierung war über diese Enthüllungen offensichtlich nicht sehr glücklich, da sie im Widerspruch zu den früheren amerikanischen Behauptungen standen, dass al-Qaida aufgehört habe, elektronische Kommunikationsmittel zu benutzen. Als Antwort darauf verurteilte der amerikanische Verteidigungsminister Donald Rumsfeld voller Ärger diesen Bericht als eine nicht autorisierte Veröffentlichung von Geheiminformationen. Das Weiße Haus führte später dann dieses Leck als guten Grund dafür an, warum es dem Kongress Informationen über amerikanische Antiterror-Maßnahmen vorenthalten hatte.

ABC News berichtete weiter, dass kurz vor dem 11. September die National Security Agency »zahlreiche Telefongespräche von bin Ladens Operationschef Abu Zubaida in die Vereinigten Staaten« abfing. Der Inhalt dieser mitgeschnittenen Telefonanrufe wurde nicht bekannt gegeben.[47] Laut *USA Today* beweisen tatsächlich kürzlich frei gegebene CIA-Dokumente die Existenz »elektronischer Abhörprotokolle von al-Qaida-Mitgliedern, die noch am 10. September dunkel und kryptisch eine größere Aktion ankündigten. Zwei amerikanische Geheimdienstleute, die den Inhalt streng geheimer Gesprächsmitschnitte sinngemäß wiedergeben, sagen, dass sie solche Bemerkungen enthalten wie ›Es kommen gute Zeiten‹, ›Pass auf die Nachrichten auf‹ und ›Morgen wird ein großer Tag für uns‹.«[48] Die NSA hat auch noch andere »Abhörmitt-schnitte vom 10. September« aufgezeichnet von »Gesprächen, die Personen in Afghanistan und Saudi-Arabien auf Arabisch führten, die nach Angaben amerikanischer Stellen Verbindungen zur al-Qaida hatten. [...] Kongress- und andere Quellen geben an, dass sich in einer von der NSA aufgefangenen Nachricht eine Person folgendermaßen äußerte: ›Morgen beginnt das Spiel.‹ Am selben Tag wurde dann auch noch ein Satz einer anderen Person registriert: ›Morgen ist die Stunde Null.‹«[49] Diese Lecks lösten bei der Bush-Administration großen Ärger aus. Quellen aus dem Weißen Haus berichten, dass Präsident Bush über die Veröffentlichung dieser »alarmierend konkreten« Nachricht »tief besorgt« gewesen sei.[50]

Die offizielle Erklärung dafür, warum man auf so deutliche Hinweise in keiner Weise reagiert habe, ist die Behauptung, dass diese nicht rechtzeitig übersetzt worden seien, weil qualifizierte Analysten gefehlt hätten. Bisher wurde aber noch kein schlüssiger Beweis dafür vorgelegt, wohingegen etliche Berichte zeigen, dass die amerikanischen Geheimdienste über mehrere Jahre erfolgreich ein routinemäßiges Rund-um-die-Uhr-Abhörsystem von bin Ladens und al-Qaidas Kommunikationskanälen und Aktivitäten aufgebaut hatten. Außerdem stimmt diese Erklärung auch nicht mit der Tatsache überein, dass aufgefangene Nachrichten »sofort in die Hauptquartiere der Abhörorganisationen geschickt werden – im Falle der NSA ist das der riesige Gebäudekomplex voller Computer in Fort Meade, in dem 20 000 Menschen arbeiten«.[51] Dazu kommt noch, dass nach den Angaben von James W. Harris, dem früheren Leiter der Abteilung für strategische Auswertungen der CIA, »die Aufgabe, elektronische Informationen aus Überseequellen aufzufangen, generell in den Zuständigkeitsbereich der National Security Agency fiel. Harris fügte noch hinzu, dass die CIA und die Antiterror-Abteilung des FBI sicherlich Zugang zu diesen Mitschnitten gehabt hätten.«[52]

Das verfügbare Beweismaterial deutet auch darauf hin, dass die NSA durchaus genügend qualifizierte Übersetzer zur Verfügung hatte, um die aufgefangenen Nachrichten aufbereiten und sie an andere Behörden wie CIA und FBI weiterleiten zu können. Dies demonstriert vor allem die Geschichte des Mitschnitts vom 11. September, der von Senator Orin Hatch der Öffentlichkeit mitgeteilt wurde, in dem zwei von bin Ladens Männern, die sich über die Anschläge freuten, bestätigten, dass ein paar Ziele getroffen worden seien. Diese Nachricht wurde von der NSA aufgefangen, was zeigt, dass al-Qaidas elektronische Kommunikation umfassend überwacht wurde. Dann wurde sie sofort übersetzt und innerhalb von Stunden an CIA, FBI und wahrscheinlich auch an andere wichtige Behörden weitergeleitet. Beamte aus diesen Kreisen informierten anschließend Senator Hatch, so dass dieser noch am gleichen Tag damit an die Öffentlichkeit gehen konnte. Hätte die NSA tatsächlich keine qualifizierten Übersetzer gehabt, dann wäre dieser Vorgang so nicht möglich gewesen. Offensichtlich verfügte die NSA durchaus über die Fähigkeit und die notwendigen Kapazitäten, innerhalb von Stunden aufgefangene Nachrichten zu übersetzen und an andere Dienste weiterzugeben.

Wenn man annimmt, dass ECHELON Osama bin Laden und die al-Qaida abhorte und sogar ihren Sicherheitscode geknackt hatte, sind die Schlussfolgerungen daraus wahrlich alarmierend. Der kanadische Sozialphilosoph und Globalisierungskritiker John McMurtry, Professor an der Universität von Guelph, Ontario, meint zu diesem Punkt:

»Es erscheint höchst unwahrscheinlich, dass der allumfassende Überwachungsapparat von ECHELON und die höchst entwickelte Nachrichtenorganisation, die jemals aufgebaut wurde, überhaupt nichts von der äußerst schwierigen, staaten- und länderübergreifenden Organisation und Planung mitbekommen haben soll, die für eine solche mehrfache Flugzeugentführung aus gut überwachten Flughäfen der USA erforderlich ist – vor allem wenn man bedenkt, dass die Selbstmordpiloten ihr Training in den Staaten absolvierten und das World Trade Center 1993 schon einmal das Ziel eines Bombenanschlags von ehemaligen afghanischen Alliierten der CIA gewesen war. Da der Hauptverdächtige, Osama bin Laden, selbst einmal im Auftrag der CIA in Afghanistan tätig war und seine Bewegungen und Aufenthaltsorte nach den erfolgreichen Terrorangriffen auf die zwei US-Botschaften im Jahre 1998 vermutlich genau überwacht wurden, sollte man doch einmal über die näheren Zusammenhänge nachdenken.«[53]

Die US-amerikanischen Nachrichtendienste hörten nicht nur die gesamte Kommunikation der al-Qaida ab, sondern hatten auch dieses Terrornetzwerk in einem Maße infiltriert, das bisher nicht völlig aufgedeckt worden ist. So berichtet der *Boston Globe* im Juni 2002:

> »Ein Mitarbeiter eines US-Geheimdienstes behauptet, dass amerikanische Agenten al-Qaida unterwandert hätten und so schon vor dem 11. September erste Informationen erhalten hätten, dass die Terrorgruppe einen großen Anschlag plane. Diese Enthüllungen sind in den rund 400 000 Seiten der Dokumente enthalten, die die CIA den Geheimdienstausschüssen von Senat und Repräsentantenhaus übergeben hat. Beide Häuser untersuchen die Sicherheitspannen, die eventuell dazu führten, dass die Behörden nicht rechtzeitig Kenntnis von den Anschlägen erhielten.«[54]

Der Infiltrationsprozess gelang offensichtlich mit dem Einsatz von bezahlten Informanten, die häufig mit Osama bin Laden in Kontakt traten. Die angesehene pakistanische Zeitung *Dawn* zitiert als interessantes Beispiel hierfür einen Bericht der *Los Angeles Times*: »Ein afghanischer Gefolgsmann Osama bin Ladens erhielt fast 50 000 Dollar für Informationen über die al-Qaida, die Organisation der saudi-arabischen Dissidenten:«

»Der Mann, dessen Identität aus Sicherheitsgründen nicht enthüllt wurde, stellte seine Dienste der US-Botschaft in Islamabad am 16. Oktober 2000 zur Verfügung, nur Tage nachdem al-Qaida-Leute im jemenitischen Hafen Aden einen Bombenanschlag auf den US-Zerstörer *Cole* verübt hatten.

Er war ein paar Jahre lang ein untergeordneter Helfer in Osamas Lager gewesen und hatte auch mit dem saudischen Renegaten gegessen und gebetet. ›Im Ganzen habe ich Osama mehr als hundert Mal gesehen.‹ Die Zeitung meldet weiter, dass die CIA diesem Mann in den nächsten zwei Jahren 500 bis 1000 $ im Monat für Informationen über die Operationen, den Personalaufbau und die Infrastruktur der al-Qaida in Afghanistan bezahlt habe.«[55]

So ist es keine Überraschung, wenn die *Washington Post* im März 2000 berichtet, dass die Kombination von umfassender Unterwanderung der al-Qaida durch US-Geheimdienste, intensiver Überwachung ihrer elektronischen Kommunikationswege und der engen Zusammenarbeit mit ausländischen Nachrichtendiensten den Vereinigten Staaten zu jeder Zeit genaue Kenntnisse über die Operationen al-Qaidas verschaffe.[56]

Luftfahrtbehörden waren gewarnt

Es sollte hier erwähnt werden, dass während der zweiten Phase der ECHELON-Warnungen etwa im Juni 2001 der Brancheninformationsdienst Airjet Airline World News mit ausdrücklichem Bezug auf das Projekt Bojinka ebenfalls einen Warnhinweis verbreitete: »Im Prozess sagte ein Geheimdienstagent aus, dass Yousef sich während seines Auslieferungsflugs nach New York damit gebrüstet habe, dass er in ein paar Wochen einige Jumbojets in die Luft gejagt hätte, wenn sein Plan nicht aufgedeckt worden wäre. Die Anklagebehörde teilte mit, dass sich die Angeklagten sogar schon einen Namen für ihren Terroranschlag auf die Luftfahrt ausgedacht hätten, nämlich ›Projekt Bojinka‹. [...] Alle Fluglinien sind in Gefahr – Sie müssen unbedingt alle erforderlichen Maßnahmen und Gegenmaßnahmen treffen, um die Sicherheit ihrer Passagiere zu gewährleisten.«[57] Auch der Nationale Antiterror-Koordinator im Weißen Haus, Richard A. Clarke, hatte im Juli 2001 der Bundesluftfahrtbehörde FAA einen direkten Warnhinweis zukommen lassen, in dem er diese aufforderte, ihre Sicherheitsmaßnahmen angesichts der Gefahr eines drohenden Terroranschlags zu verstärken.[58] Die FAA lehnte es ab, solche Maßnahmen zu treffen. *Insight on The News* meldet allerdings, dass Clarkes Antiterror-Abteilung Counterterrorism Security Group »nicht weniger als fünf verschiedene FAA-Informationsrundschreiben herausgab, in denen sie private Fluglinien vor potenziellen terroristischen Bedrohungen warnte«. Diese Rundschreiben kamen alle in den Monaten vor dem 11. September heraus, und zwar am 22. Juni, am 2., 18. und 31. Juli und am 16. August.[59]

Aber wie waren diese Warnungen zu bewerten? Der amerikanische Journalist William Rivers Pitt hinterfragt die offizielle Regierungsversion: »Bush wurde in den Monaten vor dem 11. 9. gewarnt, al-Qaida plane, Flugzeuge zu entführen:«

»Es war vorauszusehen, dass die Antwort des Weißen Hauses auf diesen Donnerschlag nur gedämpft ausfallen würde: ›Was die Entführungen angeht, informierte die Regierung die zuständigen Behörden‹, sagte Pressesprecher Ari Fleischer. Er ließ sich nicht dazu herab, uns zu verraten, welche Behörden alarmiert wurden, oder gar genaue Angaben über den Inhalt dieser Warnungen zu machen.

Jose Juves, der Sprecher der Massachusetts Port Authority, der staatlichen Behörde, die für die Sicherheit des Bostoner Logan-Flughafens verantwortlich ist, erklärte in der heutigen Ausgabe des *Boston Globe*: ›Die Bundesregierung ließ uns keinerlei Geheimdiensterkenntnisse über Flugzeugentführungen zukommen.‹ Die zwei Flugzeuge, die das World Trade Center zerstörten, kamen vom Logan-Flughafen. Hier lügt jemand.«[60]

Mit anderen Worten, es sieht so aus, als ob die Bush-Administration vielleicht doch nicht angemessen dafür gesorgt hätte, dass die »zuständigen Behörden« die erforderlichen »Geheimdiensterkenntnisse über Flugzeugentführungen« auch tatsächlich erhielten. Als Folge davon wurden die empfohlenen Luftsicherheitsmaßnahmen nicht in die Wege geleitet, obwohl es immer mehr dringende Warnungen vor einem al-Qaida-Angriff auf die Luftfahrt gab.

Der frühere Flugsicherheitsinspektor Rodney Stich, der über eine fünfzigjährige Erfahrung verfügt, hatte die FAA vor der Gefahr einer Flugzeugentführung gewarnt und dabei vor allem bemängelt, dass die Türen zum Cockpit nicht sicher seien, und er hatte darüber hinaus vorgeschlagen, dass man den Piloten das Tragen von Faustfeuerwaffen erlauben sollte. Die FAA lehnte es ab, diese Vorschläge in Erwägung zu ziehen. Selbst als es immer deutlicher wurde, dass es sich hierbei um eine ganz reale Bedrohung handelte, blockierte sie alle Bemühungen, Piloten zu bewaffnen oder Sicherheitsleute mitfliegen zu lassen. In einer ausführlichen Studie über dieses Thema stellt Stich fest:

> »Inspektoren des Bundes ... hatten schon vor Jahren über die Gefahr einer Flugzeugentführung und die einfachen und billigen Methoden berichtet, wie man Entführer daran hindern könnte, das Flugzeug unter ihre Kontrolle zu bringen. Zahlreiche Entführungen mit tödlichem Ausgang zeigten danach die dringende Notwendigkeit geeigneter Maßnahmen zu Prävention. Aber statt die gesetzlich gebotenen Maßnahmen in die Wege zu leiten, zerstörten arrogante und korrupte Angehörige des Managements der FAA sogar offizielle Untersuchungsberichte über die Gefahren und die erforderlichen Abhilfen. Auch warnten sie Flugsicherheitsinspektoren, keine Berichte mehr einzureichen, die dem Image des Büros schaden könnten, falls es eine Entführung geben sollte, die mit den angesprochenen Maßnahmen hätte verhindert werden können. Außerdem bedrohten sie Inspektoren, die trotzdem Gegen-

maßnahmen ergriffen oder weitere Berichte verfassten, obwohl auch weiterhin Flugzeuge wegen dieser ungelösten Sicherheitsprobleme zum Absturz gebracht wurden.«[61]

Ein Bericht der *Los Angeles Times* bestätigt diese Einschätzung:

»Der Ausschuss für Flugsicherheit, der vom Weißen Haus eingerichtet wurde, nachdem 1996 die TWA-Maschine 800 vor Long Island abgestürzt war, empfahl 31 Maßnahmen, die er für absolut notwendig hielt, um auf den Flughäfen des Landes ein komplexes Sicherheitssystem aufzubauen. [...] Die FAA erklärte, diese Vorschläge zu unterstützen, die von Sicherheitsinspektionen auf Flughäfen bis zu einer besseren Überwachung von Postpaketen reichten. Auch die Clinton-Administration versprach, diese Maßnahmen rigoros zu überwachen. Aber bis zum 11. September waren die meisten Vorschläge von den Industrielobbys verwässert worden oder in der Bürokratie versandet.«[62]

So waren und sind nacheinander alle Regierungen bis zu der von Präsident Bush für diesen unbefriedigenden Zustand verantwortlich, da sie der von ihnen selbst erklärten Verpflichtung, die geeigneten »Maßnahmen rigoros zu überwachen« und die notwendigen Änderungen in die Wege zu leiten, nie nachgekommen sind. Larry Klayman, der neo-konservative Vorsitzende und Chefberater von Judicial Watch, einer in Washington sitzenden, gemeinnützigen juristischen Organisation, die die Korruption in Staat und Regierung bekämpfen will, meint dazu:

»Wenn man die fast völlig fehlende Sicherheit auf amerikanischen Flughäfen und anderen Orten betrachtet, wird es immer deutlicher, dass die US-Regierung dem amerikanischen Volk gegenüber nicht aufrichtig war. [...] Berichte von heute Morgen bestätigen, dass in den acht Skandal-Jahren der Clinton-Administration und in den ersten acht Monaten der Regierung von Präsident Bush kaum etwas oder sogar überhaupt nichts dafür getan wurde, die Sicherheit unserer Flughäfen oder unseres gesamten Verkehrssystems zu gewährleisten, obwohl es genug diesbezügliche Warnungen gab.«[63]

Diese systematische Untätigkeit, obwohl die glaubhaften Hinweise auf eine terroristische Bedrohung der USA aus der Luft zunahmen, zeigt eine vorsätzliche und rücksichtslose Nachlässigkeit allergrößten Ausmaßes von Seiten der US-Regierung, die ihre Wurzeln in einer tiefen Gleichgültigkeit gegenüber der Sicherheit des Lebens amerikanischer Bürger hat. Obwohl die Bush-Administration schon lange von der Bedrohung durch einen Terrorangriff auf Verkehrsflugzeuge wusste, setzte sie doch die von der FAA geforderten oder empfohlenen Sicherheitsmaßnahmen in der ganzen Zeit bis zu den Anschlägen des 11. Septembers nicht in die Tat um.

Man sollte einmal diese totale Untätigkeit der Bush-Regierung mit den vielen Routinemaßnahmen vergleichen, die sie zum Schutze der politischen Führer ergriff. So schreibt Randolph Holnut in der Ausgabe des *Albion Monitor* vom Mai 2002:

»Der Weltwirtschaftsgipfel der G 8 im italienischen Genua im letzten Juli, an dem auch Präsident Bush teilnahm, fand unter außergewöhnlichen Sicherheitsvorkehrungen statt. Selbst Boden-Luft-Raketen hatte man in Stellung gebracht. Die Londoner *Times* berichtete im gleichen Monat, dass ›das italienische Verteidigungsministerium diese Vorsorge getroffen hatte auf Grund eines Hinweises eines ›befreundeten Geheimdienstes‹, dass Islamisten mit einem Kleinflugzeug oder einem Hubschrauber einen Selbstmordanschlag auf den Gipfel verüben könnten‹.
Im selben Monat hörte US-Justizminister John Ashcroft auf, normale Verkehrsflugzeuge zu benutzen. CBS News berichtete damals, dass Ashcroft nur noch mit Privatflugzeugen fliege, weil es eine ›Sicherheitswarnung‹ des FBI gebe.«[64]

Der amerikanische Journalist Harley Sorenson schreibt darüber im *San Francisco Chronicle*:

> »Der Onlinedienst cbsnews.com berichtete am 26. Juli 2001, dass John Ashcroft keine Linienflüge mehr benutze. Bisher flog Ashcroft wie seine Vorgängerin Janet Reno mit normalen Verkehrsflugzeugen. Also, warum fing er dann zwei Monate vor dem 11. September plötzlich an, nur noch gecharterte Regierungsmaschinen zu nehmen?
>
> CBS-News-Korrespondent Jim Stewart stellte dem Justizministerium genau diese Frage. Er bekam zur Antwort, es gebe da eine ›Sicherheitswarnung‹ des FBI. Aber ›weder das FBI noch das Justizministerium [...] wollten die Art der Bedrohung, den Zeitpunkt, zu dem sie ausgesprochen wurde, oder ihre Urheber näher spezifizieren‹, heißt es bei CBS News.
>
> Das FBI riet also Ashcroft, keine Verkehrsflugzeuge mehr zu benutzen. Wir anderen mussten es halt einfach so darauf ankommen lassen. Offensichtlich wusste das FBI, dass da etwas in der Luft lag. Warum sonst hätte es Ashcroft mit einer G-3 Gulfstream fliegen lassen, die mehr als 1300 Dollar in der Stunde kostete, statt wie bisher für einen Bruchteil dieser Summe mit einer Linienmaschine?
>
> Ashcroft bewies einen erstaunlichen Mangel an Neugier, als er gefragt wurde, ob er etwas über die Bedrohung wisse. ›Offen gesagt, nein,‹ antwortete er den Reportern.
>
> Also da erzählt man dem obersten Sicherheitsbeamten unserer Republik, dass Fliegen mit Linienmaschinen gefährlich sein könnte, und dann scheint er sich nicht einmal dafür zu interessieren, um was für eine Gefahr es sich dabei handelt, oder wer wann und auf welche Weise vor ihr gewarnt hat?
>
> Interessant ist, dass ausgerechnet das FBI Ashcroft lange vor dem 11. September warnte. Dasselbe FBI behauptet jetzt, es habe vor diesem 11. September das Ausmaß dieser Bedrohung nicht erkannt. [...] Wenn es aber für John Ashcroft gefährlich war, ein Linienflugzeug zu benutzen, dann galt dies auch für den Rest der Bevölkerung.«[65]

Die US-Regierung hat also vorbeugende Sicherheitsmaßnahmen ergriffen zum Schutz von Top-Regierungsleuten gegen eine Bedrohung, die auf glaubhaften Geheimdienstinformationen beruhte, sie unternahm jedoch nichts dergleichen für den normalen amerikanischen Bürger, was ihre Pflicht gewesen wäre.

Bojinka-Pläne bestätigt – Überwachung verstärkt

Vor diesem Hintergrund sollte man die vielfachen Warnungen vor einem drohenden Attentat neu bewerten. Es scheint klar zu sein, dass nach der Aufdeckung des Projekts Bojinka im Jahr 1995 und den eindringlichen Warnhinweisen, die 2001 bei Amerikas eigenem ECHELON-Abhörsystem eingingen, »die amerikanischen Nachrichtendienste« wussten, dass bin Laden Zivilflugzeuge entführen und als Bomben auf wichtige Gebäude stürzen lassen wollte, die »Symbole der amerikanischen Kultur« waren. Man wusste, dass unter den Gebäuden in Washington und New York, die auf bin Ladens Zielliste standen, auch das World Trade Center war.

Man könnte also auch sagen: Das Projekt Bojinka war auf dem Wege. Als Folge davon verstärkten die amerikanischen Geheimdienste ihre Überwachungstätigkeit und kamen dabei allmählich auch verdächtigen Terroristen auf die Spur. Die Furcht vor den Bojinka-Plänen Osama bin Ladens hatte die amerikanischen Dienste so aufgeschreckt, dass sie ihre Aufklärungsarbeit beträchtlich verstärkten.

Es erscheint deshalb angebracht, die Ergebnisse dieser Überwachungsmaßnahmen genauer zu untersuchen. *WorldNetDaily*, der Internetdienst des amerikanischen gemeinnützigen ultrakonservativen Western Journalism Centers, berichtet über einige der dabei gewonnenen Erkenntnisse:

»Laut der *Los Angeles Times* wussten das FBI und auch andere Polizeibehörden des Bundes, dass sich zwei der Attentäter

> schon im Lande aufhielten. Obwohl sie auf einer Liste gesuchter Terroristen standen, wurden die einzelnen Flugunternehmen nicht darüber informiert. [...] Laut der *Newsweek*-Ausgabe vom 1. Oktober wurden einige Terroristen vom FBI überwacht. So fing man auch unmittelbar vor dem 11. September Nachrichten auf, die vermuten ließen, dass etwas Großes unmittelbar bevorstehe. [...] Aber es gab noch weit mehr Hinweise. Zacarias Moussaoui war verhaftet worden, nachdem seine Fluglehrer dem FBI gesteckt hatten, dass er lernen wollte, wie man eine 747 fliegt, aber keine Starts oder Landungen üben wollte. Zacarias reiste mit einem französischen Pass. Auf Anfrage teilte die französische Regierung mit, dass es sich bei ihm vermutlich um einen Terroristen handele (der Verbindungen zu Osama bin Laden habe).«[66]

Reuters meldete über Moussaoui Folgendes: »Das FBI verhaftete letzten Monat in Boston einen islamischen Extremisten, über den es aus französischen Geheimdienstquellen erfuhr, dass er Verbindungen zu Osama bin Laden habe, unternahm danach aber offensichtlich nichts Weiteres«, berichtete ein französischer Radiosender am Donnerstag:

> »Radio Europe 1 meldete, dass die amerikanische Polizei einen Mann verhaftet habe, der sowohl die französische als auch die algerische Staatsbürgerschaft besitze. Er habe mehrere Reisepässe, technische Informationen über Boeing-Flugzeuge und Flughandbücher bei sich gehabt. Der Mann habe zuvor auch Flugunterricht genommen. Auf Anfrage übermittelten französische Geheimdienstkreise dem FBI ein Dossier, das den Verdächtigen klar als einen militanten Islamisten auswies, der mit bin Laden zusammenarbeitete.«[67]

Das kritische CBS-Nachrichtenmagazin *60 Minutes II* fand heraus, dass Moussaoui in dem französischen Geheimdienstbericht als »gefährlicher islamischer Extremist« bezeichnet wurde. Einige dieser Informationen stammten von Jean-Louis

Bruguière, einem französischen Richter und Terroristenjäger, der außerdem erklärte, dass die Franzosen dem FBI »alles, was wir hatten« gegeben hätten.[68] Damien Cave berichtete darüber hinaus im liberalen Informationsdienst *Salon*: »Französische Behörden alarmierten das FBI im August, dass der ›20. Attentäter‹ nach Angaben eines Geheimdienstexperten in Lagern der al-Qaida in Afghanistan trainiert habe – aber die Amerikaner unternahmen überhaupt nichts.« Der al-Qaida-Kenner Jean-Charles Brisard, ein früherer französischer Geheimdienstler, der die erste Studie über al-Qaidas weltweites Finanznetz verfasste – die der französische Präsident seinem amerikanischen Amtskollegen später überreicht hatte – »versichert, dass französische Geheimdienstbeamte ihre amerikanischen Kollegen mit vielen Details gewarnt hätten, dass Zacarias Moussaoui, der angebliche 20. Attentäter, Verbindungen zur al-Qaida habe, die Amerikaner hätten jedoch auf diese Information nicht reagiert.«[69]

Als er verhaftet wurde, hatte Moussaoui technisches Informationsmaterial über Boeing-Flugzeuge und Flughandbücher bei sich. Am 28. August hatten die Franzosen die Zentrale des FBI darüber informiert, dass Moussaoui unbezweifelbar enge Verbindungen zur al-Qaida und Osama bin Laden hatte.

Auch die Flugschule in Minnesota, an der Moussaoui ausgebildet worden war, warnte das FBI mit deutlichen Worten. Darüber heißt es in einem Bericht der *Star-Tribune* in Minneapolis: »Moussaoui erregte den Verdacht seiner Flugschule, der Pan Am International Flight Academy in Eagan (Minnesota)«, als er dort im August 2001 das Fliegen von Jumbojets erlernen wollte. »Zum ersten Mal wurde man stutzig, als er während eines simplen Einführungsgesprächs behauptete, er stamme aus Frankreich, aber dann kein Wort verstand, als der Fluglehrer mit ihm Französisch sprechen wollte. [...] Danach reagierte Moussaoui aggressiv und ausweichend, wenn man ihn auf seine Herkunft ansprach. [...] Darüber hinaus schien er sich nicht einmal mit den einfachsten Flugrichtlinien auszukennen, während er gleichzeitig ein teures Trainingsprogramm an einem hochkomplexen Flugsimulator für Linienjets absolvieren wollte.«[70]

Selbst die Angestellten der Flugschule »begannen zu munkeln, dass er ein Flugzeugentführer sein könnte«. Der Geschäftsführer der Academy, John Rosengren, erinnert sich, dass Moussaouis Fluglehrer »besorgt war und sich fragte, warum jemand, der kein Pilot war und so wenig Erfahrung hatte, so viel Training in so kurzer Zeit absolvieren wollte. [...] ›Je mehr er mit ihm zu tun hatte, desto überzeugter war er, dass der nicht aus dem Stoff war, aus dem Piloten sein sollten. [...] Es gab sogar Gespräche darüber, wie viel Treibstoff eine 747-700 an Bord habe und welchen Schaden es verursachen würde, falls sie auf ein Hindernis auftreffen sollte.‹«[71]

Der *San Francisco Chronicle* berichtet, wie der Fluglehrer daraufhin mit dem FBI Kontakt aufnahm:

> »Ein Ausbilder an einer Flugschule in Minnesota warnte das FBI im August, er habe den Verdacht, dass einer seiner Studenten, den man tatsächlich später als ein Mitglied von Osama bin Ladens Terrornetzwerk identifizieren konnte, eventuell plane, ein voll getanktes Verkehrsflugzeug als Waffe einzusetzen. Dies berichteten gestern ein Kongressabgeordneter und einige hohe Regierungsbeamte. Die Beamten, die von der Schule informiert wurden, teilten mit, dass der Fluglehrer das FBI in dringendem Ton vor der terroristischen Bedrohung gewarnt habe, die von diesem Studenten namens Zacarias Moussaoui ausgehe.
>
> Laut dem demokratischen Abgeordneten im US-Repräsentantenhaus, James L. Oberstar aus Minnesota, rief der Fluglehrer das FBI mehrmals an, um einen Verantwortlichen zu finden, der willens gewesen wäre, etwas wegen dieser Information zu unternehmen. Seine Warnungen hätten deutlicher nicht sein können. Oberstar notierte sich: ›Er sagte zu ihnen: ›Ist Ihnen klar, dass man eine 747 voller Treibstoff als Bombe verwenden könnte?‹
>
> Verantwortliche im Kongress sagten, dass der Bericht der

Schule, der Pan Am International Flight Academy in Eagan, in der Nähe von Minneapolis, erneut die Frage aufgeworfen habe, warum das FBI und andere Sicherheitsbehörden die Flugzeugentführungen nicht verhindert haben. [...] [Der Fluglehrer] war ein früherer Pilot der US-Air Force, der Verdacht schöpfte, als Moussaoui auf Fragen nach seinem Hintergrund aggressiv und ausweichend reagierte, und er trotz seiner offensichtlichen Unfähigkeit als Pilot unbedingt lernen wollte, wie man einen 747-Jumbojet fliegt. Moussaoui, 33, wurde dann im August wegen illegaler Einreise verhaftet. Aber trotz des Drängens der Schule und von FBI-Agenten aus Minnesota und trotz einer französischen Warnung, dass Moussaoui Verbindungen zu islamischen Terroristen unterhalte, lehnte es das FBI-Hauptquartier bis zum 11. September ab, weitere Ermittlungen anzustellen.«[72]

Ein paar Stunden nachdem das FBI Zacarias Moussaoui verhaftet hatte, erzählte ein Mr. Atlas, ein Student, der ihn von Oklahoma zu der Flugschule bei Minneapolis gefahren hatte, dem Zweigbüro des FBI in Minnesota, dass Moussaoui glaube, es sei »erlaubt, Zivilisten zu töten, die Muslimen Schaden zufügten, und dass er es gutheiße, wenn Muslime bei solchen Anschlägen als ›Märtyrer‹ sterben.«[73]

Aber die US-Regierung verhinderte aktiv weitere Ermittlungen. Die örtlichen FBI-Ermittler in Minneapolis hielten Moussaoui sofort für einen verdächtigen Terroristen und hatten deshalb einen speziellen Durchsuchungsbefehl zur Spionageabwehr beantragt, um die Festplatte seines Personal Computers auswerten zu können. Das US-Justizministerium und Spitzenbeamte des FBI lehnten aber eine solche Vollmacht zur Untersuchung von Moussaouis Computer ab, da sie meinten, dass die zuständigen FBI-Agenten nicht genug Informationen hätten, um die Ausstellung eines solchen Durchsuchungsbefehls zu rechtfertigen. Selbst als der französische Geheimdienst die Verbindungen Moussaouis zu bin Laden offen legte, blieben diese Untersuchungen weiterhin blockiert.[74]

Trotz der Bestätigung seiner Verbindungen zu bin Ladens Terrornetzwerk untersuchte eine Sonderkommission der Terrorismusabwehr des FBI und der CIA noch einmal alle gegen ihn vorliegenden Verdachtsmomente und entschied dann, es gebe nicht genügend Beweise, dass er tatsächlich eine Bedrohung darstelle. Laut ABC News rechtfertigte das Justizministerium die Ablehnung des Durchsuchungsbefehls damit, dass man Moussaoui keinerlei Verbindung zu einer bekannten Terrorgruppe nachweisen könne: »Moussaoui wurde am 16. August verhaftet, aber zur großen Empörung der FBI-Agenten draußen an der Front reagierte die Führung in Washington nur ganz langsam und behauptete, man könne ihm keinen Kontakt zu Terrororganisationen nachweisen.«[75] Obwohl einige Strafverfolger den Überprüfungsstopp als rechtliche Notwendigkeit rechtfertigen, bezweifeln andere, dass es eine gesetzliche Begründung für diese Maßnahme gegeben habe. »Diese Entscheidung wird von einigen FISA-Experten in Frage gestellt, die meinen, dass man möglicherweise doch einen Durchsuchungsbefehl bekommen hätte,« heißt es in einem Bericht Greg Gordons. FISA, der Foreign Intelligence Surveillance Act, ist seit 1978 die Rechtsgrundlage für die Überwachung feindlicher, vom Ausland kommender Umtriebe auf amerikanischem Boden. »Nach Berichten der Regierung hat das Sondergericht, das die auf FISA-Grundlage gestellten Anträge überprüft, seit der Verabschiedung des Gesetzes 1978 bisher mehr als 12 000 Anträge des Justizministeriums auf verdeckte Durchsuchungen und Abhöroperationen bewilligt und nur einen Einzigen abgelehnt.«[76] Auch der Onlinedienst MS-NBC berichtete, dass

> »andere Strafverfolgungsbeamte der festen Meinung sind, dass eine gründlichere Überprüfung Moussaouis – wenn man sie mit anderen Erkenntnissen der US-Dienste verknüpft hätte – genug Hinweise auf das bevorstehende Attentat hätte liefern können. ›Die Frage, die man sich hier stellen muss, ist doch, ob man nicht sehr viel mehr über diesen Kerl hätte herausfin-

den können, wenn man nur zwei und zwei zusammengezählt hätte – oder ob man nicht sogar die Entführung der Flugzeuge hätte verhindern können‹, meinte ein Untersuchungsbeamter.«[77]

Die *New York Times* kommentiert, dass der Fall Moussaoui »aufs Neue die Frage aufwirft, warum das FBI und andere Dienste die Entführungen nicht verhindern konnten«.[78] In diesem Zusammenhang erscheint es erwähnenswert, dass dem Bundesgericht Anträge Moussaouis vorlagen, dass er sowohl vor einer Grand Jury als auch vor dem US-Kongress über die Anschläge vom 11. September aussagen möchte. Er behauptet, über Informationen zu verfügen, die bewiesen, dass die US-Regierung wollte, dass diese Anschläge tatsächlich stattfinden. Bisher wurde diese Anträge immer abgelehnt.[79]

Die Reaktion der amerikanischen Stellen auf den Topmann der Anschläge, Mohammed Atta, ist vielleicht sogar noch erstaunlicher. So berichtete das Frontlines-Magazin des öffentlich-rechtlichen US-Fernsehsenders PBS, dass »die Einwanderungsbehörde INS den Rädelsführer des Anschlags, Mohammed Atta, im Jahre 2001 dreimal nur mit einem Touristenvisum einreisen ließ, obwohl die Beamten wussten, dass das Visum schon im Jahre 2000 abgelaufen war und Atta auch gegen die Einschränkungen in dem Visum durch das Nehmen von Flugunterricht verstoßen hatte.«[80] Mit einem Touristenvisum ist es Ausländern in den USA nämlich verboten, eine Arbeit aufzunehmen oder eine Schule zu besuchen.

Dieses Versäumnis war umso erstaunlicher, als Atta damals bereits unter FBI-Überwachung stand, weil er schon in Deutschland von seinem dortigen Wohnort Hamburg nach Frankfurt gereist war, um dort eine größere Menge Chemikalien zu kaufen, die man zur Herstellung von Sprengstoff verwenden kann.[81] Doch trotz dieser bedenklichen Tatsache – und obwohl er schon seit 1986 bei der US-Regierung auf einer Liste potienzieller Terroristen stand – durfte Atta weiterhin unbehelligt in die Vereinigten Staaten einreisen. Von dort aus unternahm er einige Reisen nach Europa und hatte bei seiner Rückkehr in die Staaten keinerlei Probleme mit dem Zoll oder der Einwanderungsbehörde, obwohl er jedes Mal seinen richtigen Namen benutzte, und dies nicht, weil die Visabestimmungen zu lax waren, sondern weil sie jedes Mal nicht beachtet wurden.

Im Ganzen könnte man sagen, dass Mohammed Atta ein recht angenehmes Leben führen konnte, obwohl er den Behörden bestens bekannt war. Obwohl er auf der Terroristen-»Watchlist« des US-Außenministeriums stand und obwohl das FBI schon seit langem befürchtete, dass Terroristen in den USA Flugunterricht nehmen könnten, durfte Atta in die Staaten einreisen und in Florida eine Flugschule besuchen. Im April 2001 wurde er von der Polizei beim Fahren ohne Führerschein erwischt. Im Mai erschien er nicht vor Gericht, und der zuständige Richter stellte sofort einen Haftbefehl aus. Aber auch dies stoppte Atta nicht, denn der Haftbefehl wurde einfach niemals ausgeführt, obwohl er danach noch mindestens zweimal wegen Trunkenheit am Steuer verhaftet wurde. In dieser ganzen Zeit machte Atta nie den Versuch, sich einen Tarnnamen zuzulegen, sondern reiste, lebte und studierte an der Flugschule unter seinem richtigen Namen.[82]

Es ist kaum möglich, diese Vorgänge mit Nachsicht zu betrachten. Denn es scheint klar erwiesen, dass die US-Regierung wissentlich mehrere Male einem enttarnten Terroristen quasi freies Geleit in die Vereinigten Staaten gewährte, damit er dort Flugunterricht nehmen konnte. Dies fiel auch der BBC auf: »Die bekannt gewordenen Tatsachen [...] verstärken die Besorgnis, dass die internationalen Geheimdienste schon vor dem 11. September mehr über Atta wussten, als früher angenommen wurde, aber es versäumt haben, etwas zu unternehmen.«[83] Diese Schlussfolgerung der BBC wird von der Tatsache noch gestützt, dass die US-amerikanischen Nachrichtendienste *nicht* damit aufgehört hatten, Mohammed Attas Aktivitäten zu überwachen und ihn abzuhören, nachdem er amerikanischen Boden betreten hatte.

Die offizielle Erklärung dieser rätselhaften Untätigkeit ist, dass es die NSA auf Grund nicht näher erklärter Inkompetenz versäumt habe, die Abhörprotokolle über Mohammed Atta an FBI und CIA weiterzuleiten. Aber diese Version hält einer kritischen Überprüfung nicht stand, denn es ist bekannt, dass die NSA routinemäßig alle abgehörten elektronischen Nachrichten FBI, CIA und anderen Geheimdiensten übermittelt. Zum Beispiel »warnte die NSA die CIA, das FBI und andere Dienste vor einem Treffen im Januar 2000 in Kuala Lumpur in Malaysia zwischen einem Vertreter bin Ladens und zwei Attentätern des 11. September«.[84] Bekanntlich hörte die NSA an jenem 11. September zwei Helfer bin Ladens ab, wie sie den Anschlag der al-Qaida feierten, und schaffte es danach, diese Nachricht innerhalb von Stunden zu übersetzen und anderen Diensten zu übermitteln. Außerdem weist der *Miami Herald* auf eine andere wichtige Tatsache hin: »Der NSA ist es gesetzlich verboten, Telefongespräche aus den und in die Vereinigten Staaten ohne spezielle Anordnung eines Gerichts abzuhören.«[85] Mit anderen Worten: Attas Telefongespräche konnten nur mit der Erlaubnis eines höheren Gerichts abgehört werden.

Man sollte auch beachten, dass nach Ansicht einiger Antiterrorexperten der US-Dienste Chalid Scheich Mohammed, der ganz oben auf der Liste der gesuchten Terroristen steht, der Hauptorganisator hinter den Anschlägen vom 11. 9. war. Seine von der NSA aufgezeichneten Gespräche mit Atta hätten viele Einzelheiten der geplanten Attentate enthüllen können. In der Tat konnte man im Londoner *Independent* lesen: »Offizielle Quellen behaupten, dass Mohammed am 10. September einen Telefonanruf von Atta, dem Chef der Entführer, erhielt. Geheimdienstleute, die dieses Gespräch aufzeichneten und dann übersetzten, glauben, dass Mohammed in verschlüsselter Sprache Atta grünes Licht für die Ausführung der Anschläge gab.«[86]

Die Bush-Administration hatte beträchtliches Wissen aus den Gesprächen zwischen Mohammed und Atta gewonnen, und sie hat offenbar viel zu verbergen. Nur das könnte erklären, warum die Informationen darüber immer noch geheim gehalten werden. Gestützt auf viele Presseberichte, gibt es gute Gründe zu glauben, dass Chalid Scheich Mohammed sogar der Mann ist, über den die Bush-Regierung überhaupt keine Informationen mehr freigeben will. Dazu erklärte die Leiterin des Kongress-Untersuchungsausschusses über das Geheimdienstversagen vom 11. 9.: »Der CIA-Direktor lehnte es ab, die Identität eines wichtigen al-Qaida-Führers, der in die Angriffe vom 11. September verwickelt ist, zu enthüllen oder irgendeine andere Information über diese Person freizugeben, [...] obwohl es sehr viele Presseberichte über diesen Menschen gibt.«[87]

Auch bei allen anderen verdächtigen Terroristen, die unter amerikanischer Überwachung standen, lässt sich ein ähnlicher Mangel an Eifer feststellen, etwas gegen sie zu unternehmen. So wussten CIA und FBI schon drei Wochen vor den Anschlägen, dass sich zwei Entführer, Nawaf al-Hazmi und Chalid al-Midhar, die zu den Bombenattentätern auf den US-Zerstörer Cole im Oktober 2000 gehört hatten, in den Vereinigten Staaten aufhielten. Doch obwohl sie auf einer »Watchlist« potenzieller Terroristen standen, die jene Personen enthielt, denen die Einreise in das Land wegen ihrer Verbindungen zu Terrororganisationen verboten war, wurden sie weder an der Einreise in die USA gehindert, noch später festgenommen.[88]

Der Top-al-Qaida-Führer und angebliche Planer der Anschläge vom 11. 9., Chalid Scheich Mohammed, hatte ebenfalls an dem Treffen in Malaysia mit al-Hazmi und al-Midhar teilgenommen.[89] Den US-Behörden war seit langem klar, dass Mohammed ein gefährlicher Terrorist war, hatten sie doch bereits seine Verwicklung ins Projekt Bojinka von 1995 aufgedeckt. Aber was sie genau zu welchem Zeitpunkt wussten, wird der Öffentlichkeit nicht mitgeteilt. Die Bush-Administration hat alle Informationen über Chalid Scheich Mohammed, sogar seinen Namen, zur absoluten Verschlusssache erklärt. Es scheint klar, dass CIA-Direktor George Tenet, der diesen Informationsstopp veranlasste, dadurch zu verhindern sucht, dass die Öffentlichkeit erfährt, was die CIA über den Organisator des 11. 9. wusste und welche konkreten Maßnahmen sie vor den Terroranschlägen ergriff.[90]

Obwohl die CIA herausfand, dass mit al-Midhar wenigstens einer der beiden al-Qaida-Terroristen die USA betreten und verlassen konnte, wie er wollte, gab sie diese Information vermutlich über anderthalb Jahre an keine andere Behörde weiter. Sie hatte zwar die Überwachung dieser zwei Terroristen so lange wie möglich fortgesetzt, doch bleibt natürlich die Frage, warum wurden die anderen Geheimdienste angeblich nicht informiert? Laut *New York Times* leugnete die CIA anfangs, al-Midhar überhaupt abgehört zu haben:

> »Heute hörte man von Regierungsstellen, die CIA räume in einer vertraulichen Darstellung der zeitlichen Entwicklung der Ereignisse, die sie kürzlich dem Kongress vorgelegt habe, ein, dass sie einem al-Qaida-Mitglied, das sich als einer der Terroristen des 11. Septembers entpuppte, Monate früher auf der Spur war, als bisher bekannt war. [...]
> Die Regierungsbeamten sagten, die CIA habe Anfang 2001 erfahren, dass Chalid al-Midhar, der bei dem Angriff auf das Pentagon starb, Verbindungen zu einem Verdächtigen des Bombenanschlags auf den Zerstörer Cole der US-Marine vom Oktober 2000 hatte. Bisher hatte die CIA behauptet, sie habe erst einen Monat vor dem 11. September von al-Midhars Verbindungen zur al-Qaida oder seinen zahlreichen Besuchen in den Vereinigten Staaten erfahren.«

Die CIA hatte also die Reisewege und Aufenthaltsorte dieses al-Qaida-Mitglieds samt seiner US-Besuche schon lange vor dem 11. 9. genau überwacht:

> »Die CIA erfuhr zuerst von al-Midhar und al-Hazmi im Jahre 2000, als diese Männer im Januar dieses Jahres als Teilnehmer

> an einem Treffen von [al-Qaida-]Terroristen in Malaysia identifiziert worden waren. Irgendwann im Jahr 2000 erfuhr der amerikanische Geheimdienst auch, dass beide Männer zuvor bereits die Vereinigten Staaten besucht hatten, al-Midhar sogar mehrmals. Aber man erkannte die Bedeutung dieser Männer erst nach dem Anschlag auf die Cole im Oktober 2000. Ende dieses [2000] oder Anfang des nächsten Jahres [2001] stellte man eine Verbindung her zwischen al-Midhar und einem al-Qaida-Verdächtigen [des Cole-Anschlags]. Erst dann erfuhr die CIA, dass al-Midhar vor dem Bombenanschlag auf die Cole mehrmals in die Vereinigten Staaten eingereist war.«

Aber der amerikanische Geheimdienst unternahm nichts und sagte die Unwahrheit über seine Aktivitäten:

> »Die Regierungsbeamten berichten weiter, dass es die CIA-Leute versäumten, das FBI und die anderen Dienste zu unterrichten, nachdem sie von al-Midhars Verbindungen zur Gruppe der Terroristen erfuhren. Deshalb wurde dieser bis zum August auf keine Regierungs-Watchlist gesetzt, was es ihm ermöglichte, das Land ungehindert zu betreten. So verlängerte auch das Außenministerium im Juni 2001 sein abgelaufenes Visum.«[91]

So wusste also die CIA schon Monate vor dem 11. 9. von der Gegenwart von wenigstens zwei Terroristen, die Verbindungen zur al-Qaida hatten, versäumte es aber angeblich, diese Informationen an andere Dienste weiterzugeben, obwohl in der Zeit bis zum 23. August 2001 die glaubhaften Warnungen vor einem unmittelbar bevorstehenden Terroranschlag mehr und mehr zunahmen. Man muss allerdings der Gerechtigkeit halber auch erwähnen, dass nicht nur die CIA, sondern wahrscheinlich auch andere amerikanische Geheimdienste nicht ganz ehrlich sind, wenn es um die Reaktion auf diese Bedrohung geht. So behauptet zum Beispiel das FBI, nichts von den beiden Terroristen und ihrer Absicht, in die Staaten einzureisen, gewusst zu haben, doch das FBI hat diese Information vermutlich von der CIA erhalten. Eleanor Hill, die Leiterin des Kongress-Untersuchungsausschusses zum 11. 9., bemerkt dazu:

> »Ein Aktenvermerk der CIA von Anfang Januar 2000 stellt fest, dass man al-Midhars Reisedokumente, einschließlich seines Visums, das ihm mehrere Einreisen gestattete, auch dem FBI für weitere Untersuchungen zugänglich gemacht habe. Keiner beim FBI erinnert sich daran, jemals solche Dokumente erhalten zu haben. Weder beim FBI noch bei der CIA hat man bisher eine schriftliche Bestätigung für eine Übergabe dieser Reisedokumente gefunden.«[92]

Seltsamerweise hatte die CIA schon beschlossen, in dieser Terroristenfrage nichts zu unternehmen. Als im März 2000 im CIA-Hauptquartier ein Bericht über al-Hazmis Aufenthalt in den USA eintraf, wurde er mit der Randnotiz versehen: »Erforderliche Maßnahmen: Keine.« Eine CIA-Dienststelle in Übersee notierte, dass man den Bericht am nächsten Tag »mit Interesse gelesen habe«, »vor allem die Tatsache, dass ein Mitglied dieser (terroristischen) Gruppe in die USA gereist sei« – aber Maßnahmen seien anscheinend »nicht erforderlich« gewesen: also wurden auch keine ergriffen.[93]

Nachdem das FBI dann verspätet benachrichtigt worden sei (so lautet zumindest die neueste offizielle Version), habe es auf ganz ähnliche Weise versäumt, diese Information an die Fluggesellschaften weiterzugeben, obwohl dies eigentlich das Standardverfahren bei wichtigen Notfällen oder anderen dringlichen Ermittlungen vorsieht.

Die *LA Times* zitierte in ihrem Bericht über dieses Thema Bedienstete von Behörden, die mit dieser Angelegenheit direkt befasst waren:

> »Personen mit genauen Kenntnissen der Angelegenheit geben an, [...] Strafverfolgungsbehörden des Bundes hätten die Flug-

gesellschaft American Airlines nicht darüber informiert, dass zwei Männer mit Verbindungen zu Osama bin Laden auf einer ›Watchlist‹ standen, bevor sie letzte Woche an der Entführung eines Flugzeuges, das auf dem Internationalen Dulles-Flughafen in Washington gestartet war, mitmachten.

Schon bevor sie ihre Tickets für den Flug 77 nach Los Angeles, der ins Pentagon raste, reserviert hatten, seien Chalid al-Midhar und Nawaf al-Hazmi den Strafverfolgungsbehörden des Bundes bekannt gewesen.

Laut diesen Informanten hätten weder das FBI noch andere Behörden, die die beiden Männer als potenzielle Terroristen identifiziert und auf eine ›Watchlist‹ gesetzt hätten, der Fluglinie ihre Bedenken über diese Leute mitgeteilt.«

Offensichtlich hatte es das FBI abgelehnt, die Fluggesellschaften zu alarmieren, obwohl dieser spezielle Fall, mit seiner direkten Verbindung zur al-Qaida, ohne Zweifel viel dringender und wichtiger war, als andere Verbrechen, bei denen solche Warnungen gemäß den FAA-Richtlinien übermittelt worden waren:

»Die Bundesbehörden hatten in diesem Sommer genug Beweise in der Hand, die al-Midhar und al-Hazmi mit Osama bin Laden in Verbindung brachten, [...] einschließlich des Bombenanschlags auf das World Trade Center vom 26. Februar 1993, bei dem sechs Menschen getötet und über tausend verletzt worden waren.«[94]

Auch die Geschichte des al-Qaida-Terroristen Ziad Samir Jarrah, der an Bord der United-Airlines-Maschine war, die in Pennsylvania abstürzte, wirft viele Fragen auf. Zwei Tage vor dem Anschlag wurde er wegen zu schnellen Fahrens auf der Interstate-Autobahn 95 in Maryland angehalten und mit einem Bußgeld belegt. Danach konnte er unbehelligt weiterfahren. Die Polizei des Staates Maryland gab seinen Namen in ihre Computer ein und fand nichts Verdächtiges oder Auffälliges. FBI- und CIA-Beamte behaupten ebenfalls, dass Jarrah den US-Geheimdiensten vor dem 11. September völlig unbekannt gewesen sei und sie ihn somit auch nie auf eine »Watchlist« des Außenministeriums gesetzt hätten.

Diese Behauptung erscheint im Lichte von Äußerungen von offiziellen Stellen in den Vereinigten Arabischen Emiraten als höchst fragwürdig. Die VAE-Quellen zeigen, dass Jarrah am 30. Januar 2001 in ihrem Land angekommen ist. Zuvor habe er sich zwei Monate in Afghanistan und Pakistan aufgehalten. Bei seiner Einreise war er jedoch auf dem Internationalen Flughafen von Dubai auf ausdrücklichen Wunsch der US-Regierung stundenlang befragt worden. Das beweist, dass diese zu jenem Zeitpunkt schon von seiner Existenz wusste und seine Bewegungen und Aufenthaltsorte genau überwachte. Denn um vom genauen Zeitpunkt seiner Ankunft in den VAE zu wissen, müssen ihn die amerikanischen Dienste lange zuvor beobachtet haben, und diese Beobachtung kann eigentlich nur Folge eines höchst verdächtigen Verhaltens in Verbindung mit kriminellen und terroristischen Tätigkeiten gewesen sein, denn nur in diesem Fall ist eine solch genaue Überwachung gerechtfertigt.

Nach dem Verhör durfte Jarrah über Amsterdam nach Hamburg weiterreisen, von wo er später in die Vereinigten Staaten flog. Obwohl sich die US-Regierung acht Monate vorher so für ihn interessiert hatte, dass sie ihn in der VAE festsetzen wollte, durfte er nun in die USA einreisen und ein Flugtrainining an einer Flugschule aufnehmen. Im Lichte dieser Tatsachen ist die Behauptung von amerikanischen Geheimdienstleuten, sie hätten vor dem 11. 9. nicht einmal von Jarrahs Existenz gewusst, ein, gelinde gesagt, befremdlicher Umgang mit der Wahrheit. Die entscheidende Frage ist nun: Warum das alles? Was möchte man vor der Öffentlichkeit verbergen? Vielleicht liegt die Antwort in der folgenden detaillierten Aussage eines offiziellen Vertreters der VAE, die in der *Chicago Tribune* zitiert wird:

»Der Informant ließ verlauten, dass Jarrah, den man zusammen mit Mohammed Atta und Marwan al-Shehhi für einen der drei Rädelsführer des Anschlags hält, festgehalten wurde, weil sein Name zuvor auf Veranlassung der Amerikaner auf eine VAE-»Watchlist« von Terrorismusverdächtigen gesetzt worden war.

›Die Amerikaner erzählten uns, dass er ein Unterstützer terroristischer Organisationen sei und dass er auch Verbindungen zu solchen Gruppierungen habe. Sie gaben uns seinen Namen mit der Aufforderung, ihn bei der Einreise zu überprüfen und zu befragen. Tatsächlich wurde er auf Wunsch der Amerikaner dann auch gründlich verhört.‹

Während dieser Befragung durch Beamte der VAE gab Jarrah, 26, an, dass er die vergangenen ›zwei Monate und fünf Tage‹ in Pakistan und Afghanistan verbracht habe – es ist dies die einzige bekannte Bestätigung eines Afghanistan-Besuchs eines Attentäters – und dass er nun nach Florida zurückkehre, wo er zuvor gelebt und länger als sechs Monate Flugstunden genommen habe. Der Informant fügte dann noch hinzu: ›Er besaß ein Visum für die USA, und deswegen durfte er weiterreisen.‹«[95]

CNN bestätigt diesen Bericht aus den Emiraten und fügt noch einige interessante Details hinzu. Tatsächlich habe die CIA Jarrah in Afghanistan vermutet und deswegen auch veranlasst, dass er auf seinem Rückflug von Pakistan nach Europa bei einer Zwischenlandung in Dubai am 30. Januar 2001 von den dortigen Behörden ausführlich verhört würde. Man habe die CIA über die Resultate dieses Verhörs bereits unterrichtet, als sich Jarrah noch auf dem Flughafen von Dubai befand.

»Beide Seiten bestätigen, dass die Beziehung zwischen den amerikanischen Geheimdiensten und denen der VAE sehr eng und vertrauensvoll sein sollen. Und doch behauptet die CIA, sie habe erst nach dem 11. September durch einen Bericht aus den VAE erfahren, dass Jarrah dort angehalten worden sei. An-

> gesprochen auf dieses Leugnen der CIA, bestätigten die zuständigen VAE-Regierungsstellen CNN noch einmal, dass Jarrah auf Wunsch der Vereinigten Staaten befragt worden sei. Sie selbst hätten keinen Grund gehabt, ihn zu vernehmen, denn er sei ja nur ein Transitreisender gewesen.«[96]

Das ist ziemlich außergewöhnlich. Europäische und arabische Quellen aus den Emiraten bestätigen, dass die CIA Ziad Jarrah schon ein Jahr vor dem 11. September überwacht hatte. Offensichtlich war er auf einer CIA-Watchlist potenzieller Terroristen, die man auch den Behörden der VAE zugeleitet hatte. Darüber hinaus fanden die amerikanischen Untersuchungsbeamten heraus, dass Jarrah tatsächlich im Januar 2001 drei Wochen lang ein Traininingscamp der al-Qaida in Afghanistan besucht hatte. Dies lässt jedoch nur den Schluss zu, dass die CIA wissentlich einen al-Qaida-Terroristen gewähren und frei reisen ließ, den sie zuvor auf eine offizielle Terroristen-Watchlist gesetzt hatte und der bereits wegen seiner Verbindungen überwacht wurde!

CNN berichtet dann weiter, dass diese Überwachung Teil einer schon lange andauernden, größeren Aufklärungsoperation der CIA gewesen sei:

> »Nach seiner Freilassung ging Jarrah am frühen Morgen des 31. Januar an Bord einer KLM-Maschine und flog nach Europa. Bis September reiste Jarrah dann in die Vereinigten Staaten, den Libanon und nach Deutschland, bevor er endgültig in die USA zurückkehrte.
>
> Geheimdienstquellen aus Europa und den Emiraten berichteten CNN, dass Jarrahs Befragung zu einer CIA-Operation gehörte, die 1999 begonnen wurde, um verdächtige al-Qaida-Männer auf der Durchreise durch die Vereinigten Arabischen Emirate aufzuspüren. Diese Quellen erzählten CNN, dass VAE-Beamte oft frühzeitig von amerikanischen Stellen erfuhren, welche Personen in ihr Land kommen würden und wen man befragen sollte.

Ein Informant übergab CNN eine Planzeichnung des Flughafens von Dubai und beschrieb, wie man die Leute aufhielt, die man befragen wollte. Diese Verhöre fanden oft in einem Transitraum statt. US-Stellen lehnten es ab, zu kommentieren, ob die CIA tatsächlich auf dem Flughafen von Dubai in dieser Form tätig war.«

Aber die Geschichte wird noch viel dubioser. »Am 9. September, zwei Tage vor den Anschlägen, stoppte ein Polizist des Staates Maryland Jarrah auf der Interstate-Autobahn 95 in Cecil County nahe der Grenze zu Delaware wegen zu schnellen Fahrens:«

»Das Nummernschild zeigte an, dass der rote Mitsubishi Galant Baujahr 2001, den Jarrah fuhr, dem Garden State-Autoverleih am Internationalen Flughafen von Newark, New Jersey, gehörte. Nach dem 11. September fand man den Wagen am Flughafen. Der Bußgeldbescheid lag immer noch im Handschuhfach. Der Bürgermeister von Baltimore, Martin O'Malley, äußerte später, dass das FBI den örtlichen Polizeibehörden hätte mitteilen sollen, dass Jarrah auf einer CIA-›Watchlist‹ stand. [...] Diese Kritik äußerte er während seiner Anhörung vor dem Justizausschuss des Senats im letzten Herbst.«

Damit sind folgende Fragen offen: Warum durfte Jarrah, der von der CIA überwacht wurde und auf ihrer Watchlist stand, trotz seines erwiesenen Trainings in einem al-Qaida-Lager ohne Probleme mit einem US-Visum frei in die Vereinigten Staaten ein- und dann wieder ausreisen? Und warum wurde die CIA-Watchlist nicht an die örtlichen Polizeibehörden weitergegeben?

Die CIA versteht wohl, welche vernichtenden Schlussfolgerungen man aus diesen durchaus glaubwürdigen Berichten ziehen könnte, und leugnet dementsprechend, vor dem 11. September Informationen über Jarrah gehabt zu haben.

»Ein CIA-Sprecher verneinte mit allem Nachdruck, dass die CIA vor den 11. 9. etwas über Jarrah wusste oder etwas mit seiner Befragung in Dubai zu tun gehabt habe. ›Das ist schlicht und einfach nicht wahr‹, erklärte der Sprecher.«[97]

Man kann hier klar ein Muster erkennen: Die al-Qaida-Verdächtigen standen unter gründlicher geheimdienstlicher Überwachung, sie bereiteten aktiv einen Terroranschlag vor und konnten doch ohne Beschränkungen die Vereinigten Staaten betreten oder verlassen, obwohl man Watchlists mit ihren Namen erstellt hatte.

Militärische Ausbildung für al-Qaida-Attentäter

Aber auch andere bedenkliche Tatsachen kamen ans Tageslicht, die das Versagen des FBI deutlich machen. Laut Berichten in *Newsweek*, der *Washington Post* und der *New York Times* teilten amerikanische Militärs nach dem 11. September dem FBI mit, »dass fünf mutmaßliche Attentäter in den Neunzigerjahren in gesicherten US-Militäreinrichtungen eine Ausbildung erhalten hätten«.[98] *Newsweek* konnte darüber hinaus zeigen, dass diese Ausbildung ausländischer Studenten durch US-Einheiten eine Routinevorgang zu sein scheint, wenn die jeweiligen Regierungen ihre Zustimmung dazu geben und dafür bezahlen. Dies gilt vor allem für das Training saudischer Piloten: »Das Training wird von Saudi-Arabien bezahlt.« Wir sollten uns erinnern, dass fast alle Attentäter Saudis waren; 15 der 19 kamen aus diesem Land, die meisten aus wohlhabenden Familien:

> »US-Militärkreise gaben ans FBI Informationen weiter, die darauf hindeuten, dass fünf mutmaßliche Entführer der Flugzeuge [...] in den Neunzigerjahren in US-Militäreinrichtungen ihr Training erhielten. [...] Es ist nicht ungewöhnlich, dass Ausländer in amerikanischen Militäranlagen trainieren. Ein früherer Marinepilot erzählte *Newsweek*, dass in seinen Jahren

auf seiner Flugbasis ›wir immer und immer wieder Piloten aus anderen Ländern ausbildeten. Als ich vor zwei Jahrzehnten dort war, waren es Iraner. Damals war der Schah noch an der Macht. Wir trainieren immer die Piloten des Landes, das gerade in der Gunst der Regierung steht.‹
Die Kandidaten beginnen mit ›einer Offiziersversion eines Grundausbildungslagers‹, fügte er hinzu. ›Dann erhalten sie Flugunterricht.‹ Die Vereinigten Staaten haben ein langjähriges Abkommen mit Saudi-Arabien – einem wichtigen Alliierten im Golfkrieg von 1990–1991 – über die Ausbildung der Piloten der Nationalgarde. Die Kandidaten trainieren auf verschiedenen Armee- und Luftwaffenbasen den Luftkampf. Die ganze Ausbildung wird von Saudi-Arabien bezahlt.«[99]

Der *Knight Ridder*-Nachrichtenservice veröffentlichte weitere Details dieser brisanten Geschichte. So habe Mohammed Atta die International Officers School auf der Maxwell-Luftwaffenbasis in Montgomery, Alabama, besucht; Abd al-Asis al-Umari besuchte die Aerospace Medical School (Medizinschule) auf der Brooks-Luftwaffenbasis in Texas und Said al-Ghamdi sei am Defense Language Institute (der Sprachschule des Verteidigungsministeriums) in Monterey gewesen. Die *New York Times* ergänzte diesen Bericht noch nach Angaben von Informanten aus dem US-Verteidigungsministerium:

> »Drei Attentäter vom Dienstag haben die gleichen Namen wie Absolventen von amerikanischen Militärschulen, wie aus offiziellen Quellen heute verlautete. Die Männer wurden identifiziert als Mohammed Atta, Abd al-Asis al-Umari und Said al-Ghamdi.«[100]

Die US-Regierung bestritt diese Angaben trotz der Namensgleichheiten und behauptete, dass die Biografien nicht übereinstimmten. Sprecher der US-Luftwaffe gaben eine Stellungnahme heraus, in der betont wurde, dass »die Namensgleichheit nicht unbedingt bedeutet, dass die ehemaligen

Studenten die Attentäter waren, denn Alter und bestimmte persönliche Daten stimmen nicht überein«. Während sie bestätigten, dass einige mutmaßliche Terroristen »den gleichen Namen wie ausländische Absolventen von US-Militärlehrgängen haben«, würden doch Diskrepanzen in den biografischen Angaben wie etwa Geburtsdaten und die Schreibweise der Namen angeblich »zeigen, dass wir wahrscheinlich nicht über die gleichen Leute sprechen«. Aber gleichzeitig wurden auch Maßnahmen ergriffen, um die öffentliche Überprüfung dieser angeblichen Diskrepanzen zu behindern. Die Air Force weigerte sich bis heute, das Alter, das Ursprungsland oder andere Informationenen über die Personen freizugeben, deren Namen mit denen der mutmaßlichen Terroristen übereinstimmten.

Selbst die Untersuchungen des Senats zu dieser Angelegenheit wurden von den Sicherheitskräften der Regierung zuerst ignoriert. Als der Druck auf sie zunahm, konnten sie aber nicht abstreiten, dass die Attentäter tatsächlich an US-amerikanischen Militäreinrichtungen ausgebildet worden waren. Als *Newsweek* berichtete, dass drei Entführer auf dem gesicherten Pensacola-Flottenstützpunkt in Florida ausgebildet worden seien, schickte Senator Bill Nelson ein Fax an den US-Justizminister John Ashcroft, in dem er ihn fragte, ob das zutreffe.

Als sich der Enthüllungsjournalist Daniel Hopsicker nach Ashcrofts Antwort erkundigte, erklärte ihm ein Sprecher Senator Nelsons: »Nach dem wir diese Berichte gelesen hatten, erkundigten wir uns nach der Pensacola Naval Station, bekamen aber vom Justizministerium keine definitive Auskunft. Deshalb fragten wir beim FBI nach, ›ob und wann‹ sie uns Informationen dazu liefern könnten. Darauf erhielten wir bisher nur die Mitteilung, man versuche hier, etwas Kompliziertes und Schwieriges aufzuklären.«

Hopsicker befragte auch eine Majorin der Presseabteilung der US-Luftwaffe, die »mit der Angelegenheit vertraut war« und die ganz im Gegensatz zu den US-Sicherheitsbehörden glaubte, dass die Sache völlig klar sei. Sie erklärte das offizielle ›Dementi‹ der Luftwaffe folgendermaßen: »Nach ihrer Biografie zu urteilen, sind es nicht dieselben Leute. Bei manchen weicht das Lebensalter um zwanzig Jahre ab.« Aber als sie aufgefordert wurde, die speziellen Unterschiede aufzuzeigen, musste sie gestehen, dass es da keine gab. Hopsicker berichtet: »›Manche‹ haben nicht das gleiche Alter? Wir erklärten ihr, dass wir nur an Atta interessiert seien. Wollte sie also sagen, dass das Alter des Mohammed Atta, der die Internationale Offiziersschule der Luftwaffe auf der Maxwell Air Force Base besucht hatte, sich vom Alter des Terroristen Atta unterschied? Hm, eh, nein, gab die Majorin zu.« Hopsicker fragte, ob er nicht mit dem anderen »Mohammed Atta«, der die Offiziersschule besucht habe und angeblich mit dem Attentäter verwechselt worden sei, Kontakt aufnehmen könne, damit der ihm bestätigen könne, dass es tatsächlich zwei verschiedene Personen gebe. Die Majorin lehnte dies ohne Begründung ab und bemerkte nur noch, sie glaube nicht, »dass Sie diese Information erhalten werden«.

Mitte Oktober 2001 wurden die Untersuchungen des FBI über diesen Sachverhalt beendet, obwohl man noch keine so klaren Antworten herausgefunden hatte, dass man sie der Öffentlichkeit hätte vorlegen können. Hopsicker berichtet weiter:

> »Am 10. Oktober wurden die FBI-Agenten angewiesen, ihre Untersuchung des Anschlags vom 11. September einzustellen. Der entsprechende Befehl beschrieb diese Ermittlungen als ›die gründlichsten, die es in der Geschichte des FBI je gegeben‹ habe. Ein höherer Beamter meinte noch: ›Man muss den Fahndern klar machen, dass wir hier nicht versuchen, ein Verbrechen aufzuklären.‹
> Diese Anordnung wurde angeblich von den FBI-Agenten nur widerwillig befolgt, weil sie glaubten, dass eine weitere Überwachung von Verdächtigen eventuell hätte beweisen können, wer hinter den Anschlägen auf das World Trade Center und

das Pentagon stecke. Offizielle Stellen berichteten aber, dass FBI-Direktor Robert Mueller, der erst im letzten Monat sein Amt angetreten hatte, der Meinung war, dass seine Beamten jetzt einen Überblick über die Ereignisse des 11. September hätten und es deshalb jetzt an der Zeit sei, sich mit anderen Dingen zu beschäftigen.«[101]

Der frühere NBC-Produzent Hopsicker berichtete später aber, ein Sprecher des US-Verteidigungsministeriums habe zugegeben, dass gewisse Terroristen tatsächlich auf amerikanischen Militärschulen ausgebildet worden wären, doch er machte keine Angaben zu den Personen:

»Ein Sprecher des Verteidigungsministeriums gab letzten Freitag in einem Interview zu, dass entgegen früherer Dementis Terrorattentäter des 11. September tatsächlich auf US-amerikanischen Militärbasen trainiert hätten.
In einem Interview mit einem Reporter, der sich nach dem in vagen Worten abgefassten Pentagon-Dementi vom 16. September erkundigte, wurde der Sprecher des Verteidigungsministeriums aufgefordert, einzelne unklare Aussagen näher zu erläutern, in denen offizielle Stellen mitgeteilt hatten, dass ›Namensgleichheit *nicht notwendigerweise* bedeuten müsse, dass die Studenten die Attentäter waren‹, und dass Diskrepanzen in den biografischen Angaben bedeuteten, dass ›wir *wahrscheinlich* nicht über die gleichen Leute reden‹.
Als er wiederholt ersucht wurde, nähere Einzelheiten mitzuteilen, gab dieser Sprecher schließlich zu: ›Ich habe nicht die Erlaubnis, Ihnen zu erzählen, welche Terroristen welche Schulen besucht haben.‹
Es scheint also sicher zu sein, dass wenigstens einige der früheren Dementis nicht mehr gelten und dass es im Verteidigungsministerium eine Liste gibt, auf der die Namen von Attentätern des 11. September stehen, die in US-Militäreinrichtungen trainiert haben. Das Pentagon scheint es nicht eilig zu haben, diese Liste zu veröffentlichen.«[102]

Hier stellen sich nun endgültig zwei Fragen: Warum war es möglich, dass Terroristen zum Training in gesicherten amerikanischen Militär- und Geheimdiensteinrichtungen zugelassen wurden, und vor allem zu welchem Zweck geschah dies? Noch seltsamer erscheint die Tatsache, dass Mohammed Atta in einem regen E-Mail-Kontakt mit gegenwärtigen und ehemaligen Angehörigen der US-amerikanischen Rüstungsindustrie stand, was die von ihm geführte E-Mail-Liste mit ihren 40 Eintragungen enthüllte, die das FBI im September entdeckte.[103]

Bereits drei Tage nach den Anschlägen behauptete der Direktor des FBI, Robert S. Mueller III, dass diese Erkenntnisse neu seien und das FBI zuvor nichts davon gewusst habe. Die *Washington Post* berichtete, er habe »Berichte, dass einige Attentäter in den Vereinigten Staaten Flugunterricht genommen haben, als ›offensichtliche Neuigkeiten‹ beschrieben, und hinzugefügt: ›Wenn wir das gewusst hätten, hätten wir – vielleicht hätte man das verhindern können.‹«[104] Angeblich habe er dann erst nach dieser Aussage nachträglich ein Memo aus dem Monat Juli gelesen, in dem darauf hingewiesen wurde, dass al-Qaida-Verdächtige an amerikanischen Flugschulen trainierten. Aber erstaunlicherweise kann man in demselben Artikel der *Washington Post* nachlesen, dass Mueller, was das Wissen des FBI angeht, gelogen hat, denn das FBI soll schon lange vor diesem Memo Kenntnis von diesen terroristischen Umtrieben auf amerikanischem Boden gehabt haben. Die *Post* berichtete nämlich in diesem Artikel, im Gegensatz zu den ersten Aussagen des FBI-Direktors habe die Bundespolizei schon seit Jahren davon gewusst, dass Terroristen an amerikanischen Flugschulen trainierten, man habe aber vor dem 11. September deswegen überhaupt nichts unternommen:

> »Interviews und Aussagen vor Gericht zeigen, das Behörden des Bundes seit Jahren wussten, dass mutmaßliche Terroristen mit Verbindungen zu Osama bin Laden an Flugschulen in den USA und des Auslands eine Flugausbildung erhielten. [...] Ein

höherer Regierungsbeamter räumte gestern ein, dass Polizeibeamte gewusst hatten, dass fast ein Dutzend Leute mit Kontakten zu bin Laden US-amerikanische Flugschulen besucht hätten.«

Der *Post*-Bericht zählt dann für jedes Jahr von 1996 bis 2001 Beispiele für die »Verbindungen zwischen Terroristen und Flugtraining auf«.[105]

Daniel Hopsicker, der frühere Produzent einer von NBC international ausgestrahlten Wirtschaftsnachrichtensendung, schreibt in einem Bericht für das *Online Journal*:

> »Die Behörden untersuchen die europäischen Geschäftsbeziehungen des Besitzers einer Flugschule in Venice, Florida, an dessen Schule [...] der harte Kern der ausländischen Terrorpiloten trainierte. Man möchte herausfinden, ob es hier Verbindungen zu internationalen Gruppen des organisierten Verbrechens gibt. Die drei Verkehrsmaschinen, mit denen man die Anschläge vom 11. September ausführte, wurden von Terroristen geflogen, die an zwei Flugschulen in Venice, Florida, ausgebildet worden waren.«[106]

Hopsicker berichtet, dass »fast alle Terrorpiloten ihre erste Ausbildung in Venice erhalten haben«, und zwar an einer der beiden Flugschulen, die Arne Kruithof bzw. Rudi Dekkers gehören. »Zusammen haben diese beiden Schulen die führenden Köpfe der ausländischen Terrorpiloten trainiert.« Aber die amerikanischen Geheimdienste griffen nicht ein, obwohl sich die Warnungen vor einem Terrorangriff auf amerikanischem Boden mit Hilfe entführter Verkehrsflugzeuge häuften und obwohl sie die Terroristen schon seit Jahren überwachten. »Das FBI durchsuchte Huffman Aviation schon um 2 Uhr morgens, nur knappe 18 Stunden nach dem Anschlag. Sie nahmen die Unterlagen über Schüler von zwei Schulen am Flughafen von Venice mit: der Huffman Aviation und dem Florida Flight Training Center.«

Das FBI konnte vermutlich deshalb so schnell reagieren, weil »Behörden des Bundes schon seit Jahren wussten, dass mutmaßliche Terroristen mit Verbindungen zu Osama bin Laden in Schulen in den Vereinigten Staaten Flugunterricht nahmen«.[107]

Hopsicker meint auch, dass der verdächtige Hintergrund und die Aktivitäten von Rudi Dekkers, dem Inhaber der Huffman Aviation, wo die meisten Terroristen des 11. September trainierten, von den Geheimdiensten weiter untersucht werden sollten. Er zählt dann eine ganze Reihe von Ungereimtheiten auf, von denen hier einige angeführt werden sollen. Dekkers Zeitangaben über den Flugunterricht, den er den späteren Entführern Atta und al-Shehhi erteilte, widersprechen zum Beispiel völlig den Aussagen anderer Fluglehrer von der Firma Jones Aviation Flying Instructors, Inc.

Darüber hinaus soll »Dekkers seine Flugschule gerade zu dem Zeitpunkt gekauft haben, als die Terrorpiloten in die Stadt kamen und ihre Ausbildung begannen«, gab ein Luftfahrtangestellter am Flughafen von Venice zu Protokoll. Ein anderer Beobachter auf diesem Flugplatz sagte: »Ich fand es schon immer sehr verdächtig, wie er aus dem Nichts plötzlich hier in der Stadt auftauchte. Da gab es einfach viel zu viele seltsame Kleinigkeiten. Soweit man weiß, hat er zum Beispiel keinerlei fliegerischen Hintergrund. Und er hatte offensichtlich kein Interesse an den Regeln und Vorschriften der FAA, die er wahrscheinlich nicht einmal kannte.« Der Führer eines Spezialeinsatzkommandos der nahe gelegenen McDill-Luftwaffenbasis meinte noch: »Rudi ist habgierig, und habgierige Leute kann man für alles Mögliche gebrauchen.«[108]

Nach Angaben von Polizeibeamten wurde Dekkers angeblich erst kürzlich in seiner Heimat Holland wegen Betrugs und Geldwäsche angeklagt.[109] Aber trotz seines zweifelhaften Hintergrunds, seiner dubiosen Aktivitäten und Verbindungen, die zu seiner Rolle als Flugausbilder der meisten Terroristen des 11. September hinzukamen, wurde er vom FBI wohl nicht überprüft. Tatsächlich schien man seine Unschuld von

Anfang an vorauszusetzen: »48 Stunden nach den Anschlägen vom 11. September war der Besitzer einer Flugschule namens Rudi Dekker, der bekanntlich praktisch alle Terrorpiloten ausgebildet hatte, [...] anscheinend über jeden Verdacht erhaben.«[110]

Das Faszinierendste an der ganzen Geschichte ist der Hinweis eines leitenden Angestellten des Flughafens von Venice. Die Firma Britannia Aviation, die in einem Hangar von Rudi Dekkers Firma auf dem Venice Airport sitzt, soll laut Hopsicker »grünes Licht« von der Antidrogenbehörde des Justizministeriums, der DEA (Drugs Enforcement Administration), erhalten haben. Außerdem soll die Ortspolizei von Venice »die Weisung bekommen haben, Britannia Aviation in Ruhe zu lassen«. Britannia Aviation hatte einen Fünfjahresvertrag abgeschlossen und wollte eine große regionale Flugzeugwartungs- und Instandhaltungsstation auf dem regionalen Flugplatz von Lynchburg, Virginia, einrichten. Zur Zeit des Vertragsabschlusses war über die Firma nichts bekannt. Als die Britannia einer angesehenen und erfolgreichen Firma aus Lynchburg vorgezogen wurde, die immerhin einen Umsatz von mehreren Millionen Dollar und über 40 Angestellte vorweisen konnte, begannen Angestellte des Flughafens, gegenüber Reportern der Lokalzeitung ihre Bedenken zu äußern.

»Es stellte sich heraus, dass Britannia Aviation eine Firma praktisch ohne Betriebsvermögen, ohne Angestellte und Vorgeschichte war. Darüber hinaus besaß die Firma nicht einmal die erforderliche Lizenz der Luftfahrtbehörde FAA, Fluggerät warten zu dürfen, womit sie gerade von der Stadt Lynchburg beauftragt worden war. [...] Als der Geschäftsbericht der Britannia Aviation veröffentlicht wurde, wie es die lokale mit der Luftfahrt verbundene Geschäftswelt gefordert hatte, stellte sich heraus, dass der ›Firmenwert‹ der Britannia nicht einmal 750 Dollar betrug.«

Einer ihrer leitenden Angestellten, Paul Marten, ließ außerdem verlauten, dass die Firma »seit einiger Zeit erfolgreich Flugzeugwartungsdienste für Caribe Air, eine Fluggesellschaft in der Karibik, durchgeführt hat«, von der Daniel Hopsicker bemerkt, sie sei in Wirklichkeit »ein bekanntlich von der CIA betriebenes Flugunternehmen, das selbst wenn man CIA-Maßstäbe anlegt, eine sehr anrüchige Vergangenheit hat:«

> »Die Geschichte der Caribe Air hat einige ›Schönheitsfehler‹. So beschlagnahmten zum Beispiel vor einem Jahrzehnt Beamte des Bundes auf dem berüchtigten Flughafen von Mena, Arkansas, ein Flugzeug der Caribe Air, nachdem Bundesstaatsanwälte die Firma beschuldigt hatten, mit über 20 Flugzeugen Drogen im Wert von Milliarden von Dollar ins Land geschmuggelt zu haben.«

Warum hat die Britannia, die offensichtlich Verbindungen zur CIA hatte und die illegal aus eben jener Flugschule heraus agierte, in der die al-Qaida-Terroristen ausgebildet wurden, »grünes Licht« von der dem Justizministerium unterstehenden DEA bekommen und darüber hinaus effektive Immunität vor den Nachforschungen der Ortspolizei genossen? Dazu meint Daniel Hopsicker: »Dieses neue Beweismaterial verstärkt den bereits bestehenden Verdacht, dass Mohammed Attas Aktivitäten und die Flugausbildung der Terroristen in diesem Land Teil einer bisher nicht bestätigten Geheimdienstoperation der US-Regierung waren, die am Ende am 11. September für Tausende Zivilisten tragische Konsequenzen hatte:

> »Anstatt also bloß nachlässig gewesen zu sein oder geschlafen zu haben, deutet das stetig wachsende Beweismaterial darauf hin, dass die CIA nicht nur genau wusste, dass Tausende Araber in unser Land strömten, um hier das Fliegen zu lernen, sondern dass dieser Geheimdienst diese Operation sogar leite-

te, aus Gründen, die allerdings bis heute noch unbekannt sind. [...]

Es war der ›islamische Fundamentalist‹ Osama bin Laden, der seine verdeckten Aktionen unter dem Deckmantel religiöser Wohltätigkeit ausführte. Entdeckten wir nun gerade, dass die Geheimdienste unserer Regierung denselben Trick anwandten? Was ging hier eigentlich vor. [...] Wofür hatte eine Tarnfirma wie Paul Martens Britannia Aviation ›grünes Licht‹ von der DEA?«[111]

Diese Berichte zeigen deutlich, dass die US-Geheimdienste, obwohl sie seit Jahren wussten, dass al-Qaida-Terroristen in amerikanischen Flugschulen trainierten, nicht versuchten, diese Leute festzunehmen – trotz der zahlreichen Hinweise, dass ein Anschlag von Osama bin Ladens Männern unmittelbar bevorstand. Dies war Folge einer Entscheidung der FBI-Führung. ABC News meldete, dass das FBI-Büro in Phoenix Anfang August, nur wenige Wochen vor den Anschlägen, die FBI-Zentrale wegen des ungewöhnlichen Zustroms von arabischen Studenten mit Verbindungen zur al-Qaida zu örtlichen Flugschulen alarmierte. Diese Warnungen wurden aber von den Verantwortlichen im FBI ignoriert.[112]

Einer der stellvertretenden Direktoren des FBI, John Collingwood, erklärte dazu: »Keiner der Leute, die vom Büro in Phoenix identifiziert wurden, war in die Anschläge vom 11. September verwickelt. Die Nachricht aus Phoenix wurde den zuständigen Agenten und Analysten zugeleitet, führte aber nicht zur Aufdeckung der Attentatspläne.«[113] Laut *Insight On The News* »behaupteten [FBI-]Leute der mittleren Führungsebene, dass ihnen die Mittel fehlten, um die weit reichenden Empfehlungen ihrer Agenten in die Tat umzusetzen.«[114] Der Londoner *Independent* schildert dies genauer: »Am 10. Juli sandte Kenneth Williams, ein Agent des FBI-Büros in Phoenix, ein Memo an das Hauptquartier seiner Organisation, das John O'Neill in New York als Kopie erhielt.« (O'Neill war bis zum August 2001 einer der stellvertretenden

Direktoren des FBI, trat dann aus Protest gegen Präsident Bushs Politik zurück und starb als Sicherheitschef des World Trade Centers einen Monat später bei dem Terroranschlag. A. d. Ü.):

> »Das Memo legte dar, dass ungewöhnlich viele Männer aus dem Nahen Osten an Flugschulen in Arizona Unterricht nahmen. Der Verfasser spekulierte darüber, dass sie Mitglieder eines Kommandos der al-Qaida sein könnten, deren Führer bin Laden namentlich erwähnt wurde. Angeblich befasste sich das Memo aber hauptsächlich mit einem Flugschüler, Zakaria Mustapha Soubra, der Kontakte zu al-Qaida hatte und deshalb schon seit zwölf Monaten vom FBI beschattet wurde. Williams empfahl dem FBI, auch in anderen Flugschulen des Landes nach Schülern zu suchen, die Verbindungen zum Terrorismus haben könnten. Aber nichts geschah.«[115]

Ein ausführlicher Bericht der *Los Angeles Times* zeigt jedoch, dass FBI-Sprecher und Regierungsbeamte die Öffentlichkeit über das Memo der FBI von Phoenix bewusst falsch informierten. So behauptete der amerikanische Vizepräsident Dick Cheney, dass das Memo auf einer »bloßen Vermutung« beruht habe. Andere hohe Beamte, wie der stellvertretende FBI-Direktor John Collingwood, gaben an, dass das Memo nicht ausdrücklich auf mutmaßliche Terroristen mit Verbindungen zu den Attentaten vom 11. September hingewiesen habe.

All dies war jedoch reine Desinformation. Tatsächlich war das Memorandum des FBI-Spezialagenten Kenneth Williams das Resultat einer siebenjährigen Ermittlung, die sich häufig mit bestimmten militanten Islamisten mit Verbindungen zur al-Qaida befasst hatte, die an Flugschulen in Phoenix ein Training absolvierten. Sein Memo bezog sich direkt auf die Ergebnisse dieser gründlichen Nachforschungen.

Im Jahre 1994 überprüfte die Antiterror-Abteilung des FBI-Büros in Phoenix einen Informanten, der von Leuten mit Verbindung zur al-Qaida als Selbstmordattentäter angeworben worden war. Spezialisten des FBI hatten sogar mit einer Videokamera aufgenommen, wie er in die Wüste geführt wurde, um dort eine Terrorausbildung zu erhalten, einschließlich des Zündens einer Bombe. 1996 wandte sich dann der FBI-Spezialagent Kenneth Williams an örtliche Flugschulen, nachdem er von einem Informanten einen Tipp erhalten hatte. Damals war auch Hani Hanjour an einer Fliegerschule in Phoenix eingeschrieben. Die amerikanischen Behörden vermuten, dass er der Pilot der Maschine war, die ins Pentagon raste.

Im Jahre 1998 stellten die Terroristenfahnder in Phoenix auch Ermittlungen zu einem Studenten aus dem Nahen Osten an, der verdächtig war, Verbindungen zu Terrorgruppen zu unterhalten. Anfang 2000 stellten dieselben Beamten Studenten von verschiedenen Flugschulen in Phoenix, einschließlich der Embry-Riddle Aeronautical University, unter Überwachung. Williams Memo fasste nun all diese Ermittlungen zusammen. Warum wird dieses Memo im FBI-Hauptquartier als geheime Verschlusssache behandelt?

Nachdem Williams glaubhaft nachweisen konnte, dass es keine pure Spekulation war, Verbindungen zwischen terroristischen Kreisen und Personen aus dem Nahen Osten herzustellen, die an Flugschulen in Phoenix trainierten, forderte er das FBI-Hauptquartier auf, nun eine systematische Überprüfung aller Schüler aus dem Nahen Osten an amerikanischen Flugschulen durchzuführen. Die FBI-Führung lehnte nicht nur die Idee einer solchen Aktion kategorisch ab, sie wollte nicht einmal die Flugschulen in Phoenix unter die Lupe nehmen. Wie bereits erwähnt, behauptete das FBI-Hauptquartier, dass solche Maßnahmen nicht praktikabel seien und die Mittel der Bundespolizei übermäßig in Anspruch nähmen.

In Wirklichkeit lässt sich eine Liste dieser Flugschulen leicht im Internet beschaffen. Außerdem konnte man in der *LA Times* lesen, dass einige Männer aus dem Nahen Osten – einschließlich einem, der Hani Hanjour kannte – an der Sawyer School of Aviation am Sky-Harbor-Flugplatz in Phoenix eingeschrieben waren, als Williams Memo im FBI-Hauptquartier in Washington eintraf. Hätte man Williams Hinweise beachtet, dann hätte eine Routineuntersuchung von wenigen Tagen zu einem der mutmaßlichen Attentäter geführt.[116] Kenneth Williams war das ranghöchste Mitglied einer Spezialeinheit zur Terrorismusbekämpfung. Ronald Myers, ein 31-jähriger ehemaliger FBI-Mann und früherer Kollege von Williams, beschrieb ihn als »einen der fähigsten Agenten, die ich je getroffen habe. Jeder in der FBI-Führung, der nicht ernst nehmen sollte, was Williams sagte, ist ein Narr.«[117]

Aber im FBI-Hauptquartier gibt es keine Narren. Der pensionierte FBI-Spezialagent James H. Hauswirth, der dem Büro in Phoenix angehörte, in dem Williams arbeitet, sandte im Dezember 2001 FBI-Direktor Robert Mueller einen zweiseitigen Brief, in dem er beklagte, dass »kleinkarierter Bürokratismus, andauernde Entschlusslosigkeit und Mauern« auf der höchsten Ebene ständig die laufenden Versuche verhindert hätten, verdächtige Terroristen aus dem Verkehr zu ziehen, und so die Anschläge des 11. September erleichtert hätten.[118]

Zwar hat Mueller anscheinend versucht, der Öffentlichkeit vorzuenthalten, dass das FBI schon lange von diesen Aktivitäten Verdächtiger wusste. Doch er gab zu, dass man die Anschläge hätte verhindern können, wenn man diese Fakten ausgewertet hätte. Wenn das FBI tatsächlich auf dem Laufenden war, dann stellt sich die brisante Frage, warum die Bundespolizei nichts unternommen hat, obwohl man, wie ja indirekt zugegeben wurde, durchaus hätte tätig werden können. In dem offensichtlichen Versuch, die schockierende Untätigkeit des FBI zu beschönigen, behauptete der oben erwähnte Beamte der US-Regierung, dass »es keine Informationen gegeben hat, die darauf hinwiesen, dass die Flugschüler Selbstmordattentate planen würden«. Die *Washington Post* zitiert ihn wie folgt: »Es gelang uns nicht, irgendwelche Informationen aus den Ermittlungen oder von den Geheimdiensten so zu verknüpfen, dass man davon hätte sprechen können, diese Erkenntnisse zur Aufklärung der Ereignisse des 11. September zu verwenden.«[119]

Die Untätigkeit des FBI in diesem Zusammenhang als reine Inkompetenz, gepaart mit Bürokratie, zu betrachten, wäre doch wider alle Vernunft. Sie steht auch im Widerspruch zu den elementarsten Regeln des Sammelns von Geheimdienstinformationen. Wie wir gesehen haben, hatten die Nachrichtendienste Warnungen erhalten, die einen kurz bevorstehenden Anschlag von al-Qaida-Leuten auf amerikanischem Boden vorhersagten. Darüber hinaus wiesen diese Informationen – zum Beispiel die Warnungen von ECHELON – darauf hin, dass Osama bin Laden Regie führte. Berichte zeigen, dass diese Nachrichten von »den amerikanischen Geheimdiensten ernst genommen wurden«.

So hatte ja auch schon fünf Tage vor dem Memo über die Flugschulen in Phoenix der damalige Antiterrorkoordinator des Weißen Hauses, Richard A. Clarke, allen Bundesbehörden die dringende Warnung zukommen lassen, dass al-Qaida eine »spektakuläre« Aktion auf amerikanischem Boden plane.[120] Die US-Geheimdienste wussten, dass man dabei war, das Projekt Bojinka umzusetzen, und sie hatten ihre Aufklärungs- und Überwachungsarbeit verstärkt. Das Phoenix-Memo war nur der letzte in einer ganzen Reihe von Warnhinweisen auf die Ausbildung von Terroristen, die beim FBI schon seit Jahren eingegangen waren. Doch sie taten nichts!

»U. S. Visa Express« und die Verbindung zum saudischen Terror

Die Leichtigkeit, mit der Mitglieder des al-Qaida-Netzwerks in den Vereinigten Staaten ein- und ausreisen konnten, sollte man im Zusammenhang mit einer Aussage von Michael Springmann sehen, der zwischen 1987 und 1989 Leiter der Visa-Abteilung des US-Konsulats in Djidda in Saudi-Arabien war. Springmann hat zwanzig Jahre Erfahrung im Dienste der US-Regierung hinter sich und ist jetzt als Anwalt in Washington tätig. In der Sendung »Newsnight« der BBC sagte er: »In

Saudi-Arabien bekam ich häufig von höheren Beamten des Außenministeriums die Anweisung, Antragstellern Visa zu erteilen, die eigentlich keine Visa hätten bekommen dürfen. Es handelte sich dabei hauptsächlich um Leute, die keine Verbindungen zu Saudi-Arabien oder ihrem Herkunftsland hatten.«[121]

In einem anderen Interview mit Radio One des kanadischen CBC sagte er, Beamte der US-Regierung hätten ihm bestätigt, dass »die CIA Terroristen zum Kampf gegen die Sowjets anwarb«. Überdies sei Osama bin Laden »einer ihrer Aktivposten gewesen, er habe mit ihnen zusammengearbeitet«. Es habe »nicht weniger als hundert« Rekruten gegeben, Leute »ohne Bindungen an einen bestimmten Ort. [...] Am Ende sollten sie ihre speziellen Fähigkeiten in Afghanistan anwenden. Sie kamen in die Vereinigten Staaten, um dort zu Terroristen ausgebildet zu werden. Die Länder, die sie geschickt hatten, wollten sie nicht zurückhaben.« Springmann behauptete, dass CIA-Beamte ständig die Bestimmungen des Außenministeriums verletzten, indem sie diesen Leuten Visa verschafften.

»CBC: Weist dies auf eine Verbindung zwischen dem CIA und Osama bin Laden hin, die bis ins Jahr 1987 zurückreicht?
SPRINGMANN: Ja, das tut es, und Sie werden sich erinnern, dass man glaubt, dass dieser Scheich Abdur Rahman, der hinter dem ersten Bombenanschlag auf das New Yorker World Trade Center steckte, sein Einreisevisum von einem Spezialagenten der CIA im Sudan bekommen hatte. Und dass die etwa fünfzehn Leute, die aus Saudi-Arabien kamen, um bei den Anschlägen auf das WTC und das Pentagon mitzumachen, ihre Visa vom amerikanischen Generalkonsulat in Djidda erhielten.
CBC: Heißt das etwa, dass man diesen Hahn noch immer nicht zugedreht hat, dass das immer noch so weitergeht?
SPRINGMANN: Genau. Ich glaubte, man habe damit aufgehört, nachdem ich so viel Krach geschlagen hatte. Ich hatte mich bei der Botschaft in Riad und bei allen zuständigen Re-

gierungsstellen in Washington beschwert, und die Angelegenheit wurde anscheinend im ganzen Außenministerium diskutiert.

CBC: Wenn das stimmt, dann hätten viele der Terroristen, die mutmaßlich jene Flugzeuge in jene Ziele steuerten, ihre Visa mit Hilfe der CIA im US-Konsulat in Djidda bekommen. Das weist doch auf eine Beziehung hin, die offensichtlich noch vor kurzem, nämlich im September, bestanden haben muss. Aber wofür brauchte die CIA diese Leute?

SPRINGMANN: Das weiß ich nicht. Und das ist etwas, das ich schon seit zehn Jahren durch eine ganze Reihe von Auskunftsersuchen herausfinden wollte, die sich auf das Gesetz über die Informationsfreiheit beriefen. Aber von Anfang an haben das Außenministerium und die CIA meine Gesuche abgeschmettert. Und das ist heute noch so.

CBC: Wenn die CIA ein nahes Verhältnis zu den Leuten unterhielt, die für den 11. September verantwortlich sind, würden Sie dann unterstellen, dass sie in gewisser Weise sogar Beihilfe zu diesem Verbrechen geleistet hat?

SPRINGMANN: Ja, entweder durch Unterlassung oder durch Fehlverhalten. [...] Und ihre Versuche, mich mundtot zu machen, überzeugten mich immer mehr davon, dass dies wirklich keine Wahnvorstellung oder pure Ausgeburt meiner Phantasie war. [...]

CBC: Aber wenn Sie die Ereignisse von 1987 nehmen, als man den falschen Leuten Visa erteilte, und dann annehmen, dass das noch einmal bei denselben Leuten passierte, die für die Anschläge auf New York und Washington verantwortlich sind, dann ist das doch ein Quantensprung. Welche Erklärung haben Sie dafür?

SPRINGMANN: Nach allem, was ich weiß, nach allem, was wir wissen, war das eventuell nicht beabsichtigt, es könnte ein Fehler gewesen sein, es könnte auch eine Fehleinschätzung der Tatsachen gewesen sein. Aber es könnte auch, nach allem, was wir wissen, der Versuch gewesen sein, die Vereinigten Staaten auf irgendeine Weise direkt in die Sache zu verwi-

ckeln. Ich meine, es hat ja nur ein paar Tausend Tote gegeben, und was ist das, verglichen mit dem, was die USA im Nahen Osten gewinnen könnten?
CBC: Aber Sie sind ganz sicher, dass die Visa von Mohammed Atta und anderen in Djidda ausgestellt worden sind?
SPRINGMANN: Nun, das habe ich aus einem Artikel in der Los Angeles Times.«[122]

Obwohl Springmann durch seine eindringlichen Warnungen und Beschwerden das Außenministerium über diese gesetzeswidrigen Vorgänge in Kenntnis setzte, drehte als Antwort darauf die US-Regierung den Hahn nicht zu, sondern vielmehr noch weiter auf. All dies geschah trotz zunehmender Hinweise auf saudische Verbindungen zum Terrorismus. So berichtet die *St. Petersburg Times*: »Nach dem Golfkrieg wurde 1991 die Visa-Angelegenheit noch nebulöser. FBI-Agenten klagten, dass ihre saudischen Amtskollegen die Untersuchungen von Terrorangriffen behinderten, einschließlich eines Bombenattentats in Dharan im Jahre 1996, bei dem 19 amerikanische Soldaten getötet wurden. Die Amerikaner hatten auch den Verdacht, dass die saudische Monarchie wenig tat, um den Terrorismus auf saudischem Boden zu bekämpfen und die antiamerikanischen Drohungen zu beenden:«

»Aber statt in dieser Situation die Erteilung von Visa schärfer zu kontrollieren, machte es die US-Regierung saudischen Besuchern noch einfacher, nach Amerika zu kommen. Vier Monate vor dem 11. September wurde unter dem Namen U. S. Visa Express ein Programm gestartet, das es Saudis erlaubte, ihre Visa über zehn Reisebüros zu beantragen – wobei sie oft nicht einmal zu einem Gespräch in die US-Botschaft oder in ein Konsulat kommen mussten.«[123]

Wir sollten uns daran erinnern, dass diese unglaublichen Regelungen, die in völligem Gegensatz zu den geltenden Visavorschriften des Außenministeriums stehen, von der Bush-

Administration ungefähr zur gleichen Zeit getroffen wurden, als die dringenden und glaubhaften Warnungen eingingen, die die US-Geheimdienste wegen eines unmittelbar bevorstehenden al-Qaida-Attentats in Alarmzustand versetzten: im Mai und Juni 2001.

Joel Mowbray berichtete in der *National Review*: »Drei Saudis, die unter den letzten Selbstmordattentätern des 11. September waren, die nach Amerika einreisten, mussten keine US-Botschaft und kein US-Konsulat aufsuchen, um ihr Visum zu bekommen; sie gingen einfach in ein *Reisebüro*, wo sie nur ein kurzes, zweiseitiges Formular und ein Foto einzureichen brauchten. Das Programm, das dies ermöglichte, heißt Visa Express.«

> »Ein hoher amerikanischer Konsularbeamter beschreibt das Programm als ›eine Politik der offenen Tür für Terroristen‹. Drei Attentäter des 11. 9. reisten in die USA mittels Visa Express ein, obwohl das Programm zu diesem Zeitpunkt erst seit drei Monaten in Kraft war. [...] Saudi-Arabien ist das einzige Land der Welt, das solche Privilegien bei der Erteilung von Visa genießt. [...] Saudi-Arabien ist aber auch das einzige Land mit solchen Privilegien, dessen Bürger ein bekanntes Terrorrisiko darstellen.«[124]

Hier geht es nicht darum, die Grenzen weiter abzuschotten, sondern darum, warum bestehende normale Regelungen nur in Saudi-Arabien ignoriert und verletzt worden sind. Tatsächlich hatte Springmann selbst das US-Außenministerium immer wieder wegen dieser dubiosen Praktiken gewarnt. Aber die US-Regierung ließ es offensichtlich zu, dass diese Machenschaften munter weitergingen.

Darüber hinaus gibt es Beweise, dass die amerikanischen Geheimdienste zu dieser Zeit sehr wohl wussten, dass Schlüsselfiguren des saudischen Establishments Osama bin Ladens Terrornetz unterstützten. Darüber berichtete Robert Scheer in der *Los Angeles Times*: »Die Saudis wären ein logisches Ziel, wenn es Präsident Bush wirklich um sein erklärtes Ziel ginge, die Nationen zu bestrafen, die den Terrorismus unterstützen. Es gibt erdrückende Beweise dafür, dass die unglaublich reichen Saudis [...] für das Auftreten einer militanten und gewalttätigen Spielart des Islam verantwortlich sind, die einen Großteil der islamischen Welt infiziert hat.«

> »Es waren saudi-arabische Geschäftsleute, die mit aktiver Hilfe der saudischen Regierung die Religionsschulen und Ausbildungslager der Mudschaheddin in Afghanistan und Pakistan finanzierten, wo die neueste Terrorwelle ihren Ausgang nahm. [...] Auch die *New York Times* stellt in einem Kommentar fest, dass ›Geld und Menschen aus Saudi-Arabien, mit Duldung von Riad, halfen, Osama bin Ladens Terrororganisation zu schaffen und am Leben zu erhalten‹. Geht man die von der US-Regierung erstellte Liste der Chefs von Firmen und Stiftungen durch, die angeblich al-Qaida unterstützten, liest sich das wie ein ›Who's who‹ der saudi-arabischen Gesellschaft. [...] «[125]

Zahlreiche Berichte beweisen, das die amerikanischen Geheimdienste schon im Jahr 1996 die weit reichende Unterstützung des saudi-arabischen Establishments für die al-Qaida aufgedeckt hatten (siehe dazu Kapitel 7). Trotzdem startete das Außenministerium schon im März 2001 das Visa-Express-Programm für Saudi-Arabien, die wichtigste Geldquelle der al-Qaida, obwohl sich die Warnhinweise auf einen unmittelbar bevorstehenden Anschlag dieser Terrororganisation immer mehr häuften.

Fast zur gleichen Zeit erhielten dreizehn Flugzeugentführer Visa für die Vereinigten Staaten, deren Erteilung auf den Personalangaben beruhten, die sie beim US-Konsulat in Djidda gerade zum richtigen Zeitpunkt eingereicht hatten, so dass sie in den Genuss des neuen Visa-Express-Programms kamen. Es ist bewiesen, dass mindestens drei Attentäter ihre Visa durch dieses Programm erhielten.[126]

All dies sollte man im Zusammenhang sehen mit der vernichtenden Aussage des ehemaligen Leiters des US-amerikanischen Visabüros in Djidda. Michael Springmann stellt fest:

»Ich hatte nicht gegen Betrug protestiert. Wogegen ich in Wirklichkeit protestierte, war der Versuch, von Osama bin Laden angeworbene Männer in die Vereinigten Staaten zu lassen, wo sie von der CIA ein Terrortraining erhalten sollten. [...] *Es war nicht das US-Außenministerium, das das Konsulat in Djidda leitete. Es war die CIA.* Ich weiß ganz sicher, dass von den knapp zwanzig von Washington entsandten Mitarbeitern dort nur drei Personen (einschließlich mir) keine Verbindungen, ob beruflicher oder anderer Art, zu einem der amerikanischen Geheimdienste hatte.«[127]

Hohe Regierungsstellen blockieren Geheimdienstarbeit

Es gibt gute Gründe für die Annahme, dass das FBI deshalb keine mutmaßlichen Terroristen mit Verbindungen zu bin Laden fangen konnte, die in den USA tätig waren, weil seine Führung und das Justizministerium dies auf höchster Ebene verhinderten. Beweise dafür lieferte US-Bundesanwalt David Philipp Schippers, der frühere Chefermittlungsberater der Republikaner im Justizausschuss des amerikanischen Repräsentantenhauses, der in dieser Funktion das Impeachment gegen Präsident Clinton vorbereitete. Seine lange Karriere ist gekennzeichnet von hohem Sachverstand und großer Erfahrung und weist ihn als sehr glaubwürdige Quelle aus.[128]

Zwei Tage nach den Anschlägen ging Schippers in einem Interview mit dem Musikradio WRRK in Pittsburgh, Pennsylvania, an die Öffentlichkeit. Er gab an, er habe versucht, US-Justizminister John Ashcroft und andere Bundesbeamte vor den Terroranschlägen zu warnen, Wochen bevor sie tatsächlich verübt wurden. Er erklärte, dass er aus US-Geheimdienstquellen und von FBI-Agenten erfahren habe, dass Terroristen ein großes Attentat planten, dessen Ziel die Hochburgen der Finanzwelt in Lower Manhattan seien. Schippers hatte versucht, diese Informationen John Ashcroft sechs Wochen vor der Tragödie des Schwarzen Dienstags vorzulegen.[129] Schippers wandte sich im Oktober 2001 noch einmal an die Öffentlichkeit und wiederholte, dass ihm Monate vor dem September von amerikanischen Geheimdiensten und dem FBI glaubwürdige Hinweise auf die bevorstehenden Anschläge vorgelegen hätten.

Laut Schippers kannten die Agenten damals bereits die Namen der Attentäter, das Ziel der Anschläge, die geplanten Daten und die Herkunft der Geldmittel. Höchstens zwei Wochen vor dem 11. 9. bestätigten die FBI-Agenten noch einmal, dass ein von Osama bin Laden inszenierter Angriff auf das südliche Manhattan unmittelbar bevorstehe. Aber die FBI-Führung brach alle Ermittlungen ab und drohte den entsprechenden Agenten sogar mit Klagen nach dem Nationalen Sicherheitsgesetz, falls sie Informationen über ihre Nachforschungen veröffentlichen sollten.

Die Agenten fragten danach David Schippers um Rat, wie sie Mitglieder der US-Regierung dazu bringen könnten, etwas zur Verhinderung der Attentate zu unternehmen. Schippers warnte viele Kongressabgeordnete und Senatoren und versuchte auch, Kontakt zu Justizminister John Ashcroft aufzunehmen. Er schaffte es lediglich, einem unteren Beamten des Justizministeriums die Situation zu erklären, der ihm daraufhin versprach, Ashcroft werde ihn am nächsten Tag anrufen. Doch der Justizminister rief nicht an. Schippers vertritt nun einen FBI-Agenten in einem Prozess gegen die US-Regierung. Sein Ziel ist es, eine Aussage gerichtlich zu erzwingen, damit der FBI-Mann legal über die gestoppten Ermittlungen berichten könnte. In einem Radiointerview in der Alex Jones Show in Austin, Texas, sagte Schippers:

»Haben Sie je von Yossef Bodansky gehört? [...] Das ist der Mann, der das Buch über bin Laden geschrieben hat. Er arbeitete für ein paar führende Kongressabgeordete – in einer Art inoffizieller Sondereinheit oder Task Force gegen den Terrorismus. (Bodansky war Leiter der Task Force des US-Kongresses für Terrorismus und unkonventionelle Kriegführung.) Sie gaben am 19. Februar 1995 eine schriftliche Warnung heraus, in der zu lesen war, dass es mitten in den Vereinigten Staaten einen massiven terroristischen Anschlag auf eine Einrichtung des Bundes geben werde. Jedermann ignorierte das. [...] [Die Terroristen] haben dann sechs Jahre gebraucht, bis es so weit war. Als Ziele waren vorgesehen Washington, das Weiße Haus und das Kapitol – und sie wollten Flugzeuge benutzen, um sie anzugreifen.«[130]

In einem Interview mit Geoff Metcalf in der Internetzeitung *WorldNetDaily* stellte Schippers diese Sachverhalte nochmals dar.[131]

Alex Jones bemerkte in seinem Interview mit dem früheren Chefberater: »Und dann haben Sie später von FBI-Agenten in Chicago und Minnesota erfahren, dass es da einen Angriff auf Lower Manhattan geben werde.« Schippers antwortete:

»Ja – und danach begann ich mit meinen Anrufen. [...] Und dann versuchte ich, über persönliche Freunde von John Ashcroft zu ihm durchzudringen. Einer von ihnen rief mich zurück und sagte: ›Gerade habe ich mit ihm gesprochen. Er wird Sie morgen Früh anrufen.‹ Das war etwa einen Monat vor den Attentaten. [...] «[132]

Dieser Anruf kam nie.[133] Judicial Watch berichtete Mitte November 2001, dass sie Schippers bei dem Prozess des FBI-Spezialagenten gegen das US-Justizministerium unterstützen werde:

»[...] ein aktiver FBI-Spezialagent reichte in der letzten Woche eine Klage ein, bei der es um Einmischung und Fehlverhalten von FBI und Justizministerium bei Ermittlungen gegen Terroristen geht. Der Spezialagent des FBI, der zurzeit noch anonym bleiben möchte, behauptet, dass er behindert wurde und Schwierigkeiten bekam, als er bestimmte Ermittlungen gegen den Willen von FBI und Justizministerium weiter fortsetzte. Der FBI-Spezialagent, der von Judicial Watch und der Kanzlei von David Schippers vertreten wird, reichte letzte Woche seine Klage beim Büro des Generalinspekteurs des Justizministeriums ›Office of Inspector General‹ (IG) und beim Amt für Innenrevision und missbräuchliches Verhalten von Regierungsanwälten ›Office of Professional Responsibility‹ (OPR) ein. [...] Judicial Watch verlangt eine umfassende, unabhängige Untersuchung der Anliegen ihres Klienten und möchte jene Personen zur Verantwortung ziehen, die dafür verantwortlich sind, dass eine vollständige Aufklärung der Terroraktivitäten in den Vereinigten Staaten und im Ausland verhindert wurde.«[134]

David Schippers machte Ende Februar 2002 in einem Interview mit dem Autor nähere Angaben zu dieser Angelegenheit. Er bestätigte, dass die US-Geheimdienste »die Quellen von bin Ladens Geldströmen« schon 1996 entdeckt hatten, aber Geheimdienstbeamte ab 1999 von höchsten Stellen in ihren Untersuchungen massiv behindert wurden. Schippers gibt die Identität seiner Informanten nicht preis, um ihnen Druck von Seiten bestimmter Kreise in Regierung und Geheimdiensten zu ersparen.

Laut Schippers hatten die gleichen Leute, die die dringende Warnung vor den Attentaten ausgesprochen hatten, seitdem ihre Bemühungen fortgesetzt, weitere Informationen über diese Bedrohung zu erhalten. Er bestätigte, dass die Warnung »anfänglich nur eine allgemeine Bedrohung aufzeigte, aber sie engten sie mit der Zeit immer mehr ein,« bis die »gleichen Leute, die die erste Warnung formuliert hatten« ihn »im Mai

2001« darüber informiert hätten, dass »ein Angriff auf das untere Manhattan unmittelbar bevorsteht«. Schippers gibt an, dass diese amerikanischen Geheimdienstleute wegen ihrer »wachsenden Frustration« an ihn herangetreten seien, die sie wegen der höheren Geheimdienstränge empfanden, die sich weigerten, etwas gegen diese unmittelbare Bedrohung der amerikanischen nationalen Sicherheit zu unternehmen.[135]

Hier gilt es zu beachten, dass auch Präsident Bush anscheinend von den Geheimdiensterkenntnissen über den unmittelbar bevorstehenden al-Qaida-»Angriff auf das untere Manhattan« informiert war, die im »Mai 2001« im Umlauf waren. So meldete Agence France-Presse: »Seit Mai 2001 war Bush vor einem möglichen Terrorangriff gewarnt worden, hinter dem der Führer der al-Qaida Osama bin Laden steckte.«[136]

Neben den verschiedenen FBI-Agenten, die direkt mit Schippers gesprochen hatten, erzählten ihm auch andere Informanten aus US-Geheimdiensten, dass »es noch andere im ganzen Land gibt, die frustriert sind und nur darauf warten, endlich mit der Wahrheit herausrücken zu können«. Schippers machte klar, dass diese Geheimdienstleute deshalb frustiert waren, weil sie von einer »bürokratischen Elite in Washington, die Informationen unterdrückte«, behindert wurden, was den Effekt hatte, dass »der Terrorismus in den Vereinigten Staaten freie Bahn« bekam.

Schippers konnte auch die spezifische Natur einiger FBI-Nachforschungen bestätigen, die auf Grund von Anweisungen von höchster Stelle abgebrochen werden mussten. So habe ihm der Agent, der sich an ihn gewandt hatte, mitgeteilt, dass »sie Atta (den Hauptattentäter) im Visier gehabt« hätten. Die Agenten behaupteten auch, die Namen und Aktivitäten von »sehr seltsamen Kerlen, die in Flugschulen trainierten,« gekannt zu haben, die sie daraufhin »aus dem Verkehr ziehen wollten«.

Diese Untersuchungen wurden von ganz oben gestoppt, was den Zorn der Agenten hervorrief. Die Agenten meinen, dass es für dieses Abblocken einfach keine angemessenen Rechtfertigungen, weder rechtliche noch andere, gegeben habe. Außerdem habe man ihre Arbeit ohne plausiblen Grund von oben behindert. Dementsprechend behauptete einer von ihnen gegenüber Schippers, dass »der 11. 9. nie passiert wäre, wenn man ihnen erlaubt hätte, ihre Nachforschungen weiter fortzusetzen«.[137]

Das konservative Magazin *New American* führte auch Interviews mit mehreren FBI-Agenten, die Schippers Aussagen erhärten. Im März 2002 berichtete das Magazin:

> »Drei ehemalige FBI-Agenten bestätigten dem *New American*, dass die Informationen, die Schippers erhielt, im ganzen Büro schon vor dem 11. September weithin bekannt waren. Da diese Personen ansonsten persönliche oder berufliche Nachteile zu gewärtigen haben, stimmten sie nur zu, mit uns zu sprechen, wenn ihre Anonymität gewahrt bliebe. Zwei von ihnen haben sich jedoch bereit erklärt, vor dem Kongress über ihre Sicht der Dinge auszusagen, die sie uns mitgeteilt hatten.«

Ein ehemaliger FBI-Mann mit langer Erfahrung im Antiterror-Kampf erzählte dem Magazin: »Ich glaube einfach nicht, dass wir nicht gewusst haben sollen, was kommen würde.« Er wies auf die außergewöhnliche Schnelligkeit hin, mit der das FBI detaillierte Auskünfte über das Attentat und die verantwortlichen Entführer liefern konnte: »Innerhalb von 24 Stunden (nach den Anschlägen) hatte das Büro etwa zwanzig Leute identifiziert und deren Fotos an die Medien gesandt. Offensichtlich waren diese ganzen Informationen in den Akten vorhanden gewesen, und einer hatte sie einfach nicht weitergeleitet.«

Ein anderer Ermittler des FBI bestätigte, dass es »im ganzen Büro« bekannt war, »wie diese [Warnungen] von Washington ignoriert wurden. […] Alle Anzeichen deuten darauf hin, dass diese Informationen von einigen der erfahrensten Jungs stammten, Leuten, die ihr ganzes Leben dieser speziellen Arbeit gewidmet haben. Aber ihre Warnungen wurden in einem großen Stapel in irgendeinem Büro in Washington abgelegt. [...] In einigen Fällen sagten diese Außendienst-Agenten ziemlich genau voraus, was am 11. September geschehen würde. Deshalb hielten wir alle den Atem an [...] und hofften, dass die Sache bereinigt werden würde.«

Die vernichtenden Kommentare des ersten ehemaligen FBI-Agenten im *New American* verdienen besondere Beachtung:

> »Das Ganze ist eigentlich sehr erschreckend. Das FBI hatte mindestens seit 1997 Zugang zu diesen Informationen. Offensichtlich haben wir unsere Arbeit nicht gemacht. Ich hätte nie erwartet, dass so etwas in unserem Land passieren könnte, aber irgendwie war ich auch nicht schockiert, als es dann doch geschah. Da muss mehr dahinter stecken, als wir sehen können – Leute von ganz oben, deren Karrieren auf dem Spiel stehen und die nicht wollen, dass die Wahrheit herauskommt. [...] Was für ein Programm wird hier eigentlich gespielt? Offensichtlich hätte man es wissen müssen – es musste Leute geben, die wussten, dass diese Informationen im Umlauf waren. Leute wie die al-Qaida-Terroristen reisen nicht einfach so ein und aus, ohne dass es einer merkt. Wenn einer in Washington dann diese Informationen einfach so aus dem Verkehr zieht – und es ist ziemlich leicht, Dinge von der Hauptstadt aus zu kontrollieren – dann geht dieses Problem viel, viel tiefer. [...] Es ist zwar schrecklich, so was zu denken, aber man hat wohl das Ganze zugelassen, als Teil eines dahinter liegenden, weiterführenden Plans.«[138]

Ein Ermittler der Antiterror-Task Force des FBI in Südflorida, einer Eliteeinheit zur Aufdeckung von Spionage und Terrorismus, stimmte dieser Einschätzung im Wesentlichen zu:

> »Dieses Memo aus Arizona wäre von unschätzbarem Wert gewesen. Mit den Namen dieser Flugschulen in Florida hätten

wir diese Jungs sicher aufgespürt. Gleich nach den Attentaten wussten wir, dass die Regierung ein Problem hatte. Nur Stunden nach den Anschlägen kannten wir die Namen der Entführer und wussten, dass wir uns um die Flugschulen kümmern mussten. Wenn man sah, wie schnell die Informationen bei uns eintrafen, war es klar, dass jemand in Washington vorher etwas davon gewusst haben muss. Sie haben nichts unternommen, sie haben es verbockt, und jetzt kommt es endlich heraus.«[139]

Dieser Agent bestätigte also, dass das FBI nur *Stunden* nach den Attentaten genau wusste, welche Flugschulen man überprüfen und nach wem man suchen musste: also wer die Attentäter und ihre Helfer waren. Das FBI-Hauptquartier kannte also viel mehr fast alarmierend genaue Einzelheiten, als man nun zuzugeben bereit ist. Aber man behinderte die eigenen Agenten, während man die Verbreitung dieser wichtigen Informationen manipulierte (oder in den Worten eines von Schippers Geheimagenten »unterdrückte«).

Es muss hier betont werden, dass man von höchster Stelle aus auch die Untersuchungen von FBI und militärischen Geheimdiensten blockierte, die die möglichen terroristischen Verbindungen zwischen der Familie bin Ladens und dem saudischen Königshaus aufklären sollten. Der Londoner *Guardian* zeigte auf, wie US-Nachrichtendienste von ganz oben daran gehindert wurden, den Aufbau von bin Ladens Terrornetzwerk zu untersuchen:

»Beamte von FBI und militärischen Geheimdiensten in Washington behaupten, sie seien aus politischen Gründen vor den Terrorattentaten vom 11. September daran gehindert worden, die Mitglieder der bin-Laden-Familie, die sich in den USA aufhielten, genau zu überprüfen. [...]
US-amerikanische Geheimdienste [...] beklagen sich, dass ihnen die Hände gebunden waren. [...] Sie geben an, dass diese Beschränkungen noch schlimmer geworden seien, nachdem

die Bush-Administration in diesem Jahr die Regierungsgeschäfte übernommen habe. Die Geheimdienste wurden angewiesen, Nachforschungen zu ›unterlassen‹, die andere Mitglieder der bin-Laden-Familie, das saudische Königshaus und mögliche saudi-arabische Verbindungen zum Erwerb von Nuklearwaffen durch Pakistan betrafen. ›Es gab bestimmte Ermittlungen, die vollständig eingestellt werden mussten.‹«[140]

Diese Erkenntnisse, zusammen mit David Schippers Enthüllungen über das detaillierte Wissen der amerikanischen Geheimdienste über die Terroranschläge vom 11. September und deren Urheber, sind erdrückende Beweise dafür, dass trotz ausreichender Informationen, in Übereinstimmung mit Direktiven von höchsten Stellen der Bush-Administration, ganz bewusst nichts unternommen wurde. Tatsächlich werden diese Schlussfolgerungen von einem Bericht in *The Herald* bestätigt, der auf die Verhaftung des mutmaßlichen al-Qaida-Verschwörers Zacarias Moussaoui durch das FBI »in einer Flugschule in Minnesota im April letzten Jahres und einen Bericht des FBI-Büros in Phoenix, Arizona, vom Juli« hinweist, »in dem gewarnt wurde, dass Studenten aus dem Nahen Osten«, die »Verbindungen zu Osama bin Laden unterhielten«, »sich in beträchtlicher Zahl zu Flugstunden anmeldeten:«

»US-Abgeordnete sind immer noch erstaunt darüber, dass das Memo aus Phoenix und die Verhaftung Moussaouis im FBI-Hauptquartier nicht die Alarmglocken zum Schrillen brachten, als sogar auf einem Treffen auf hoher Ebene ein Agent darüber spekulierte, dass Moussaoui Flugstunden genommen haben könnte, um ein Flugzeug ins World Trade Center in New York steuern zu können.«[141]

FBI-Direktor Robert Mueller gab das bei Anhörungen des Kongresses im Mai sogar zu. So berichtete *Newsweek* Ende Mai: »Das FBI besteht weiterhin darauf, dass es nicht über

Warnungen vor den Anschlägen vom 11. 9. verfügte. Aber interne Unterlagen deuten darauf hin, dass es in den Regionalbüros des FBI mehr Besorgnisse gab, als Washington bisher zugeben wollte:«

> »In der letzten Woche wies FBI-Direktor Robert Mueller in einer wenig beachteten Aussage vor einer Senatskommission auf ein anderes internes Dokument hin, das sich als höchst brisant herausstellen könnte: Vermerke eines Agenten aus Minneapolis, der befürchtete, dass der französisch-marokkanische Flugschüler Zacarias Moussaoui planen könnte, ›etwas ins World Trade Center hineinzufliegen‹.
>
> Diese Bemerkungen sind besonders gespenstisch, wenn man bedenkt, dass Moussaoui inzwischen angeklagt wurde, Teil der Verschwörung vom 11. 9. gewesen zu sein. Quellen behaupten, dass die Vermerke, auf die sich Mueller bezieht, Anfang September 2001 geschrieben worden seien – also wenige Tage vor den Anschlägen. Der Verfasser war Mitglied eines Terroristenabwehrteams, dass verzweifelt herauszufinden versuchte, was Moussaoui vorhatte.«[142]

Ein Memo des FBI-Büros von Phoenix vom 10. Juli 2001, das »von einem FBI-Agenten in Phoenix an das FBI-Hauptquartier geschickt wurde, warnte davor, dass bin Laden in US-amerikanischen Flugschulen eventuell Terroristen ausbilden lassen könnte, und schlug deswegen eine landesweite Überprüfung nahöstlicher Flugschüler vor.« Dieses Memo wurde von der FBI-Führung vollkommen ignoriert und »löste vor dem 11. September keinerlei Reaktionen aus und wurde auch nicht an andere Behörden weitergegeben.« Jetzt wurden aber wenigstens zwei Namen auf der Liste »von der CIA als Männer mit Verbindungen zu al-Qaida identifiziert«. Auch eine am 6. August Präsident Bush zugeleitete Lagebeurteilung hatte vor der Gefahr einer Flugzeugentführung durch al-Qaida gewarnt.[143]

Außerdem konnte die FBI-Führung Mitte August im Zusammenhang mit der Verhaftung Moussaouis erneut von einem nahe bevorstehenden Anschlag ausgehen. Dessen Verhaftung und Befragung zu dieser Zeit zeigt, dass man mit geeigneten Routinemaßnahmen den gleichen Erfolg auch bei anderen al-Qaida-Verdächtigen hätte haben können. Trotzdem wurden im Juli wie auch im August Warnungen von lokalen Antiterrorermittlern vom FBI-Hauptquartier ignoriert; tatsächlich wurden sogar die FBI-Ermittlungen, die zunehmend alarmierende Erkenntnisse zu Tage förderten, und die Weitergabe der entsprechenden wichtigen Memos einfach von den oberen Stellen blockiert. Man kann also feststellen, dass die FBI-Führung routinemäßige Ermittlungen ihrer eigenen Antiterror-Experten verhinderte.

Warnungen ausländischer Geheimdienste

Viele Warnungen kamen auch aus dem Ausland. Der russische Präsident Wladimir Putin, ein führender Akteur in der neuen internationalen Koalition gegen den Terrorismus und enger Verbündeter von Präsident Bush und Premierminister Blair, teilte Reportern des Onlinediensts MS-NBC mit, dass die russische Regierung die Vereinigten Staaten mehrere Wochen vor den Attentaten mit Nachdruck vor kurz bevorstehenden Anschlägen auf Flughäfen und Regierungsgebäude gewarnt habe. »Ich befahl meinem Geheimdienst, Präsident Bush dringend zu warnen, dass sich 25 Terroristen darauf vorbereiteten, in den USA wichtige Regierungsgebäude wie das Pentagon anzugreifen«, sagte Putin. »Washingtons damalige Reaktion setzte mich wirklich in Erstaunen. Sie zuckten mit den Achseln und meinten ganz nüchtern: ›Wir können da gar nichts tun, weil ihn die Taliban nicht ausliefern wollen.‹«[144]

Diese Warnungen waren ausgesprochen präzise und bezogen sich auf die Entführung von Verkehrsflugzeugen, die als Bomben auf zivile Gebäude benutzt werden sollten. Laut russischen Presseberichten hatten die russischen Geheimdienste die US-Regierung besonders vor Luftangriffen auf nichtmilitärische Gebäude gewarnt und ihr mitgeteilt, dass 25 Piloten für Selbstmordanschläge ausgebildet worden seien. So berichtete die russische Zeitung *Iswestija*: »Russische Geheimdienstagenten kennen die Organisatoren und Vollstrecker dieser Terrorangriffe. Darüber hinaus warnte Moskau Washington vor den Vorbereitungen zu diesen Attentaten schon ein paar Wochen, bevor sie tatsächlich passierten.«[145] Auch der Chef des russischen Geheimdiensts sagte: »Wir haben sie ausdrücklich gewarnt.«[146]

Andere glaubhafte und dringende Warnungen kamen von den britischen Geheimdiensten. So schrieb die Londoner *Sunday Times*: »MI 6 warnte die amerikanischen Geheimdienste zwei Jahre vor den Anschlägen des 11. September vor einem Komplott, Flugzeuge zu kapern und sie auf Gebäude stürzen zu lassen:«

> »MI 6 ließ im Jahre 1999 dem Verbindungsstab der amerikanischen Botschaft am Grosvenor Square einen geheimen Bericht zukommen, nachdem der Geheimdienst von geheimen Informanten Hinweise erhalten hatte, dass die Anhänger Osama bin Ladens Anschläge planten, bei denen Verkehrsflugzeuge auf ›ungewöhnliche Weise‹ eingesetzt werden sollten. [...]
> MI 6 hatte schon im Jahr 1998 erfahren, dass al-Qaida neue Anschläge plante. Eine Reihe von Warnungen gingen daraufhin nach Washington. Einige betrafen Bedrohungen amerikanischer Interessen in Europa, einschließlich der US-Botschaft in Paris. Eine Mitteilung behandelte die erhöhten Aktivitäten mutmaßlicher Terrorzellen der al-Qaida.
> ›Die Amerikaner wussten von Plänen, Verkehrsflugzeuge auf ungewöhnliche Weise, möglicherweise als fliegende Bomben, zu benutzen‹, sagte eine hochrangige Quelle im Foreign Office, dem britischen Außenministerium.«[147]

Die Londoner *Times* meldete darüber hinaus, dass US-Geheimdienste von ihren britischen Partnern kurz vor dem 11. September die dringende Warnung erhielten, al-Qaida wolle ihre Pläne gegen US-Ziele umsetzen. Zwei Monate vor dem 11. 9. fand der britische Geheimdienst heraus, dass al-Qaidas bevorstehendes Terrorattentat in der »Endphase« seiner Vorbereitung war: »Gestern wurde bekannt, dass die britischen Spionagechefs den Premierminister weniger als zwei Monate vor dem 11. September warnten, dass Osama bin Ladens al-Qaida-Gruppe in der ›Endphase‹ der Vorbereitung eines Terrorangriffs auf den Westen sei.«[148]

Auch die französischen Nachrichtendienste hatten ihre US-amerikanischen Kollegen vor einem Angriff im September gewarnt. Die angesehene französische Tageszeitung *Le Figaro* berichtete:

> »Laut arabischen diplomatischen Quellen sowie französischen Geheimdienstkreisen wurden der CIA sehr spezifische Informationen übermittelt, bei denen es um Terrorangriffe auf amerikanische Interessen in der ganzen Welt, auch innerhalb der Vereinigten Staaten, ging. Ein Bericht des französischen Inlandsgeheimdienstes DST (Direction de la Surveillance du Territoire) vom 7. September listet alle Geheimdiensterkenntnisse auf und legt dar, dass der Befehl zum Angriff aus Afghanistan kommen werde.«[149]

Der Londoner *Independent* meldete, dass die US-Regierung »wiederholt davor gewarnt wurde, dass ein verheerender Angriff auf die Vereinigten Staaten bereits angelaufen sei.« Die Zeitung zitierte ein Interview, das Osama bin Laden Ende August einer in London erscheinenden arabischsprachigen Zeitung, *al-Quds al-Arabi*, gegeben hatte. Ungefähr zur selben Zeit wurden aus ungeklärten Gründen im World Trade Center strengere Sicherheitsvorkehrungen angeordnet.[150]

Die Bush-Administration erhielt nur Wochen vor dem 11. September glaubhafte, dringende Warnhinweise auch aus

Jordanien und Marokko. Der frühere ABC-News-Korrespondent John K. Cooley berichtet über die Warnung aus Jordanien und erwähnt dabei die hervorragenden Leistungen der Geheimdienste dieses Landes im Ausspionieren der al-Qaida: »Seit den frühen Neunzigerjahren spürte der gut organisierte und effiziente Geheimdienst dieses Königreiches namens GID (General Intelligence Division), der direkt dem König untersteht, von der CIA und den Pakistani ausgebildete arabische Guerillas innerhalb und außerhalb Jordaniens auf.«

> »Irgendwann im Spätsommer 2001 hörte das GID-Hauptquartier in Jordanien ein sehr wichtiges al-Qaida-Gespräch ab. Dieses fand wahrscheinlich nach dem 5. Juli statt, an dem ein FBI-Agent aus Phoenix, Arizona, gewarnt hatte, dass die Terroristen ihre Leute auf Flugschulen schicken könnten, und entweder vor oder kurz nach dem 6. August, dem Tag, an dem Präsident Bush von der CIA über die erhöhte Gefahr von Flugzeugentführungen informiert wurde.
> Den Inhalt der aufgefangenen Nachricht hielt man für so wichtig, dass die Männer des jordanischen Königs Abdallah ihn wahrscheinlich über die CIA-Leute an der US-Botschaft in Amman an Washington weiterleiteten. Um sicherzugehen, dass diese Informationen tatsächlich ankamen, übermittelte man sie auch einem deutschen Geheimagenten, der damals in Amman war.
> Die Nachricht zeigte deutlich, dass ein größerer Anschlag innerhalb der Vereinigten Staaten geplant war. Auch stand darin, dass Flugzeuge benutzt werden würden. [...]
> Als klar wurde, dass die Informationen über dieses aufgefangene Gespräch für die Bush-Administration und bestimmte Kongressabgeordnete peinlich waren, da diese ja zuerst geleugnet hatten, dass es Vorwarnungen vor dem 11. 9. gegeben habe, rückten die jordanischen Behörden von ihrer früheren Darstellung wieder ab.«

Gestützt auf Berichte in »einem französischen Magazin und einer marokkanischen Zeitung«, die französische und marokkanische Geheimdienstquellen zitieren, erwähnt Cooley dann noch einen weiteren dringenden und glaubhaften Warnhinweis, diesmal von Seiten des marokkanischen Nachrichtendiensts. »Ein marokkanischer Agent namens Hassan Dabou war in die al-Qaida eingeschleust worden. Einige Wochen vor dem 11. September« informierte Dabou seine Vorgesetzten bei König Mohammeds VI. königlichem Geheimdienst, dass »bin Ladens Männer ›für den Sommer oder Herbst 2001 in New York Operationen großen Stils‹ vorbereiteten.« Die Warnung wurde »von der marokkanischen Hauptstadt Rabat an Washington weitergegeben«. Dabou berichtete, dass »bin Laden ›sehr enttäuscht‹ darüber sei, dass es bei dem Bombenanschlag auf das World Trade Center im Jahre 1993 nicht gelungen sei, die Türme zum Einsturz zu bringen.«[151]

Aber auch noch andere spezifische Warnhinweise tauchten auf und konnten als weitere Indizien für die bevorstehenden Attentate dienen. Drei Tage nach den Terroranschlägen sagte die US-Senatorin Dianne Feinstein: »bin Ladens Leute hatten vor drei Wochen in Mitteilungen, die in der arabischen Presse Großbritanniens erschienen, erklärt, dass sie sich darauf vorbereiteten, in den USA Attentate bisher nicht gekannten Ausmaßes zu verüben.«[152]

Im Sommer 2001 rief ein iranischer Mann die amerikanischen Polizeibehörden an und warnte vor einem Attentat auf das World Trade Center in der Woche des 9. September. Die deutsche Polizei bestätigte die Anrufe, teilte aber weiter mit, dass es der US-Geheimdienst ablehne, weitere Informationen über diese Angelegenheit freizugeben. Die Identität des Anrufers wurde nicht enthüllt.[153]

Laut MS-NBC erhielt die Redaktion einer Radio-Talkshow auf den Kaiman-Inseln in der Woche vor dem 11. September einen anonymen Brief, der einige Warnungen vor einem unmittelbar bevorstehenden Anschlag bin Ladens auf die Vereinigten Staaten enthielt und besonders die Namen von drei

Afghanen mitteilte, die illegal in die USA eingereist seien. Der Autor warnte, dass sie »eine größere Terroraktion gegen die Vereinigten Staaten mittels einer Fluglinie oder Fluglinien organisieren.« Der Brief wurde am 6. September 2001 einem Beamten der Kaiman-Inseln übergeben. Obwohl man den Briefeschreiber inzwischen identifiziert hat, wurde seine Identität nicht preisgegeben. Tatsächlich wurden die drei erwähnten Afghanen später verhaftet, und es stellte sich heraus, dass sie während des Jahres 2001 von den Geheimdiensten Großbritanniens und der Kaiman-Inseln überwacht worden waren.[154]

Die Vereinigten Staaten erhielten auch eine eindringliche Warnung vom ägyptischen Präsidenten, einem Verbündeten der USA und engen Freund der Familie Bush, die sich auf Erkenntnisse der Geheimdienste des Landes gründete. Die Associated Press berichtete darüber:

> »Der ägyptische Präsident Hosni Mubarak sagt, er habe die Vereinigten Staaten zwölf Tage vor den Terroranschlägen des 11. September auf New York und Washington gewarnt, dass ›etwas geschehen werde‹. [...] ›Wir erwarteten, dass etwas passieren würde, und informierten die Amerikaner darüber. Wir haben es ihnen gesagt‹, stellte Mubarak fest. Er erwähnte keine Antwort der Amerikaner.«[155]

Es sei darauf hingewiesen, dass der ägyptische Präsident selbst, zusammen mit einigen anderen Informanten, die Amerikaner auch vor der Gefahr gewarnt hatte, dass man ein mit Sprengstoff gefülltes entführtes Flugzeug auf die Konferenzgebäude des G-8-Gipfels im italienischen Genua im Juli 2001 stürzen lassen könnte. Als Reaktion auf solche glaubhaften Hinweise hatten die italienischen Behörden rings um die Tagungsstätte Luftabwehrbatterien aufgestellt und den lokalen Flugverkehr einstellen lassen. Präsident Bush übernachtete wegen dieser Risiken auf einem Kriegsschiff der US-Marine, das im Hafen lag.

Eine andere gewichtige Warnung kam von Garth L. Nicolson, dem Wissenschaftlichen Leiter des Instituts für Molekularmedizin in Huntington Beach in Kalifornien. Nicolson wurde vor dem US-Senat anlässlich der Untersuchungen des US-Verteidigungsministeriums über chemische und biologische Zwischenfälle im Golfkrieg als Experte angehört. Er gilt als einer der kundigsten Fachleute bei der Erforschung des ungeklärten Golfkriegs-Syndroms und als einer der besten Kenner der Probleme der modernen biologischen und chemischen Kriegsführung, mit zahlreichen Kontakten in der wissenschaftlichen und militärischen Welt.[156] Professor Nicolson erklärte in einem Gespräch mit dem Autor:

> »Meine Frau, Dr. Nancy Nicolson, und ich erhielten wenigstens drei Warnungen vor dem Angriff auf das Pentagon am 11. September 2001. Die spezifische Art dieser Warnungen (was Ort, Datum und Quelle betraf) zeigte uns, dass sie glaubwürdig waren. Wir haben viele Kontakte zu ehemaligen Geheimdienstleuten und Angehörigen von Spezialeinheiten und zu in- und ausländischen Nachrichtendiensten. Dies waren meist Leute, die wir wegen ihrer gesundheitlichen Probleme behandelten, die sie aus dem Golfkrieg, aus Vietnam oder aus anderen Konflikten mitgebracht hatten.
>
> Der wichtigste Informant war das Staatsoberhaupt eines nordafrikanischen Landes. Dieses Staatsoberhaupt reiste inkognito und traf sich mit uns in unserem Hotel, als wir im Juli 2001 Tunesien besuchten. Seine Warnungen enthielten das genaue Datum und eines der Ziele, das Pentagon. Wir bekamen keine Informationen über die Art der Ausführung oder irgendwelche anderen Ziele.
>
> Wir gaben alle diese Nachrichten weiter an den Leiter der politischen Abteilung des Verteidigungsministeriums, an den Nationalen Sicherheitsrat, an die führenden Mitglieder des Repräsentantenhauses und den Generalinspekteur des Sanitätskorps der US-Armee, der uns zufällig etwa einen Monat vor dem 11. September besuchte. Soweit wir wissen, hat niemand etwas wegen dieser Informationen unternommen.«[157]

Am 7. September gab das US-Außenministerium eine Meldung heraus, die die Warnung enthielt, dass »amerikanische Bürger das Ziel einer terroristischen Bedrohung durch extremistische Gruppen mit Verbindungen zur al-Qaida-Organisation werden könnten«. Laut ABC News »zitierte der Bericht im März gesammelte Informationen, die es nahe legten, dass ein Attentat irgendwo unmittelbar bevorstehe«.[158] Hier sollte daran erinnert werden, dass Schippers im gleichen Monat (dem Mai 2001) von höchsten Stellen der US-amerikanischen Geheimdienste, die seit Jahren die Bedrohung durch al-Qaida aufzudecken versuchten, erfahren hatte, dass die Ziele der Angriffe in Lower Manhattan liegen würden. Diese Berichte zeigen, dass die amerikanischen Nachrichtendienste sehr kurz vor dem 11. September einen Anschlag bin Ladens erwarteten. Darüber hinaus nahmen sie an, dass das südliche Manhattan das Ziel sein würde.

In Anbetracht der vielfältigen Warnhinweise verschiedenster Geheimdienste, die von den Erkenntnissen der amerikanischen Dienste ergänzt und verstärkt wurden, hätte es klar sein müssen, dass die Ausführung von bin Ladens Attentatsplan unmittelbar bevorstand und das World Trade Center zu den Zielen gehörte. Es kam noch hinzu, dass der 11. September der Jahrestag der Verurteilung von Ramzi Yousef wegen des ersten Bombenanschlags auf das World Trade Center vor einigen Jahren war.

Der Chef der philippinischen Polizei, Avelino Razon, sagte: »Die amerikanischen Bundesbehörden wussten über das Projekt Bojinka Bescheid und [...] die philippinische Antiterroreinheit arbeitete weiterhin eng mit ihnen zusammen.« [...] Razon betonte: »Ich erinnere daran, dass Osama bin Laden nach dem ersten Bombenanschlag auf das World Trade Center erklärte, dass sie beim zweiten Versuch erfolgreich sein würden.« Er sagte, dass sie den 11. September deshalb zur Ausführung ihres Anschlags gewählt haben könnten, um an den Jahrestag von Yousefs Verurteilung wegen des ersten Attentats vor einigen Jahren auf ihre Art zu erinnern.«[159] Wie bereits erwähnt, weist der australische Analyst Paul Monk darauf hin, dass der 11. September ein »Tag größter Wachsamkeit« hätte sein sollen.

Newsweek schreibt, dass FBI-Agenten die Nachrichten vieler Terroristen auffingen, die sie bekanntlich seit längerem überwachten. Kurz vor dem 11. September schrieben sie Bemerkungen nieder wie: »Bald geschieht etwas Großes«, »Sie werden dafür bezahlen«, oder »Wir sind bereit loszuschlagen.«[160]

Unmittelbar vor den Anschlägen erfuhr der amerikanische Geheimdienst in einer aufgefangenen Nachricht von Osama bin Laden selbst, dass etwas »Großes« am 11. September geschehen werde. NBC News berichtete am 4. Oktober, dass Osama bin Laden zwei Tage vor den Anschlägen auf das World Trade Center seine Mutter angerufen und ihr erzählt habe: »In zwei Tagen wirst du großartige Neuigkeiten erfahren, und du wirst eine ganze Weile nichts mehr von mir hören.« Laut NBC hatte ein ausländischer Nachrichtendienst diesen Telefonanruf aufgezeichnet und den Inhalt an die amerikanischen Dienste weitergegeben.[161]

Das Zusammenführen all dieser Alarmsignale hätte frühere Warnhinweise noch verstärkt und klar gezeigt, dass das Projekt Bojinka im September durchgeführt werden sollte, sogar mit einigen Anzeichen, einschließlich der Ankündigung von bin Laden selbst, die unmissverständlich auf das Datum des 11. Septembers hinwiesen. Diesbezüglich sollten wir uns vor allem an die Aussagen von David Schippers erinnern, die ja auf den Informationen von FBI-Agenten beruhten: dass nämlich das FBI durch die Auswertung dieser Warnungen und die eigene intensive Überwachungstätigkeit und das Nachrichtensammeln deutliche Hinweise auf einen Luftangriff auf zivile Gebäude in Lower Manhattan erhalten hatte, der im September stattfinden sollte. Trotz allem wurde nichts unternommen.

Insiderhandel am 11. September

Weitere Hinweise darauf, in welchem Maße die amerikanischen Geheimdienste vorgewarnt waren, vor allem was den exakten Zeitpunkt des Anschlags betraf, kann eine Analyse verschiedener Finanztransaktionen liefern, die vor dem 11. September abgewickelt wurden. Drei Handelstage vor dem 11. September wurde von bisher unbekannten Spekulanten massiv auf eine Baisse der Aktien der United Airlines spekuliert – der Gesellschaft, deren Flugzeuge für die Anschläge auf New York und Washington entführt wurden – indem man diese Aktien ohne Deckung, im Börsenjargon »short«, verkaufte. Dazu kaufte man lächerlich billige Put-Optionen, die den Inhaber für eine gewisse Zeit »berechtigen«, bestimmte Aktien zu einem Preis zu verkaufen, der weit unter dem momentanen Marktpreis liegt – eine höchst riskante Wette, da man sein Geld verliert, wenn bei Fälligkeit der Marktpreis immer noch höher liegt als der in der Option vereinbarte Preis. Als diese Aktien jedoch nach den Terroranschlägen noch viel tiefer fielen, verhundertfachten diese Optionen ihren Wert, da nun der in der Option festgelegte Verkaufspreis höher als der Marktpreis lag. Diese riskanten Spielereien mit Short-Optionen sind ein sicheres Zeichen für Investoren, die wussten, dass in ein paar Tagen etwas geschehen würde, das die Marktpreise dieser Aktien drastisch senken würde. Der *San Francisco Chronicle* berichtete über diese Vorgänge:

> »Von einer Quelle, die Kenntnisse über die augenblicklichen Handels- und Markdaten besitzt, erfahren wir, dass gewisse Investoren noch mehr als 2,5 Millionen Dollar Gewinn bekommen könnten, die sie bei Optionsgeschäften mit United-Airlines-Aktien vor den Anschlägen des 11. Septembers gemacht hatten. Das bisher nicht abgeholte Geld erregt den Verdacht, dass diese Investoren – deren Identitäten und Nationalitäten bisher nicht veröffentlicht wurden – im Voraus von den Anschlägen wussten.

> […] Die im Oktober fälligen Optionen für Aktien der United Airlines Company UAL wurden drei Handelstage vor den Terroranschlägen in höchst ungewöhnlicher Stückzahl für eine Gesamtsumme von 2070 $ gekauft; die Investoren kauften die Optionsscheine, die jeweils 100 Aktien repräsentierten, für jeweils 90 Cents (bei insgesamt 230 000 Optionen ist das ein Preis von weniger als einem Cent pro Aktie).
> Diese Optionen werden nun zu jeweils 12 $ verkauft. Laut der Options Clearinghouse Corp. stehen immer noch 2313 so genannte ›Put-Optionen‹ aus (die 213 300 Aktien und einen Gewinn von 2,77 Mio. $ repräsentieren).
> Die Quelle, die sich mit dem Handel von United-Aktien auskennt, identifizierte die Deutsche Bank Alex. Brown, die amerikanische Investmentbanking-Firma der riesigen Deutschen Bank als Investmentbank, die zumindest einige dieser Optionen kaufte.«[162]

Aber die Aktien von United Airlines sind nicht die einzige zweifelhafte Finanztransaktion, die in den Worten des *Chronicle* auf »ein Vorauswissen der Anschläge« hindeutet. Das israelische Herzliyya International Policy Institute for Counterterrorism, ein von dem ehemaligen Mossad-Direktor Shavit geleitetes interdisziplinäres Terror-Forschungszentrum, dokumentierte im Zusammenhang mit dem 11. September die folgenden Transaktionen, die American Airlines und andere Firmen betrafen, die Büros in den Zwillingstürmen hatten:

> »Zwischen dem 6. und dem 7. September registrierte die Optionsbörse in Chicago CBOE Käufe von 4744 Put-Optionen auf United-Airlines-Aktien, aber nur 396 Call-Optionen (Call-Optionen sind im Gegensatz zu »Put-«Optionen zum KAUF von Aktien zu einem bestimmten Preis. Man hofft, dass innerhalb einer ausgemachten Frist der Marktpreis höher steigt, als in der Option festgesetzt wurde, und man die Aktien anschließend billiger bekommt. Man spekuliert also auf eine Hausse. A. d. Ü.) […] Nimmt man einmal an, dass 4000 dieser Optio-

nen von Leuten gekauft wurden, die von den bevorstehenden Attentaten wussten, dann hätten diese ›Insider‹ einen Gewinn von fast 5 Millionen Dollar gemacht.
Am 10. September wurden an der Chicagoer Optionsbörse 4516 Put-Optionen auf American-Airlines-Aktien gekauft, im Vergleich zu nur 748 Call-Optionen. Auch hier gab es vorher keine Nachrichten, die diese Unausgewogenheit rechtfertigen könnten. [...] Wenn wir hier ebenfalls wieder annehmen, das 4000 dieser Optionen von ›Insidern‹ erstanden wurden, würde sich deren Gewinn auf etwa 4 Millionen Dollar belaufen (die Verkaufszahlen der Put-Optionen waren in beiden Fällen sechsmal höher als normal).
Ein vergleichbarer Handel mit Optionen anderer Fluggesellschaften fand an der Chicagoer Börse in den Tagen unmittelbar vor dem Schwarzen Dienstag nicht statt.
Die Investmentbank Morgan Stanley Dean Witter & Co., die 22 Stockwerke des World Trade Centers belegte, stellte fest, dass in den drei Handelstagen vor dem Schwarzen Dienstag 2157 ihrer Put-Optionen für den Verkauf von Aktien ihrer Firma im Oktober zum Preis von 45 $ gekauft wurden; im Vergleich dazu waren es vor dem 6. September durchschnittlich am Tag nur 27. Unmittelbar nach den Anschlägen fielen Morgan Stanleys Aktien von 48,90 $ auf 42,50 $. Nimmt man an, dass 2000 dieser Optionskäufe auf Grund der Kenntnis der kurz bevorstehenden Anschläge erfolgte, dann beliefe sich der Gewinn dieser Käufer auf mindestens 1,2 Millionen $.
In den vier Handelstagen vor den Attentaten wurden 12 215 Put-Optionen auf Oktober-Aktien der Investmentbank Merrill Lynch & Co., deren Zentrale neben den Zwillingstürmen lag, zum Preis von 45 $ gekauft; die bisherige Handelsrate dieser Wertpapiere lag bei 252 Optionen am Tag (ein dramatischer Anstieg von 1200 Prozent). Nach Wiederaufnahme des Handels fielen die Merrill-Aktien von 46,88 $ auf 41,50 $; wenn 11 000 dieser Optionen von ›Insidern‹ gekauft wurden, haben diese einen Gewinn von etwa 5,5 Millionen $ gemacht.
In Europa untersucht die Börsenaufsicht Handelsbewegungen

bei Aktien der Münchner Rückversicherung, der Schweizer Rückversicherung und des französischen AXA-Konzerns, die als große Rückversicherer alle von den Ereignissen des Schwarzen Dienstags stark betroffen waren. (Die AXA hält darüber hinaus mehr als 25 Prozent des Aktienkapitals von American Airlines.)«[163]

Diese vielfältigen, weit reichenden und beispiellosen Finanztransaktionen weisen eindeutig darauf hin, dass die dahinter stehenden Investoren in Erwartung einer Katastrophe spekulierten, die Mitte September 2001 die beiden Fluggesellschaften United und American Airlines sowie Firmen in den Zwillingstürmen betreffen würde – ein klarer Beweis, dass sie von den Anschlägen des 11. September vorher wussten oder sogar in sie verwickelt waren. Ernst Welteke, der Präsident der Deutschen Bundesbank, schloss daraus, dass eine Gruppe von Spekulanten ohne Zweifel von den bevorstehenden Attentaten gewusst haben muss. Er erklärte laut *New York Times*: »In diesen Märkten (d. h. bei den Fluggesellschaften) gab es fundamentale Bewegungen, und auch der steigende Ölpreis unmittelbar vor den Anschlägen ist sonst unerklärlich.«[164]

Die Londoner *Times* meldet, dass die US-Regierung eine ähnliche Sicht der Dinge hat: »Amerikanische Behörden untersuchen die ungewöhnlich große Anzahl an Aktien von Fluglinien, Versicherungsgesellschaften und Waffenproduzenten, die in den Tagen und Wochen vor den Attentaten verkauft wurden. Sie glauben, dass die Verkäufe von Leuten getätigt wurden, die von der bevorstehenden Katastrophe wussten.«[165]

Aber der amerikanische Enthüllungsjournalist und ehemalige Drogenfahnder der Polizei von Los Angeles (LAPD), Michael C. Ruppert, weist noch auf eine andere Tatsache hin (Ruppert wurde bekannt, als er in den Achtzigerjahren die Rolle aufdeckte, die die CIA bei Drogengeschäften spielte. Er wurde vor beiden Häusern des Kongresses wegen seiner Kenntnisse von verdeckten Operationen der CIA befragt, und auch sein Mitteilungsblatt *From The Wilderness [FTW]* haben dreißig Kongressmitglieder abonniert): »Es gibt genug Beweise dafür, dass die CIA seit langem solche Handelstransaktionen als potenzielle Warnhinweise vor Terrorangriffen oder anderen wirtschaftlichen Schritten gegen US-amerikanische Interessen in Echtzeit überwacht.«[166] Die CIA stritt dies nicht ab, sondern bestätigte sogar, dass sie vom Ausland aus die PROMIS-Software einsetzte, um den weltweiten Aktienoptionshandel zu überwachen. In einem Bericht des Enthüllungsjournalisten Tom Flocco heißt es dazu:

> »Auf Anfrage bestritt der Pressesprecher der CIA, Tom Crispell, am Telefon, dass die CIA vor dem 11. September den Aktienoptionshandel *innerhalb* der Vereinigten Staaten ›in Echtzeit‹ überwacht habe und dabei eine Software wie PROMIS (Prosecutor's Management Information System) benutzt habe. Der Geheimdienstbeamte fügte hinzu: ›Das wäre illegal. *Wir operieren nur außerhalb der Vereinigten Staaten.*‹«[167]

Es gibt aber auch zivile Abhörsysteme, die dasselbe leisten. Die Presseagentur UPI berichtete, dass das von den USA betriebene ECHELON-Nachrichtenüberwachungssystem den Aktienhandel genau verfolgt.[168] Die Londoner *Times* weist außerdem darauf hin, dass die britische Finanzaufsichtsbehörde FSA (UK Financial Services Authority) als »Wächter des Aktienmarkts« fungiere, da sie über eine »Handelsüberwachungsabteilung verfüge, die verdächtige Aktienbewegungen überprüfe«. Die FSA hat jedoch bisher keine Ergebnisse ihrer Untersuchung der Aktienbewegungen vor dem 11. September herausgegeben. »Die FSA wollte sich nicht über ihre Anweisungen von Seiten der CIA äußern.«[169] Es steht also fest, dass es sowohl geheimdienstliche als auch zivile Abhörsysteme gibt, die den Aktienhandel ausdrücklich deshalb überwachen, um verdächtigen Bewegungen nachgehen zu können, und die demzufolge auch in diesem Falle hätten Warnhinweise erhalten müssen. Darauf geht auch Ruppert näher ein:

»Es ist erwiesen, dass die CIA, der israelische Mossad und viele andere Geheimdienste den Aktienhandel ständig und in Echtzeit mit hoch entwickelten Computerprogrammen überwachen, die angeblich alle auf die PROMIS-Software zurückgehen. Dieses Programm wurde entwickelt, um staatliche Geheimdienste gerade vor solchen Anschlägen zu warnen. Erst im Juni 2001 hieß es, dass auch Osama bin Laden über PROMIS verfüge, und als Reaktion auf kürzliche Berichte des Senders FOX bestätigten auch FBI und das Justizministerium, dieses Programm zumindest bis zu diesem Sommer zur Nachrichtengewinnung benutzt zu haben. Dies würde bestätigen, dass die CIA über weitere zusätzliche Warnhinweise auf bevorstehende Anschläge verfügte.«[170]

Der amerikanische Enthüllungsjournalist Kyle Hence, Mitgründer der Citizens Investigative Commission on 9/11, eines Zusammenschlusses von Privatleuten, oft Journalisten, zur alternativen Untersuchung des Hintergrunds der Attentate (www.UnansweredQuestions.org) behandelt ebenfalls ausführlich den Insiderhandel vor dem 11. 9., wobei er angesehene Finanzexperten zitiert: »Bloomberg News berichtete, dass der Handel mit Put-Optionen in Aktien der UAL Corp. (der Muttergesellschaft von United Airlines) auf das 285fache des Durchschnittsniveaus und das 75fache der Gesamtzahl der bis zu diesem Zeitpunkt gehandelten Put-Optionen anstieg.« [...]

»Laut einem Reuters-Bericht vom 16. Dezember konnten deutsche Fachleute für Datenrettung, die von Firmen mit Büros im World Trade Center angeheuert wurden, Datenmaterial auf beschädigten Festplatten retten, die man am Ground Zero geborgen hatte. Das Ziel ist es, herauszufinden, wer hinter den riesigen Geldmengen steckte, die in den Stunden vor dem Attentat durch die Computer des WTC flossen. Peter Henschel, der Chef von Convar, der verantwortlichen Firma, teilte mit, dass ›nicht nur das Volumen, sondern auch das Ausmaß der

Transaktionen viel höher war, als es für einen Tag wie diesen üblich gewesen wäre‹. Richard Wagner, ein Datenrettungs-Experte, schätzte, dass mehr als 100 Millionen Dollar in illegalen Transaktionen vor und während des Anschlags durch die WTC-Computer geschleust wurden.

Das Beweismaterial und die Kommentare, die von Händlern, Analysten, Bankern und anderen Leuten unmittelbar nach den Anschlägen geliefert wurden, zeigen, dass es tatsächlich die sorgfältig geplante, ausgeklügelte Bemühung gab, immensen Profit aus dem steilen Fall der Aktienkurse zu ziehen, der eintrat, als der Handel nach den Attentaten wieder aufgenommen wurde. Dies sind Auskünfte und Beobachtungen von Experten, die auf jahrelanger Erfahrung beruhen. Die Folgerungen sind in höchstem Maße erschreckend und wären ein weiterer Grund für die staatlichen Stellen, endlich damit anzufangen, jene Verantwortlichen zu identifizieren und zur Rechenschaft zu ziehen und das globale Finanznetzwerk lahm zu legen, das dieses infame Verbrechen so sehr erleichtert hat.«[171]

Phil Erlanger, früher leitender technischer Analyst der Investmentfondsgesellschaft Fidelity und Gründer einer Firma in Florida, die Verkäufe ohne Deckung und den Optionshandel verfolgt, bestätigte, dass Insider Milliarden von Dollar verdienten, weil sie auf den Absturz der Aktienkurse nach den Anschlägen spekulierten.[172]

FOX News zitiert auch den Präsidenten der Deutschen Bundesbank, Ernst Welteke, der Ende September erklärte, eine Studie seiner Bank deute sehr darauf hin, »dass es zu Bewegungen gekommen ist, die keinen zufälligen Charakter haben können. Und dies nicht nur im Handel mit Aktien stark betroffener Firmen wie Flug- und Versicherungsgesellschaften, sondern auch mit Gold und Öl.«[173] Er räumte zwar ein, dass es noch sehr viele Spekulationen und Gerüchte gebe, doch es gebe auch klare Anzeichen dafür, dass diese internationalen Finanztransaktionen »mit den nötigen Kenntnissen geplant gewesen sein müssen«.[174] Ganz ähnlich sind die Aussagen des von *USA Today* zitierten Mitgründers der Wertpapierhandelsfirma PTI Securities, Jon Najarian, der als »eine Schlüsselfigur« der Optionenbörse in Chicago beschrieben wird: »Der Umfang des Handels war extrem viel höher als normal.«[175] Der Leiter des unabhängigen Telekommunikationsforschungsinstituts Broadband Research, John Kinnucan, gibt dazu folgenden Kommentar ab: »Die Zahl der Put- und Call-Transaktionen war, vor allem was die Optionsmärkte betrifft, die höchste, die ich in zehn Jahren gesehen habe.«[176] Die Nachrichtensendung *60 Minutes* von CBS berichtete: »CBS News hat erfahren, dass an dem Nachmittag vor den Anschlägen wegen der ungewöhnlichen Höhe des US-Handels mit Aktienoptionen die Alarmglocken läuteten.«[177]

Laut Dylan Ratigan von Bloomberg Business News gibt es eindeutige Beweise für einen Insiderhandel: »Dies ist der schlimmste Fall von Insiderhandel, den es je gegeben hat.« Tatsächlich erstreckte sich dieser Insiderhandel nach dem 11. September fast auf die ganze Welt: Singapur, Hongkong, Italien, Frankreich, Schweiz, die Niederlande, Großbritannien, Deutschland und Kanada. Jonathan Winer, ein Berater von ABC News, meinte dazu: »Solche Fälle von Insiderhandel, die sich auf die ganze Welt von Japan über die USA nach Europa erstrecken, hat es bisher überhaupt nicht gegeben.«[178]

Wenn man bedenkt, dass es sowohl nachrichtendienstliche wie auch private Systeme gibt, die den Aktienhandel überwachen, um auf diese Weise verdächtige Bewegungen aufzuspüren, und wenn man weiter bedenkt, wie beispiellos, umfangreich und eigentümlich die Transaktionen kurz vor dem 11. September tatsächlich waren, hätten diese Systeme eigentlich eine Vorauswarnung erhalten müssen. Diese Überwachungssysteme müssten dann auch herausgefunden haben, dass alle Anzeichen darauf hindeuteten, dass diese Anschläge zwischen Anfang und Mitte September stattfinden würden. Und auch die US-Geheimdienste hätten spätestens am 7. September gewarnt sein müssen, dass American und United Airlines sowie das World Trade Center mögliche Ziele waren. Abermals bleibt die Frage, warum daraufhin nichts unternommen wurde.

In einem Interview mit dem Journalisten Tom Flocco antwortete der Sprecher des Finanzministeriums, Rob Nichols, auf die Frage nach angeblichen Terrorverbindungen der Deutschen Bank und eventuellen Abhörmaßnahmen der CIA mit dem PROMIS-System: »Dies wirft tatsächlich einige interessante Fragen zu Interessenkonflikten auf.«[179] Dass diese Fragestellung höchstwahrscheinlich auch zu Ergebnissen führt, zeigt sich auf alarmierende Weise in einer Meldung des Londoner *Independent*: »Zur großen Verlegenheit der Ermittlungsbehörden stellte sich heraus, dass die Firma, die viele der Put-Optionen auf Aktien von United Airlines gekauft hat [...] bis 1998 von ›Buzzy‹ Krongard geleitet wurde, der heute ›Executive Director‹, also die Nummer 3, der CIA ist.«[180]

Ruppert hat aufgezeigt, dass es tatsächlich viele Beweise dafür gibt, dass die Beziehung zwischen der Wall Street und der CIA eine richtige ›Drehtür‹ ist. Ruppert geht auf die Beobachtungen des *Independent* näher ein und betont zum Beispiel, dass der Hauptkäufer der Put-Optionen für United-Airlines-Aktien, die Deutsche Bank Alex Brown, bis 1998 von A. B. »Buzzy« Krongard geleitet wurde. Davor war Krongard bis 1997 Vorstandsvorsitzender der Investmentbank AB Brown, die im Jahre 1997 von Banker's Trust (BT) gekauft wurde. Infolge dieser Fusion wurde er stellvertretender Vorstandsvorsitzender von Banker's Trust-AB Brown. Ausgerechnet Banker's Trust wurde in der Vergangenheit vom US-Senat und der Bankenaufsicht wegen Geldwäsche kritisiert. 1998 ging Krongard als Berater des CIA-Direktors George Tenet zu diesem Geheimdienst. 1999 wurde BT von der Deutschen Bank gekauft, die damit zur größten Bank Europas wurde. Krongard wurde im März 2001 von Präsident Bush zum »Executive Director« der CIA befördert. Ruppert hat auch noch andere wesentliche Einzelheiten dokumentiert, die sich mit der engen Verbindung von CIA, Banken und der Welt der Börse befassen.[181]

Merkwürdigerweise »lehnte« der CIA-Sprecher Tom Crispell »jeden Kommentar ab«, als er von dem Journalisten Flocco gefragt wurde, »ob das Finanzministerium oder das FBI den Exekutivdirektor der CIA und früheren Chef von Deutsche Bank-Alex Brown, A. B. ›Buzzy‹ Krongard, über die CIA-Überwachung der Finanzmärkte mit dem PROMIS-System oder seine frühere Position als Verantwortlicher für Browns Beziehungen zu Privatkunden befragt hätten«.[182]

Lange bestehende Verbindungen zwischen westlichen Geheimdiensten und der Finanzwelt könnte die Ursachen sein, dass einige Firmen im Voraus von den Anschlägen wussten. Die erfahrenen US-Journalisten Alexander Cockburn und Jeffrey St. Clair berichteten in ihrem geachteten kritischen Nachrichtenblatt *Counterpunch*, dass »ein internes Memo am 10. September bei Goldman Sachs in Tokio in Umlauf war, welches alle Angestellten von einem möglicherweise drohenden Terroranschlag in Kenntnis setzte. Darin wurde allen Firmenangehörigen empfohlen, amerikanische Regierungsgebäude zu meiden.«[183] Wenn eine große Firma schon so viel wusste, dann wussten die amerikanischen Geheimdienste sicherlich noch viel mehr.

Über beunruhigende Hinweise darauf berichtete Ende Mai 2002 die *New York Times*. Ein amerikanischer Börsenberater mit Kontakten zum FBI wurde von einem Ermittler der US-Regierung, der die Verbindungen von Finanzwelt und Terrorismus untersucht, beschuldigt, sein Vorwissen über die Anschläge zu Spekulationen ausgenutzt zu haben: »Ein Bundesstaatsanwalt gab bekannt, dass ein Börsenberater aus San Diego, der beschuldigt wird, einen FBI-Agenten bestochen zu haben, um an vertrauliche Regierungsinformationen zu gelangen, eventuell vorher von den Anschlägen des 11. September gewusst haben könnte.«[184]

Dieser *New-York-Times*-Bericht zeigt, wie ein gewisser amerikanischer Börsenberater namens Amr Elgindy angeblich eine korrupte Beziehung zu einigen aktiven und ehemaligen FBI-Agenten unterhielt, die ihm regelmäßig »vertrauliche Regierungsinformationen verschafften, mit deren Hilfe er Aktienkurse manipulieren und Geld von Firmen erpressen« und dann bei den damit zusammenhängenden Aktientransaktionen hohe Gewinne machen konnte. Es scheint, dass Elgindys am 10. September Aktien im Wert von 300 000 $ verkaufen wollte, was auf ein Vorwissen hindeutet, dass der Dow-Jones-Börsenindex bald so tief abstürzen würde wie nie zuvor – ein Ereignis, das dann als Folge der Attentate vom 11. September tatsächlich eintrat. Geht man davon aus, dass Elgindy diese Aktienspekulationen auf der Basis »vertraulicher Regierungsinformationen« unternahm, die er von einigen gut platzierten FBI-Informanten erhalten hatte – und geht man des Weiteren davon aus, dass diese Quellen auch noch nach den Anschlägen weiter Informationen lieferten (worauf die Tatsache hinweist, dass man ihn noch Monate nach den Anschlägen vor einer FBI-Razzia in seinem Haus warnte) –, lässt all dies vermuten, dass er die Informationen, die er am 10. September ausnutzte, wie üblich von denselben FBI-Leuten erhalten hatte. Dieser *New-York-Times*-Bericht lässt also darauf schließen, dass einige Stellen des FBI, oder solche, die zumindest Verbindungen zum FBI hatten, von ernst zu nehmenden Nachrichten wussten, die für den 11. September eine Katastrophe voraussagten – mit absehbaren Folgen für die Kurse an den Finanzmärkten.

Aber dies sollte uns nicht überraschen. Wie wir bereits gesehen haben, überwacht die CIA den Aktienhandel, um ungewöhnliche Transaktionen aufzuspüren und deren Auswirkungen zu erforschen und aufzudecken. Dies könnte man mit der Tatsache in Verbindung setzen, dass der Exekutivdirektor der CIA, »Buzzy« Krongard, früher Chef der Firma war, die viele der besagten Put-Optionen kaufte.

Das *Wall Street Journal* berichtete über weitere beunruhigende Entwicklungen, die sich aus der Untersuchung des verdächtigen Aktienhandels von Anfang Oktober 2001 ergaben – Entwicklungen, die ganz klar darauf hindeuten, dass der Insiderhandel nach dem 11. 9. mit ausdrücklicher Zustimmung der US-Regierung erfolgte. Die noch andauernde Untersuchung der US-Wertpapier- und Börsenaufsicht Security and Exchange Commission (SEC) wurde inzwischen von einer US-Geheimdienststudie vorangebracht, die den Kauf einer außergewöhnlich hohen Zahl von US-amerikanischen 5-jährigen Schatzanweisungen unmittelbar vor den Anschlägen aufzuklären versucht. Unter diesen Transaktionen mit Schatzanweisungen war eine, die sich allein auf 5 Milliarden Dollar belief. Das *Journal* meint dazu:

> »Bei fünfjährigen Schatzanweisungen handelt es sich um eine der besten Investitionen im Falle einer weltweiten Krise, speziell wenn dabei auch die Vereinigten Staaten betroffen sind. Diese Wertpapiere werden wegen ihrer Sicherheit und ihrer Deckung durch die US-Regierung sehr geschätzt, und ihr Preis geht gewöhnlich stark nach oben, wenn die Investoren aus riskanteren Anlagen, wie zum Beispiel Aktien, flüchten.«[185]

Bis heute waren sowohl die SEC als auch das FBI sehr schweigsam, was ihre Untersuchung dieser Transaktionen betrifft. Auch der *San Francisco Chronicle* meint: »Die SEC und das FBI haben bisher nichts über ihre Ermittlungen zu verdächtigen Wertpapiertransaktionen verlauten lassen.«[186] Tatsächlich sieht es eher so aus, als ob das FBI Maßnahmen ergriffen hätte, damit die Öffentlichkeit nichts von den Fortschritten dieser Aufklärungsarbeit erfährt. So versuchte am 3. Oktober 2001 der Leiter der FBI-Einheit gegen Finanzverbrechen, Dennis Lormel, die Bedeutung dieser Transaktionen herunterzuspielen. Entgegen der Aussagen führender Finanzexperten, die auf jahrelanger Erfahrung beruhen, behauptete Lormel in einer Aussage vor einem Ausschuss des Kongresses, dass »es bis heute keine Anzeichen oder Hinweise gibt«, die darauf hindeuten würden, dass die Terroristen Finanzstrategien wie das »Short-Selling«, den Verkauf von Aktienoptionen ohne Deckung, anwendeten, um aus den Anschlägen des 11. September Kapital zu schlagen.[187]

Dazu meint der Journalist Kyle Hence von der Citizens Investigative Commission on 9/11, einer Bürgerorganisation zur Aufklärung der Attentate: »Im Lichte des gewichtigen und zwingenden Beweismaterials ist Lormels Behauptung, es habe ›keine Anzeichen oder Hinweise‹ auf einen möglichen terroristischen Insiderhandel gegeben, offenkundig falsch oder, was noch schlimmer wäre, verdächtig. Die meisten diesbezüglichen Informationen, einschließlich des Bloomberg Wertpapierhandels-Indexes, der einen massiven Handel mit Put-Optionen anzeigte, waren schon vor seiner Aussage in der breiten Öffentlichkeit bekannt:«

> »Und doch behauptete Lormel, es gebe keine Anzeichen für verdächtige Handelsbewegungen. Warum haben dann aber über ein Dutzend Nationen und acht oder neun US-amerikanische Regierungsbehörden, Börsen und Ausschüsse Untersuchungen eingeleitet? Wie soll man sich dann die entsprechenden Äußerungen von Händlern und Analysten mit jahrelanger Erfahrung erklären?
> Lormels Aussage, die immerhin von einem Beamten stammt, dessen Aufgabe es ist, zum Schutze der Amerikaner die Geldquellen von Terroristen aufzuspüren und auszutrocknen, ist wenig Vertrauen erweckend; vor allem nach dem größten Geheimdienstversagen in der Geschichte der Vereinigten Staaten. Solche Bemerkungen erregen im Gegenteil nur einen sehr unangenehmen Verdacht und rechtfertigen die Befürchtung, dass die Kräfte, die sich hinter diesen Mauern der Geheimniskrämerei verbergen, so mächtig sind, dass sie die Führungsleute derjenigen Behörden und Dienste behindern oder einschüchtern können, die eigentlich für die Kriegführung unserer Nation gegen den Terrorismus verantwortlich sind.«[188]

Eigentümlicherweise wirken offizielle US-amerikanische Stellen sehr zurückhaltend, wenn es darum geht, Informationen über die Untersuchung des Insiderhandels zu veröffentlichen. Die kanadische Vereinigung der Investmenthändler

IDA (Investment Dealers Association) stellte eine SEC-Liste mit 38 Aktien auf ihre Website. Die US-Börsenaufsicht SEC hatte kanadische Sicherheitsfirmen gebeten, verdächtige Handelsbewegungen mit diesen Aktien in der Zeit vom 27. August bis zum 11. September 2001 zu untersuchen. Aber sobald US-Behörden merkten, dass die ganze Liste dieser Aktien ins Netz gestellt worden war, verlangten sie, dass diese Liste von der Website der IDA gelöscht würde. Die IDA kam dieser Aufforderung nach, aber einige Reporter konnten die Liste noch kopieren, bevor sie gelöscht wurde.[189]

Auf dieser Liste standen die Aktien der Muttergesellschaften von American, Continental, Delta, Northwest, Southwest, United und U. S. Airways sowie die Kreuzfahrtlinien Carnival und Royal Caribbean, der Flugzeugbauer Boeing und das Rüstungsunternehmen Lockheed Martin. Auch verschiedene Versicherungsgesellschaften befanden sich auf der Liste – American International Group, AXA, Chubb, Cigna, CNA Financial, John Hancock und MetLife. Dazu kamen noch einige riesige Firmen, die vor den Anschlägen Büros im World Trade Center gemietet hatten: der größte Mieter, die Investmentfirma Morgan Stanley; dazu noch Lehman Brothers, Bank of America und das Finanzunternehmen Marsh & McLennan. Andere große Firmen auf der Liste waren General Motors, Raytheon, LTV, WR Grace, Lone Star Technologies, American Express, Bank of New York, Bank One, Citigroup und Bear Stearns.[190]

Eine Untersuchung des verdächtigen Handels mit Aktien dieser Gesellschaften sollte klären, ob die Investoren oder Gruppen von Investoren, die an diesem Handel teilnahmen, vorher von diesen Anschlägen wussten. Laut Bloomberg News bestätigte der frühere Leiter der Vollstreckungsabteilung der Börsenaufsicht SEC, William McLucas, dass Finanzkontrolleure »sicherlich fähig sein werden, jeden Handel aufzuspüren und festzustellen, wo der Handel abgeschlossen und von wo er eingefädelt wurde«.[191]

Warum verhinderten amerikanische Behörden die Veröffentlichung einer Liste von Aktien, bei den Verdachtsmomente auftauchten? Und warum wurden die Ergebnisse der bisherigen Untersuchungen und deren eventuelle Fortschritte der Öffentlichkeit vorenthalten? Hängen die Antworten auf diese Fragen eventuell damit zusammen, dass die US-Regierung CIA- und FBI-Verbindungen zum Insiderhandel gebilligt haben könnte?

Warnungen wurden von den US-Behörden nicht ignoriert

Tatsächlich weisen alle Anzeichen darauf hin, das die Bedrohung zumindest in bestimmter Hinsicht nicht ignoriert, sondern durchaus ernst genommen wurde. Es gibt einige alarmierende Berichte über bestimmte Aktivitäten, die darauf hindeuten, dass die Bush-Administration schon vorher wusste, dass der 11. September 2001 krisenhaft verlaufen werde.

Ein ehemaliger Freiwilliger des 1. Bataillons des 118. Infanterieregiments der Nationalgarde von South Carolina erzählte dem US-Staatsanwalt Tom Turnipseed:

> »Meine Einheit meldete sich im Juli 2001 zu einer Übung. Da wurde uns plötzlich und unerwartet mitgeteilt, dass alle für die nächsten beiden Monate geplanten Aktivitäten abgesagt seien, damit wir uns auf eine Mobilmachungsübung vorbereiten könnten, die am 14. September 2001 stattfinden sollte. Daraufhin übten wir fleißig an zwei Wochenenden und kamen sogar im August an einem eigentlich nicht vorgesehenen Tag zusammen, um für die Übung fit zu sein. Ende August waren wir dann so weit: Alle unsere Fahrzeuge standen bereit, unser Gepäck und unsere Ausrüstung waren verstaut, und wir warteten nur noch auf den fälligen Telefonanruf, um dann sofort auszurücken.«[192]

Dieser Bericht deutet darauf hin, dass der Dienstplan der Nationalgarde abgeändert wurde, weil man Mitte September 2001 eine große Krise erwartete. Der amerikanische Journalist William Rivers Pitt berichtete über ein ähnliches Vorkommnis, dass ähnlich beunruhigend ist:

»Der Gouverneur von Florida, Jeb Bush (der Sohn des früheren und Bruder des jetzigen Präsidenten; A.d. Ü.), unterschrieb am 7. September 2001 die ›Executive Order‹ (Durchführungsverordnung) Nr. 01-261, die eine sechs Monate vorher in Kraft getretene Verordnung erneuerte, die es erlaubte, in einem Notstandsfall die Nationalgarde zu alarmieren. Am 11. September berief er, gestützt auf diese Verordnung, Mitglieder der Nationalgarde zum aktiven Dienst ein und verkündete so im Wesentlichen in Florida das Kriegsrecht.«[193]

Zum selben Thema berichtete der *Idaho Observer*: »Floridas Gouverneur Jeb Bush unterzeichnete die Durchführungsvero-lrdnung Nr. 01-261 am 7. September, also nur vier Tage vor der Tragödie vom 11. September, und machte damit den Weg frei für eine Ausrufung des Kriegsrechts in seinem Staat.«[194]

Warum bereitete Gouverneur Jeb Bush die Ausrufung des Kriegsrechts infolge eines Notstands vor, nur drei Tage ehe durch die Anschläge vom 11. September tatsächlich ein bisher unvorstellbarer Notfall eintrat?

Aber es kommt noch dicker. Der *San Francisco Chronicle* meldete einen Tag nach den Attentaten, dass der Bürgermeister von San Francisco, Willie Brown, acht Stunden vor den Flugzeugentführungen einen Anruf von seinen, wie er es nannte, Flugsicherheitsleuten bekam, in dem er vor dem Fliegen gewarnt wurde:

»Bürgermeister Willie Brown merkte zum ersten Mal, dass etwas nicht in Ordnung war, als er einen Anruf von der Flughafensicherheit bekam, die ihm den Ratschlag gab – und dies volle acht Stunden vor der gestrigen Anschlagsserie – dass

> Amerikaner mit dem Fliegen vorsichtig sein sollten. [...] Woher genau dieser Anruf kam, ist nicht ganz klar. Der Bürgermeister wollte nur verraten, dass er von ›meinen Sicherheitsleuten auf dem Flughafen‹ gekommen sei.«[195]

Der Bürgermeister von San Francisco, Willie Brown, hatte für den Morgen des 11. September einen Flug nach New York gebucht.[196] Es scheint festzustehen, dass gewisse hochrangige amerikanische Sicherheitsbehörden eine ernste Gefahr voraussahen, die sie für so dringlich, bedrohlich und wahrscheinlich erachteten, dass es besser war, einen amerikanischen Bürgermeister davor zu warnen, nach New York zu fliegen – aber nicht die Öffentlichkeit zu informieren!

Die Londoner *Times* berichtete, der berühmte Schriftsteller Salman Rushdie habe eine ähnliche Warnung erhalten, nicht mit US-amerikanischen oder kanadischen Gesellschaften zu fliegen. Nach Rushdies eigenen Angaben kam diese Warnung direkt von der amerikanischen Flugsicherheitsbehörde FAA. Die *Times* schreibt:

> »Der Autor Salman Rushdie glaubt, dass die US-Behörden von einem bevorstehenden Terroranschlag wussten, weil sie ihm nur eine Woche vor den Anschlägen verboten, in Kanada und den Vereinigten Staaten Inlandsflüge zu unternehmen. Am 3. September erließ die FAA eine besondere Anordnung, um Rushdie am Fliegen zu hindern.«[197]

In einem anderen Bericht heißt es, »die FAA bestätige, dass sie die Sicherheitsmaßnahmen für Rushdie verschärft habe«, dass »die Fluggesellschaften aber ihre allgemeinen Sicherheitsstandards nicht erhöhen wollten«.[198] Es ist allgemein bekannt, dass Rushdie rund um die Uhr unter dem Schutz der Sonderabteilung (Special Branch) von Scotland Yard steht, und dass alle seine Reisepläne vom britischen Inlandsgeheimdienst MI 5, wenn es um Flüge innerhalb des Vereinigten Königreichs, und dem britischen Auslandsgeheimdienst

MI 6, wenn es um internationale Flüge geht, gebilligt werden müssen. MI 5 und MI 6 sind die britischen Entsprechungen der CIA. Es scheint klar zu sein, dass die britischen Geheimdienste, veranlasst von US-amerikanischen Behörden, eine ernste Gefahr voraussahen, die sie für so dringlich, bedrohlich und real hielten, dass man zwar Rushdie – aber auch diesmal nicht die Öffentlichkeit – informierte.

Ein anderer Bericht weist auf die zweifelhafte Rolle des Pentagons hin. *Newsweek* schreibt, dass am 10. September 2001, dem Tag vor den Anschlägen, »eine Gruppe von Top-Leuten des Pentagons offensichtlich wegen Sicherheitsbedenken plötzlich ihre Reisen am nächsten Morgen absagten«.[199] Ein früherer *Newsweek*-Bericht, der zwei Tage nach den Attentaten erschien, befasste sich noch detaillierter mit dieser dubiosen Angelegenheit:

> »[…] in den letzten beiden Wochen herrschte eine erhöhte Alarmbereitschaft, und am Abend vor den Anschlägen erhielt man wohl eine besonders dringende Warnung, die einige hohe Tiere im Pentagon veranlasste, geplante Reisen abzusagen. Warum diese Information nicht die 266 Leute erreichte, die an Bord der vier entführten Verkehrsflugzeuge umkamen, wird vielleicht noch ein ganz heißes Thema im Kongress.«[200]

Offensichtlich wussten führende Leute im Pentagon nicht nur von Tatsachen, die für die »Sicherheit ihrer Reisen« eine akute Bedrohung darstellten, sondern kannten auch den genauen Zeitpunkt und konnten so Maßnahmen zu ihrem Schutz ergreifen. Zusammengenommen lassen all diese Berichte darauf schließen, dass höchste Kreise der US-amerikanischen militärischen Geheimdienste von etwas sehr Wichtigem wussten – und dies auch absolut ernst nahmen.

Darüber hinaus gab es eine weitere, sehr seltsame Koinzidenz der Ereignisse: Eine Gruppe amerikanischer Wirtschaftsführer – darunter wenigstens eine Chefin einer Firma, die ihre Büros in den oberen Stockwerken des Südturms des World

Trade Centers hatte – landeten genau am 11. September nur ein paar Minuten vor den Anschlägen auf der Offutt-Luftwaffenbasis in Omaha, Nebraska. Die *San Francisco Business Times* berichtete darüber: »Innerhalb weniger Sekunden änderte sich Anne Tatlocks Aufgabe. Aus ihrem bisherigen Alltagsjob, das Geld und die Vermögen ihrer Kunden zu verwalten, wurde ein Kampf um das Überleben ihrer Firma, der Fiduciary Trust Co. International:«

> »Terroristen verwandelten ein Düsenflugzeug in einen Feuerball, der durch die Zentrale der Fiduciary im World Trade Center fegte – unter den fast 2900 Toten waren auch 87 Angestellte dieser Firma. [...] Tatlock [ist] die Vorstandsvorsitzende und Geschäftsführerin von Fiduciary. [...] Am Morgen des 11. September war Tatlock selbst gerade zusammen mit einer kleinen Gruppe von Wirtschaftsführern auf der Offutt-Luftwaffenbasis in Omaha angekommen, um an einer Wohltätigkeitsveranstaltung teilzunehmen, zu der der Milliardär Warren Buffett, einer der größten Aktienhändler der Welt, eingeladen hatte. Sie erfuhr dann, dass das erste Flugzeug in den Nordturm des World Trade Centers gerast war.«[201]

Dies ist ein außergewöhnlicher Bericht. Warum sollte »eine Wohltätigkeitsveranstaltung«, an der die Chefin einer Firma, die im WTC sitzt, und andere führende Wirtschaftsbosse teilnehmen, ausgerechnet am frühen Morgen auf einer amerikanischen Hochsicherheits-Militärbasis stattfinden, und dies genau am gleichen Tag – und fast zur gleichen Zeit –, als ein beispielloses Attentat auf das World Trade Center stattfindet? Diese Frage lässt sich kaum noch mit einer rein zufälligen Koinzidenz der Ereignisse erklären – wenn man weiß, dass der Oberbefehlshaber der US-Streitkräfte, Präsident Bush, an diesem schlimmen Morgen des 11. September heimlich auf derselben Offut-Luftwaffenbasis zwischenlandete, um eine Besprechung mit führenden US-Beamten abzuhalten. Darüber schreibt *Human Events*:

> »In einer Stellungnahme, die Bush um 9 Uhr 31 an diesem verhängnisvollen Morgen in Sarasota, Florida, abgab, nannte er den Anschlag auf das Word Trade Center einen ›offensichtlichen‹ Terrorangriff. Von Florida flog Bush zuerst zur Barksdale-Luftwaffenbasis in Louisiana und danach weiter zur Offut-Luftwaffenbasis in Nebraska, wo er ein Treffen mit führenden Regierungsbeamten abhielt, bevor er dann endgültig nach Washington aufbrach.«[202]

Die Skepsis gegenüber einem zufälligen Zusammentreffen wird durch die Tatsache noch erhöht, dass Regierungsbeamte wiederholt über die Gründe für Bushs Flugroute am 11. 9. gelogen haben, die ihn ja bekanntlich auch auf eine Luftwaffenbasis führte, wo wenigstens eine Chefin einer Firma, die im World Trade Center saß, und andere führende Wirtschaftsleute auf ihn warteten. *Human Events* berichtet weiter:

> »Am Morgen nach den Anschlägen erzählte der Sprecher des Nationalen Sicherheitsrats, Sean McCormack, Reportern: ›Uns standen bestimmte glaubhafte Informationen zur Verfügung, dass sowohl (das Präsidentenflugzeug Air Force One als auch das Weiße Haus) zu den Zielen der Terroristen gehörten, und dass das Flugzeug, das auf das Pentagon stürzte, eigentlich das Weiße Haus treffen sollte.‹
> Das Weiße Haus ließ dies nicht nur einmal, sondern dreimal, von drei verschiedenen Sprechern verkünden. Zum Schluss erklärte auch noch Justizminister John Ashcroft: ›Unsere Regierung hat glaubhafte Hinweise darauf, dass das Weiße Haus und die Air Force One Ziele waren.‹
> Einer dieser glaubhaften Hinweise war ein Anruf beim US-Secret Service, dem Geheimdienst, der den Präsidenten zu schützen hat: ›Air Force One ist als Nächstes dran.‹ Regierungsbeamte berichten, dass Teile dieser Drohung darauf hindeuteten, dass die Terroristen die Codewörter für den Präsidenten, die Vorgehensweise des Geheimdienstes und Bushs Aufenthaltsorte kannten.«[203]

William Safire schilderte in der *New York Times* ein Gespräch mit einem ungenannten »hohen Beamten des Weißen Hauses«, der ihm erzählte: »Ein Drohanruf, den der US-Secret Service erhalten hatte, wurde an die Agenten, die den Präsidenten begleiteten, weitergeleitet. Er lautete: ›Air Force One ist als Nächstes dran.‹« Safire fährt fort: »Laut diesem hohen Beamten wurden dabei amerikanische Codewörter benutzt, was eine Kenntnis der Vorgehensweise der Präsidentenschützer verriet, die die Drohung glaubhaft machte.« Safire berichtete, dass diese spezielle Information auch von Bushs politischem Chefberater Karl Rove bestätigt worden sei, der ihm erzählt habe, dass der Präsident ursprünglich sofort nach Washington zurückkehren wollte. Dann aber »informierte ihn der Secret Service, die Drohung sei so formuliert gewesen, dass man annehmen müsse, die Terroristen hätten Kenntnisse von seinen Vorhaben und Aufenthaltsorten.«[204] Zwei Wochen später enthüllte die Fernsehnachrichtensendung CBS Evening News, dass die Bush-Administration diese ganze Botschaft, die der Secret Service angeblich empfangen hatte, erfunden hatte. In Wirklichkeit sei dies »einfach nie passiert«.[205] Ungefähr zur selben Zeit schrieb Maureen Dowd in der *New York Times*, dass Karl Rove »in der ganzen Stadt herumtelefonierte, um den Reportern die – *inzwischen von den meisten für unglaubwürdig gehaltene* – Geschichte zu verkaufen, dass Präsident Bush am 11. September deshalb nicht unmittelbar nach Washington zurückgekehrt sei, weil das eigentliche Ziel des Flugzeugs, das auf das Pentagon stürzte, das Weiße Haus gewesen sei, und auch die Präsidentenmaschine Air Force One in höchster Gefahr geschwebt habe«.[206]

Weshalb aber sollte die Bush-Administration so dreist über die Gründe lügen, warum der Präsident auf der Offut-Luftwaffenbasis in Nebraska auftauchte, wo sich gerade am Morgen des 11. Septembers 2001 kurz vor den Anschlägen zufällig Führungskräfte der Wirtschaft trafen? Warum wollte Bush tatsächlich diese militärische Hochsicherheitseinrichtung aufsuchen, wenn doch in Wirklichkeit er und seine Präsidentenmaschine überhaupt nicht bedroht waren und es deshalb für ihn auch keinen Grund gab, irgendwo Schutz zu suchen? Die Tatsache, dass Beamte des Weißen Hauses über die tatsächlichen Aktivitäten des Präsidenten an diesem düsteren Morgen logen, lässt vermuten, dass es da vielleicht eine andere Erklärung für sein seltsames Verhalten an diesem Tag gibt.

Alle diese Berichte weisen mit guten Gründen darauf hin, dass höchste Kreise der amerikanischen Militärgeheimdienste im Voraus wussten, dass sich Mitte September, und sogar noch genauer, am 11. dieses Monats, Anschläge ereignen würden. Der Herausgeber von *WorldNetDaily*, der erfahrene amerikanische Journalist Joseph Farah, meint dazu:

> »Jetzt wundern Sie sich wahrscheinlich, warum Willie Brown und Salman Rushdie für die US-Regierung wichtiger sind als Sie und ich und die Fernsehkommentatorin Barbara Olson, die in dem Flugzeug umkam, das auf das Pentagon stürzte. Ich frage mich das auch. [...]
> Diese einzelnen Warnungen an ganz spezielle Leute – und ich bin sicher, dass es davon noch sehr viel mehr gab, von denen wir nur noch nichts gehört haben – lassen es höchst wahrscheinlich erscheinen, dass FBI, CIA und andere Bundesbehörden wussten, dass etwas Großes im Busch war, etwas, das mit Terroranschlägen und Flugzeugen zu tun hatte, sie aber diese Informationen nicht an die Fluggesellschaften und normale Flugpassagiere weitergaben. Ich denke, bei FBI und CIA sollten Köpfe rollen. Ich denke, es sollte eine Untersuchung darüber geben, was die Flugaufsicht FAA tatsächlich wusste und wann sie es erfahren hat. Vor allem bin ich aber der Meinung, dass die Bundesregierung die ihr durch die Verfassung auferlegte Pflicht verletzt hat – nämlich das amerikanische Volk vor Angriffen von außen zu schützen.«[207]

5. Die Nachrichtendienste der USA: Strukturelle Inkompetenz oder politische Blockaden?

»Fünf lange Monate wollte sich fast niemand laut beschweren. Der Schock war noch nicht überwunden. Dieser Sache konnte man sich auch später noch widmen. Zuerst mussten wir die Toten bestatten, die Verwundeten heilen, die Retter preisen, den Krieg gewinnen. Aber gestern hallte die Frage in den Marmorsälen des Kongresses wider: Wie war es möglich, dass wir nichts gewusst haben?«

(Howard Kurtz: »The Reluctant Scrutiny of 9/11«, in: *Washington Post*, 7. Februar 2002)

Der Begriff »Nachrichtendienste« ist in den USA als Sammelbezeichnung für alle 13 offiziellen Regierungsbehörden geprägt worden, die »nachrichtendienstliche« Funktionen haben. Der *Newsbytes*-Bericht über die ECHELON-Warnungen zeigt – neben äußerst wachsamen Nachrichtendiensten, die mit einem terroristischen Angriff des Typs Projekt Bojinka rechneten –, dass der gesamte Überwachungsapparat als direkte Reaktion auf diese Hinweise eine gesteigerte Aktivität entwickelte. Das bedeutet: Die US-Nachrichtendienste hatten genug Informationen, die sie nur noch auf ihre konkreten Erkenntnisse beziehen mussten. Zum Beispiel auf das Wissen des FBI aus der Überwachung von und den Ermittlungen gegen al-Qaida-Aktivisten, die sich an amerikanischen Flugschulen ausbilden ließen.

Die Behörden erklärten stets, die Nachrichtendienste hätten keinen Grund zu der Annahme gehabt, diese Leute, die über Verbindungen zu bin Laden verfügten, hätten vor, ihre neu erworbenen Kenntnisse für einen terroristischen Angriff zu nutzen. Die hier vorgelegte Dokumentation zeigt aber, dass diese Behauptungen nicht stimmen: Die Nachrichtendienste wussten bereits, was al-Qaida im Schilde führte. Man fragte sich nur noch: Wer würde es tun, wann würde es geschehen?

Ein direktes Ergebnis der intensivierten Überwachung war, dass die US-Nachrichtendienste den handelnden Personen auf die Spur kamen. Es ging eine ganze Reihe dringender Warnungen ein, die aus glaubwürdigen Quellen stammten, einschließlich abgefangener Mitteilungen von Osama bin Laden persönlich, sodass sich das mögliche Datum für einen Terrorangriff immer deutlicher abzeichnete. Doch als FBI-Agenten die Wer-Frage, also die handelnden Personen, einzukreisen begannen (zum Beispiel al-Qaida-Aktivisten, die sich an amerikanischen Militäreinrichtungen und Flugschulen ausbilden ließen), blockierten die FBI-Führungsspitze und das Justizministerium die Ermittlungen. Zahlreiche Warnungen wiesen sehr deutlich auf einen unmittelbar bevorstehenden Angriff durch bin Laden hin, der wahrscheinlich am 11. September stattfinden würde. Doch diese Warnungen wurden ignoriert.

Dies legt die Vermutung nahe, dass der Verantwortliche ganz oben in der Hierarchie angesiedelt ist: Es ist der CIA-Chef, der Director of Central Intelligence (DCI).

Strukturelle Zersplitterung

Die Vorstellung, das Ausbleiben von Gegenmaßnahmen auf Seiten der amerikanischen Geheimdienste sei auf Inkompetenz zurückzuführen, die wiederum durch bürokratische Stolpersteine innerhalb der Institutionen erklärbar sei – und letztlich dazu geführt habe, dass wichtige Informationen nicht weitergegeben und analysiert wurden –, wird der Art und dem Inhalt der zahlreichen Warnungen nicht gerecht. Sie passt auch nicht zu den vor dem 11. September unter Beweis gestellten Fähigkeiten und den Arbeitsergebnissen dieser Nachrichtendienste. Diese Vorstellung beruht außerdem auf einem mangelhaften Verständnis der praktischen Arbeit wie auch der Organisationsstruktur der Nachrichtendienste in den Vereinigten Staaten.

Sogar das private US-Unternehmen Stratfor (Strategic Forecasting), das unabhängige nachrichtendienstliche Informationen zur Weltpolitik anbietet, hat sich diese Sichtweise unkritisch zueigen gemacht. Stratfor kommentierte am 16. September 2001:

> »Wir zweifeln nicht daran, dass es nach der Prüfung aller Datenbanken heißen wird: Der US-Geheimdienst verfügte über jede Menge Informationen, die in einem Hochsicherheits-Computer gespeichert waren. Die Zeitungen werden die Schlagzeilen hinausposaunen: ›Die CIA kannte die Angreifer.‹ Doch das wird nur in technischer Hinsicht zutreffen. Eine wichtige Information mag die Runde bei den Nachrichtendiensten gemacht haben, aber sie war versteckt in einem riesigen Berg von Informationen, der über den Schreibtisch eines überarbeiteten Auswerters gewälzt wurde. Daraus aber den Schluss zu ziehen, die US-Geheimdienste hätten tatsächlich die Pläne der Angreifer ›gekannt‹, wäre eine Übertreibung. Wer ein Buch besitzt, kennt noch lange nicht den Inhalt.«[1]

In einem am 20. Mai 2002 veröffentlichten Kommentar zu einer Kontroverse in Washington über die Frage, »was Bush zu welchem Zeitpunkt wusste«, erläuterte Stratfor diese Sichtweise ausführlicher. Das vollkommene Versagen der Geheimdienste im Zusammenhang mit dem 11. September sei eine Folge der strukturellen Zersplitterung der US-Geheimdienste, lautete ein wichtiges Argument:

> »Wie schon der Name sagt, wurde die Central Intelligence Agency gegründet, um die nachrichtendienstlichen Aufgaben in den Vereinigten Staaten zu zentralisieren. Das war damals wie heute eine gute Idee. Unglücklicherweise ist diese Idee niemals im vollen Umfang verwirklicht worden, und die Regierung hat sich im Lauf der Zeit in eigensinniger Weise wie-

der von diesem Konzept entfernt. Doch eine zentrale nachrichtendienstliche Institution ist für die Vereinigten Staaten unentbehrlich, wenn sie sich ein einheitliches, zusammenhängendes und stimmiges Bild vom Weltgeschehen machen wollen. Ein bürokratisches, organisatorisch zersplittertes System von Nachrichtendiensten wird nur ein bruchstückhaftes Bild von der Welt erzeugen. Nur das haben wir gegenwärtig.«[2]

Es ist unstrittig, dass ein im Grundsatz »bürokratisch zersplittertes System von Nachrichtendiensten« nur ein »bruchstückhaftes Bild von der Welt« hervorbringen wird. Das beweist allerdings noch nicht, dass sich dieses System bei der Erarbeitung spezifischer Informationen zu bestimmten Aspekten des Weltgeschehens als völlig untauglich erweisen wird. Eher legt es die Erkenntnis nahe, dass die US-Nachrichtendienste kein zusammenhängendes und stimmiges Bild von der Weltpolitik und den wechselseitigen internationalen Beziehungen zeichnen können.

In solchen Fragen kommt es dann vermutlich zu in gewisser Weise unverbundenen, unzureichend aufeinander bezogenen Informationspaketen zu verschiedenen Aspekten der Weltpolitik. Das bedeutet jedoch nicht automatisch, dass die hierbei produzierten, auf *besondere* Aspekte des Geschehens bezogenen Informationen unzutreffend sind. Es bestätigt im Gegenteil nur folgende Erkenntnis: Die US-Nachrichtendienste sind sehr wohl in der Lage, exakte Informationen zu bestimmten, nicht direkt miteinander verbundenen Aspekten des Weltgeschehens zu beschaffen. Wegen der strukturellen Zersplitterung, in der die einzelnen Institutionen der US-Nachrichtendienste nebeneinander arbeiten, ist es für sie sehr schwierig, zu einem stimmigen Gesamtbild der Weltlage zu kommen. Dieses Bild müsste auf einem umfassenden Verständnis der komplexen wechselseitigen Einflüsse beruhen, die zwischen den Einzelaspekten bestehen. Stratfor hat diesen Zusammenhang betont:

»Es ist unklar, ob irgendeine dieser Institutionen die eigene, interne Weltsicht im vollen Umfang versteht, ganz zu schweigen von der Frage, ob sie in der Lage sind, der CIA ein umfassendes Bild zu übermitteln. Und die soll die Einzelberichte dann zu einem stimmigen Weltbild zusammenfügen, das schließlich dem Präsidenten und den übrigen Spitzenpolitikern als Entscheidungsgrundlage unterbreitet wird.«

Die Koordination der US-Nachrichtendienste wird deshalb in solchen Fragen von institutionellen Hindernissen grundlegend beeinträchtigt. Das Wissen um diese strukturellen Mängel berechtigt aber nicht zu der Annahme, damit sei auch das Versagen der US-Geheimdienste in einem speziellen Themenbereich der Nachrichtenbeschaffung zu erklären. Hier geht es um einen ganz besonderen Aspekt der internationalen Beziehungen, zum Beispiel um die Bedrohung der nationalen Sicherheit der Vereinigten Staaten und die Frage der Abwehr des Terrorismus. Auch wenn man akzeptiert, dass strukturelle Zersplitterung das Zusammenfügen von Einzelinformationen zu einem »stimmigen Weltbild« stark beeinträchtigt, ist es höchst unwahrscheinlich, dass dieser Sachverhalt allein genügen würde, um ein vollständiges Versagen der Nachrichtendienste bei jedwedem isolierten *Einzelaspekt* des Weltgeschehens zu erklären: in unserem Fall bei einer ganz besonderen Bedrohung der nationalen Sicherheit der USA.

Stratfor begeht jedoch den Fehler, dieses Erklärungsmuster der strukturellen Zersplitterung der US-Geheimdienste auch auf deren Versäumnisse vor den Terroranschlägen vom 11. September anzuwenden, die natürlich eine ganz besondere Bedrohung der nationalen Sicherheit der USA waren. Das ist allerdings auch mit Blick auf Stratfors Einschätzung des Sachverhalts völlig unberechtigt. Das Unternehmen liefert eine hilfreiche Bewertung der verschiedenen Rahmenbedingungen, unter denen die relative Zersplitterung der US-Nachrichtendienste eine umfassende Analyse von Informationen so beeinträchtigen kann (und beeinträchtigt hat), dass kein stimmiges, auf selbst beschafften Nachrichten basierendes Gesamtbild zur Weltpolitik zustandekommt.

> »[...] Das System der amerikanischen Nachrichtendienste ist eindeutig mehr auf das Sammeln als auf die Analyse von Nachrichten ausgerichtet. Das unvermeidliche Ergebnis dieser Praxis: Es werden riesige Informationsmengen gesammelt – und niemals brauchbar ausgewertet. Die Sammelkapazitäten der Vereinigten Staaten sind in technischer wie personeller Hinsicht gewaltig. Doch die Ergebnisse werden ganz bewusst und institutionell gewollt so aufgeteilt, dass daraus niemals ein stimmiges und umfassendes Bild entsteht.«[3]

Man muss die von den US-Nachrichtendiensten zu den Terroranschlägen des 11. September beschafften und ausgewerteten Informationen jedoch auf der Grundlage der vorliegenden Tatsachen bewerten, um sich ein Bild davon zu machen, ob dieses Problem der Dominanz des Sammelns gegenüber der Analyse der Hauptgrund für das Versagen der Dienste war. Es ist weiterhin unwahrscheinlich, dass die institutionelle Aufteilung der US-Nachrichtendienste zum Versagen bei der Entwicklung einer einheitlichen Perspektive auf eine ganz besondere Bedrohung der nationalen Sicherheit durch al-Qaida beigetragen hat. Diese Unterteilung beeinträchtigt in erster Linie die Entwicklung eines »stimmigen Weltbildes«, nicht die Analyse eines Einzelaspekts in diesem Zusammenhang. Das institutionelle Problem, das sich aus der Unterteilung der Nachrichtendienste auf einzelne Tätigkeitsbereiche ergibt, ist das Verbinden und Koordinieren von Informationen zu *verschiedenen* Aspekten des Weltgeschehens zu einer *zusammenhängenden Gesamtschau.* Nachrichtenbeschaffung zu ganz besonderen Themen ist hiervon nicht betroffen.

Der ehemalige CIA-Direktor John Deutch und der ehemalige CIA-Chefjustiziar Jeffrey H. Smith beurteilten das Leistungsvermögen der US-Geheimdienste folgendermaßen: »Organisatorischen Handicaps und institutionellen Konflikten zum Trotz haben sich die Geheimdienste in den letzten beiden Jahrzehnten beachtliche Kompetenzen in der Terrorismusbekämpfung erarbeitet. Dies hat zu zahlreichen Erfolgen geführt.« Neben einigen »spektakulären Fehlschlägen« haben die US-Geheimdienste eine durchaus vorzeigbare Erfolgsbilanz.[4] Richard K. Betts von der New Yorker Columbia Universität, ein Experte für den US-Militärgeheimdienst, schrieb in der Zeitschrift *Foreign Affairs*: »Paradoxerweise fallen die Neuigkeiten schlechter aus, als selbst die zornigsten Kritiker glauben, denn die Geheimdienste haben sehr viel bessere Arbeit geleistet, als die Kritiker vermuten.«

> »Im Gegensatz zu dem Bild, das durch die Zerstörungen des 11. September vermittelt worden ist, haben die US-Geheimdienste wie auch die ihnen angegliederten Dienste das Land im Großen und Ganzen sehr gut geschützt. Im Angesicht einer Katastrophe werden große Erfolge bei der Abwehr früherer terroristischer Angriffe allzu leicht vergessen. Zu diesen Erfolgen gehören zum Beispiel die Verhinderung folgender Anschläge: Bombenattentate auf den Lincoln- und den Holland-Tunnel in New York City 1993; 1995 dann der Plan, elf US-Verkehrsflugzeuge in Asien zum Absturz zu bringen; Anschläge an der amerikanischen Westküste und in Jordanien in Verbindung mit den Feiern zur Jahrtausendwende; Angriffe auf die US-Streitkräfte im Nahen Osten im Sommer 2001.«[5]

Das in der israelischen Stadt Herzliyya ansässige International Policy Institute for Counter-Terrorism (ICT) spricht – ungeachtet einiger spektakulärer Misserfolge – von einer langen Liste geheimdienstlicher Erfolge der USA im vergangenen Jahrzehnt, die auf einer erheblichen Verbesserung der Arbeit dieser Institutionen beruhten: »Die USA haben sich erhebliche Mühe gegeben, um die ausführenden Organe des Terrors, der sich gegen amerikanische Bürger und amerikanische Interessen richtet, ausfindig zu machen, festzunehmen und vor Gericht zu bringen.«[6]

Im November 2000 schrieb zum Beispiel der Washingtoner RAND-Direktor Bruce Hoffman, die »Grundstruktur« der US-Geheimdienste sei »vor über 50 Jahren geschaffen worden, um der kommunistischen Gefahr zu begegnen«. Der Autor bezweifelt einerseits, »ob diese Struktur, die seit den Bedrohungen aus der Zeit unmittelbar nach dem Zweiten Weltkrieg im Wesentlichen unverändert geblieben ist, [...] den gegenwärtigen Herausforderungen für die nationale Sicherheit noch entspricht«. Hoffman sagt andererseits aber auch, dass sein Land »der Versuchung widerstehen muss, an Rädern herumzuflicken, die noch in Ordnung sind.«

> »Ein ehemaliger Marineminister gehörte zum Beispiel zu den Leuten, die den Anschlag auf die USS Cole als ›unglaubliche Panne des Geheimdienstes‹ bezeichneten. Solche Beschuldigungen ignorieren die vortreffliche Bilanz der Geheimdienste bei der Abwehr einer ganzen Reihe von antiamerikanischen Terrorakten im eigenen Land wie auch im Ausland. Zu diesen Erfolgen gehören die Vereitelung mehrerer Attentatsversuche gegen US-Botschaften im Anschluss an die Terrorakte in Ostafrika, die vergangenen Dezember erfolgte Festnahme eines Terroristen im Bundesstaat Washington sowie die Verhinderung eines mit dieser Person verbundenen Mordplans gegen US-Touristen in Jordanien im selben Monat. Dies scheint nun wirklich ein in bewundernswerter Weise funktionierender Kernbereich der amerikanischen Politik zur Abwehr des Terrorismus zu sein.«[7]

Eine besonders umfangreiche, in Yale erarbeitete Studie des amerikanischen Geheimdienstexperten Loch K. Johnson zeigt, in welcher Weise (und wie effektiv) die Arbeit der Nachrichtendienste die Interessen der USA geschützt und gefördert hat. Johnson bietet detaillierte Analysen zu einer ganzen Reihe von Erfolgen und Misserfolgen der Geheimdienste. Er widerlegt dabei die gängigen Vorwürfe wegen vermeintlicher Unfähigkeit, die nach peinlichen Affären wie etwa dem Fall

Aldrich Ames immer wieder erhoben wurden. (Aldrich Ames war Leiter der Spionageabteilung im UdSSR-Referat der CIA und spionierte von 1985 bis 1994 für die Sowjets. A. d. Ü.) Johnson legt überzeugend dar, dass die Erfolge der CIA wie auch der US-Geheimdienste insgesamt gegenüber solchen Pannen bei weitem überwiegen. Sein wichtigster Punkt: Selbst die Fehlschläge werden den Geheimdiensten häufig zu Unrecht angekreidet. *Der größte Teil der Geheimdienstpannen ist auf die Tatsache zurückzuführen, dass gute, von den Diensten beschaffte Informationen in der Washingtoner Bürokratie auf höherer politischer Ebene einfach ignoriert worden sind.*[8]

Auch bei Stratfor räumt man diesen Zusammenhang ein: »Wir sind uns nach wie vor sicher, dass wir bei einer Untersuchung aller Datenbanken und bei der Lektüre sämtlicher Memos zu folgendem Ergebnis kommen würden: Die US-Regierung hatte einen großen Teil der Informationen gesammelt, die nötig gewesen wären, um den 11. September zu verhindern. Die Informationen waren vorhanden.« Doch das Unternehmen sitzt dann, ohne die vorhandenen Daten und ihre Verwendung tatsächlich geprüft zu haben, einem Trugschluss auf. Es geht davon aus, dass diese Informationen »nicht zusammengetragen, abgeprüft, miteinander verbunden und analysiert wurden und deshalb auch nicht weitergegeben werden konnten«. Aber im Licht der hier vorgenommenen Analyse gibt es einfach keinen vernünftigen Grund, von solchen Vermutungen auszugehen. Es ist eine Tatsache, dass die US-Geheimdienste im letzten Jahrzehnt eine ganze Reihe von Erfolgen vorzuweisen hatten. Diesen Erfolgen stehen nur relativ wenige (allerdings eklatante) Fehlschläge gegenüber.

Beschaffung und Analyse von Informationen vor dem 11. September

Die US-Nachrichtendienste bestehen aus 13 offiziellen Regierungsbehörden, die insgesamt über ein riesiges Jahresbudget von mindestens 30 Milliarden Dollar verfügen. Der CIA-Direktor ist kraft Gesetzes mit der Koordinierung und Verbreitung der Informationen beauftragt, die von all diesen Behörden (einschließlich des FBI) beigebracht werden. Außerdem arbeiten zahlreiche FBI-Agenten auch im Hauptquartier der CIA.

Die CIA produziert – entsprechend ihrem Auftrag: zentrales Management und Aufsicht über alle US-Geheimdienste – Gutachten zu Informationen auf »strategischer Ebene« für die US-Regierung und bedient sich dabei aller verfügbarer Geheimdienstquellen. Hier folgt nun eine Einschätzung von Struktur und Zweck dieser strategischen Bewertungen von Informationen durch die CIA, die regelmäßig den führenden Kabinettsmitgliedern im Weißen Haus vorgelegt werden.[9]

Für jede Art von Hinweis auf einen möglichen oder vermuteten Terroranschlag gibt es eine altbewährte und klar definierte Standardprozedur, die von der Regierung und den Geheimdiensten spätestens in den Achtzigerjahren des vergangenen Jahrhunderts eingeführt worden ist. Das US-Außenministerium tritt in solchen Fällen als Koordinator auf, die übrigen geheimdienstlich tätigen Behörden wirken am Gesamtvorgang mit. Die Arbeitsgruppe im Außenministerium wurde also gegründet, um dasselbe Ziel zu verfolgen, an dem auch die CIA arbeitet. Informationen zu einem möglichen oder vermuteten Terroranschlag machen im Rahmen dieser Standardprozedur bei den anderen Geheimdienstbehörden die Runde. Sie werden verbreitet, um durch gemeinsames Nachdenken Schutz- und Abwehrmaßnahmen zu planen. Die einzelnen Geheimdienstbehörden werten die Informationen zusammen mit weiteren ihnen vorliegenden Erkenntnissen aus, um zu entscheiden, ob solche Maßnahmen ergriffen werden sollen. Außerdem werden weitere Ermittlungen eingeleitet, wenn dies gerechtfertigt erscheint.[10]

Die *Washington Post* schrieb noch im Mai 2001, FBI und CIA, die beiden einschlägig tätigen Geheimdienste, hätten »in den letzten Jahren« eine sehr enge »Arbeitsbeziehung« auf dem Spezialgebiet der Terrorabwehr entwickelt. Dem ehemaligen FBI-Direktor Louis Freeh »gebührt das Verdienst, die Möglichkeiten des FBI bei der Abwehr terroristischer Bedrohungen erheblich verbessert zu haben.« Außerdem habe er »für die lange belastete Arbeitsbeziehung des FBI zur CIA eine andere Grundlage geschaffen«. Der CIA-Direktor George J. Tenet merkte hierzu an: »Direktor Freehs Weitsicht, seine Führungsstärke und sein Engagement waren unmittelbare Auslöser für eine bisher noch nie da gewesene strategische Partnerschaft zwischen dem FBI und der CIA.« Diese Partnerschaft hat in der unmittelbaren Vergangenheit nachweislich Früchte getragen. Es gab zahlreiche Erfolge in der Geheimdienstarbeit, sehr viel mehr Erfolge als Fehlschläge. Tenet hob dabei zum Beispiel hervor: »Äußerst bedeutsame Erfolge in den Bereichen Terrorismusbekämpfung und Spionageabwehr [...] sind der Beweis für die bemerkenswert gute Zusammenarbeit zwischen unseren beiden Behörden in den letzten Jahren.«[11]

Aus dieser kurzen Zusammenfassung ergeben sich beträchtliche Zweifel an der verbreiteten Ansicht, die Anschläge vom 11. September seien nur möglich gewesen, weil die US-Geheimdienste es versäumt hätten, aus ihren Einzelerkenntnissen die richtigen Schlüsse zu ziehen. Der demokratische Senator Bob Graham aus Florida, der Vorsitzende des Geheimdienstausschusses im Senat, wies darauf hin, dass jede Einzelperson mit einigem Spürsinn und Zugang zu den Informationen über den bevorstehenden Anschlag der al-Qaida in der Lage gewesen wäre, sich anhand der vorliegenden Erkenntnisse ein genaues Bild von den bevorstehenden Anschlägen zu machen: »Hätte sich auch nur eine Einzelperson oder eine kleine Arbeitsgruppe gründlich mit diesen ganzen Informationen beschäftigt, dann hätten wir die Flugzeugentführer fassen können, bevor sie die vier Maschinen ins World Trade Center, ins Pentagon oder in die Erde von Pennsylvania gesteuert hätten.«[12]

Doch eine behördenübergreifende Arbeitsgruppe von Experten der Geheimdienste hatte bereits alle zuverlässigen Informationen über die Anschläge der al-Qaida vor dem 11. September regelmäßig ausgewertet: Dieses unter dem Namen Counterterrorism Security Group (CSG) bekannte Gremium gibt es wirklich. Den Vorsitz führt Richard Clarke, der Nationale Koordinator des Weißen Hauses für Terrorismusbekämpfung und den Schutz der Infrastruktur (National Coordinator for Infrastructure Protection and Counterterrorism).

Die CSG führt die Arbeitsergebnisse der einzelnen Behörden zusammen und ist ein »äußerst effektives« Bindeglied für »alle Bundesbehörden«. Ihre Mitglieder kommen »hauptsächtlich aus der CIA, dem Nationalen Sicherheitsrat sowie aus den höheren Befehlsebenen des Verteidigungs-, Justiz- und Außenministeriums«. Sie treffen sich »wöchentlich im Lageraum des Weißen Hauses«. Die CSG wertet »alle zuverlässigen Informationen aus«, die von den jeweiligen Behörden und Abteilungen beschafft wurden und für die Terrorismusbekämpfung bedeutsam sind. Die Expertengruppe kam in der Zeitspanne vor dem 11. September nahezu wöchentlich zusammen und beschäftigte sich unablässig mit der ganz besonderen Bedrohung, die von einem erwarteten Anschlag von al-Qaida ausging.[13]

Deshalb ist der Vorwurf der Inkompetenz und der bürokratischen Selbstblockade unter institutionellen wie auch organisatorischen Gesichtspunkten nicht einleuchtend. Selbst das Argument, einzelne Mitglieder der Regierung Bush hätten über wichtige Informationen, aber nicht über genügend Details verfügt, um Maßnahmen gegen die Anschläge ergreifen zu können, gründet sich nur auf eine nur oberflächliche Einschätzung von Inhalt und Zahl der eingegangenen Warnungen durch die Geheimdienste. Allgemein zugängliches Archivmaterial zeigt: Die Warnungen waren nicht nur außerordentlich detailliert, sondern auch sehr präzise im Hinblick auf ausführende Personen, Methoden, Ziele und Termine.[14]

Die zahlreichen Warnungen und Hinweise mit Bezug zum 11. September, die die US-Geheimdienste erhalten oder abgefangen haben, erfüllen mit Sicherheit die vier allgemein anerkannten Kriterien zur Definition erfolgreicher Geheimdienstarbeit bei einer strategischen Warnung:

> »Die abgefangenen Informationen über Ort und Zeitpunkt des Angriffs waren so umfangreich, dass sich daraus zwingend eine Warnung ableiten ließ.
> Das Ereignis, um das es ging, war zweifellos von grundlegender Bedeutung für die Sicherheit der Vereinigten Staaten. Es war mehr als nur eines unter vielen wichtigen Problemen. Die Führungsspitze konnte deshalb nicht umhin, sich mit diesen Warnungen zu beschäftigen.
> Es bestand kein Zweifel an der politischen Absicht des Feindes, Gewalt auszuüben, so wie bei Krisen vor Ausbruch eines Krieges.
> Bei einer schnellen und energischen militärischen Reaktion auf diese Warnungen war nichts zu verlieren [...].«[15]

Angesichts dieser Tatsachen gibt es innerhalb des Systems der US-Geheimdienste keinerlei Entschuldigung für das Ignorieren oder Blockieren weiterer Spuren und daraus resultierender Warnungen. Auf die ECHELON-Warnsignale folgte eine Vielzahl von Warnungen, die den US-Geheimdiensten aus Israel, Russland, Frankreich und Ägypten zugingen. Außerdem gab es in den Vereinigten Staaten selbst zahlreiche Spuren und Hinweise. Die Nachrichtendienste müssten deshalb mit Blick auf die üblichen Kriterien für die Informationsbeschaffung eine zunehmende Gewissheit bei entscheidenden Fragen erlangt haben: welche Ereignisse bevorstanden, wer die potenziellen Täter waren und wann sie zuschlagen würden. Das wird besonders deutlich, wenn man weiß, dass die ECHE-

LON-Warnungen von den US-Geheimdiensten ernst genommen wurden: Sie waren der glaubwürdige Hintergrund, vor dem alle folgenden substanziellen Warnungen geprüft werden konnten. Wir stellen jedoch fest, dass trotz dieses plausiblen Grundverdachts das genaue Gegenteil geschah: Wichtige geheimdienstliche Ermittlungen wurden gestoppt.

Die Punkte verbinden: eine Fallstudie

Ein Memo von Coleen M. Rowley, der Spezialagentin und Chefjustiziarin der FBI-Abteilung in Minneapolis, zeigt, wie hochrangige Mitglieder des Regierungsapparats wichtige Ermittlungen im Rahmen der Terrorbekämpfung gezielt behindert haben. Gleichzeitig ignorierten diese Personen glaubwürdige Warnungen aus Geheimdienstkreisen, die sich auf die Anschläge des 11. September bezogen.

Rowley nennt die Namen von Einzelpersonen im FBI-Hauptquartier, die die Ermittlungen gegen Zacarias Moussaoui systematisch behinderten und für eine veritable »Blockade« sorgten. Moussaoui wurde von der US-Einwanderungsbehörde INS (Immigration and Naturalization Service) in Zusammenarbeit mit der Joint Terrorism Task Force des FBI festgenommen und steht heute als Mitverschwörer der Anschläge des 11. September unter Anklage. Nach seiner Festnahme beantragten FBI-Beamte aus Minneapolis in Washington einen Durchsuchungsbefehl zur Legitimation umfassender Ermittlungen, die insbesondere Moussaouis Computer gelten sollten. Rowley hält fest, dass Beamte im FBI-Hauptquartier mehrere dringende Anfragen aus Minneapolis ablehnten und dies mit einem Mangel an Beweisen für Moussaouis Verbindungen zu einer ausländischen Terrororganisation begründeten. An dieser Haltung änderte sich auch nach einer Bestätigung des französischen Geheimdienstes nichts: Moussaoui hatte Verbindungen zu Osama bin Ladens al-Qaida.

Rowleys Memo widerlegt in aller Deutlichkeit die offizielle

Begründung für das Geheimdienstversagen im Zusammenhang mit dem 11. September: die Behauptung, dass innerhalb der US-Geheimdienste niemand »die Punkte verbunden hat«. Rowley zeigt vielmehr auf, dass die Geheimdienstpannen keineswegs auf einem Versagen bei der integrativen Gesamtschau auf Einzelerkenntnisse beruht, aus denen man die richtigen Schlüsse hätte ziehen müssen. Vielmehr weigerten sich Beamte der FBI-Zentrale in Washington ganz bewusst und in organisierter Form, die begründeten Ermittlungen der Terroristenfahnder zu unterstützen. Und sie verbanden dies sogar mit der gezielten Unterdrückung glaubwürdiger Informationen.[16]

Rowley hält in ihrem Papier fest: »Weder in Gesprächen noch in der schriftlichen Korrespondenz teilte das Hauptquartier den Agenten in Minneapolis jemals mit, dass die FBI-Abteilung in Phoenix nur drei Wochen zuvor eine Warnung durchgegeben hatte. Dabei war von Einsatzkräften der al-Qaida die Rede gewesen, die sich in amerikanischen Flugschulen mit terroristischen Zielen zu Piloten ausbilden ließen.« Wäre die Information weitergegeben worden, hätte dies eine zusätzliche Rechtfertigung für einen Durchsuchungsbefehl für Moussaouis Wohnung und Computer gebracht. Jetzt ist ans Tageslicht gekommen, dass die Informationen aus Minneapolis und aus Phoenix auf dem Schreibtisch ein und derselben Person landeten: bei David Frasca, dem Leiter der FBI-Einheit für radikale Fundamentalisten im Hauptquartier in Washington. In Frascas Besitz befanden sich also mit anderen Worten zwei höchst brisante Dokumente: 1. Eine Mitteilung, aus der hervorging, dass sich militante Muslime mit Verbindungen zu al-Qaida an amerikanischen Flugschulen zu Piloten ausbilden ließen. 2. Ein Bericht über die Verhaftung einer dieser Personen, weil diese eine Boeing 747 fliegen, aber auf das Üben von Starts und Landungen verzichten wollte, und dies vor dem Hintergrund nachgewiesener Verbindungen zu al-Qaida. Man braucht keine Geheimdienstausbildung, um die Zusammenhänge zwischen beiden Berichten zu erkennen.

FBI-Vertreter bestätigten zunächst die Berichte, dass Frasca die Informationen aus Phoenix und Minneapolis erhalten hatte. Als die erschreckenden Konsequenzen deutlich wurden, die sich aus diesem Eingeständnis ergaben, ruderte das FBI zurück und behauptete, Frasca habe die Mitteilung aus Phoenix erst nach dem 11. September gelesen. Das widerspricht der Tatsache, dass sie Wochen vor dem Bericht über Moussaoui eingegangen war. Dieser Bericht *wurde* gelesen (und, nach den Worten eines Senators, »sabotiert«).

Frasca verweigerte bis heute jeglichen Kommentar zu diesem Thema: »Frasca, der im FBI-Hauptquartier in Washington, D. C., arbeitet, war gestern für die *Eagle-Tribune* telefonisch nicht zu erreichen und hat bis heute zu dieser Angelegenheit keine öffentliche Stellungnahme abgegeben.«[17]

Spezialagentin Rowley aus Minneapolis erklärte dagegen, die in ihrem Memo beschriebenen Fakten seien (einschließlich der Mitteilung aus Phoenix) der FBI-Führung in vollem Umfang bekannt gewesen. Die *Washington Post* bezieht sich in einem Beitrag aus Rowleys Bericht:

> »Leitende FBI-Beamte schienen nach Rowleys Worten so konsequent darauf bedacht zu sein, die von Moussaoui ausgehende Bedrohung zu ignorieren, dass manche Agenten im Einsatz vor Ort bereits darüber spekulierten, einige Spitzenbeamte im FBI-Hauptquartier ›müssten Spione oder Maulwürfe sein, [...] die in Wirklichkeit für Osama bin Laden arbeiteten und deshalb die Arbeit des Büros in Minneapolis sabotierten.‹«[18]

Steve Moore vom Canadian Centre for Research on Globalisation (CSG) schreibt in einem ausführlichen Beitrag zur Rolle des FBI-Spitzenbeamten David Frasca: »Bei Gesprächen mit anderen FBI-Agenten, die Rowley an verschiedenen Orten führte, kam stets zuerst die Warum-Frage: ›Aus welchen Grund sollten ein FBI-Agent oder gar mehrere Agenten zugleich einen Fall absichtlich sabotieren?‹« [...]

> »Die Agentin Rowley berichtet von Witzen über Leute im FBI-Hauptquartier, die ›Spione‹ oder ›Maulwürfe‹ seien und in Wirklichkeit ›für Osama bin Laden arbeiteten‹ (siehe hierzu den Rowley-Bericht, S. 7). Offensichtlich sprach niemand davon, dass das Gegenteil der Fall sein könnte. [...] Die Vorstellung, dass Mitglieder des Kabinetts Bush die Chefs von CIA und FBI dazu drängten, Ermittlungen der FBI-Behörden vor Ort zu bremsen, die zum Ziel hatten, Terroristen zu verhaften oder einen Terrorplan zu vereiteln: Das war zu jenem Zeitpunkt einfach undenkbar. Es wäre jedenfalls kein Scherz mehr, sondern das mörderischste, teuflischste Vertuschungsmanöver gegenüber dem eigenen Volk, das sich ein amerikanischer Präsident und sein Kabinett jemals zu Schulden kommen ließen. [...]
> FBI-Agenten werden nicht für irgendeinen Pfusch befördert. Sie steigen auf, wenn sie einen guten Job gemacht haben. Der wichtigste Ansatzpunkt für weitere Recherchen ist die Verbindung der Erkenntnisse über die Befehlskette, die von Dave Frasca über seinen direkten Vorgesetzten zum FBI-Direktor führt, dann weiter zu John Ashcroft, dem Justizminister, und zu Präsident George Bush.«[19]

Rowley beschuldigte in ihrem Memo den FBI-Direktor Robert Mueller sowie die gesamte Führungsspitze des FBI der bewussten Verschleierung von Tatsachen im Zusammenhang mit jenen geheimdienstlichen Ermittlungen. Dies sei aus »zweifelhaften politischen Beweggründen« geschehen:

> »Ich bin tief beunruhigt, weil hier ein ebenso heikles wie raffiniertes Vertuschen und Verdrehen von Tatsachen vorliegt, das noch nicht zu Ende ist und für das Sie und andere Personen auf der höchsten Führungsebene des FBI verantwortlich sind. [...] Ich habe den Eindruck, dass bestimmte Fakten [...] bis zum heutigen Tag nicht berücksichtigt, bagatellisiert, irreführend gedeutet und/oder falsch wiedergegeben wurden. Dem lag die Absicht zu Grunde, die in persönlicher oder institutio-

neller Hinsicht peinlichen Tatsachen zu umgehen oder herunterzuspielen. Sie sind peinlich für das FBI, möglicherweise sogar auch aus zweifelhaften politischen Beweggründen.«[20]

FBI-Direktor Robert Mueller hielt Rowleys Memo für so aufschlussreich und schädlich zugleich, dass er es zunächst durch einen »Vertraulich«-Vermerk aus dem Verkehr ziehen wollte. Er verweigerte die Herausgabe an den Rechtsausschuss (Judiciary Committee) des Senats.

Die Memos von Rowley und Kenneth Williams zeigen in Verbindung mit der skrupellosen Reaktion der FBI-Zentrale auf diese Mitteilungen, dass das Geheimdienstversagen im Vorfeld des 11. September nicht aus der Unfähigkeit resultierte, »die Punkte zu verbinden«. Es sieht ganz im Gegenteil so aus, als seien aus Einzelerkenntnissen durchaus die richtigen Schlüsse gezogen worden. Washington blockierte jedoch die auf exakten Informationen beruhenden Abwehrmaßnahmen »aus zweifelhaften politischen Beweggründen«.

Harley Sorensen schrieb dazu im *San Francisco Chronicle*: »Wir brauchen eine umfassende Untersuchung der Frage, wer vor dem 11. September welche Informationen hatte. Wir brauchen eine Erklärung für solche Widersprüche wie etwa die Warnung vor Flügen mit Linienmaschinen, die das FBI an Ashcroft richtete, während die Behörde gleichzeitig die eindringlichen Warnungen der eigenen Agenten in Minneapolis, Phoenix und Oklahoma ignorierte. Das passt einfach nicht zusammen.«[21]

Es ist denkbar, dass die US-Regierung die möglichen Folgen der drohenden Anschläge falsch einschätzte. Nach Meinung des Autors legen die verfügbaren Informationen jedoch den dringenden Verdacht nahe, dass auf höherer politischer Ebene in Washington eine wohl überlegte Entscheidung getroffen worden ist: Man entschloss sich, die exakten Informationen über die sich entwickelnden Vorbereitungen für einen Terroranschlag auf dem Boden der USA bewusst zu ignorieren.

Briefing des Präsidenten

Bei der Auswertung von Informationen für die höchsten Entscheidungsträger der US-Regierung bedient sich die CIA aller verfügbaren Geheimdienstquellen. Diese Stellungnahmen sind als Bewertungen »auf strategischer Ebene« bekannt. Der Begriff »strategische Ebene« bezieht sich auf die allerhöchste Entscheidungsinstanz – auf nationaler oder auf Bündnisebene. Wenn sich zum Beispiel Roosevelt und Churchill im Zweiten Weltkrieg trafen, um ihre langfristigen Pläne zu erörtern, dann dachten sie über strategische Fragen nach. »Strategische Informationen« sollen deshalb die Grundlagen für Antworten auf Fragen liefern, die sich auf der strategischen Entscheidungsebene stellen, wie etwa folgendes Problem: Steht das Land X kurz davor, eine feindselige Haltung einzunehmen? Und wenn dem so ist: Welche Möglichkeiten hat es, uns anzugreifen?[22]

Die Bedrohung durch einen umfassenden Terrorangriff, inszeniert von Aktivisten in einem bestimmten Land (in diesem Fall saßen sie in Afghanistan), die vom herrschenden Regime geduldet und/oder unterstützt werden (hier: von den Taliban), würde ganz bestimmt in diese »strategische« Kategorie fallen. Eine solche Bedrohung und ihre verschiedenen Dimensionen und Hintergründe sollten deshalb nach dem bewährten Verfahren wohl direkt den Mitgliedern des Kabinetts im Weißen Haus und dem Präsidenten mitgeteilt worden sein. Nach diesem Routineverfahren, mit dem die CIA die Entscheidungsträger der US-Regierung auf dem Laufenden hält, hätten Präsident Bush und die wichtigsten Minister seines Kabinetts die CIA-Einschätzungen zum drohenden Anschlag durch al-Qaida erhalten müssen.[23]

Vor den Anschlägen des 11. September traf sich CIA-Direktor George Tenet fast täglich um 8.00 Uhr morgens zu einem etwa halbstündigen mündlichen Briefing mit Präsident Bush.[24] Nach einem Bericht der *Washington Post* wird das tägliche Briefing des Präsidenten (President's Daily Briefing,

PDB) »von der Analyse-Abteilung der CIA in Langley vorbereitet. Tenet nimmt jeden Abend einen Entwurf mit nach Hause, den er persönlich redigiert und dem Präsidenten beim frühmorgendlichen Treffen mündlich vorträgt.«[25] Solche mündlichen Briefings, das ist das Bemerkenswerte an der Sache, gab es früher nicht – George W. Bushs Vorgänger erhielten nur schriftliche Kurzinformationen. Dazu die Einschätzung der *Washington Post*: »Die Teilnehmer waren nur Bush, weil er mündliche Briefings mochte, und der CIA-Direktor, und so hatten die beiden eine enge Beziehung entwickelt. Tenet konnte sehr direkt, ja sogar respektlos und grob sein.«[26]

Dieser institutionelle Rahmen legt den Schluss nahe, dass die CIA, deren Direktor, das Außenministerium, der Präsident und einige Schlüsselfiguren in seiner unmittelbaren Umgebung im Weißen Haus letztlich dafür verantwortlich waren, dass trotz sich häufender Beweise für eine unmittelbar bevorstehende Bedrohung nichts unternommen wurde.

Dies könnte nur dann nicht zutreffen, wenn die Dienstroutinen nicht eingehalten worden wären. Aber für eine solche Annahme gibt es keinen plausiblen Grund. Gehen wir einmal gegen alle Indizien davon aus, dass die dienstliche Routine nicht eingehalten und die Nachricht von der Bedrohung nicht an die höchsten Entscheidungsträger weitergegeben wurde: In diesem Fall müsste man folgern, dass die Verantwortlichen auf der höchsten Führungsebene der US-Militärgeheimdienste zu finden sind. Diese Leute hätten dann die Verantwortung dafür, dass die wichtigsten politischen Entscheidungsträger der USA nicht informiert wurden. Dann bliebe die Frage ungeklärt: Warum und mit welchem Ziel (sofern es eines gab) taten sie das?

Es gibt wohl keinen guten Grund, ein solches Szenario für plausibel zu halten, aber es gibt gute Gründe für die Annahme, dass Warnungen vor einer bevorstehenden Operation von al-Qaida angesichts der äußerst ernsten Gefahr bis zur Führungsspitze durchgedrungen sind.[27] Die Tatsache, dass Anfang August Informationen über die Vorbereitungen von al-Qaida für das Projekt Bojinka an Präsident Bush weitergegeben wurden, stützt diese Annahme.

Seltsamerweise verweigerte das Weiße Haus die Veröffentlichung des CIA-Briefings »bin Laden determined to strike in the U. S.«, das dem Präsidenten am 6. August auf seiner Ranch in Texas ausgehändigt worden ist. Jenes Briefing war auf Bushs Anfrage hin erarbeitet worden, nachdem er von ernst zu nehmenden Warnungen vor »einem im Sommer 2001 bevorstehenden Angriff« unterrichtet worden war. Bush war nach einschlägigen Berichten besorgt wegen »Zielen innerhalb des eigenen Landes«.[28] Beide Dokumente *bleiben unter Verschluss*. Daniel Schorr, ein leitender Nachrichtenredakteur beim National Public Radio, hält die offizielle Begründung des Weißen Hauses für die verweigerte Herausgabe des August-Dokumentes für widersprüchlich: »Vizepräsident Dick Cheney sagte, das CIA-Papier sei nur ein ›Aufguss‹, der nichts Neues enthalte. Doch auf die Nachfrage, warum der Kongress dieses Papier dann nicht einsehen dürfe, antwortete Cheney: ›Weil es höchst sensible Informationen über Quellen und Methoden enthält. Das ist der Familienschmuck.‹ Hier Aufguss, dort Familienschmuck?«[29] Im Zusammenhang mit der hier vorgelegten Dokumentation legt dieser Widerspruch den Verdacht nahe, dass Präsident Bushs CIA-Briefing aus dem Monat August in der Tat präzise Informationen enthielt: Erkenntnisse, die im Einklang mit der dienstlichen Routine übermittelt wurden und sich auf die Vorbereitungen von al-Qaida für das Projekt Bojinka bezogen. Dieses Wissen wird dem Kongress vorenthalten, weil es für die Politik der Regierung negative Auswirkungen hätte.

Auch die anhaltende Weigerung der Regierung Bush, Informationen über die dem Präsidenten und dem Weißen Haus übermittelten geheimdienstlichen Lageberichte freizugeben, unterstützt diesen Verdacht. In einem UPI-Bericht war zu lesen: »Die Regierung hat Polizisten, die zu den Anschlägen vom 11. September ermitteln, untersagt, sich öffentlich zu der Frage zu äußern, ob der Präsident oder andere im Weißen Haus tätige Personen vor möglichen Terroranschlägen gegen die Vereinigten Staaten gewarnt wurden. Diese Informationssperre bezieht sich auch auf Pläne von Terroristen mit Verbindungen zu al-Qaida, entführte Flugzeuge als Waffen zu benutzen.«[30] Eleanor Hill, Staff Director des Gemeinsamen Untersuchungsausschusses von Senat und Repräsentantenhaus zum Geheimdienstversagen im Vorfeld des 11. September, sagte in einer offiziellen Stellungnahme vor den Ausschussvorsitzenden: »Zwei Monate lang haben wir jetzt beharrliche und zähe Verhandlungen mit den Geheimdiensten geführt, mit dem Ziel der Freigabe von Informationen, die nach unserer Einschätzung für die Öffentlichkeit wichtig sind. [...] Zu einem späten Zeitpunkt am gestrigen Abend hatten wir lediglich zwei Punkte geklärt.«

> »Der CIA-Direktor verweigerte die Freigabe von Informationen zu zwei Themen, die für diese Untersuchung besonders wichtig sind:
> Unter Verschluss blieben jeglicher Bezug zu Informationen, die von den Geheimdiensten an den Präsidenten oder ans Weiße Haus weitergegeben wurden, sowie
> Angaben zur Identität eines wichtigen Anführers von al-Qaida oder Informationen zu dieser Person, die an den Anschlägen am 11. September beteiligt war.
> Nach Angaben des CIA-Direktors bleibt das Wissen des Präsidenten zu geheimdienstlichen Informationen, die für diese Untersuchung wichtig sind, auch dann geheim, wenn die wesentlichen Inhalte dieser Informationen bereits freigegeben wurden. Was den wichtigen, in das Geschehen am 11. September verstrickten al-Qaida-Anführer betrifft: Der Direktor der CIA verweigerte die Preisgabe seiner Identität trotz einer äußerst umfangreichen Berichterstattung der Medien über diese einzelne Person.
> Der Stab des Gemeinsamen Untersuchungsausschusses (Joint Inquiry Staff) stimmt in beiden Punkten nicht mit der Ansicht des CIA-Direktors überein. Wir sind davon überzeugt, dass die

amerikanische Öffentlichkeit ein berechtigtes Interesse an diesen Informationen hat und dass eine Veröffentlichung die nationale Sicherheit nicht gefährden würde.«[31]

Die standhafte Weigerung der Regierung, diese Informationen freizugeben, ist ein Indiz dafür, dass das politische Establishment der USA sicherlich häufiger vor den Angriffen gewarnt worden ist, als bisher zugegeben wird. Wenn aber die Entscheidungsträger an der Spitze informiert waren, tragen auch die Kabinettsmitglieder eine Mitverantwortung für die Anschläge. Nach dem üblichen Verfahren mussten auch die wichtigen Mitglieder des Kabinetts routinemäßig über die Warnungen und anschließenden Entwicklungen informiert worden sein. Dies geschah in Abstimmung mit der »strategischen« Bewertung der von al-Qaida ausgehenden Bedrohung durch die CIA sowie durch die Übermittlung mit diesem Thema verbundener Geheimdienstwarnungen. Diese Hypothese klingt vernünftiger, weil sie einfach den gängigen Regeln für geheimdienstliche Warnungen entspricht, die die nationale Sicherheit der USA betreffen.

Nach Ansicht des Autors sprechen die hier beschriebenen Sachverhalte sehr stark für die Schlussfolgerung, dass wichtige Personen in der Regierung Bush tatsächlich frühzeitig vor den Anschlägen gewarnt worden sind. Sie weigerten sich jedoch, im Interesse der Allgemeinheit zu handeln und Maßnahmen zur Verhinderung der Anschläge einzuleiten.

Tyrone Powers, ein ehemaliger Spezialagent des FBI und Experte für Terrorbekämpfung, stellt dies in einen Zusammenhang mit einer Haltung, die er als »Konsequenzialismus« beschreibt. (»Konsequenzialismus« könnte man definieren als »die Überzeugung, dass die Moralität einer Tat ausschließlich auf Grund der Folgen dieser Tat beurteilt werden kann. A. d. Ü.) Diese Denkweise kennt er aus eigener Anschauung als festen Bestandteil des Entscheidungsprozesses bei den Geheimdiensten und der Spionageabwehr: »Gelegentlich sind auch [schädliche] Handlungen erlaubt, wenn sie in der

Vorstellung der Entscheidungsträger einem ›höheren, guten Zweck‹ dienen« und solange sich der Schaden in bestimmten Grenzen hält.

Powers berichtet ebenfalls vom Druck auf die Geheimdienste, ihre Anstrengungen erheblich zu verringern; von Besorgnissen über »Rückschläge«, die aus den Auseinandersetzungen über die Präsidentschaftswahl resultieren; vom Bestreben einiger Leute im Geheimdienstapparat, »die CIA wiederherzustellen«, nachdem sie in ihrer Wahrnehmung »von der Regierung Clinton kastriert worden war.« Seiner Ansicht nach waren diese Leute überzeugt, dass diese Wiederherstellung »ein Bedürfnis, ein Verlangen sowie eine freie Hand« erfordere, »die von einem demokratischen Kongress [nur] im Fall eines nationalen Aufschreis gewährt werden würde«.

Powers erklärt: »Meine Erfahrung sagt mir, dass diese Ereignisse wohl eine Ebene erreicht haben, auf der das Denken in Kategorien des ›Konsequenzialismus‹ zu einer echten Handlungsalternative wurde.« Das heißt mit anderen Worten: dass bestimmte Personen im Geheimdienstapparat und in der Regierung möglicherweise den Dingen absichtlich ihren Lauf ließen, im Glauben, der daraus entstehende Schaden werde einem »höheren Zweck« dienen und einen Vorwand zu einem politischen Kurs liefern, der unter anderem ein Wiedererstarken der CIA zur Folge haben könnte. Powers betont jedoch, dass eine solche Politik dann das Ergebnis einer »Fehleinschätzung wäre«. Die Verantwortlichen schätzten das Ausmaß des Schadens falsch ein: »Die gewaltigen Zerstörungen, die über die Zivilbevölkerung hereinbrachen, schockierten auch die Befürworter dieser Politik.«[32]

Andere mit der Untersuchung der Ereignisse betraute Personen haben ähnliche Schlussfolgerungen formuliert: dass nämlich das Versagen der Geheimdienste eher das Ergebnis einer unerklärlichen Untätigkeit Washingtons sei. Arlen Specter, der ehemalige Vorsitzende des Geheimdienstausschusses im Senat, ein Republikaner aus Pennsylvania, sagte: »Ich bin nicht mehr der Ansicht, dass es hier um die Verbindung einzelner Anhaltspunkte ging. Ich glaube, dass eine vollständige Landkarte auf dem Tisch lag. Und wir wollen wissen, warum sie nicht entsprechend gehandelt haben.«[33] Der Rechtsanwalt Stanley Hilton aus San Francisco, ein Mann mit langjähriger Berufserfahrung (auch als juristischer Berater in politischen Fragen), »reichte am 3. Juni 2002 bei einem US-Bezirksgericht eine Sieben-Milliarden-Dollar-Klage gegen Präsident Bush und weitere Regierungsvertreter ein, weil die Beschuldigten die Terroranschläge ›zugelassen‹ hätten«, berichtete der *San Francisco Examiner*. Rechtsanwalt Hiltons Klage basierte auf Informationen aus US-Geheimdienstkreisen:

> »Hilton erklärte: ›Ich hoffe, das Verfahren wird zeigen, dass mehrere Regierungsmitglieder – zu denen Bush und seine führenden Mitarbeiter gehören – wollten, das dies geschah.‹
> Die Gruppenklage richtet sich gegen zehn namentlich genannte Personen, unter anderem gegen Vizepräsident Dick Cheney, die Nationale Sicherheitsberaterin Condoleezza Rice, Verteidigungsminister Donald Rumsfeld sowie Verkehrsminister Norman Mineta. Hilton sagte, er vertrete die Familien von 14 Terroropfern, und insgesamt seien 400 Kläger aus dem ganzen Land beteiligt.
> Ken Macias, der Sprecher des Weißen Hauses, und Charles Miller, Pressesprecher des Justizministeriums, erklärten jeweils, ihre Behörden wüssten nichts von der Klage. [...] Hilton beruft sich auf Informanten innerhalb des FBI, der CIA, der National Security Agency sowie des Marinegeheimdienstes. Er fordert die Amtsenthebung Bushs und glaubt, vor Gericht werde die Wahrheit ans Licht kommen. Hilton behauptet, dass die Regierung Bush Informationen der Geheimdienste ignorierte und sich weigerte, des Terrorismus verdächtigte Personen noch vor den Anschlägen zu verhaften.«[34]

Natürlich bedarf es einer umfassenden und unabhängigen Untersuchung der Gründe für das ›Versagen der Geheimdienste‹, um definitiv zu klären, was die US-Regierung, das

Militär und die Geheimdienste wussten, ab wann sie etwas wussten und warum sie nichts unternommen haben. Ohne eine solche Untersuchung kann man bezüglich des exakten Ausmaßes rechtzeitiger Warnungen, die bei bestimmten Regierungs-, Militär- und Geheimdienststellen eingingen, keine objektiven Schlussfolgerungen treffen. Fortdauernde Versuche der Regierung Bush, eine solche Untersuchung der Gründe für das so genannte ›Versagen der Geheimdienste‹ im Vorfeld des 11. September zu blockieren, liefern jedoch nur weitere Anhaltspunkte für die bereits gezogenen Schlussfolgerungen. CNN berichtete Ende Januar 2002:

> »Präsident Bush persönlich bat am Dienstag Tom Daschle, den Mehrheitsführer im Senat, den Untersuchungsauftrag des Kongresses zu den Ereignissen vom 11. September zu begrenzen. CNN erfuhr dies von Informanten im Kongress wie auch im Weißen Haus. [...]
> Das Ersuchen wurde bei einem privaten Treffen mit führenden Vertretern des Kongresses am Dienstagmorgen ausgesprochen. Nach unseren Informationen begann Bush diese Unterhaltung. [...] Er bat darum, nur die Geheimdienstausschüsse von Repräsentantenhaus und Senat die vermuteten Pannen im Umgang zwischen den Bundesbehörden untersuchen zu lassen – die Fehler, die die Terroranschläge überhaupt erst ermöglicht haben könnten. Eine breiter angelegte Untersuchung, die einige Angehörige der Legislative vorgeschlagen hatten, sollte möglichst nicht stattfinden, berichteten die Informanten. Das Gespräch am Dienstag wurde nach einem ungewöhnlichen Anruf von Vizepräsident Dick Cheney bei Daschle am vergangenen Freitag geführt, bei dem dieselbe Bitte vorgetragen worden war. [...] Einige Demokraten, zum Beispiel die Senatoren Joe Lieberman (Connecticut) und Robert Torricelli (New Jersey), verlangten eine umfassende Untersuchung, die auch verschiedene Regierungsbehörden über den Geheimdienstbereich hinaus einbeziehen sollte.«[35]

Der Vorwand für diese Vorschläge von Seiten der Regierung ist nach Daschles Auskunft, dass durch eine breiter angelegte Untersuchung »Arbeitskapazitäten und Personal« vom »Krieg gegen den Terror abgezogen« werden müssten. Dies treffe bei Ermittlungen zu, die sich nicht auf die Annahme beschränkten, die Untätigkeit der Regierung sei lediglich eine Folge der »Pannen im Austausch zwischen Bundesbehörden«.

Paradoxerweise rechtfertigte die Regierung Bush so das Blockieren einer umfassenderen Untersuchung des Versagens der Geheimdienste mit der Notwendigkeit, die Anstrengungen der Regierung zur Bekämpfung des Terrors zu unterstützen. Anders gesagt: Die Regierung unterdrückte eine gründliche Analyse des schlimmsten Terrorangriffs in der Geschichte der Vereinigten Staaten – im Namen des Kampfes gegen den Terror.

Leider unterließ CNN den Hinweis, dass ein unentbehrlicher Teil wirkungsvoller Terrorbekämpfung die Gewinnung von Informationen ist, mit dem Ziel, Anschläge zu vereiteln. Bushs Vorschläge jedoch würden den Erwerb von Informationen dieser Art verhindern. Es ist nicht nur offensichtlich, dass die Regierung Bush es vor dem 11. September mit der Verhinderung des Terrors nicht ernst meinte. Es sieht auch ganz danach aus, als ob die Regierung diese Position nach den Attentaten beibehalten hätte – trotz der offensichtlichen Konsequenzen.

Die hier vorgelegte Dokumentation zeigt ohne jeden Zweifel, dass hochrangige Mitglieder der Regierung Bush die Arbeit der US-Geheimdienste blockierten und unschuldige Zivilisten »für einen höheren, guten Zweck« sterben mussten.

6. Der Kollaps der Verfahrensrichtlinien am 11.9.

»Die Geschehnisse des 11. September waren gar nicht so beispiellos. Flugzeugentführungen hat es auch schon früher gegeben, und die US-Regierung hat detaillierte Richtlinien für solche Fälle erlassen. Am 11. September wurden diese nur in keinster Weise befolgt.«

George Szamuely, (*New York Press*, Bd. 15, Nr. 2)

»60 entscheidende Minuten lang ließen Militär und Geheimdienste die Abfangjäger am Boden.«

Andreas von Bülow, von 1976 bis 1980 Staatssekretär im Bundesverteidigungsministerium (*Der Tagesspiegel*, Berlin, 13. Januar 2002)

Der Ablauf der Ereignisse vom 11. September 2001:

8.45 Uhr: American Airlines 11 aus Boston rast in den Nordturm des World Trade Center.

9.03 Uhr: United Airlines 175 aus Boston rammt den Südturm.

9.40 Uhr: American Airlines 77 aus Washington/Dulles Airport stürzt auf das Pentagon.

10.10 Uhr: United Airlines 93 aus Newark schlägt bei Shanksville, Pennsylvania, auf dem Boden auf.

»Das erstaunlichste Merkmal der Reaktion der US-Regierung auf diese Ereignisse war, dass es fast keine gab,« schrieb der amerikanische Journalist George Szamuely in der *New York Press*, indem er sich auf die Arbeit des Enthüllungsjournalisten Jared Israel bezog. »Jared Israel hat auf seiner Website www.tenc.net mit seinen faszinierenden und akribischen Nachforschungen eine bahnbrechende Arbeit geleistet.«[1]

Jared Israel, ein unabhängiger Forscher mit einer Universitätsausbildung an der Columbia-Universität in New York und in Harvard, hat tatsächlich eine nützliche Untersuchung des Ablaufs der Ereignisse des 11. September erstellt. (Israel war einer der wichtigsten Figuren der US-Studentenbewegung der späten Sechzigerjahre. Als Führer des SDS, des amerikanischen Studentenbundes, der auch Vorbild des gleichnamigen deutschen Pendants war, kämpfte er vor allem gegen den Vietnamkrieg. Seit 1998 vertritt er zusammen mit Illarion Bykov die serbische Sache. A. d. Ü.)

> »Ihre Aufgabe war es, den Himmel über der Hauptstadt Washington zu schützen. Diese Aufgabe haben sie aber keinesfalls erfüllt. Obwohl sie über eine Stunde vorher gewarnt wurden, dass ein Terroranschlag ausgeführt wurde, versuchte nicht eine einzige Maschine aus Andrews, die Stadt zu schützen. Die Flugaufsicht FAA, das nordamerikanische Luftverteidigungskommando NORAD und das Militär haben gemeinsame Verfahrensrichtlinien, nach denen Kampfjets automatisch zu alarmieren sind, um Verkehrsflugzeuge abzufangen, die sich in einer Notlage befinden. Diese Richtlinien wurden nicht befolgt.«[2]

Allgemeine Bestimmungen bei Luftnotfällen

An dieser Stelle wollen wir die Reaktion von US-Regierung und -Militär auf die Luftangriffe vom 11. 9. analysieren und sie mit den Bestimmungen bei Luftnotfällen vergleichen, die Luftfahrtbehörden in Krisensituationen befolgen müssen.

Fluglotsen weisen routinemäßig immer wieder einmal Jagdflugzeuge an, Verkehrsflugzeuge abzufangen und zu begleiten, wenn die aufgetretenen Probleme nicht über Funk gelöst werden können. So kann man Verkehrspiloten zum Beispiel darüber informieren, dass sie von ihrem vorgesehenen Kurs abgekommen sind. Manchmal steigt der Abfangjäger aber auch auf, um Informationen über eine unklare Situation direkt zu beschaffen.

Gerade die Abweichung von Verkehrsflugzeugen von ihrer festgelegten Flugroute ist ein häufiges Problem, das durch eine solche Abfangmaßnahme gelöst werden kann. Es sind dies Fälle, deren Behandlung in den entsprechenden Verfahrensrichtlinien zwingend vorgeschrieben ist, und bei denen deshalb keine Ermächtigung durch das Weiße Haus erforderlich ist. Diese Abfangoperationen erfolgen im Gegenteil strikt auf der Basis seit langem feststehender Bestimmungen für Luftnotfälle.

Militärische Abfangjäger brauchen also für ihre Notfallmaßnahmen und sonstige eventuell nötig werdenden Aktionen keine Anweisungen des Weißen Hauses – sie haben ja bereits klare »Handlungsanweisungen«, die sie zu befolgen haben. Die entsprechenden detaillierten Handbücher der Luftfahrtbehörde FAA und des Verteidigungsministeriums können von jedermann online eingesehen werden. Dabei wird klar, dass diese Instruktionen sehr umfassend sind und alles von kleineren Notfällen bis zur Flugzeugentführung abdecken. In diesen Anweisungen ist auch festgelegt, dass bei ernsten Problemen, wenn nötig, das National Military Command Center, das amerikanische militärische Krisenzentrum (NMCC), im Pentagon die Befehlsgewalt übernimmt.

Verkehrsflugzeuge müssen sich an die Instrumentenflugregeln (Instrument Flight Rules, IFR) halten. Nach diesen IFR muss der Pilot vor dem Start bei der FAA einen festen Flugplan einreichen:

> »Linienflüge fliegen nach festgelegten Flugplänen. Diese Flugpläne sollen für eine schnelle Routenführung sorgen, die die günstigen Winde ausnützt, ohne die Reiserouten anderer Flugzeuge zu kreuzen. Der gewöhnliche Flugplan besteht aus drei hintereinander liegenden Routen. Einer Abflugroute SID (Standard Instrument Departure), der Reiseroute und schließlich der Anflugroute STAR (Standard Instrument Arrival). Jede

dieser Routen besteht aus einer Abfolge von geografischen Punkten, so genannten ›Fixes‹, die, miteinander verbunden, die Flugbahn vom Startort zum Zielort ergeben.«[3]

Sobald ein Flugzeug von seinem Flugplan abweicht – weil es zum Beispiel bei einem »Fix« die falsche Richtung einschlägt – stellt ein Fluglotse Funkkontakt zum Piloten her. Kann der Fluglotse keinen Kontakt herstellen oder ist eine Routinekommunikation nicht möglich, dann legen die entsprechenden Regeln fest, dass man eine Militärmaschine mit einem Alarmstart losschickt, damit sie das fragliche Flugzeug »abfängt« und feststellt, was eigentlich los ist.

Ein gutes Beispiel für diesen Routinevorgang war die Reaktion der FAA, als der von dem berühmten Golfprofi Payne Stewart gecharterte Lear-Jet von seiner Flugroute abwich und der Pilot über Funk nicht antwortete. (Am 25. Oktober 1999 war der Golfprofi mit drei anderen Passagieren und zwei Piloten auf dem Flug von Orlando, Florida, nach Dallas, Texas, als bei einem plötzlichen Druckabfall alle Flugzeug-Insassen starben und der führerlose Jet danach noch vier Stunden weiterflog, bis er in South Dakota abstürzte. A. d. Ü.) Über den Vorfall berichtete ABC News:

»Zuerst wurde ein Jagdflugzeug aus Tyndall, Florida, das sich auf einem Routineflug befand, umgeleitet, um nachzusehen, was mit dem Lear-Jet los war. Zwei F-16 von einem Stützpunkt in Florida übernahmen dann die Verfolgung, übergaben sie dann an zwei andere F-16 der Air National Guard aus Oklahoma, und die wiederum später an zwei F-16 aus Fargo, North Dakota.«[4]

Routinemäßig werden die festgelegten Notfallrichtlinien befolgt. Dies trifft auch dann zu, wenn nur die Möglichkeit einer Flugzeugentführung besteht. In einem solchen ernsten Notfall oder wenn es sich vielleicht sogar um eine Entführung handelt, gilt folgende Regel: »Das Abfangen und Begleiten des Flugzeugs wird vom FAA-Entführungskoordinator im Benehmen mit dem National Military Command Center (NMCC) angeordnet.«[5]

Das Handbuch des Verteidigungsministeriums legt die gleiche Vorgehensweise fest, fügt aber noch hinzu, dass alle weitergehenden Maßnahmen vom Verteidigungsministerium genehmigt werden müssen, wenn Militärflugzeuge nach einem Alarmstart aufsteigen: »Im Falle einer Entführung wird das NMCC auf schnellstem Wege durch die FAA benachrichtigt. Das NMCC muss dann [...] die Anforderung militärischer Unterstützung dem Verteidigungsminister zur Genehmigung weiterleiten, es sei denn, unverzügliches Handeln wäre erforderlich.«[6]

Tatsächlich »hat das US-Militär sein eigenes Radarsystem ... (NORAD). Es ist mit dem FAA-Computer verbunden und bekommt von dort Informationen.« Wenn ein Ziel entdeckt wird, »über das keine Flugplan-Informationen vorliegt«, oder das von seinem Flugplan erheblich abweicht, »werden sie auf einer ›Alarmleitung‹ den zuständigen [Flugkontroll-]Abschnitt anrufen und die Daten dieses Fluges anfordern.« Wenn dieses Abschnittskontrollzentrum »nicht über Computerdaten oder andere Informationen verfügt, wird das Militär normalerweise einen Alarmstart zum Abfangen dieses Flugobjekts veranlassen. Fast immer stellt sich dann heraus, dass es sich um Privatpiloten handelt, die niemanden informiert haben und dann viel zu weit von ihrem vorgesehenen Kurs abgekommen sind und dann auf dem Rückweg aufgespürt werden. Aber Vorschriften sind Vorschriften, und so haben sie dann nach etwa zehn Minuten zwei F-18 auf dem Hals.«[7] Die NMCC hat somit Zugriff auf alle Radarstationen, um Notfälle und Entführungen zu überwachen, wie bei Payne Stewarts Flug, als »Offiziere des Kommandostabs der Vereinigten Stabschefs der Streitkräfte den Flug des Lear-Jets auf Radarschirmen im National Military Command Center im Pentagon verfolgten«.[8]

Auch der NORAD-Sprecher, der Major des Marinecorps

Mike Snyder, gab im *Boston Globe* zu, dass tatsächlich »dessen Jagdflugzeuge routinemäßig andere Flugzeuge abfangen«:

> »Das Abfangen von Flugzeugen geht typischerweise in verschiedenen Stufen vor sich. Das heranfliegende Kampfflugzeug wird zum Beispiel mit seinen Flügeln wackeln, um die Aufmerksamkeit des Piloten auf sich zu ziehen, oder dicht vor ihm dessen Flugbahn kreuzen. Wenn dann keine Reaktion erfolgt, wird es eine Salve Leuchtspurmunition in die Flugbahn des Flugzeugs schießen. Unter bestimmten Umständen wird es das Flugzeug auch mit einer Rakete abschießen müssen.«[9]

Die routinemäßige Reaktionszeit bei solchen Einsätzen ist von Fall zu Fall verschieden, bemisst sich aber nach der jeweiligen Art des Notfalls. Ein entscheidendes Kriterium bei der Festlegung einer spezifischen Reaktionszeit ist der Typ des betreffenden Flugzeugs und die mögliche Gefährdung des Lebens von Zivilisten. In diesem Zusammenhang lohnt es sich, die entsprechende Vorgehensweise im Falle Payne Stewarts näher zu untersuchen.

Nachdem das FAA mit dem Militär Kontakt aufgenommen hatte, stiegen sofort Abfangjäger auf, um den Lear-Jet zu verfolgen. Darüber hinaus starteten weitere Kampfflugzeuge von verschiedenen Luftwaffenstützpunkten, die bei der Aufklärung des mysteriösen Flugs mithelfen sollten. Dies zeigt sehr gut, über welche Möglichkeiten und Fähigkeiten die amerikanischen Luftfahrtbehörden verfügen. Bei diesem kleineren Notfall betrug die Reaktionszeit nur 24 Minuten. Man kann leicht ermessen, wie schnell die entsprechende Reaktion auf eine drohende Katastrophe erfolgen müsste, wie es die Entführung eines Verkehrsflugzeugs über dicht besiedeltem Gebiet darstellt. John Flaherty, ein Mitarbeiter Jared Israels, schreibt darüber sehr treffend: »Es steht fest, dass die FAA am 11. 9. Notfallmaßnahmen ergriff. Vizepräsident Cheney gibt an, dass die FAA direkten Kontakt zum Secret Service, dem Personenschutz des Präsidenten und der Regierung, aufnahm, nachdem das erste Flugzeug ins World Trade Center gerast war:«

> »Die New Yorker Vorortzeitung *Newsday* berichtete, dass die FAA schon um 9.06 Uhr die Flugroute schloss, die, wie wir wissen, der American-Airlines-Flug 77 auf seinem Weg zurück ins Pentagon nahm.
> Es ist eine Sache, wenn die FAA oder das Militär ein bisschen langsam auf einen kleinen Charter-Jet reagieren, der nur vom Autopiloten gesteuert über unbewohntem Gelände fliegt, aber es ist eine ganz andere Sache, wenn die Verantwortlichen der Andrews Airforce Base keine Kampfflugzeuge losschicken, obwohl offensichtlich eine tödliche Bedrohung für entscheidend wichtige Einrichtungen von US-Militär und Regierung besteht, ganz zu schweigen von der Tatsache, dass Flug 77 auf dem Weg zu einem Gebiet mit Flugverbotszone war, das von mehreren Millionen Menschen bewohnt wird.«[10]

Die Flüge 175 und 11

Wenn man die Chronologie der Ereignisse verwendet, die von ABC News gleich nach dem 11. September zusammengestellt wurde (die Zeittafeln variieren je nach Quelle), starteten alle vier entführten Verkehrsflugzeuge am Morgen des 11. September zwischen 7.59 Uhr und 8.14 Uhr.

Gegen 8.20 Uhr hatte Flug 11 mit dem Ziel Los Angeles eine unerwartete Wendung nach links gemacht und flog in Richtung New York. Der Transponder der Maschine, der dem Fluglotsen die Identifizierung des Flugzeugs erlaubt, wurde abgeschaltet. Wenige Augenblicke später bemerkten Fluglotsen, dass auch mit dem United-Flug 175 etwas faul war. Anstatt nach Westen in Richtung ihres Zielgebiets Kalifornien zu fliegen, machte die Maschine über New Jersey kehrt und flog nach Nordosten in Richtung des World Trade Center in Manhattan.

Über die Reaktion darauf berichtete John Miller von ABC News: »Anscheinend wurde jetzt nicht gleich Alarm geschlagen, alarmierten die Fluglotsen nicht sofort die Polizei und das Militär. Hier gibt es eine Lücke im Ablauf der Ereignisse, die noch zu untersuchen sein wird ...«[11] Tatsächlich sieht es so aus, als ob die FAA ganze 18 Minuten lang überhaupt nichts unternommen hätte: »Die Flugaufsicht in Boston informiert NORAD um 8.38 Uhr, dass Flug 11 entführt worden ist.«[12] Aber wenn der Radarkontakt und die Verbindung zum Cockpit unterbrochen ist und/oder Flugzeuge von ihrem Flugplan abweichen, muss die FAA laut ihren Richtlinien sofort den Alarmstart von Kampfflugzeugen verlangen, um wieder in Kontakt mit dem Piloten zu treten. Aber die *New York Press* stellt klar: »Anfängliche Berichte wiesen darauf hin, dass kein Flugzeug startete, um die gekaperte Maschine abzufangen oder abzuschießen.«[13]

Am 13. September berichtete der stellvertretende Vorsitzende der Vereinigten Stabschefs und Luftwaffengeneral Richard B. Myers dem Streitkräfteausschuss des Senats: »Als uns klar wurde, um was für eine Bedrohung es sich hier handelte, alarmierten wir Kampfflugzeuge, AWACS- und Radarmaschinen sowie Tankflugzeuge, die die genaue Flugbahn feststellen und Abwehrmaßnahmen einleiten sollten, falls auf den Radar-Systemen der FAA noch weitere gekaperte Flugzeuge auftauchen sollten.«

Myers wurde dann gefragt: »Wurde dieser von Ihnen gerade geschilderte Befehl erteilt, bevor oder nachdem das Pentagon getroffen worden war? Wissen Sie das?« Die Antwort des Generals der Luftwaffe zeigte, dass er dies ganz genau wusste: »Soviel ich weiß, erfolgte dieser Befehl, nachdem das Pentagon getroffen worden war.«[14] Myers wurde dreimal vor diesem Ausschuss zu diesem Versäumnis befragt, einen Alarmstart von Abfangjägern zu veranlassen, und gab jedes Mal die gleiche Antwort. Zu keiner Zeit gab Myers in seiner Aussage an, dass er es nicht gewusst habe, nicht in der Lage gewesen sei, dies zu erfahren, oder dass er sich gar getäuscht habe.

Ein NORAD-Sprecher, der Major des Marinecorps Mike Snyder, bestätigte Myers Aussagen. Er erklärte, dass bis zum Angriff auf das Pentagon keine amerikanischen Kampfflugzeuge losgeschickt worden seien. Der *Boston Globe* nahm auf diese NORAD-Stellungnahme Bezug und berichtete am 15. September: »Das Luftverteidigungskommando schickte nicht sofort Abfangjäger los, obwohl es schon zehn Minuten, bevor das erste Flugzeug [...] in den ersten Turm des World Trade Center raste, alarmiert worden war, dass ein Flugzeug entführt worden sei. [...] Der Sprecher gab an, dass die Kampfflugzeuge am Boden blieben, bis das Pentagon getroffen worden sei.« Diese fehlende Reaktion war besonders überraschend, da Snyder auch zugegeben hatte, dass »Kampfflugzeuge routinemäßig Verkehrsmaschinen abfangen«.[15]

Dies gab auch Vizepräsident Dick Cheney am 16. September in einer »Meet the Press«-Sendung gegenüber dem NBC-Nachrichtenkorrespondenten Tim Russert zu, als dieser anmerkte: »Die erste Entführung wurde um 8.20 Uhr bestätigt, das Pentagon wurde um 9.40 Uhr getroffen, und doch waren wir anscheinend nicht in der Lage, Kampfflugzeuge rechtzeitig loszuschicken, um das Pentagon, und vielleicht auch noch mehr als das zu schützen.« Cheney widersprach dieser Feststellung Russerts nicht und gab darüber hinaus zu verstehen, das es der Präsident war, der nach dem Anschlag auf das Pentagon entschieden habe, dass Abfangjäger aufsteigen sollten.[16]

Doch plötzlich änderte sich die offizielle Darstellung völlig. Vertreter der amerikanische Luftwaffe und Regierung widersprachen ihren eigenen vielfältigen Äußerungen und versuchten nun, die fehlende Reaktion auf die Angriffe mit Ausflüchten zu erklären. Im Widerspruch zu den ersten Berichten und Aussagen von amerikanischen Regierungsstellen wurde später behauptet, dass tatsächlich Kampfflugzeuge von der Otis Air National Guard-Basis in Cape Cod, Massachusetts, aufgestiegen seien, nachdem der erste Turm getroffen worden war. Dies griff die *New York Press* auf und versuchte, diesem Schwenk in den offiziellen Erklärungen auf den Grund zu gehen:

> »Also warum wurden an einem so außergewöhnlichen Tag wie dem 11. September keine Kampfflugzeuge losgeschickt, um die Flugzeuge abzufangen? Nach ein paar Tagen wurde die Darstellung geändert, und es stellte sich heraus, dass zwei F-15-Jäger tatsächlich von der Otis Air National Guard Base in Cape Cod, Massachusetts, gestartet waren. Es ist allerdings nicht klar, ob dies geschah, bevor oder nachdem der erste Turm getroffen wurde. Auf jeden Fall war es viel zu spät.«[17]

Um 8.45 Uhr raste Flug 11 etwa auf der Höhe des 100. Stockwerks in den 110-stöckigen Nordturm des World Trade Center. Laut der geänderten offiziellen Version des Ablaufs der Ereignisse, die in aller Eile einige Tage später verbreitet wurde und im Widerspruch zu allen früheren Aussagen steht, bekamen tatsächlich in Otis stationierte Kampfjets den Startbefehl – und zwar um 8.44 Uhr. Selbst wenn wir diese Berichte ernst nehmen, werfen sie doch weitere Fragen auf und entlasten die FAA und das US-Militär nicht wirklich.

Erstens: Wann immer die Abfangjäger alarmiert wurden, es war auf jeden Fall lange nach 8.20 Uhr, dem Zeitpunkt, als die Entführung von Flug 11 definitiv bestätigt war. Zweitens gab es eine beträchtliche Verzögerung, bevor die Kampfjets in Otis ihre sowieso längst überfälligen Alarmstarts dann auch tatsächlich ausführten. Angeblich schafften es zwei F-15 Eagle, um 8.52 Uhr von der Otis-Flugbasis abzuheben – acht Minuten nach Erteilung des Startbefehls, was fast dreimal so lang wäre, wie ein solcher Flugzeugtyp normalerweise braucht, um nach dem Alarm auf rund 9000 Meter aufzusteigen. Auf diese Weise vergingen fast 32 Minuten zwischen der Bestätigung, dass die Flüge 11 und 175 tatsächlich gekapert worden waren, und dem Alarmstart der Abfangjäger – eine sehr ominöse Normabweichung, deren Hintergründe noch aufzuklären sind.[18]

Um 9.03 Uhr, 18 Minuten nach dem Einschlag von Flug 11, krachte Flug 175 ungefähr auf Höhe des 90. Stocks in den Südturm des World Trade Center. Wo waren zu diesem Zeitpunkt die Abfangjäger? Dazu stellt die *New York Press* fest: »Als der zweite Turm getroffen wurde, waren die Kampfjets immer noch über 70 Meilen von New York entfernt.«[19]

Aber dies hätte eigentlich kein Problem sein dürfen. Nach dem Einschlag des ersten Flugzeugs in das World Trade Center hätte man 18 Minuten Zeit gehabt, Flug 175 abzufangen. Die Stadt New York, wo die Zwillingstürme standen, ist nur etwa 115 km von der wichtigen und viel benutzten McGuire-Luftwaffenbasis in New Jersey entfernt. Ein Jagdflugzeug vom Typ »F-15 Strike Eagle« fliegt mit ca. 3000 km/h, was mehr als der zweieinhalbfachen Schallgeschwindigkeit entspricht.

Laut der Website der US-Luftwaffe sollte dieses Flugzeug gemäß Vorschrift zweieinhalb Minuten nach dem Alarmbefehl schon in rund 9000 Meter Höhe fliegen. Selbst mit »nur« doppelter Schallgeschwindigkeit würde eine F-15 nicht einmal drei Minuten brauchen, um von der Luftwaffenbasis in New Jersey nach New York zu gelangen. Damit hätte sie Flug 175 mit Leichtigkeit abfangen können. Aber dies geschah eben gerade nicht.

Selbst wenn wir der zweiten Version der Geschichte glauben, in der behauptet wird, dass schon vor dem Angriff auf das Pentagon Abfangjäger alarmiert worden seien, bestätigt eine genaue Analyse auch dieser neuen Darstellung der Ereignisse, dass ständig gegen die allgemeinen Verfahrensvorschriften verstoßen wurde.

Flug 77

Flug 77 war gegen 8.46 Uhr von seinem Flugplan abgewichen. Die *New York Times* berichtete, dass »nach ein paar Minuten (d. h. um 8.50 Uhr) die Fluglotsen gemerkt haben sollten, dass [...] Flug 77 wahrscheinlich entführt worden war.«[20]

Dies war deshalb wahrscheinlich, weil »Lotsen des Luftkontrollzentrums in Washington, die den Flug American Airlines 77 überwachten, der in das Pentagon raste, bereits von der Entführung des American-Flugs 11 wussten, bevor dieser ins World Trade Center raste.«[21]

Tatsächlich sandte um 9.00 Uhr der Transponder des Flugs 77 keine Signale mehr aus, als die Maschine auf direktem Wege zurück nach Washington flog. All dies hätte normalerweise ausreichen müssen, die FAA dazu zu veranlassen, beim Militär um einen Alarmstart von Abfangjägern zu bitten. Und wenn man die außerordentlichen Umstände bedenkt, die nach den bereits bestätigten Entführungen der Flüge 11 und 175 herrschten, wäre dies auf alle Fälle notwendig gewesen.

Spätestens nachdem das erste gekaperte Flugzeug ins World Trade Center eingeschlagen war, hätten die Notfallmaßnahmen der US-Luftsicherheits- und Verteidigungssysteme sofort verstärkt werden müssen. Das Pentagon hätte längst die Ereignisse überwachen müssen, und die Notfalldienste des ganzen Landes wurden fast sofort über die Lage unterrichtet. Laut *Newsday* »informiert Washington um 9.06 Uhr alle Luftverkehrseinrichtungen im ganzen Land von der mutmaßlichen Entführung von Flug 11«.[22] Auch das Pentagon wird gleichzeitig von diesem Notfall informiert. Die New Yorker Polizei setzte um 9.06 Uhr folgenden Funkspruch ab: »Dies war ein Terroranschlag. Benachrichtigen Sie das Pentagon.«[23] Flug 77 stürzte um ungefähr 9.40 Uhr ins Pentagon.

Der NORAD-Kommandeur General Ralph E. Eberhart behauptete in seiner Aussage vor dem Streitkräfteausschuss des Senats, dass es die FAA versäumt habe, NORAD und das Verteidigungsministerium vor 9.24 Uhr darüber zu informieren, dass das Flugzeug wahrscheinlich gekapert worden sei und jetzt auf Washington zufliege.[24] Dies würde aber bedeuten, dass eine unerklärliche Lücke von fast 45 Minuten besteht zwischen dem Zeitpunkt, als die FAA den Kontakt zum Flug 77 verlor, der direkt auf Washington zuflog, und dem

Zeitpunkt, als die FAA NORAD darüber in Kenntnis setzte. Und dies alles, obwohl es seit 9.06 Uhr klar war, dass es sich hier um einen Terroranschlag handelte!

Das Pentagon war also schon um 9.06 Uhr von außen über diesen nationalen Notstand informiert worden. Das bedeutet, dass sich das Militär mindestens zwanzig Minuten lang weigerte, Abfangjäger zu starten. Und was noch viel schlimmer ist: Geht man davon aus, dass stimmt, was die *New York Times* schreibt, dass nämlich das nationale Krisenzentrum des Pentagons, das National Military Command Center (NMCC), schon »eine Stunde oder so«[25] über die bedenkliche Entwicklung des Flugs 77 Bescheid wusste, dürfte klar sein, dass die militärische Führung tatsächlich ungefähr eine Stunde wartete, bis sie endlich ihre Kampfflugzeuge losschickte.

Während dieser Zeit zeigte der Kurs von Flug 77 eindeutig, dass die Maschine direkt die Hauptstadt Washington und speziell das Pentagon ansteuerte – und nicht das Weiße Haus, wie es amerikanische Regierungsbeamte fälschlicherweise behaupteten.[26]

Diese beharrliche Untätigkeit des amerikanischen Militärs ist deshalb besonders rätselhaft, weil die NORAD nicht die Kampfflugzeuge starten ließ, die Washington am nächsten waren. Sie alarmierte Abfangjäger des Luftwaffenstützpunkts Langley, der 210 Kilometer von Washington entfernt ist – und nicht die von der Andrews Air Force Base, die nur 16 Kilometer vor der Hauptstadt liegt. Dies führte dazu, dass »die Abfangjäger, die zum Schutz des Himmels über Washington gestartet waren, erst 15 Minuten, nachdem Flug 77 auf das Pentagon gestürzt war, ankamen«.[27]

Die *San Diego Union-Tribune* erhellte diesen Tatbestand, indem sie Informationen zitierte, die sie direkt von der US-Nationalgarde erhalten hatte:

> »Für die Luftverteidigung Washingtons und seiner Umgebung sind hauptsächlich die Kampfflugzeuge zuständig, die auf der Andrews Airforce Base stationiert sind, die in Maryland un-

mittelbar an der Grenze des Hauptstadtbezirks District of Columbia (D. C.) liegt. Auch die Flieger der Nationalgarde Washingtons sind dort stationiert und mit F-16 Kampfflugzeugen ausgerüstet, wie ein Sprecher der Nationalgarde angab. ›Aber diese Flugzeuge stiegen erst nach dem verheerenden Angriff auf das Pentagon in den Himmel über Washington auf.‹«[28]

Es steht also fest, dass startbereite Abfangjäger, die eigentlich zum Schutze Washingtons bestimmt waren, fast anderthalb Stunden lang am Boden blieben, obwohl bekannt war, dass sich Flug 77 dem District of Columbia näherte.

Die offizielle Erklärung der US-Regierung für diesen mangelnden Schutz der Hauptstadt lässt sich einem Interview entnehmen, das NBC mit dem amerikanischen Vizepräsidenten Dick Cheney führte:

»*Frage des Journalisten Russert:* Welches ist Ihrer Ansicht nach die wichtigste Entscheidung, die er (Präsident Bush) im Laufe dieses Tages traf?
Dick Cheney: Nun, die – ich glaube, die schwerste Entscheidung war die Frage, ob wir ankommende Verkehrsflugzeuge abfangen sollten oder nicht. [...] Wir haben uns dann dafür entschieden. Wir schickten dann wirklich eine Kampf-Luftpatrouille hoch; sie bestand aus F-16-Jägern und einer AWACS-Maschine, das ist eine fliegende Radarstation, und aus Tankflugzeugen, so dass sie eine ganze Weile oben bleiben konnten. [...] Es nützt nichts, wenn man eine Kampf-Luftpatrouille losschickt und man ihr nicht die Anweisung gibt, eigenverantwortlich zu handeln, wenn sie es tatsächlich für nötig erachtet.«[29]

Cheney erweckte hier ganz klar den Anschein, als ob das US-Militär die Erlaubnis des Präsidenten gebraucht hätte, um Kampfflugzeuge zum Abfangen der American Airlines 77 starten zu lassen, bevor diese gekaperte Maschine aufs Pentagon stürzte. Anscheinend hatte er tatsächlich entsprechende Diskussionen im Weißen Haus mitbekommen. Er wollte auch nicht auf die ominöse Tatsache näher eingehen, dass niemand diesen Unglücksflug rechtzeitig abgefangen hatte. Beides könnte man als beabsichtigte oder unbeabsichtigte Desinformation bezeichnen.

Nach den Standardrichtlinien der Luftwaffe ist die Zustimmung des Präsidenten nur dann nötig, wenn man ein Zivilflugzeug tatsächlich abschießen will. Deshalb steht die Vorstellung, dass das bloße Abfangen einer anfliegenden Verkehrsmaschine durch Kampfflugzeuge »die schwerste Entscheidung« sei, die der Autorität des Präsidenten unterliege, im Widerspruch zu den Regeln, wie sie in den Handbüchern der FAA festgelegt sind: Kampfjets dürfen unter genau festgelegten Umständen routinemäßig Verkehrsflugzeuge abfangen. Die Zustimmung des Weißen Hauses ist dazu nicht erforderlich.

Im Gegensatz zu Cheneys Ausführungen konnten wir hier ja bereits dokumentieren, dass das Abfangen von Linienflugzeugen durch Jagdmaschinen in Notfällen wie zum Beispiel Flugzeugentführungen automatisch und nach festgelegten zwingenden Regeln erfolgt. Cheney hatte offensichtlich an Diskussionen im Weißen Haus teilgenommen, und deshalb vertrat er nun die Ansicht, dass der Präsident sich irgendwie in diese Standardprozeduren eingemischt habe, was dazu geführt habe, dass sie nicht mehr ausgeführt worden seien.

Cheney gab somit widerwillig zu, das Kabinett im Weißen Haus könne dafür verantwortlich sein, dass die Kampfflugzeuge nicht alarmiert wurden und somit auch dafür, dass die geltenden Verfahrensrichtlinien nicht eingehalten worden sind. Man sollte hier noch einmal betonen, dass diese Angaben Cheneys darauf hinweisen, dass sein Verständnis von der Rolle des Präsidenten in der Frage, wie die US-Luftwaffe auf diese Bedrohung reagieren sollte, auf seine direkte Kenntnis des Entscheidungsprozesses innerhalb des Kabinetts der Regierung Bush zurückgeht.

Zu all dem gibt Jared Israel folgende Einschätzung ab:

»Herrn Cheneys implizites Argument, dass es sinnlos sei, ein Begleitflugzeug loszuschicken, wenn der Pilot nicht die Erlaubnis habe, im Notfall ein Verkehrsflugzeug abzuschießen, ist absurd. Warum sollte eine solche Entscheidung schon vor dem Alarmstart des Abfangjägers getroffen werden? Selbst wenn eine Linienmaschine von einem terroristischen Selbstmordkommando gekapert wurde, wie könnten Herr Cheney, Herr Bush oder irgendjemand außer dem lieben Gott höchstpersönlich vorhersagen, wie die Entführer auf den Abfangversuch durch Militärmaschinen reagieren würden? Selbst wenn ein Luftpirat dazu bereit wäre, für die Ruhmestat, sich aufs Pentagon zu stürzen, zu sterben, muss das keineswegs bedeuten, dass er auch bereit wäre, für die ›Heldentat‹ zu sterben, den Landebefehl eines Kampfjetpiloten zu ignorieren. Also, selbst wenn das Militär nicht die Erlaubnis hatte, Flug 77 abzuschießen, warum schickte man dann keine Abfangjäger hoch? Ist das nicht die Methode, die Polizei und Militär gewöhnlich bei Entführungsfällen anwenden? Sie bieten eine möglichst einschüchternde und übermächtige Gegenmacht auf in der Hoffnung, den Entführer zur Aufgabe zu bewegen.«[30]

Es steht also fest, dass die obersten nationalen Befehlsstellen 95 Minuten lang überhaupt nichts unternahmen und damit ihre eigenen Verfahrensregeln und Vorschriften über das Vorgehen in solchen Fällen systematisch missachteten, obwohl es vor Ort genug einsatzbereite Kampfflugzeuge gab, die man hätte losschicken können. Dies war die erste Panne dieser Art in der Geschichte, denn normalerweise reagieren die Luftfahrtbehörden sofort auf solche Probleme und Notfälle.[31]

Aber die Farce endete hier nicht, sondern ging auch beim vierten Flugzeug weiter: Flug United Airlines 93. Der Kommandeur der U. S. Air National Guard (des Fliegerkorps der Nationalgarde), Generalmajor Paul Weaver, bestätigte: »Keine Maschinen der Air National Guard oder irgendwelche anderen Kampfflugzeuge starteten, um das vierte entführte Verkehrsflugzeug, den United-Airlines-Flug 93, zu jagen.«[32] Dies ist sogar noch erstaunlicher. Drei gekaperte Linienmaschinen waren bereits nacheinander ins World Trade Center und auf das Pentagon gerast, und doch hatte man kein Kampfflugzeug losgeschickt, um wenigstens die vierte Maschine abzufangen – eine Maschine, die dann in Pennsylvania abstürzte, fast anderthalb Stunden, nachdem der erste Turm getroffen worden war.

In dem Bestreben, die schlimmen Konsequenzen dieses Tatbestands herunterzuspielen, behauptete der stellvertretende Verteidigungsminister Paul Wolfowitz: »Die Luftwaffe war dem entführten Flugzeug dicht auf den Fersen, das am Dienstag in Pennsylvania abstürzte, nachdem andere Maschinen schon ins Pentagon und das World Trade Center gerast waren, und unsere Jäger waren bereit, es abzuschießen, wenn es nötig geworden wäre.«[33]

Wolfowitz erklärte auch, dass »jedes militärische Eingreifen letzten Endes in der Entscheidung des Präsidenten George W. Bush gelegen hätte«.[34] Aber dies entspricht nicht den Fakten. Die Frage ist nicht, ob die Luftwaffe den Flug 93 überwachte, was ihre Pflicht war und was sie auch sicherlich getan hat, sondern warum die bindende Vorschrift, in einem solchen Fall Kampfflugzeuge loszuschicken, um zumindest dieses Flugzeug abzufangen, nicht eingehalten wurde. Wie es die *New York Press* ungläubig kommentierte: »Also, warum wurde es nicht heruntergeholt? Oder wenigstens abgefangen? Drei wichtige Gebäude waren angegriffen worden. Und immer noch gibt es keinen allgemeinen Alarm!«[35]

Ein Überblick über den Kollaps der Verfahrensrichtlinien am 11. 9.

Der Historiker John Judge deckte weitere beunruhigende Tatsachen über das Versagen der US-Luftabwehr am 11. September 2001 auf. Judge, dessen Eltern dreißig Jahre lang Zivilangestellte im Pentagon waren und dessen Mutter im Büro der Vereinigten Stabschefs eine hohe Geheimnisträgerin war, die auch streng geheimes Material einsehen durfte, fragt sich, ob hinter der ganzen Sache nicht mehr stecken könnte:

> »Es gibt da einen Hinweis, den ich von jemand erhalten habe, dessen Sohn auf der Otis Air Force Base stationiert ist. Der Sohn hat mit Piloten gesprochen, die zu dem Zeitpunkt, als das zweite Flugzeug einschlug, nach einem Alarmstart von Otis aus schon in der Luft waren. Die Piloten wurden dann auf den Flug 77, den Pentagonflug, aufmerksam und meldeten, dass sie jetzt die Maschine abfangen wollten, die gerade zurück von Ohio auf D. C. zuflog. Aber sie wurden von ihrer Kommandozentrale zurückgerufen. Blieben nun die Flugzeuge am Boden und gab es keine Reaktion auf die Ereignisse? Oder waren sie schon in der Luft und wurden zurückgerufen? Ich habe nicht die Mittel, diese Fragen erschöpfend zu klären, aber es sind Fragen, die sich einfach stellen und die Hintergründe dieses Szenarios betreffen, die in der öffentlichen Debatte nicht erörtert werden.«[36]

Der amerikanische Militärexperte Stan Goff hat den Gang der Ereignisse gut zusammengefasst. Goff war 26 Jahre lang Soldat, zuletzt als Stabsfeldwebel der Spezialtruppen der US-Armee. Er war Taktiklehrer am Trainingscenter der US-Armee für Dschungelkampf (U. S. Army's Jungle Operations Training Center) in Panama, lehrte Wehrwissenschaften an der US-Militärakademie in West Point und war an Operationen in acht verschiedenen Konfliktherden von Vietnam bis Haiti beteiligt. Er stellt fest:

»Ich habe keine Ahnung, warum die Leute zum Verhalten Bushs und seiner Umgebung am Tag der Anschläge nicht einige ganz präzise Fragen haben.
Da werden vier Flugzeuge entführt und weichen von ihren Flugplänen ab und sind dabei die ganze Zeit auf den Radarschirmen der FAA. Die Maschinen werden alle zwischen 7.45 Uhr und 8.10 Uhr Ostküsten-Sommerzeit gekapert. Wer wird benachrichtigt? Schon jetzt ist dies ein beispielloser Vorfall. Aber der Präsident wird nicht benachrichtigt und ist auf dem Weg zu einer Grundschule in Florida, wo ihm Kinder etwas vorlesen.
So gegen 8.15 Uhr sollte es endgültig klar sein, dass hier etwas Schreckliches passiert. Der Präsident schüttelt gerade Lehrern die Hände. Um 8.45 Uhr, als der Flug American Airlines 11 ins World Trade Center rast, setzt sich Bush gerade mit Kindern der Booker-Grundschule für die unvermeidlichen Fotos in Positur. Offensichtlich sind gleichzeitig vier Verkehrsmaschinen entführt worden, etwas, was die Welt noch nicht gesehen hat, eine davon ist gerade in einen der weltberühmten Zwillingstürme eingeschlagen, und immer noch informiert niemand den nominellen Oberbefehlshaber.
Auch hat anscheinend noch niemand irgendwelche Abfangjäger alarmiert. Um 9.03 Uhr schlägt United-Flug 175 in den anderen Zwillingsturm des World Trade Center ein. Um 9.05 Uhr flüstert der Stabschef des Präsidenten, Andrew Card, George W. Bush etwas zu. Reporter bemerken, dass sich Bushs Miene ›kurzzeitig verdüstert‹. Bricht er nun den Schulbesuch ab und beruft eine Dringlichkeitssitzung ein? Nein. Er hört wieder Zweitklässlern zu [...] und fährt auch damit fort, als der American-Airlines-Flug 77 über Ohio unvermittelt umdreht und Richtung Washington, D. C., fliegt.
Hat er seinen Stabschef Card angewiesen, die Luftwaffe zu alarmieren und starten zu lassen? Nein. Endlose 25 Minuten später bequemt er sich endlich zu einer öffentlichen Erklärung und erzählt den Vereinigten Staaten, was sie eh schon wussten, nämlich dass es einen Anschlag mit entführten Flugzeu-

gen auf das World Trade Center gegeben hat. Da gibt es noch ein anderes gekapertes Flugzeug, das pfeilgerade auf Washington zusteuert, aber hat man die Luftwaffe schon zur Verteidigung der Hauptstadt alarmiert? Nein.
Als er um 9.30 Uhr seine Stellungnahme abgibt, ist der American-Flug 77 noch zehn Minuten von seinem Ziel, dem Pentagon, entfernt. Die Administration wird später behaupten, sie habe nicht wissen können, dass das Pentagon ein Ziel sein könnte, und sie habe angenommen, dass Flug 77 auf dem Weg zum Weißen Haus sei, aber Tatsache ist, dass das Flugzeug schon nach Süden an der Flugverbotszone des Weißen Hauses vorbeigeflogen war und nun mit über 650 km/h durch die Lüfte raste.
Um 9.35 Uhr vollführt das Flugzeug noch eine 360-Grad-Schleife über dem Potomac. Es steht dabei die ganze Zeit unter Radarüberwachung, aber es wird nicht einmal das Pentagon evakuiert und es tauchen immer noch keine Düsenjets der Luftwaffe am Himmel über Washington und seiner Nachbarstadt Alexandria, Virginia, auf. Und jetzt kommt der Clou: Ein Pilot, von dem sie uns weismachen wollen, er habe an einer Flugschule für solche Grashüpfer wie Piper Cubs und Cessnas in Florida trainiert, fliegt eine genau getimte Abwärts-Spirale, er steigt die letzten 2100 Meter in zweieinhalb Minuten ab und bringt das Flugzeug so tief und flach herein, dass es die elektrischen Leitungen auf der anderen Straßenseite gegenüber dem Pentagon kappt, und zuletzt lenkt er es mit größter Präzision und mit einer Geschwindigkeit von 740 km/h in die Westseite des Gebäudes.
Als die Theorie, dass man in einer Schule für Grashüpfer so gut fliegen lernen könne, auf immer mehr Skepsis stieß, hieß es plötzlich, sie hätten an einem Flugsimulator weiter trainiert. Das wäre dann so, als ob man seine Teenager-Tochter dadurch auf ihre erste Ausfahrt auf der Interstate-Autobahn 40 im Berufsverkehr vorbereiten würde, dass man ihr ein Videospiel mit Autofahrsimulation kauft. [...] Hier hat man eindeutig eine Story über diese Ereignisse zusammengebastelt.«[37]

Stan Goffs Beobachtungen sind sehr wichtig. Vor dem Hintergrund seiner Erfahrung als Militärexperte vertritt er die Meinung, dass die offizielle Darstellung der Ereignisse nicht die Realität wiedergeben könne, sondern eine von der Regierung »zusammengebastelte Story« sei. Diesen Schluss zieht er aus seinem tief gehenden Verständnis für die Vorgehensweise und die Fähigkeiten des amerikanischen Militärs.

Die Frage, die sich dann natürlich stellt, ist die: Wovon will die Regierung ablenken, wenn sie solche »Storys« konstruiert? Denn die bisherige Analyse hat ja ganz klar gezeigt, dass auf jeder Stufe der eskalierenden Krise des 11. September die Alarmrichtlinien der amerikanischen Luftfahrtbehörden systematisch missachtet wurden.

Hier sollte man auch die Bemerkungen von Anatoli Kornukow, dem Oberkommandierenden der russischen Luftwaffe – die natürlich mit den Vereinigten Staaten im »Krieg gegen den Terror« eng zusammenarbeitet – über die offizielle Version der US-Regierung erwähnen. Der Internetdienst der russischen Zeitung *Prawda* schreibt darüber:

> »›Generell ist es unmöglich, einen Terroranschlag mit dem Szenario zu verüben, das gestern in den USA angewandt wurde.‹ So äußerte sich gestern der Oberkommandierende der russischen Luftwaffe, Anatoli Kornukow. ›Wir hatten solche Sachen (d. h. solche Ereignisse oder Vorgänge) auch schon bei uns‹, gab der General offen zu. Dann fügte er hinzu: ›Sobald so etwas bei uns hier passiert, werde ich augenblicklich davon unterrichtet, und in einer Minute sind wir alle in der Luft.‹«[38]

Myers und Bush am 11. 9.: Nachlässigkeit grenzt an Mittäterschaft

Nach all dem stellen sich natürlich auch die Frage: Wer steckte dahinter, und welche Ziele verfolgte er damit? Der Ansatz einer Antwort auf diese Frage könnte in der schockierenden Untätigkeit von General Richard B. Myers und Präsident George W. Bush jr. liegen, die sie an diesem 11. September an den Tag legten. Dabei hatte laut *Washington Post* der ehemalige NORAD-Kommandeur Myers »in dieser Woche von Anfang an viel mit der militärischen Reaktion (auf den 11. September) zu tun«.[39]

Die *New York Press* berichtet, dass der stellvertretende Vorsitzende der Vereinigten Stabschefs, General Myers, an jenem Morgen im Kapitol ein Routinetreffen mit Senator Max Cleland, einem Demokraten aus Georgia, hatte.[40] Der American Forces Press Service (der Pressedienst der US-Streitkräfte AFPS) beschreibt, was unmittelbar vor Beginn des Meetings geschah: »Myers erzählte, dass er in einem Kongressbüro einen Fernsehbericht gesehen habe, in dem berichtet wurde, dass ein Flugzeug ins World Trade Center geflogen sei. ›Sie meinten noch, dass es ein Kleinflugzeug oder so etwas gewesen sei.‹ Danach setzten die beiden Männer ihre Besprechung fort.«[41]

Die Reaktion dieser beiden Verantwortlichen, vor allem von General Myers, der ja in seiner Funktion für die Krisenreaktion der US-Streitkräfte in solchen Fällen mit verantwortlich war, ist wohl eindeutig: Sie ignorierten einfach, was da geschah. Während Myers und Cleland weiter nett miteinander plauderten, »raste ein gekapertes Flugzeug in den Nordturm des World Trade Center, ein zweites raste in den Südturm und ein drittes ins Pentagon. Und die beiden saßen immer noch in ihrem Meeting.«[42]

In seiner Aussage vor dem Streitkräfteausschuss des Senats bestätigte Myers darüber hinaus, dass die Entscheidung, Abfangjäger loszuschicken, während eines Gesprächs mit dem gegenwärtigen NORAD-Kommandeur General Eberhart gefallen sei: »Ich sprach mit dem Kommandeur von NORAD, General Eberhart. Und zu diesem Zeitpunkt, ja, ich glaube, dass zu diesem Zeitpunkt entschieden wurde, Flugzeuge aufsteigen zu lassen.« Diese Aussage ist besonders bestürzend, denn Myers bestätigte in der gleichen Stellungnahme, dass das Pentagon diese krisenhafte Entwicklung genau überwacht hatte, und zwar seit der erste der beiden Zwillingstürme getroffen worden war:

»Senator Carl Levin, Demokrat aus Michigan: Der Zeitpunkt, den wir bisher nicht kennen, ist, wann das Pentagon benachrichtigt wurde, ob überhaupt, und wenn ja, ob von der FAA, dem FBI oder einer anderen Stelle, dass es da möglicherweise ein Bedrohung gibt oder dass irgendwelche Flugzeuge plötzlich ihren Kurs geändert haben oder etwas in der Art. Und das ist das Gleiche, was Sie uns jetzt sagen werden, denn ...
Myers: Ich kann das beantworten. Als der erste Angriff auf das World Trade Center erfolgte, stellten wir unser Krisenreaktionsteam auf. Das geschah sofort. Die arbeiteten also jetzt. Und dann fingen wir an, reihum mit den Bundesbehörden zu sprechen. Ich weiß aber nicht, wann dann NORAD seine Kampfflugzeuge losgeschickt hat. Diesen Zeitpunkt kenne ich nicht.«[43]

Diese Berichte zeigen zweierlei: einmal, dass Myers zuerst auf die Nachricht von einem Luftangriff auf das World Trade Center überhaupt nicht reagierte. Aber dann bestätigen sie auch, was wir schon weiter oben festgestellt haben, dass nämlich das US-Militär diese Krise überwachte, zumindest seit der erste Turm getroffen worden war. Aber Myers bezeugte auch, dass das Militär erst nach dem Anschlag auf das Pentagon Gegenmaßnahmen gegen diese Angriffe in Erwägung zu ziehen begann. Der stellvertretende Vorsitzende der Vereinigten Stabschefs, Myers, wurde offensichtlich vom NORAD-Kommandeur General Eberhart angerufen und von diesem gefragt, »welche Maßnahmen er ergreifen solle«,[44] *nachdem* schon drei entführte Flugzeuge ins World Trade Center und in das Pentagon gerast waren. Erst zu diesem Zeitpunkt einigten sich beide endlich darauf, Abfangjäger loszuschicken.

Es ist also sehr wahrscheinlich, dass sowohl Myers als auch Eberhart bis zum Angriff auf das Pentagon gewartet hatten, bis sie endlich Kampfflugzeugen die Starterlaubnis gaben. Bemerkenswert ist auch, dass Senator Max Cleland, der Vorsitzende des Unterausschusses für Personalangelegenheiten des Streitkräfteausschusses und Mitglied des Senatsausschusses für Regierungsangelegenheiten (Senate Governmental Affairs Committee), ebenfalls eine unbegreifliche Gleichgültigkeit an den Tag legte – er wusste genau über die sich entwickelnde Krise Bescheid, unternahm aber wie Myers überhaupt nichts.

Ähnlich fragwürdig ist die Rolle, die Präsident Bush und seine engsten Mitarbeiter bei der ganzen Angelegenheit spielten. Eine Bemerkung von Vizepräsident Cheney ist hier sehr erhellend: »Der Secret Service hat eine Vereinbarung mit der Flugaufsicht FAA. Sie nahmen Kontakt zueinander auf, nachdem das World Trade Center ...« Cheney beendete diesen Satz nie, aber es ist offensichtlich, dass er so etwas sagen wollte, wie »getroffen wurde«.[45] Auch ist allgemein bekannt, was der angesehene kanadische Medienkritiker und Fernsehjournalist Barry Zwicker so formulierte:

> »Der (Präsident der Vereinigten Staaten) [...] reist mit einem ganzen Stab ... (einschließlich) des Secret Service, der für seine Sicherheit verantwortlich ist. Die Mitglieder dieser Truppe haben die beste Kommunikationsausrüstung der Welt. Sie haben ständigen Kontakt mit Bushs Kabinettsmitgliedern, dem nationalen militärischen Krisenzentrum (National Military Command Center) im Pentagon und der FAA oder können ihn leicht herstellen.«

Aber Zwicker schreibt auch: »Gegen 8.20 Uhr weiß die Federal Aviation Authority (FAA) laut ihres eigenen offiziellen Berichts über die beispiellose Ausnahmesituation, die in der Luft herrscht, genau Bescheid.« Daraus zieht Zwicker den zwingenden Schluss: »Mit anderen Worten müssten der Secret Service und der Präsident allerspätestens gegen 8.46 Uhr genau gewusst haben, dass die vier Flugzeuge entführt worden waren und eines davon ins World Trade Center gerast war.«[46]

Auch konnte nur der Präsident als Oberbefehlshaber der amerikanischen Streitkräfte den Befehl zum Abschuss eines zivilen Linienflugzeugs geben. Darüber hinaus müssen das militärische Kommandozentrum und das Verteidigungsministerium – zu dessen führenden Leuten Luftwaffengeneral Myers als Vorsitzender der Vereinigten Stabschefs gehört – nach dem Alarmstart von Abfangjägern deren Aktionen anordnen und/oder deren Maßnahmen zumindest zustimmen. Dazu meint Professor Francisco J. Gil-White von der Universität von Pennsylvania, Spezialist für die Psychologie von ethnischen Konflikten: »Am Morgen des 11.9. waren Präsident Bush und seine Berater in Sarasota, Florida. Sobald Präsident Bush erfahren hatte, dass ein Flugzeug ins World Trade Center geflogen worden war, hatte er zwei oberste Pflichten:«

> »Bushs erste Pflicht war es, die Kommandoketten von Regierung und Militär zu schützen. Da Bush sowohl Staatsoberhaupt als auch Oberbefehlshaber der US-Streitkäfte ist, bedeutete dies, für seinen eigenen Schutz und den seiner engsten Berater zu sorgen.
> Bushs zweite Pflicht war es, den Schutz des ihm anvertrauten Volkes dadurch zu gewährleisten, dass er sofort Kontakt zu seinen höchsten militärischen Führern aufnahm. Dazu gehörte Verteidigungsminister Donald Rumsfeld, die Nummer zwei der militärischen Befehlskette, der bei Flugzeugentführungen auch spezielle Verantwortlichkeiten hat, und General Richard B. Myers, der zu dieser Zeit der amtierende Vorsitzende der Vereinigten Stabschefs war, und verschiedene Offiziere des National Military Command Center (NMCC), der militärischen Schaltzentrale bei Flugzeugentführungen.«[47]

Aber anstatt sofort eine Dringlichkeitssitzung abzuhalten, um seinen eigenen Schutz zu gewährleisten und über spezielle Anweisungen für Abfangjäger zu beraten, war Präsident Bush zu dieser Schule gefahren und hatte mit Kindern geplaudert. Ganz ausdrücklich hatte Bush bei seiner Ankunft in der Schule betont, dass das Programm wie geplant ablaufen werde. Damit hatte er ganz bewusst seine Pflichten und Verantwortlichkeiten vernachlässigt.

Auch als Andrew Card den Präsidenten informierte, dass die zweite Verkehrsmaschine den anderen Turm des World Trade Center getroffen hatte, verließ Bush nicht das Klassenzimmer, um sich mit seinen hohen Militärs zu beraten. Er blieb weitere 20 Minuten in diesem Unterrichtsraum, bevor er vom Podium dieser Schule herab seine erste öffentliche Erklärung zu den Terroranschlägen abgab.

Präsident Bush selbst hat bestätigt, dass er erst nach dem Ende der Anschläge etwas in seiner Funktion als militärischer Oberbefehlshaber unternahm: »Und ich saß gerade in diesem Klassenzimmer, da kam Andy Carr, mein Stabschef, herein und flüsterte mir ins Ohr: ›Ein zweites Flugzeug ist in den Turm gerast. Amerika wird angegriffen.‹«

> »... Und dann begann ich intensiv darüber nachzudenken, in dieser kurzen Zeitspanne, was das heißt, angegriffen zu werden. Ich wusste, dass wenn wir angegriffen würden und ich alle Fakten darüber kannte, dann würden die Angreifer teuer dafür bezahlen. [...] Ich versuchte, so viele Fakten zu bekommen, wie möglich, [...] so dass ich ganz sicher sein konnte, [...] auf welcher Grundlage ich meine Entscheidungen fällen konnte. [...] Und als ich dann in meiner Maschine Air Force One saß, ging ich ans Telefon und versuchte herauszufinden, was wirklich passiert war. [...] Zu diesem Zeitpunkt waren noch alle möglichen Gerüchte in Umlauf. Einige davon waren völlig falsch. [...] Ich musste einfach die Fakten genau kennen. Aber ich wusste auch, dass ich handeln musste. Ich wusste, dass es im Falle eines Angriffs auf unser Land die Rolle des

> Oberbefehlshabers ist, energische Gegenmaßnahmen zu ergreifen, um weitere Angriffe zu verhindern. Und deshalb sprach ich auch mit dem Verteidigungsminister, und mit einer der ersten Maßnahmen versetzte ich unser Militär in den Alarmzustand.«[48]

Bush gibt also zu, dass er sich erst darum bemühte, »herauszufinden, was wirklich passiert war«, um auf dieser Grundlage [...] »Entscheidungen fällen« zu können, als er wieder in seiner »Air Force One saß« und von dort aus telefonierte. Dabei hatte Bush jederzeit Zugang zu allen verfügbaren Fakten und Informationen. Darüber hinaus begann er erst in der Präsidentenmaschine über die notwendigen Entscheidungen nachzudenken, als er »mit dem Verteidigungsminister sprach« und das »Militär in den Alarmzustand« versetzte.

Bush konnte erst gegen 10.00 Uhr Ostküsten-Sommerzeit von seiner Air Force One telefonieren, da die Präsidentenmaschine zu diesem Zeitpunkt vom Internationalen Brandenton-Flugplatz von Sarasota startete. Das war mehr als eine Stunde, nachdem man Bush von dem zweiten Angriff auf das World Trade Center berichtet hatte oder, anders ausgedrückt, 75 Minuten, nachdem der Secret Service begonnen hatte, mit der FAA auf einer Alarmleitung zu kommunizieren, und 100 Minuten, nachdem die FAA die Entführung des Flugs 11 aus Boston bestätigt hatte.[49] Um 10 Uhr war also schon alles vorüber.

Die pure Gleichgültigkeit sowohl von Myers wie von Bush zu einem Zeitpunkt, als sie zusammen mit anderen amerikanischen Regierungsbeamten und Militärs die Verantwortung für die Sicherheit ihres Landes trugen, ist ebenso erstaunlich wie aufschlussreich: *Dies sind Anzeichen für einen Grad an Nachlässigkeit, der schon an aktive Mittäterschaft grenzt.*

Wenn diese Leute früher gehandelt hätten, hätten sie vielleicht die späteren Angriffe auf das World Trade Center und das Pentagon verhindern können und damit Tausende von Leben gerettet. Aber da sie sich weigerten, in irgendeiner

Weise auf diese Angriffe zu reagieren, und es vorzogen, sich ihren banalen Tätigkeiten zu widmen, drückten sie sich vor ihren besonderen Verpflichtungen gegenüber dem amerikanischen Volk. Dadurch wirkten sie aktiv und ganz persönlich mit, dass alle Anschläge ungehindert ausgeführt werden konnten.

Darüber hinaus kann man die verheerenden Auswirkungen dieses Ablaufs der Ereignisse nur dann verstehen, wenn man zur Kenntnis nimmt, dass an diesem 11. September alle einschlägigen Verfahrensrichtlinien (SOPs) vollständig und völlig unerklärlich missachtet wurden – etwas, was in dieser Form noch nie geschehen war. Die Frage bleibt, wer dafür verantwortlich war, dass keine dieser Notfall-Vorschriften eingehalten wurden, und warum.

Nach Meinung des Autors macht das völlige Desinteresse der Bush-Regierung, Antworten auf diese Frage zu finden und dadurch die Ursachen der Missachtung der Verfahrensrichtlinien am 11. 9. aufzuklären, die Regierung in höchstem Maße verdächtig.

Die in der *New York Press* wiedergegebenen Schlussfolgerungen von Jared Israels Untersuchung dieser Angelegenheit sind außerordentlich beunruhigend, denn sie liefern eine Erklärung, die sich logisch aus einer Analyse der verfügbaren Daten über die schrecklichen Ereignisse des 11. September ergibt:

> »US-amerikanische Luftsicherheits- und Luftverteidigungssysteme werden als Reaktion auf auftretende Probleme jeden Tag alarmiert. Am 11. 9. versagten sie, nicht trotz, sondern wegen der extremen Natur des Notfalls. Das konnte nur passieren, wenn Personen in höchsten Stellen sich zusammentaten, um diese Systeme zu sabotieren.«[50]

Ist es vorstellbar, dass diese Art eines koordinierten Zusammenbruchs der Notfallsysteme bis in die höchsten Ebenen der amerikanischen militärischen Führung hinaufreichte? Ist die Absicht dieser Personen, diese Systeme außer Kraft zu setzen, oder deren Inkompetenz der Grund? Letzteres ist ein äußerst unwahrscheinliches Szenario, denn wenn Inkompetenz auf so hohen Kommandoebenen *gleichzeitig* der Grund sein könnte, dann müsste es sich um eine institutionelle Inkompetenz fast grotesken Ausmaßes in allen Krisenreaktionsstellen der FAA, NORAD, der US-Luftwaffe und anderer wichtiger Institutionen handeln.

In den letzten 30 Jahren hat es in den Vereinigten Staaten 682 Flugzeugentführungen gegeben, und bei allen sind die entsprechenden FAA-Richtlinien befolgt worden.[51] Jared Israel zieht daraus die Folgerung: »Eine Sabotage der durch strenge Hierarchien kontrollierten routinemäßigen Sicherungssysteme wäre ohne die Beteiligung der höchsten Führungsebene der US-Streitkräfte niemals erwogen, geschweige denn versucht worden:«

> »Dazu gehören US-Präsident George Bush, Verteidigungsminister Donald Rumsfeld und der damalige amtierende Vorsitzende der Vereinigten Stabschefs, General der Luftwaffe Richard B. Myers. [Dies sind] hinreichende Verdachtsmomente zur Anklageerhebung gegen die oben genannten Personen wegen einer gemeinschaftlichen Verschwörung zum Mord an Tausenden von Menschen, die zu schützen sie geschworen hatten.«[52]

Diese Schlussfolgerung wird gestützt durch das Verhalten von Präsident Bush, General Myers, General Eberhart und anderer Verantwortlicher in ihrer Umgebung. Die erstaunlichen Reaktionen von Bush und Myers werden vor allem durch die Äußerungen von Vizepräsident Cheney in der bereits dargestellten Pressekonferenz vom 16. September 2001 näher beleuchtet. Dort berichtete er über Diskussionen, ob man die Flugzeuge abfangen sollte oder nicht. Man habe entschieden, Kampfflugzeuge hochzuschicken, die als letztes Mittel auch gekaperte Linienmaschinen hätten abschießen dürfen. Allerdings waren inzwischen ja alle Anschläge schon ausgeführt, und der Präsident konnte im Nachhinein nur noch sein Bedauern ausdrücken: »Es ist eine Entscheidung auf Präsidentenebene, und der Präsident, glaube ich, gab in diesem Fall genau das richtige Signal, als er äußerte: ›Ich wünschte, wir hätten eine Staffel Kampfflugzeuge über New York gehabt.‹«[53]

Wenn man dies mit den Aussagen von General Myers verbindet, geht aus Cheneys Äußerungen auf dieser Pressekonferenz unzweifelhaft hervor, dass es zwischen den höchsten Entscheidungsträgern der Nation, einschließlich des Präsidenten, Diskussionen gegeben haben muss, deren Ergebnisse die Reaktion der Luftwaffe am 11. September 2001 grundlegend bestimmten. Offensichtlich nahm Cheney aktiv an diesen Diskussionen teil.

Cheney bestätigte, dass die ganze Frage, ob man am 11. September Abfangjäger losschicken sollte, »eine Entscheidung auf Präsidentenebene« war. Er stellte außerdem ausdrücklich fest, dass die Entscheidung, Kampfflugzeuge starten zu lassen, von Kabinettsmitgliedern des Weißen Hauses diskutiert wurde, die schließlich mit Genehmigung des Präsidenten »entschieden, es zu tun«. Dies ist höchst bemerkenswert, weil damit der Präsident und sein Kabinett für das Verhalten der US-Luftwaffe an diesem 11. September direkt und vollständig verantwortlich sind.

Der Autor ist der Meinung, all dies deute unverkennbar darauf hin, dass wichtige, hochrangige Personen in den US-Streitkräften und der Bush-Administration für die Terrorakte vom 11. 9. auf amerikanischem Boden auf Grund einer Kombination von gezieltem Handeln und bewusster Untätigkeit direkte Verantwortung tragen.

Andere Experten kamen zu ganz ähnlichen Schlüssen. Der pensionierte Luftwaffenoffizier Oberstleutnant Steve Butler, der 24 Jahre bei der Luftwaffe diente, äußerte den Verdacht, dass »Präsident Bush von den bevorstehenden Angriffen wusste«, aber sie bewusst und absichtlich geschehen ließ, weil er »diesen Krieg gegen den Terrorismus brauchte:«

»Seine Präsidentschaft schleppte sich so dahin. Er war vom amerikanischen Volk nicht gewählt, sondern von einem konservativen Obersten Gericht ins Oval Office, das Amtszimmer des Weißen Hauses, gebracht worden. Wie bei den Republikanern üblich, ging es mit der Wirtschaft steil bergab, und so brauchte er dringend ein übergreifendes Thema für seine Präsidentschaft.«[54]

Es sollte noch erwähnt werden, dass Oberstleutnant Butler über ein Wissen aus erster Hand über Kontakte zwischen dem US-Militär und einigen der Attentäter des 11. September verfügte. Laut *Knight Ridder* hatte Said al-Ghamdi am Defense Language Institute in Monterey eine Ausbildung erhalten – die Associated Press zitiert auch Informanten der Luftwaffe, die behaupten, dass noch ein paar andere Entführer an dieser Sprachakademie studiert hätten (siehe Kapitel 4). Als verantwortungsvoller Vizekanzler für studentische Angelegenheiten an dieser Hochschule hatte Oberstleutnant Butler intensiven Kontakt zu seinen Studenten.[55]

Natürlich ist es ohne eine gründliche, unabhängige Untersuchung unmöglich, eine vollkommen schlüssige Analyse zu liefern, und die hier gesammelten Informationen können diese Schlussfolgerungen nicht definitiv beweisen. Weitere Nachforschungen sind deshalb unumgänglich, wenn man die Ereignisse des 11. September vollständig verstehen will. Trotzdem ist der Autor der Meinung, dass, solange eine solche Untersuchung und deren Ergebnisse noch ausstehen, die von ihm angedeuteten Schlussfolgerungen das hier präsentierte Datenmaterial am besten interpretieren.

7. Amerikas Verbindungen zum meistgesuchten Mann der Welt

»Die Ansicht, dass die CIA früher Verbindungen zu Osama bin Laden hatte, ist zwar weit verbreitet, aber falsch. Bitte halten Sie hiermit fest: Die CIA unterhielt niemals irgendwelche Verbindungen zu bin Laden und bediente sich auch niemals solcher Verbindungen, noch bezahlte sie Geld für einen solchen Zweck.«

Erklärung einer Sprecherin der CIA (Ananova, 31. Oktober 2001)

Nach offizieller Lesart der US-Regierung erlangten Osama bin Laden und sein Netzwerk al-Qaida ihre Machtposition und Operationsbasis unabhängig von den Vereinigten Staaten. Diese Sicht der Dinge ist mittlerweile ein Dogma: Osama bin Laden ist demnach wegen seiner extremen Ansichten und Handlungen von der eigenen Familie verstoßen worden, und das saudi-arabische Establishment, mit dem er einst so fest verbunden war, wendet sich ebenfalls vehement gegen seine Taten. Dieses vom Weißen Haus inzwischen offiziell verkündete Dogma wird sogar von dezidierten Kritikern der amerikanischen Politik akzeptiert.

Es gibt jedoch eine Vielzahl von Beweisen, dass Osama bin Laden – entgegen den öffentlichen Erklärungen von amerikanischen und saudischen Regierungsvertretern, von Mitgliedern der Familie bin Laden, ja sogar vom angeblich Verstoßenen selbst – nach wie vor Verbindungen zu seiner Familie unterhält, die auf seit langem bestehende geschäftliche Aktivitäten zurückgehen. Außerdem fehlt es auch nicht an Beweisen, dass bin Laden weiterhin über Verbindungen zum saudischen Establishment verfügt. »Mitglieder der Familie bin Laden erklärten, ihr Bruder sei ihnen entfremdet, denn er habe gegen die Interessen der saudi-arabischen Regierung gehandelt, nachdem er sich 1979, im Anschluss an die sowjetische Invasion in Afghanistan, muslimischen Kämpfern angeschlossen hatte«, ist in einem Korrespondentenbericht von Sig Christenson[1] zu lesen. Die vorhandenen Dokumente widersprechen dieser Version des Geschehens jedoch allzu deutlich. In Wirklichkeit sind die Dinge sehr viel komplizierter.

Osama bin Laden und die CIA: Verbündete im Kalten Krieg

Scheich Mohammed bin Laden, der Vater von Osama bin Laden, war der Begründer der berühmten Bauunternehmer-Dynastie bin Laden. Nach der Schilderung des ABC-Korrespondenten und Nahost-Experten John K. Cooley erlangte diese Familie schon bald »einen legendären Ruf im arabischen Bauwesen, im saudischen Königreich, im Golf-Emirat Ras al-Chaimah und in Jordanien. Dieser Ruf gründete sich auf große Straßen-, Flughafen- und andere Infrastrukturprojekte. Die Firma holte Spitzeningenieure aus der ganzen Welt ins Land und häufte sehr schnell ein enormes Betriebsvermögen an.«[2]

Ahmed Rashid schrieb in der *Pittsburgh Post-Gazette,* dass Osama bin Ladens Engagement im von den USA unterstützten Widerstand gegen die sowjetische Besatzungsmacht von seiner Familie vorbehaltlos gutgeheißen wurde.[3]

Dasselbe galt auch für die USA. Cooley berichtet, dass Osama bin Ladens Aktivitäten in Afghanistan sich »mit voller Zustimmung der saudischen Regierung und der CIA entwickelten«.[4] Nach einer vertraglichen Vereinbarung mit der CIA bauten bin Laden und die im Familienbesitz befindliche Firma für viele Milliarden Dollar die Höhlensysteme, in denen er sich offensichtlich zuletzt verborgen hielt:

> »1986 war er am Bau eines von der CIA finanzierten Tunnelkomplexes beteiligt. Diese tief in die Berge hineingetriebene Anlage, die in der Nähe der pakistanischen Grenze lag, sollte

als geräumiges Waffenlager dienen, außerdem als Ausbildungslager und medizinisches Zentrum für die Mudschaheddin.«[5]

Cooley hält außerdem fest, dass bin Laden

> »[…] beim saudischen Geheimdienst wie auch bei der CIA als Idealbesetzung für die führende Rolle galt, in die er hineinwuchs. Bin Laden investierte auch Geld (aus Firmenmitteln und aus seinem Privatvermögen) in Anwerbung, Transport und militärische Ausbildung der arabischen Freiwilligen, die zunächst nach Peschawar kamen und dann nach Afghanistan gingen. […] Im Jahr 1985 hatte bin Laden genügend aus dem Familien- und Firmenvermögen stammendes Geld angehäuft, […] um al-Qaida aufbauen zu können.«[6]

Cooley schreibt dazu: »Die CIA war hocherfreut über bin Ladens tadellose, aus Saudi-Arabien stammende Referenzen und ließ ihm in Afghanistan freie Hand. Die Generäle des pakistanischen Geheimdienstes handelten ebenso.«[7] Michael Springmann, der ehemalige Leiter des amerikanischen Visumbüros in Djidda, machte weitere Angaben zu der Frage, wie sein Land bin Ladens Aktivitäten unterstützte:

> »In Saudi-Arabien wurde ich von Spitzenbeamten des Außenministeriums wiederholt angewiesen, Antragstellern, die eigentlich abzulehnen waren, ein Visum zu geben. […]
> Das waren Leute, die entweder zu Saudi-Arabien oder zu ihrem eigenen Land keine Beziehung hatten. Während meiner Zeit dort beschwerte ich mich massiv. Ich kehrte in die USA zurück und beschwerte mich hier beim Außenministerium, […] beim Büro für Diplomatische Sicherheit (Bureau of Diplomatic Security) und beim Büro des Generalinspekteurs. Und ich erhielt nirgendwo eine Antwort. Mein Protest richtete sich nämlich in Wirklichkeit gegen eine Aktion, mit der von bin Laden angeworbene Rekruten zur Terror-Ausbildung durch die

CIA in die Vereinigten Staaten gebracht werden sollten. Diese Leute sollten später nach Afghanistan zurückkehren, um dort gegen die damalige sowjetische Besatzungsmacht zu kämpfen. Der Anschlag auf das World Trade Center im Jahr 1993 erschütterte das Vertrauen des State Departments in die Saudis nicht, ebenso wenig wie der Angriff auf den amerikanischen Stützpunkt Chobar Towers in Saudi-Arabien drei Jahre danach, bei dem 19 Amerikaner starben. Die FBI-Agenten hatten allmählich den Eindruck, dass ihre Ermittlungen ständig behindert wurden. Könnte Sie die Feststellung überraschen, dass die FBI-Agenten einigermaßen frustriert sind? Sie bekommen einfach keinen Einblick in gewisse Verbindungen nach Saudi-Arabien.«[8]

Bin Ladens Verbindungen zu den geschäftlichen Aktivitäten seiner Familie waren zu diesem Zeitpunkt noch nicht abgerissen. »Nach dem sowjetischen Rückzug aus Afghanistan im Jahr 1989 kehrte bin Laden für kurze Zeit nach Saudi-Arabien zurück, weil er sich in der Firmenzentrale in Djidda um das Bauunternehmen der Familie kümmern wollte.«[9] Er hatte auch noch nach dem Zeitraum von 1989 bis 1991 beträchtlichen Einfluss am saudischen Königshof. Die Sicherheitsbehörden seines Heimatlandes zogen damals seinen Pass ein, offensichtlich »in der Hoffnung, Kontakte zu den Extremisten, mit denen er [...] während des Afghanistankrieges zusammengearbeitet hatte, ganz zu unterbinden oder zumindest zu erschweren«. »Nach der irakischen Invasion in Kuwait riet er der saudischen Königsfamilie zum Aufbau einer Zivilverteidigung in ihrem Reich. Außerdem drängte er darauf, eine aus Veteranen des Afghanistankrieges bestehende Truppe für den Kampf gegen den Irak aufzustellen.«[10]

Richard Labevière berichtet unter Berufung auf Geheimdienstquellen, dass unter den antisowjetischen Gruppierungen in Afghanistan nach dem Zusammenbruch der UdSSR der Kampf um die Macht begann. Das US-Außenministerium wollte nicht abwarten, wer sich denn nun durchsetzen würde. Es war bestrebt, einem den Interessen der USA nützlichen Regime in den Sattel zu helfen. Deshalb kamen die CIA und die Saudis überein, dass sie »die Aktivposten einer so Gewinn bringenden Zusammenarbeit nicht aufgeben wollten«. Damit war das frühere afghanisch-amerikanische Bündnis gemeint, das im Wesentlichen von Osama bin Laden kontrolliert wurde. Die CIA, der saudi-arabische Geheimdienst und bin Laden hatten deshalb 1991 eine ganze Reihe von Zusammenkünften. Der genaue Inhalt der dabei gefassten Beschlüsse ist zwar nach wie vor geheim, es gilt aber als sicher, dass die CIA unverändert entschlossen war, ihren Einfluss in Afghanistan geltend zu machen, »am wichtigsten Verkehrsweg nach Zentralasien, wo die großen Ölkonzerne die Vorbereitungen für das Öl-Eldorado des kommenden Jahrtausends trafen«. Auch die Saudis wollten »um jeden Preis« das Bündnis zwischen bin Laden und Pakistan aufrechterhalten. Das war den Vereinigten Staaten recht, denn man brauchte einen Vasallen, der sich gegen den Einfluss des schiitischen Islam wandte.[11]

Osama ist kein schwarzes Schaf

Es gibt gute Gründe für den Zweifel an offiziellen Behauptungen, Osama bin Laden sei mittlerweile wegen seiner extremistischen Ansichten und Aktivitäten in seiner eigenen Familie zum »Ausgestoßenen« und zum »schwarzen Schaf« geworden. Die ganze Familie teilt nämlich die extreme, wahhabitische Auslegung des Islam: »Man kennt seinen Vater als einen Mann mit zutiefst konservativen religiösen und politischen Ansichten, dem die nichtislamischen Einflüsse, die bis in einige der entlegensten Ecken des alten Arabien vorgedrungen sind, vollständig zuwider sind.«[12]

Glaubwürdige Berichte zeigen außerdem, dass es niemals zu einem vollständigen Bruch zwischen Osama bin Laden und seiner Familie gekommen ist und dass der Anführer der al-Qaida immer noch enge Beziehungen zu vielen Familienmitgliedern unterhält. Vincent Cannistraro, ein ehemaliger Leiter der CIA-Abteilung für Terrorbekämpfung, sagte hierzu Jane Mayer, einer Reporterin der Zeitschrift *New Yorker*: »Die Saudi Binladin Group – so lautet der Name des Familienunternehmens – gibt sich bei der Distanzierung von Osama offensichtlich alle Mühe. Ich habe mich jahrelang mit den bin Ladens beschäftigt, und man kann jederzeit erklären: ›Wir wollen nichts mit ihm zu tun haben.‹ Das haben viele Familienmitglieder gesagt. Aber Blut ist dicker als Wasser.«

Die *New Yorker*-Reportage enthüllt außerdem eine brisante Tatsache mit Bezug zu Osama bin Ladens Halbbruder Jeslam, der von Genf aus die Saudi Investment Company leitet, die europäische Holdinggesellschaft der Familie bin Laden. Dieses Unternehmen überwies Gelder für Flugstunden an die wohl bekannte Firma Huffman Aviation, die die Flugzeugentführer des 11. September ausbildete. Jane Mayer berichtet, dass der Halbbruder trotz einer Stellungnahme, die Osamas Taten verurteilt, »die Aufmerksamkeit schweizerischer und amerikanischer Ermittler auf sich gezogen hat, weil er an einer Firma für Flugzeugtechnik in der Schweiz finanziell beteiligt ist. Und scheinbar ganz zufällig überweist er die Gebühr für Flugstunden eines Bekannten an Huffman Aviation, die Flugschule in Venice, Florida, an der sich viele der Selbstmordattentäter ausbilden ließen.«

Jeslam bestritt jeglichen Kontakt mit Osama in den vergangenen zwanzig Jahren. Auf die Reportage antwortete er mit einem Fax, in dem er erklärte, er »habe die Flugstunden bezahlt, sei aber nicht an der Auswahl der Flugschule beteiligt gewesen«. Doch die Angelegenheit ist den Antiterror-Experten in den USA und der Schweiz wichtig genug, um untersucht zu werden. Und sie wird noch komplizierter durch die Aussage von »Jeslams Frau Carmen, die von ihrem Mann getrennt lebt. [...] Sie sagte, sie habe niemals die geringste Distanz zwischen Osama und dem Rest der Familie beobachtet: ›In meiner Gegenwart verleugneten sie Osama niemals. Sie bezeichneten ihn als Bruder.‹«[13]

Die französische Tageszeitung *Le Figaro* berichtete: »Zahlreiche Familienmitglieder besuchten bin Laden während eines Krankenhausaufenthalts (im American Hospital in Dubai, Juli 2001), und auch viel Prominenz aus Saudi-Arabien und den Emiraten stattete dem Patienten Besuche ab.«[14]

Trotz dieser erwiesenen (auch finanzielle Unterstützung einschließenden) Verbindungen zwischen der Familie bin Laden und Osama, die von den US-Geheimdiensten durchaus ernst genommen wurden, geschah nach einem Bericht von CBS News Folgendes:

> »In den Tagen unmittelbar nach den Terrorangriffen auf New York und Washington wurden nach Angaben des saudi-arabischen Botschafters in Washington zwei Dutzend Mitglieder der Familie bin Laden umgehend aus den Vereinigten Staaten weggebracht. [...] Man fuhr oder flog diese jungen Leute unter FBI-Bewachung zunächst an einen geheimen Ort in Texas und anschließend nach Washington.«[15]

Nach einem Bericht der *Pittsburgh Tribune-Review* waren unter diesen so zügig aus dem Land geschafften Personen mindestens zwei Brüder Osamas, die verdächtigt wurden, Kontakte zu Terroristen zu unterhalten: »Die World Assembly of Muslim Youth (WAMY) [ist] als Geldverteiler für al-Qaida und Hamas bekannt. [...] Die Büros der WAMY befinden sich im Washingtoner Vorort Herndon in Virginia, und dort wohnten auch Abdullah und Omen bin Laden – zwei Brüder Osamas. Sie verschwanden spurlos, nachdem die in den Vereinigten Staaten ansässigen Mitglieder der Familie bin Laden am 12. September 2001 mit einer von der saudi-arabischen Regierung gecharterten Maschine in die Heimat geflogen wurden«.[16] Zu diesem Zeitpunkt durfte in den USA offiziell keine Maschine mehr starten. Offensichtlich lag für diesen Flug eine Erlaubnis von hohen US-Regierungsstellen vor.

Verbindungen zwischen den Familien Bush und bin Laden

Es gibt zwingende Beweise dafür, dass es zwischen Osama bin Laden und seiner Familie keineswegs zum Bruch gekommen ist, und gleichzeitig ist auch erwiesen, dass die Regierung Bush sehr wichtige Verbindungen zu eben dieser Familie unterhält. Dazu schrieb der *New Yorker*: »Im Lauf der Jahre hat es ebenso herzliche wie wichtige Verbindungen zwischen Mitgliedern der Familie bin Laden und Führungspersönlichkeiten des außenpolitischen Establishments in Amerika und Großbritannien gegeben.«[17] Es erschienen Berichte über die langjährigen finanziellen Verbindungen zwischen der Familie bin Laden und dem riesigen amerikanischen Investmentkonzern Carlyle Group, auf dessen Gehaltsliste auch der frühere US-Präsident George H. W. Bush senior steht.

Die Carlyle Group besitzt über ihre weit verzweigten Investitionen weltweit Anteile von mindestens 164 Unternehmen. Carlyle hat als führender Rüstungskonzern enorm vom Krieg in Afghanistan und der damit einhergehenden Militarisierung der amerikanischen Außenpolitik profitiert. Das *Wall Street Journal* schrieb hierzu:

> »Wenn die USA in ihrem Bestreben, die angeblichen terroristischen Aktivitäten von Osama bin Laden zu beenden, den Verteidigungshaushalt erhöhen, könnte es dabei einen unerwarteten Nutznießer geben: Mr. bin Ladens Familie. [...]
> Unter den breit gestreuten geschäftlichen Interessen des gut betuchten saudi-arabischen Clans – der behauptet, sich von Osama fern zu halten – findet sich auch ein Anteil an einem von der Carlyle Group eingerichteten Fonds. Die über sehr gute Kontakte verfügende Washingtoner Handelsbank ist auf Aufkäufe von Rüstungs- und Luftfahrtunternehmen spezialisiert. Durch diese Investitionen und die eigenen Verbindungen zum saudischen Königshaus wurde die Familie bin Laden mit einigen der wichtigsten Persönlichkeiten der Republikani-

schen Partei bekannt gemacht. In den letzten Jahren haben Ex-Präsident Bush, Ex-Außenminister James Baker sowie Ex-Verteidigungsminister Frank Carlucci die Pilgerfahrt nach Djidda ins Hauptquartier der Familie bin Laden angetreten. Mr. Bush hält im Namen der Carlyle Group Vorträge und ist Chefberater bei deren Fonds Asian Partners, Mr. Baker ist der Chefjustiziar und Mr. Carlucci der Chairman des Unternehmens.

> Ein führender Mitarbeiter von Carlyle sagte, die Familie bin Laden habe über einen Investment-Ableger in London im Jahr 1995 zwei Millionen Dollar in den Fonds Carlyle Partners II eingezahlt, einen Fonds, der insgesamt 1,3 Milliarden Dollar einnahm. Mit diesem Geld wurden 29 Abschlüsse getätigt, darunter mehrere Käufe von Luftfahrtunternehmen. Der Carlyle-Mitarbeiter sagte, die Familie habe bis heute 1,3 Millionen Dollar aus getätigten Investitionen zurückerhalten und werde letztlich wohl – auf Jahresbasis umgerechnet – eine Kapitalrendite von 40 Prozent erzielen. Ein ausländischer Finanzexperte mit Verbindungen zur Familie bin Laden sagt jedoch, deren Gesamtinvestitionen bei Carlyle seien erheblich umfangreicher. Die zwei Millionen bezeichnete er als bloßen Einstiegsbetrag: ›Das ist, als ob man ein Feld beackert. Zunächst wird gesät, dann erntet man, und dann sät man wieder.‹«[18]

Im gleichen Bericht des *Wall Street Journal* kann man auch lesen, dass diese Geschäftsverbindung bereits seit längerer Zeit besteht. Beamte der US-Regierung zeigten stets ein starkes Interesse an den Ansichten der Familie bin Laden, vor allem im Hinblick auf Investitionen:

> »Die engen Verbindungen der Familie (bin Laden) zur saudischen Königsfamilie motivierten in den letzten Jahren Mitarbeiter – auch solche aus der Führungsebene – des von einer kleinen Gruppe von Aktionären kontrollierten New Yorker Verlags Forbes zu zwei Besuchen im Hauptquartier der Familie. Diese Angaben stammen von Casper Weinberger, dem Forbes-Chairman und ehemaligen Verteidigungsminister der

Regierung Reagan. ›Wir fragten sie vor allem nach ihrer Sicht der Dinge im Land, aber auch danach, was wohl für Investoren attraktiv sein könnte.‹«[19]

Der wegen krimineller Machenschaften in der Iran-Contra-Affäre angeklagte Weinberger war 1989 von Präsident George Bush sen. begnadigt worden. Nach einem Bericht des *San Francisco Chronicle* werden sowohl George Bush sen. als auch die Familie bin Laden über die Carlyle Group zu den Nutznießern des Krieges in Afghanistan gehören. »Wenn Amerikas militärisches Engagement im Ausland zunimmt, steigen die Gewinne der Carlyle Group – und, wie sich herausstellt, auch die Einnahmen Tausender Beschäftigter im öffentlichen Dienst des Staates Kalifornien«, schreibt der amerikanische Korrespondent David Lazarus:

> »Die Carlyle Group, ein geheimnisumwittertes Investmentunternehmen in Washington, D. C., verwaltet ein Anlagevermögen in Höhe von rund 14 Milliarden Dollar. Diese Investitionen gingen auch auch an eine ganze Reihe von Unternehmen aus dem Rüstungssektor. [...]
> Zu den Bossen von Carlyle gehören der ehemalige Verteidigungsminister (und stellvertretende CIA-Direktor) Frank Carlucci, der ehemalige Außenminister James Baker sowie, als bekannteste Persönlichkeit, der ehemalige Präsident George Bush.«[20]

Die in Washington, D. C., ansässige Organisation Judicial Watch, die sich die Aufdeckung und Verfolgung von Amtsmissbrauch und Korruption im Regierungsapparat zum Ziel gesetzt hat, kritisierte Ende September 2001 die Geschäftsverbindungen der Familien Bush und bin Laden in scharfer Form:

> »George H. W. Bush, der Vater von Präsident Bush, arbeitet durch sein Engagement bei der Carlyle Group, einer international tätigen Beratungsfirma, auch für das saudi-arabische Fa-

milienunternehmen bin Laden. Der ältere Bush hat sich mindestens zweimal mit Angehörigen der Familie bin Laden getroffen. (Andere Spitzenpolitiker der Republikaner sind ebenfalls mit der Carlyle Group verbunden, zum Beispiel der ehemalige Außenminister James Baker.)«

Larry Klayman, der Vorsitzende und Chefjustiziar von Judicial Watch, kommentierte diese Erkenntnisse wie folgt: »Es ist eine grauenvolle Vorstellung, dass der Vater des Präsidenten, der gleichzeitig auch ein ehemaliger Präsident ist, Geschäfte mit einem Unternehmen macht, gegen das im Zusammenhang mit den Terroranschlägen vom 11. September das FBI ermittelt. Präsident Bush sollte seinen Vater nicht bitten, sondern vielmehr von ihm fordern, sein Engagement bei Carlyle zu beenden.«[21]

Die Vorstellung, dass die Familie bin Laden von den Entscheidungen der Regierung Bush geschäftlich profitiert haben könnte, ist ungeheuerlich. An dieser Stelle sei noch einmal an die glaubwürdigen Berichte erinnert, nach denen es keinen Bruch zwischen Osama bin Laden und seiner Familie gab. Deshalb bestehen auch nach wie vor Kontakte und finanzielle Verbindungen. Außerdem hat die Familie Bush seit längerem finanzielle Verbindungen zur Familie bin Laden, und zwar, neben anderen geschäftlichen Kontakten, über Investitionen in der Rüstungsindustrie. Dies ist ein verblüffender Hinweis auf möglicherweise zweifelhafte Rolle der Regierung Bush im Zusammenhang mit dem 11. September, und die intensiven Kontakte der Carlyle Group mit der US-Regierung verstärken den Verdacht noch. Judicial Watch schrieb in einer Pressemitteilung vom 27. September 2001, Carlyle sei so eng mit der Regierung Bush verflochten, dass das Unternehmen direkten Einfluss auf die Organisationsstruktur des Verteidigungsministeriums habe.[22] Doch Carlyle ist nur die Spitze des Eisbergs. Im *New Yorker* war zu lesen: »Die Familie [bin Laden] hält nach wie vor einen Anteil von (nach Schätzung eines Informanten) rund zehn Millionen Dollar an der Fremont Group, einer privaten Investmentfirma. In deren Vorstand sitzt ein weiterer ehemaliger Außenminister: George Shultz:«[23]

> »Ein großer Teil der privaten Bankgeschäfte der Familie wird von der Citigroup abgewickelt, der Robert Rubin vorsteht, ein früherer US-Finanzminister. Die Familie hält Anteile an Merrill Lynch und Goldman Sachs. Zu ihren Geschäftspartnern gehört General Electric. Ein Sprecher von Jack Welch, dem Vorstandsvorsitzenden von G. E., sagte, die Familie habe für Welch in den Neunzigerjahren in Saudi-Arabien eine Party veranstaltet, und er ›hält sie für gute Geschäftspartner‹. Ein amerikanischer Diplomat sagt: ›Man spricht über weltweit tätige Investoren – und das sind sie. Sie besitzen Anteile an Microsoft, Boeing und wer weiß was noch alles.‹ Andere Diplomaten weisen darauf hin, dass die Familie Aufträge für den Wiederaufbau amerikanischer Militäreinrichtungen erhielt, einschließlich der Chobar Towers, die 1996 bei einem Terroranschlag beschädigt wurden.«

Dieser Terroranschlag ging ausgerechnet auf das Konto der al-Qaida. Die möglichen Zusammenhänge sind alarmierend, vor allem, wenn man sich Folgendes vor Augen führt: »Als bin Laden mit seinem Kampf gegen die Vereinigten Staaten begann, war sein eigenes Vermögen immer noch mit dem Familienvermögen verknüpft, das unter anderem in zahlreiche amerikanische Unternehmen investiert worden war.«[24] Sieht man sich die systematische Blockade der Ermittlungen zu den angeblichen Terroristenkontakten der Familie bin Laden an, wie sie die Regierung Bush betrieben hat, wird alles noch fragwürdiger.

Die offizielle Position der Bush-Administration lautet, die Familie bin Laden sei über jeden Verdacht erhaben. Die US-Nachrichtendienste hatten jedoch, wie bereits erörtert, den Verdacht, dass Mitglieder der Familie Verbindungen zur Terrorszene unterhielten. Und zu diesem Thema ermittelt gegenwärtig das FBI im Zusammenhang mit dem 11. September. Das *Wall Street Journal* schreibt hierzu: »Das FBI hat Banken, mit denen die Familie bin Laden zusammenarbeitet, Vorladungen zugestellt. Das Ziel ist, an Unterlagen zu den Geschäften der Familie heranzukommen.«[25]

Die BBC-Nachrichtensendung »Newsnight« ist in dieser Angelegenheit auf weitere einschlägige Fakten gestoßen. »Newsnight« berichtete, dass das FBI noch vor dem 11. September angewiesen worden war, Untersuchungen zu den terroristischen Verbindungen von Verwandten bin Ladens einzustellen:

> »In den acht Wochen nach den Anschlägen wurden bisher mehr als 1000 Verdächtige und mutmaßliche Zeugen in Gewahrsam genommen. Doch nur wenige Tage, nachdem die Entführer in Boston gestartet waren, um Kurs aufs World Trade Center zu nehmen, entschwanden vom selben Flughafen elf Mitglieder der Familie bin Laden mit einem speziellen Charterflug in Richtung Saudi-Arabien. Das war fürs Weiße Haus kein Grund zur Beunruhigung. Die offizielle Lesart ist: Die Familie bin Laden ist über jeden Verdacht erhaben – bis auf Osama, das schwarze Schaf, von dem die anderen Familienmitglieder behaupten, er missbrauche ihren Namen. Welch ein Glücksfall für die Familie Bush und den saudischen Königshof, deren Verbindungen zu den bin Ladens sich sonst als kompromittierend erweisen könnten. ›Newsnight‹ wurde jedoch Beweismaterial zugespielt, aus dem hervorgeht, dass das FBI weiteren Mitgliedern der Familie bin Laden auf der Spur war. Es ging dabei um Verbindungen zu Terrororganisationen vor und nach dem 11. September. […]
> Das US-Finanzministerium hat die Konten von WAMY (World Assembly of Muslim Youth) nicht einfrieren lassen, und als wir mit Vertretern der Organisation sprachen, bestanden sie darauf, sie seien eine wohltätige Vereinigung. Pakistan hat jedoch erst vor wenigen Wochen WAMY-Mitarbeiter des Landes verwiesen. Und Indien behauptete, WAMY finanziere eine Or-

ganisation, die in die Bombenattentate in Kaschmir verwickelt sei. Die philippinische Armee beschuldigt WAMY der Finanzierung muslimischer Aufständischer. Das FBI nahm die Organisation unter die Lupe, doch aus unerfindlichen Gründen wurden die Agenten wieder abgezogen.«

John Trento, ein amerikanischer Experte für nationale Sicherheit, schrieb hierzu, dass das FBI »sich mit diesen Typen beschäftigen wollte, [...] aber nicht die Erlaubnis dafür bekam«. Er fügte hinzu, dass die WAMY »Verbindungen zu Osama bin Ladens Leuten hatte«, ebenso wie zu anderen »Gruppen mit terroristischem Hintergrund«. Außerdem passt diese Organisation »in das Umfeld der sich aktiv terroristisch betätigenden Gruppen, die von der saudischen Königsfamilie und der Gemeinschaft der saudischen Prinzen – es gibt rund 20 000 Prinzen – finanziert werden. Weiß ich etwas über Straftaten der WAMY? Nein, mir ist nichts dergleichen bekannt. Ist mir vielleicht bekannt, dass das FBI bereits 1996 wegen dieser Organisation sehr beunruhigt war? Ja, das trifft zu.«[26]

Bushs jüngste Order, die Ermittlungen gegen die Familie bin Laden und das saudische Königshaus einzustellen, knüpft an frühere Befehle an, die bis 1996 zurückreichen und Nachforschungen über den zuletzt genannten Personenkreis vereitelten. Der Londoner *Guardian* berichtete zu diesem Thema:

»FBI und Vertreter des militärischen Geheimdienstes in Washington sagen, sie seien noch vor den Terrorangriffen des 11. September aus politischen Gründen an umfassenden Ermittlungen gegen Angehörige der Familie bin Laden gehindert worden.«[27]

Greg Palast von »BBC Newsnight« erläuterte diese Rechercheergebnisse in einem Interview mit der *Green Press*. Dabei erklärte er, dass er und sein Rechercheteam »interne Dokumente des FBI erhalten« hätten, »die beweisen, dass die Ermittlungen gegen die Familie bin Laden und die saudische Königsfamilie beendet worden waren – letztere umfasst einen großen Personenkreis, denn es gibt 20 000 Prinzen.

Das Ziel der Nachforschungen waren die Verbindungen zur Finanzierung des Terrorismus.« Palasts Schlussfolgerung aus diesen Informationen: »Wir hatten da fraglos einen Fall, der zunächst wie das größte Geheimdienstversagen seit Pearl Harbor wirkte. Erst heute erfahren wir: Es war kein Versagen, es war ein Befehl von oben.«[28]

Der zunehmende Druck durch Recherchen kritischer Journalisten, die für die Familien Bush und bin Laden zu peinlichen Enthüllungen führten, scheint den Anstoß für den plötzlichen Entschluss der bin Ladens gegeben zu haben, ihre Anteile an Carlyle nach dem 11. September abzustoßen.[29] Der Zeitpunkt für diese Konsequenz lässt allerdings weitere Fragen aufkommen. Sie beziehen sich auf die näheren Umstände der Finanzaffäre Bush – bin Laden und auf das Problem, ob die Geschäftsbeziehungen wirklich so harmlos waren, wie weiterhin behauptet wird. Wenn dies denn zuträfe: Warum musste sich die Familie bin Laden zurückziehen, um weitere Nachforschungen und Untersuchungen zu verhindern?

Schließlich sollte noch festgehalten werden, dass sich unter der Vielzahl von Projektentwürfen für die Errichtung von Erdölpipelines durch Afghanistan auch ein Jointventure des Bauunternehmens H. P. Price und der Familie bin Laden befindet.[30] H. P. Price hat inzwischen seinen Namen in Bredero Shaw, Inc. geändert. Zufällig gehört dieses Unternehmen einer Tochtergesellschaft des Bauriesen Halliburton, und dessen Chief Executive Officer (CEO) war bis zu den Wahlen im November 2000 der amtierende Vizepräsident Dick Cheney.

Aus all diesen Informationen ergibt sich ein skandalöses Bild. Zwischen den Familien Bush und bin Laden scheint es schon seit langer Zeit finanzielle Verbindungen zu geben. Es sieht auch so aus, als ob Osama bin Laden nach wie vor Verbindungen zu seiner Familie hat. Und gegen Mitglieder dieser Familie gab (und gibt) es Ermittlungen wegen finanzieller Unterstützung des Terrorismus, ganz besonders aber wegen finanzieller Hilfe für das angebliche »schwarze Schaf« der Familie. George Bush jr. blockierte vor dem 11. September die

Ermittlungen zu den Kontakten der bin Ladens zur Terroristenszene. Außerdem hatten beide Familien von einem Krieg gegen Afghanistan, der durch die Anschläge am 11. September ausgelöst wurde, finanzielle Vorteile zu erwarten. Dies deutet auf seit langem bestehende finanzielle Kontakte, die über die Familie bin Laden laufen und eine Beziehung zwischen Osama bin Laden, der Familie Bush und der gegenwärtigen US-Regierung herstellen.

Osama und die Saudis: ein geheimes Bündnis

Es gibt viel Hinweise darauf, dass Osama bin Laden nach wie vor sehr viel Unterstützung genießt. Sie kommt nicht nur von Angehörigen seiner eigenen Familie, sondern auch von Mitgliedern der saudischen Oberschicht. Martin S. Indyk[31], ein ehemaliger hochrangiger Mitarbeiter des US-Außenministeriums und äußerst angesehener Kommentator der amerikanischen Außenpolitik, räumt diesen Zusammenhang ein:

> »Bei Saudi-Arabien gab sich die Regierung Clinton mit der saudischen Praxis zufrieden, Probleme mit Geld aus der Welt zu schaffen. Das funktionierte, solange Riad gleichzeitig auch die immensen Waffenkäufe bezahlte, Boeing-Flugzeuge kaufte, den Ölpreis in vernünftigen Grenzen hielt und den USA die Benutzung saudischer Luftwaffenstützpunkte gestattete. [...] Die Saudis hatten sich geschützt, indem sie die radikalen Islamisten in ihrer Mitte aufnahmen. Diesen Schachzug hielten sie in der unsicheren Zeit nach dem Golfkrieg für nötig. Nach der Übernahme der Regentschaft durch Kronprinz Abdullah im Jahr 1996 begann die Herrscherfamilie mit einer konsequenten Politik der Beschwichtigung von Opposition durch Geld. [...] Die eigene Verwundbarkeit, die im Golfkrieg offenkundig geworden war, steigerte das Bedürfnis des Regimes nach mehr Unterstützung durch den Wahhabismus. Deshalb finanzierte man den Export dieser Auslegung des Islam durch

den Bau von Hunderten von Moscheen und Medresen (Religionsschulen) im Ausland. Besonders intensiv fielen diese Aktivitäten in den Gebieten aus, die vom Zusammenbruch der Sowjetunion betroffen waren: auf dem Balkan, in Zentralasien, Afghanistan und Pakistan. Dort bemühten sich die Saudis im Wettstreit mit den iranischen Mullahs um die Herzen und Hirne der einheimischen muslimischen Bevölkerung. Zu diesem Zweck wurde auch eine halbstaatliche Gesellschaft gegründet, über die reiche Saudis diese Ziele finanziell unterstützten.

Der Export des Wahhabismus aus Saudi-Arabien machte rasche Fortschritte, gleichzeitig wurden die Wohltätigkeitsorganisationen, die ursprünglich zur Verteilung des Geldes eingerichtet worden waren, für andere Zwecke umgewidmet. Inzwischen ist klar, dass der offiziell ausgebürgerte bin Laden dieses System nutzen konnte. Er sammelte auch Geld ein und gründete schließlich sein Netzwerk. Von Saudi-Arabien unterstützte Institutionen [...] wurden als Tarnadressen für die Finanzierung der schändlichen Aktivitäten der al-Qaida genutzt. Auch das sunnitisch-fundamentalistische Taliban-Regime in Afghanistan, das bin Laden und seinen Leuten Zuflucht gewährte, wurde so zum direkten und indirekten Nutznießer saudischer Großzügigkeit.«[32]

Der Zentralasien-Experte Ahmed Rashid berichtete, dass die Saudis es vorzögen, »bin Laden in Afghanistan völlig in Ruhe zu lassen. Seine Verhaftung durch die Amerikaner mit anschließender öffentlicher Gerichtsverhandlung könnte die engen Beziehungen öffentlich machen, die bin Laden nach wie vor zu ihm wohlgesinnten Mitgliedern der Königsfamilie und zu bestimmten Personen im saudischen Geheimdienst unterhält. Und so etwas könnte für die Betroffenen äußerst peinlich werden.«[33]

Hochrangige amerikanische Regierungs- wie auch Geheimdienstmitarbeiter, auch solche in der Regierung Bush, wussten deshalb schon lange um die finanzielle Unterstützung von Osama bin Laden durch Personen des saudischen Establishments. Doch die Regierung hat bis heute offensichtlich (und wohl überlegt) jede Aktivität in dieser Sache verweigert und ist außerdem bestrebt, die Verbindungen zu vertuschen.

Die CIA ignorierte 1998 beispielsweise die Hinweise ihres Mitarbeiters Robert Baer. Er hatte herausgefunden, dass das saudi-arabische Regime einer al-Qaida-Zelle Unterschlupf gewährte, die von zwei bekannten Terroristen geführt wurde. Der amerikanische Geheimdienst bot seinem saudischen Pendant im August 2001 eine detaillierte Liste bekannter Terroristen an, die sich im Land aufhielten. Die Saudis verweigerten die Annahme der Liste.[34]

Wichtig ist an dieser Stelle, dass dies geschah, nachdem die amerikanischen Geheimdienste eine Vielzahl von Warnungen vor einem bevorstehenden Terrorangriff auf amerikanischem Boden erhalten hatten, vor einem Angriff, der von Osama bin Ladens al-Qaida ausgeführt werden sollte. Die Zurückweisung der Terroristenliste fällt auch in genau den Zeitraum, in dem die US-Regierung einer Reihe von Saudis Visa für die Vereinigten Staaten ausstellen ließ. Die Grundlage dafür bot das »U. S. Visa Express«-Programm, ein Verfahren, das die Vorschriften des Außenministeriums für die Erteilung von Visa missachtete. Es war außerdem der Zeitraum, in dem Terroristen saudischer Herkunft sich nach vorliegenden Berichten an amerikanischen Flugschulen und in Militärstützpunkten zu Piloten ausbilden ließen.

Diese Einzelheiten sollten im Zusammenhang mit einem Beitrag der Journalistin Jane Mayer für die Zeitschrift *New Yorker* betrachtet werden. Mayer schildert eine Reise nach Afghanistan, auf die sich Mitglieder der Familie bin Laden – mit Billigung der saudischen Königsfamilie – begaben, um Osama zu treffen. Dies geschah nach Angaben des in London lebenden saudi-arabischen Regimekritikers und al-Qaida-Experten Said al-Fagih »im letzten Frühjahr. ›Die königliche Familie war einverstanden. [...] Das war keine bloße Familienangelegenheit. Es war ein Versuch, sich ihm zu nähern und ihn zu beeinflussen. Sie wollten herausfinden, was er im Hinblick auf die königliche Familie im Schilde führte. *Sie vermittelten ihm den Eindruck, dass sie seine Anhänger in Saudi-Arabien nicht behelligen würden›, solange er sich seine Ziele außerhalb des Wüstenkönigreichs suchte* (Hervorhebung durch den Autor).« Inzwischen sagt Vincent Cannistraro, der ehemalige Leiter der Terrorismusbekämpfung bei der CIA, er habe »in unabhängiger Arbeit herausgefunden, dass *die Saudis* bei einer dieser Reisen *bin Laden ›eine hohe Geldsumme‹ angeboten haben.* Ein Dollarbetrag im hohen zweistelligen Millionenbereich wurde in Aussicht gestellt, falls er bereit wäre, seine mörderische politische Rebellion zu beenden.«[35]

Mit anderen Worten: Solange Osama bin Laden mit seinen terroristischen Umtrieben nicht die Herrschaftsstrukturen des Königreiches Saudi-Arabien angriff und destabilisierte, solange er sich »Ziele außerhalb des Wüstenreiches suchte« – beispielsweise amerikanische Ziele –, würde er weiterhin Finanzhilfe in Höhe von vielen Millionen Dollar erhalten.

Das Bündnis zwischen den USA und Saudi-Arabien

Das saudische Establishment (in jedem Falle wichtige Mitglieder dieser Schicht) unterstützt Osama bin Laden, andererseits haben aber die Vereinigten Staaten stets das saudische Establishment geschützt. In diesem Kontext ist ein Bericht des *New Statesman* zu beachten, in dem es heißt:

> »Bin Laden und seine Bande sind nur die Tentakel. Der Kopf befindet sich in Saudi-Arabien und wird von US-Soldaten bewacht.«[36]

Bei diesem seit langem bestehenden politischen und militärischen Bündnis zwischen Saudi-Arabien und den Vereinigten Staaten, das trotz des amerikanischen Wissens um die saudische Unterstützung für al-Qaida gehalten hat, ist noch ein wichtiger Zusammenhang zu beachten. Die *Washington Post* schrieb dazu: Das »gute Vermögen einer kleinen Gruppe von saudischen Bürgern«, die »gewaltigen persönlichen Reichtum angehäuft« haben, »ergoss sich zum Nutzen von amerikanischen und europäischen Finanzmanagern, von Investmentbanken und Unternehmen, in die Geld investiert wurde, in die Alte Welt:«

> »Angehörige der königlichen Familie in Saudi-Arabien – die insgesamt etwa 40 000 Personen umfasst, darunter 8000 Prinzen – gaben die Richtung vor. Die saudische Regierung machte niemals Angaben zum Anteil aus den Öleinkünften, der an die Königsfamilie ging. Die einflussreichsten unter den Prinzen häuften phantastische Vermögen an. Nach einem glaubwürdigen Bericht haben beispielsweise Mitglieder der Königsfamilie Guthaben in Wert von einigen Milliarden Dollar bei der Banque Pictet in Genf. [...]
>
> Nach beinahe drei Jahrzehnten der ungestörten Anhäufung von Reichtum verfügt ein Personenkreis, der von Bankiers als ›saudische Persönlichkeiten mit hohem Nettovermögen‹ (high net worth Saudi individuals) bezeichnet wird, über ein Auslandsvermögen von 500 Milliarden bis 1 Billion Dollar. Das meiste davon ist in europäischen und amerikanischen Investments angelegt. Brad Bourland, der Chefvolkswirt der Saudi American Bank (ein Viertel dieses Unternehmens gehört der Citibank), sagte im vergangenen Juni bei einem Vortrag in London, dass die neuesten Schätzungen seines Hauses zu dieser Summe bei etwa 700 Milliarden lägen. Möglicherweise handelt es sich um bis zu eine Billion Dollar.
>
> Raymond Seitz, der stellvertretende Chairman von Lehmann Brothers in London, ein ehemaliger amerikanischer Botschafter in London, gab eine ähnliche Schätzung ab. Seitz sagte, die Saudis legten im Regelfall drei Viertel ihres Geldes in den Vereinigten Staaten an, den Rest in Europa und Asien. Das könnte bedeuten, dass saudische Staatsbürger 500 bis 700 Milliar-

den Dollar in die amerikanische Volkswirtschaft investiert haben.

Das ist eine gewaltige Menge von fungiblen Vermögenswerten, die die amerikanische Volkswirtschaft stützen und einem relativ kleinen Personenkreis gehören. Die Banken schätzen diesen Kreis nach Seitz' Worten auf etwa 85 000 saudische Staatsbürger. Für Börsenmakler und Bankiers in London, Genf und New York kann die Verwaltung dieser Milliarden Dollar ein lukratives Geschäft sein.«[37]

Bei gründlicher Nachforschung stößt man tatsächlich auf seit langem bestehende finanzielle Verbindungen zwischen dem Weißen Haus und einflussreichen saudischen Persönlichkeiten. Doch es kommt noch schlimmer: Es gibt glaubwürdige Berichte, denen zu entnehmen ist, dass Mohammed Atta, der Anführer der Flugzeugentführer am 11. September, Verbindungen zur saudischen Königsfamilie hatte. Die amerikanisch-saudischen Verbindungen im Zusammenhang mit dem 11. September griff auch der Journalist und ehemalige NBC-Fernsehproduzent Daniel Hopsicker auf. Er beschäftigte sich mit dem Fluglehrer Rudi Dekkers und dessen Firma Huffman Aviation in Florida. Hopsicker nimmt Bezug auf einen Bericht in der *Tampa Tribune* und erinnert sich an den Start eines zweimotorigen Learjets am 13. September 2001, »zu einem Zeitpunkt, als alle anderen Privatflugzeuge im Land aus Sicherheitsgründen Startverbot hatten«. In diesem Privatflugzeug »saßen ein saudi-arabischer Prinz, Sohn des saudischen Verteidigungsministers, sowie der Sohn eines hohen saudischen Offiziers. Der Flug führte von Tampa nach Lexington in Kentucky, wo saudische Prinzen im Bluegrass Country Rennpferde gekauft hatten. Von dort aus verließen alle zusammen mit einer privaten Boeing 747 das Land.« Die US-Regierung bestreitet, dass dieser Flug stattgefunden hat. Hopsickers Kommentar, ergänzt durch ein Zitat aus dem Bericht der *Tribune*: »Kein Mitarbeiter der Regierung gibt zu, was wirklich geschehen ist. Doch da sind auch noch die beiden bewaffneten Leibwächter, die angeheuert wurden, um ihre Kunden aus dem Staat hinauszubringen. Sie berichteten bereitwillig von einer Reise, mit der sie sehr lebendige Erinnerungen verbanden.« Die *Tribune* kommentierte, dass diese Geschichte »einen Einblick in die internationalen Machenschaften nach den Terrorangriffen auf Amerika« gebe. Hopsickers bissiger Zusatz: »Der Vorgang gibt auch einen Einblick in Privilegien, die diesen saudischen Staatsangehörigen gewährt, amerikanischen Bürgern jedoch verweigert wurden.«

Ein Flugzeug mit führenden Mitgliedern des saudischen Königshauses an Bord durfte starten, während alle anderen Privatflugzeuge am Boden bleiben mussten: Das ist ein sicheres Zeichen dafür, dass eine auf hoher Regierungsebene ausgestellte Ausnahmegenehmigung vorgelegen haben muss. Die Bundesregierung hatte das Startverbot für Privatflugzeuge mit einem nationalen Notstand begründet, doch für diesen einen saudischen Flug gab es grünes Licht. Hopsicker spürte die Besitzer des Learjets auf, mit dem die Saudis Tampa verlassen hatten – und das führte ihn unweigerlich zur Firma Huffman Aviation in Venice/Florida zurück: »Das Flugzeug kam aus einem privaten Hangar bei Raytheon Airport Services in Tampa. Also gingen wir zuerst dorthin. [...] Raytheon ist ein wichtiges Unternehmen im Bereich der militärischen Geheimdienste:«

> »Als wir bei Raytheon anfragten, wer denn der Besitzer des Learjets sei, erhielten wir zur Antwort, wir müssten zuerst diesen Mann fragen: Er sollte Raytheon anweisen, uns diese Frage zu beantworten.
> Ein Sprecher von Raytheon sagte: ›Ich habe unsere Position bezüglich Informationen zu Eigentümern bzw. Kunden überprüft: Wir geben keine Auskunft, solange nicht der Besitzer selbst die Information freigibt.‹ [...]
> Schließlich [erfuhren wir] von einem sachkundigen Informanten aus dem Luftfahrtbereich, dass der fragliche Learjet sehr wahrscheinlich von einem Charterdienst in Naples/Flori-

da gestellt worden war. ›Wally Hilliard ist der einzige Anbieter eines Lear-Charterdienstes im Südwesten von Florida‹, sagte unser Mann. ›Wenn an diesem Tag ein Learjet geflogen ist, muss er ihm gehört haben.‹

Der Unternehmer ›im Ruhestand‹ Hilliard hat eine Vielzahl von geschäftlichen Verbindungen. Unter anderem ist er auch der Partner und Finanzier des ›Magic Dutch Boy‹ Rudi Dekkers. Und Dekkers' Flugschule in Venice/Florida war die Anlaufstelle der Terroristen in Amerika.

Wenn Hilliards Learjets die Saudis in einer CIA-Aktion (oder: von höchster Ebene gesteuerten Regierungsaktion) aus dem Raytheon-Gelände herausschleusen konnten, Hilliard gleichzeitig aber auch der Boss von Magic Dutch Boy Rudi Dekkers ist, dessen Unternehmen Mohammed Atta und seinen Terrorkadern das Fliegen beigebracht hat ... Nun, daraus kann jeder seine Schlüsse selbst ziehen ... Mr. Hilliard hat bis zum Druckbeginn nicht auf telefonische Anfragen zu einer Stellungnahme geantwortet.«[38]

Diese Berichte legen den Verdacht nahe, dass während der Ausbildung der al-Qaida-Terroristen bei Huffman Aviation nicht nur sehr enge Verbindungen zu den wichtigsten Angehörigen des saudischen Königshauses bestanden, sondern vermutlich auch Beziehungen zur US-Regierung. Dekkers, der Fluglehrer Attas und seiner Gefärten, ist der Partner von Hilliard und wird von diesem auch finanziell unterstützt. Hilliards Jets wiederum hatten Mitglieder des saudischen Königshauses an Bord und starteten mit Genehmigung der US-Regierung. Dieser Vorgang verweist natürlich auf Verbindungen von Dekkers' Chef zu hohen Regierungsstellen. Diese alarmierenden Indizien zwingen förmlich zu weiteren Nachforschungen.

Noch schlimmer wirkt die dokumentierte Tatsache, dass Huffman Aviation vor dem 11. September bei der Erteilung von Visa von der US-Regierung bevorzugt behandelt wurde. »In Florida gibt es über 200 Flugschulen. Sämtliche Terrorpiloten entschieden sich für eine der beiden Schulen in Venice, Florida. Diese beiden Schulen in Venice waren die Anlaufstelle der Terroristen in Amerika:«

»Was machte diese beiden Flugschulen bei den Terrorkadern so beliebt?
Es scheint so, als würden einige Flugschulen Privilegien genießen. […] In einem der ersten Berichte über die Flugschulen in Florida konnte man lesen: ›Einige Schulen sind von der Einwanderungsbehörde INS zur Ausgabe der heiß begehrten Einreiseformulare I-20M ermächtigt worden. Das erleichtert ausländischen Studenten den Erwerb von Visa zur Einreise in die USA für ein Berufspraktikum.
Raten Sie mal, wer eins dieser ›heiß begehrten‹ Visa für ein ›Berufspraktikum‹ in der Tasche hatte? Mohammed Atta, der mutmaßliche Drahtzieher der heimtückischsten Terrorattacke aller Zeiten. […]
Und raten Sie doch mal, wer ihm dieses Papier gab? Das bekam er bei Rudi Dekkers' Flugschule, bei Huffman Aviation. […] Dekkers hatte zunächst jegliche Verantwortung für die Visa der Terror-Flugschüler zurückgewiesen. Er sagte: ›Ausländische Bewerber müssen sich an die Einwanderungsbehörde INS wenden‹. Und von dieser Behörde erwartete Dekkers eine Überprüfung des persönlichen Hintergrundes der Bewerber. ›Wir schicken ihnen die Formulare, und sie gehen damit dann zu ihren Botschaften‹, erklärte er. Doch Richard Nyren, ein Brite, der sich gemeinsam mit den Terrorpiloten bei Dekkers ausbilden ließ, hatte zur selben Zeit, als sein Fluglehrer diese Äußerungen machte, Reportern berichtet, dass es keineswegs so leicht sei, an ein Studentenvisum zu kommen. Auch nicht mit Hilfe der Schule.
Warum hatte Mohammed Atta in den Mangrovensümpfen im Südwesten Floridas so viel ›Glück‹? Er erhielt sein ›heiß begehrtes‹ I-20M-Formular, weil ›einige‹ Flugschulen von der Einwanderungsbehörde INS zur Ausgabe dieser Papiere ermächtigt wurden. Nicht ›alle‹, nur ›einige‹ Schulen. Schulen

wie Rudi Dekkers' Firma Huffman Aviation. Die Frage, die sich dabei stellt, lautet: Was zeichnete Dekkers' Schule vor den anderen aus?«[39]

Welche Richtlinien des Außenministeriums finden bei bestimmten Flugschulen Anwendung – im konkreten Fall: bei Huffmann Aviation –, denen das Recht eingeräumt wird, Schülern aus dem Ausland Visa zu erteilen? Was qualifizierte gerade Huffman Aviation, eine Firma, die zuvor schon ein nicht näher beschriebenes »grünes Licht« von der Drug Enforcement Administration erhalten hatte, für eine weitere privilegierte Behandlung von Seiten der US-Regierung: für die »heiß begehrte« Vollmacht, ausländischen Flugschülern Visa zu erteilen?

Osamagate?

Der Schweizer TV-Journalist Richard Labevière ist ein Experte für arabische und afrikanische Politik. In seiner Untersuchung der Beziehungen zwischen al-Qaida und den USA, für die er vier Jahre recherchiert hatte, hielt er kurz und bündig fest: »Saudi-Arabien finanziert bin Ladens Netzwerke.« Diese haben an Macht gewonnen, schreibt Labevière, »durch die aktive Unterstützung Saudi-Arabiens, der Vereinigten Arabischen Emirate und anderer Erdölmonarchien und mit dem Wohlwollen der amerikanischen Geheimdienste, die in diesen Regionen tätig sind.«

Labevière zitiert in aller Ausführlichkeit seine Informanten aus der europäischen Geheimdienstszene und zieht in seinem Buch *Dollars for Terror* – das in der europäischen Presse sehr positiv aufgenommen wurde – die Schlussfolgerung, dass die von Osama bin Laden ins Leben gerufenen Terrornetzwerke »von Mitarbeitern der amerikanischen Geheimdienste aufgepäppelt und ermutigt worden sind. Das gilt ganz besonders für die Clinton-Jahre.« Al-Qaida wurde nach Labevières Erkenntnissen »protegiert, weil das Netzwerk der US-Außenpolitik und den militärischen Interessen Amerikas dienen sollte«.[40]

Eine Studie über die amerikanischen Beziehungen zu einzelnen al-Qaida-Aktivisten, die in Terroranschläge gegen die USA verwickelt waren, bestätigt diese Thesen. Zum Beispiel gab es merkwürdige und lang anhaltende Verbindungen zwischen amerikanischen Geheimdiensten und Scheich Omar Abdul Rahman, der als der »blinde Scheich« bekannt ist. Rahman wurde 1995 als Kopf einer Terrorkampagne gegen die USA, die 1993 im ersten Anschlag auf das World Trade Center gipfelte, zu einer Haftstrafe verurteilt. Der »blinde Scheich« war während des Krieges gegen die sowjetische Besatzungsmacht in Afghanistan ein enger Gefährte Osama bin Ladens.[41]

Scheich Omars Engagement im Afghanistan-Krieg gegen die Sowjets erklärt allerdings nicht, warum er nach dem Ende des Krieges 1989 immer wieder in die USA einreisen konnte. Der amerikanische Rechtsanwalt Richmond C. Odom berichtet: »Im Jahr 1990, als Scheich Omars Name ohne jeden Zweifel auf der Überwachungsliste (Watch List) des Außenministeriums stand, ließ sich Omar im Sudan nieder und kam irgendwie in den Besitz eines sudanesischen Passes.«[42]

Scheich Omar kam in Ägypten zur Welt, studierte in Saudi-Arabien, Afghanistan und Pakistan und war niemals zuvor im Sudan. Wie kam er in den Besitz eines Passes, mit dem er zum gebürtigen Sudanesen erklärt wurde?

Weitere Berichte füllen die Ermittlungslücken. Scheich Omar erhielt sein nächstes Visum für die USA nicht von einem gewöhnlichen Konsularbeamten, sondern von einem in der US-Botschaft in Khartum arbeitenden CIA-Agenten – obwohl der Scheich auf der Überwachungsliste des Außenministeriums stand.[43] Im Anschluss an seine erneute Einreise setzte der blinde Scheich seine terroristischen Aktivitäten in den USA fort. Rechtsanwalt Odom teilt hierzu mit: »Der Scheich kam mit einem B-2-Besuchervisum nach Amerika.

Im Kennedy-Flughafen marschierte er geradewegs und völlig unbehelligt durch den Zoll. (Noch einmal: Das geschah zu einer Zeit, als der Scheich auf der Überwachungsliste des State Departments stand.):«

»Dann wurde er zu einer Moschee in New Jersey chauffiert und begann mit der Niederschrift von Predigten, die in Moscheen in New Jersey und Brooklyn verlesen werden sollten. Wenige Tage später beantragte die Moschee eine Green Card für den Scheich, der ein ›Diener der Religion‹ sei.
Scheich Omars Predigten bestanden aus Schmähungen. Sie waren gespickt mit heftigen Angriffen auf den ›Satan Amerika‹ und die ›Hure Amerika‹. Die Amerikaner wurden als ›Ungläubige‹ bezeichnet, und Allah habe verfügt, dass alle Ungläubigen, die nicht zum Islam übertreten wollten, des Todes seien. Omar verstand sein Handwerk sehr gut. Er rief zum islamischen Dschihad auf – gegen Amerika.
In der Zeit, in der Omar seine Anhänger zum Terror gegen die Amerikaner anstachelte, wurde ein junger Ingenieur namens Ehmad Salem in den engsten Mitarbeiterkreis des Scheichs aufgenommen. Was Omar nicht wusste: Salem war ein Spitzel des FBI. Er berichtete seinen Auftraggebern von mehreren Mudschaheddin-›Zellen‹, die an einer Reihe von markanten Punkten in New York City und Umgebung Sprengstoffattentate planten. Zu den bekanntesten Zielen gehörten der Holland Tunnel, die Freiheitsstatue, die New Yorker Börse und das World Trade Center. Salem warnte das FBI im Dezember 1992, kurz nachdem Scheich Omar seine Green Card erhalten hatte, vor einem für Anfang 1993 geplanten Anschlag auf eines der genannten Ziele.
Am 26. Februar 1993 explodierte eine Bombe in der Tiefgarage unter dem World Trade Center. Das FBI war trotz Salems Warnung offensichtlich nicht in der Lage gewesen, den Anschlag zu verhindern.«[44]

Scheich Omars Green Card war genehmigt worden, obwohl das Außenministerium im November 1990 sein Visum für ungültig erklärt und außerdem die Einwanderungsbehörde INS angewiesen hatte, seinen Aufenthaltsort ausfindig zu machen. Doch offensichtlich wies man Omar nicht aus, nachdem die INS ihn gefunden hatte, sondern genehmigte ihm sogar per Green Card den unbefristeten Aufenthalt in den USA.[45]

Dasselbe Muster in den Verbindungen zwischen den amerikanischen Geheimdiensten und al-Qaida-Terroristen zeigte sich auch 1998 bei den Bombenanschlägen auf die US-Botschaften in Kenia und Tansania. Ali Mohammed, ein gebürtiger Ägypter und ehemaliger Sergeant der US-Armee, sagte vor einem Gericht in New York aus, er habe nach seinem Abschied von der Armee im Jahr 1989 an der Ausbildung der al-Qaida-Aktivisten mitgewirkt. Im Jahr 2000 gab er außerdem zu, an den Botschaftsattentaten 1998 beteiligt gewesen zu sein. Labevière berichtete jedoch, der Ex-Sergeant habe »in mehreren Lagern im Gebiet von New York City militante Islamisten ausgebildet«, und legte den Verdacht nahe, dass er »ein Agent im Dienst der USA war«.[46]

Ali Mohammed war gebürtiger Ägypter und stieg in seinem Heimatland bis zum Rang eines Majors der Eliteeinheit Special Forces auf. 1984 wurde er unter dem Vorwurf des religiösen Extremismus aus der ägyptischen Armee entlassen. Er nahm Kontakt zur CIA auf und »bot seine Dienste als Spion an«, wie ein US-Beamter nach der Zusicherung von Anonymität aussagte. Die CIA habe Ali Mohammed als unzuverlässig eingestuft und auf seine Informantendienste verzichtet, sagte der Beamte. Nach Angaben weiterer US-Beamter sei Mohammed schließlich auf eine Überwachungsliste der Regierung gesetzt worden.[47] Man hätte ihm deshalb, wie auch Scheich Omar, die Einreise in die USA verweigern sollen.

Ein Bericht des *Wall Street Journal* gibt weiteren Aufschluss darüber, dass FBI und CIA von Mohammeds Kontakten zu Terroristen wussten. Dennoch erhielt er ein Einreisevisum, heiratete eine Amerikanerin, wurde Bürger der USA, zog nach Kalifornien und wurde schließlich 1986 Sergeant der US-Armee. Bis 1989 war er Dozent für Nahostfragen am John F. Kennedy Special Warfare Center and School in Fort Bragg, North Carolina.

US-Armee und CIA verweigerten jeden Kommentar, als sie von Reportern des *Wall Street Journals* gefragt wurden, ob Mohammed im US-Stellvertreterkrieg gegen die Sowjets in Afghanistan für die CIA gearbeitet habe. Ali Zaki jedoch, ein Geburtshelfer aus San Jose und enger Freund Mohammeds, gab bereitwillig Auskunft: »Alle Leute in der Geheimdienstszene wussten, dass er als Verbindungsmann zwischen der CIA und der afghanischen Sache fungierte.«[48] Mohammeds Beziehungen zur amerikanischen Militär- und Geheimdienstszene in der Folgezeit sind noch ungeklärt. Die Zeitung *Raleigh News & Observer* berichtete hierzu:

> »Mohammeds Beziehungen zum FBI und den Geheimdiensten bleiben geheimnisumwittert. Die Absprachen zum Schuldbekenntnis sind abgeschlossen, ebenso wie viele Gerichtsdokumente und ein großer Teil der Aussagen. Bei der Verhandlung, in der die anderen vier Angeklagten zu Haftstrafen verurteilt wurden, hatte man mit einer Aussage Mohammeds gerechnet – aber er schwieg. Mohammed und sein Rechtsanwalt haben alle Bitten um ein Interview abgelehnt.«

Derselbe Bericht enthält Beweise, die eine Agententätigkeit Mohammeds für die CIA nahe legen. Im *News & Observer* ist zu lesen, dass Mohammed etwa zu der Zeit, als er Major der ägyptischen Special Forces und gleichzeitig auch Mitglied der extremistischen Gruppe Islamischer Dschihad wurde, »von der ägyptischen Armee zum Special-Forces-Training nach Fort Bragg geschickt wurde – das ist bei Offizieren aus mit den USA befreundeten Staaten üblich:«

»Bei dieser Ausbildung lernte er Seite an Seite mit den Green Berets, wie man bei schwierigen Aufträgen Elitesoldaten führt: bei besonderen Spähtruppunternehmen, unkonventioneller Kriegsführung und Operationen zur Niederschlagung von Unruhen. Nach viermonatiger Ausbildung erhielt er ein mit dem Grünen Barett verziertes Diplom. Nach seiner Rückkehr in die Heimat diente er noch weitere drei Jahre in der ägyptischen Armee. 1984 nahm er seinen Abschied und arbeitete künftig als Sicherheitsfachmann für Egypt Air. Und gleichzeitig nahm er Kontakte zur CIA auf.«

1986 wurde Mohammed dann in die US-Armee aufgenommen. 1988 war er immer noch im aktiven Dienst, flog während eines Urlaubs nach Afghanistan, kämpfte dort gegen die Sowjets und nahm Kontakt zu Osama bin Laden auf, was offensichtlich mit finanzieller Unterstützung durch die CIA geschah. Nach seiner ehrenhaften Entlassung aus der Armee im Jahr 1989 gehörte Mohammed fünf weitere Jahre lang – also bis 1994 – einer Reservisteneinheit an. Amerikanische Gerichtsdokumente beweisen, dass Mohammed sowohl als Soldat im aktiven Dienst wie auch als Reservist ins Ausland reiste, um dort Osama bin Laden und seine Gefolgsleute zu treffen. Außerdem bildete er in den USA selbst al-Qaida-Mitglieder aus.

»Gegen Ende seiner Zeit in Fort Bragg intensivierte Mohammed offensichtlich seine Arbeit mit terroristischen Gruppen. Gerichtsdokumente zeigen, dass er an den Wochenenden nach New Jersey fuhr und dort andere islamische Fundamentalisten in Geländeerkundung sowie im Umgang mit Waffen und Sprengstoffen unterrichtete. Er führte diese Ausbildungsmaßnahmen auch nach seiner ehrenhaften Entlassung aus der Armee fort. Zu diesem Zeitpunkt enthielt seine Personalakte mehrere anerkennende Vermerke, unter anderem ein Lob für ›Patriotismus, Tapferkeit, Treue und ausgezeichnete Leistungen‹.«

Der pensionierte Oberstleutnant Robert Anderson diente zu jener Zeit ebenfalls in Fort Bragg und sagt heute aus, dass er seine Vorgesetzten über Mohammeds Kontakte mit Terroristen informiert habe, doch es sei nichts unternommen worden. Mohammed hatte 1988 im Gespräch mit Anderson und anderen sogar offen zugegeben, dass er am Krieg gegen die sowjetische Okkupation Afghanistans teilnehmen werde. Der *Raleigh News & Observer* schreibt dazu, dass »die Teilnahme an einem Krieg zwischen anderen Ländern für einen amerikanischen Soldaten im aktiven Dienst äußerst unüblich, wenn nicht sogar illegal war«. Anderson übergab seinen Vorgesetzten zwei Wochen vor Mohammeds Abreise einen Bericht mit Informationen zur Sache, doch dieses Papier wurde ignoriert. Der Oberstleutnant zog aus dem Schweigen seiner Vorgesetzten die Schlussfolgerung, dass Mohammed von den US-Geheimdiensten »finanziell unterstützt« wurde.[49]

Bis zum heutigen Tag hüllt sich die amerikanische Regierung in Schweigen, wenn es um Mohammeds Rolle geht, um seine parallelen Kontakte zum amerikanischen militärischen Geheimdienst und zu al-Qaida sowie um die Dauer dieser Kontakte. Der US-Militärgeheimdienst scheint Mohammed die Fortsetzung seiner terroristischen Aktivitäten erstaunlicherweise über die ganzen Neunzigerjahre hinweg erlaubt zu haben. Er blieb bis zu den Bombenanschlägen auf die US-Botschaften im Jahr 1998 unbehelligt. Offizielle Geheimdienststellen behaupten, Mohammed habe sich gegen die amerikanische Regierung gewandt, als diese Hunderttausende von Soldaten nach Saudi-Arabien schickte und anschließend gegen den Irak Krieg führte. Doch diese Behauptung stimmt nicht mit den Tatsachen überein: Mohammed arbeitete auch nach seinem angeblichen Sinneswandel als Informant für das FBI. Er sollte bei dem Versuch mithelfen, das illegale Einschleusen nicht registrierter Arbeitskräfte aus Mexiko zu verhindern.[50] 1992 wurde er dann in einem Ausbildungslager für muslimische Guerillakämpfer in Afghanistan gesehen. Dieses Lager war einst mit finanzieller Unterstützung der US-Regierung unter Osama bin Ladens Gesamtleitung errichtet worden. Zu dieser Zeit war Ali Mohammed auch noch Mitglied einer Reservisteneinheit der US-Armee.

Die Gleichgültigkeit gegenüber Mohammeds Umtrieben hielt sogar noch an, als im New Yorker Terrorprozess von 1995 plötzlich von ihm gestohlene Dokumente der Special Forces auftauchten. Die Unterlagen enthielten deutliche Hinweise auf seine terroristischen Verbindungen und Aktivitäten in Zusammenarbeit mit al-Qaida. Bis heute erhielt Mohammed keine Aussagegenehmigung für die Prozesse zu den Botschaftsattentaten. Er befindet sich nach wie vor in US-Gewahrsam an einem sicheren und geheimen Ort. Trotz seines Schuldbekenntnisses wurde er nicht verurteilt.[51]

Folgende Fragen sind ungeklärt: Was will die US-Regierung verheimlichen bei ihren Beziehungen zu dem ehemaligen Sergeanten der US-Armee, der al-Qaida-Terroristen ausbildete? Was ist hier so geheim, dass der Angeklagte trotz seines Schuldbekenntnisses im Zusammenhang mit den Botschaftsattentaten von 1998 bis heute weder eine Aussagegenehmigung für eine öffentliche Gerichtsverhandlung erhielt, noch für sein Verbrechen verurteilt wurde? Soll das auf unbestimmte Zeit so bleiben?

Richard Labevière liefert eine vernünftig anmutende Erklärung für diesen Sachverhalt. Seine durch Informanten aus europäischen Geheimdienstkreisen gestützte These ist: Die CIA verhinderte den Zugriff des FBI auf bin Ladens Terrornetzwerke:

> »Hier offenbart sich ein Bin-Ladengate, und es gibt kein Entrinnen. Wenn dieser Skandal eines Tages ans Licht kommt, wird sich zeigen, welche Rolle die verschiedenen amerikanischen Geheimdienste jeweils gespielt haben. Es wird dabei um die Vorgänge gehen, die zu den Bombenattentaten auf die Botschaften in Nairobi und Daressalam geführt haben.«

Labevière fährt fort: Clinton und seine wichtigsten Berater sahen nicht vorher, dass sich al-Qaida schließlich gegen die Vereinigten Staaten wenden würde. Sie änderten ihre Position auch nicht, als der Tatbestand klar war, »denn sie dachten, dass die USA trotzdem von dieser Praxis langfristig profitieren würden«.[52] Er zitiert einen ehemaligen CIA-Experten für die mit dieser Politik verbundenen Ziele. Dieser Mann sieht die politische Motivation der US-Regierung eher in strategischen und wirtschaftlichen Interessen als in der Fürsorge für das Leben der amerikanischen Bürgerinnen und Bürger. Der Ex-CIA-Mann sagte unter Anspielung auf eine Politik, die sich zur Absicherung regionaler strategischer Interessen der USA während der gesamten Neunzigerjahre des al-Qaida-Netzwerks bediente:

> »Die Politik einer Steuerung der Entwicklung des Islam und der Unterstützung seiner Vertreter gegen unsere gemeinsamen Gegner funktionierte in Afghanistan gegen die Rote Armee ganz wunderbar. Die gleichen Doktrinen sind auch heute noch anwendbar, zum Beispiel für die Destabilisierung verbliebener russischer Macht, besonders aber, um dem chinesischen Einfluss in Zentralasien zu begegnen.«

Die CIA hatte sich das so vorgestellt, dass man die Beziehungen zu den »Islamisten« in Afghanistan weiter pflegen würde. Zunächst hatte man sie für die Vertreibung der sowjetischen Invasoren aus Afghanistan benutzt, doch die amerikanischen Geheimdienste hatten auch Pläne für künftige Einsätze von Osama bin Laden und al-Qaida jenseits der afghanischen Grenzen. Es gibt kaum einen Zweifel an der Vermutung, dass die CIA umfassende weitere Verwendungsmöglichkeiten für das Terrornetzwerk sah, das bin Laden während des Kalten Krieges aufgebaut hatte. Für die Zeit danach waren Einsätze im internationalen Rahmen vor allem gegen russische und chinesische Machtansprüche denkbar, zum Beispiel in Osteuropa, auf dem Balkan und in Zentralasien. Die CIA dachte mit dem Beginn der aktiven amerikanischen Afghanistan-Politik stets an eine weitere Nutzung des von Osama bin Laden geschaffenen Netzwerks. Diese Strukturen sollten auch nach dem Ende des Krieges gegen die sowjetische Okkupation des Landes weiter benutzt werden. Die CIA plante deshalb im Besonderen eine weitere Infiltration und Kontrolle der al-Qaida aus der Ferne, als Mittel zur Erweiterung der amerikanischen Macht, während man in Osteuropa und Zentralasien den Rivalen der USA entgegentrat. Genau so geschah es in der Folgezeit dann auch. Al-Qaida nahm aktiv an den Balkankriegen teil (in Bosnien und im Kosovo) und kämpfte geschützt und mit aktiver Unterstützung durch amerikanische Streitkräfte.

Auch nachdem Osama bin Laden auf der FBI-Liste der meistgesuchten Personen gelandet und eine Belohnung für seine Ergreifung ausgesetzt worden war, übte das US-Außenministerium »niemals richtigen Druck auf die Taliban aus, um ihn dingfest zu machen«. Ein Bericht der Nachrichtenagentur Associated Press zeigte, dass die amerikanischen Bomben auf den Sudan und Afghanistan, angeblich eine Vergeltungsmaßnahme für die Bombenattentate gegen die beiden Botschaften, nicht Osama bin Laden treffen sollten.

AP schrieb, dass die Regierung Clinton »sehr genaue Informationen« über bin Ladens Aufenthaltsort gehabt habe. Dennoch gab es keinen Versuch, den al-Qaida-Chef gefangen zu nehmen oder zu töten – im Gegensatz zu den öffentlich vorgetragenen Begründungen für das Bombardement. Labevières Schlussfolgerungen sollten ernst genommen werden. Sie basieren auf rund hundert Interviews, einer Vielzahl journalistischer Recherchen, auf Aussagen von Mitarbeitern europäischer Geheimdienste, jahrelangen Forschungen in Archiven und Erkenntnissen durch Reisen an die Orte des Geschehens.[53]

Es gibt tatsächlich Dokumente, die belegen, dass die US-Regierung zwei Wochen vor dem Bombenattentat in Kenia gewarnt worden war. Beim Prozess gegen vier mutmaßliche

Attentäter wies die Verteidigung in schlüssiger Weise nach, dass US-Beamte die eingegangenen Warnungen nicht an die Mitarbeiter der bedrohten Botschaften weitergegeben hatten.[54]

Es sieht ganz so aus, als ob al-Qaida auch in der Anfangsphase des Bosnien-Krieges zur Wahrung amerikanischer Interessen eingesetzt worden sei. Im innermuslimischen Konflikt unterstützten die USA die Attacke des Izetbegovic-Regimes auf den muslimischen Lokalrivalen Fikret Abdic.[55] Als direkte Konsequenz der von den USA unterstützten Infiltration von Anhängern bin Ladens nach Bosnien wurde das Land zur Schaubühne für radikale Terrorgruppen aus ganz Europa. Die Pariser Tageszeitung *Le Figaro* berichtete 1995, dass »islamische Fundamentalisten aus Algerien ein Netzwerk in ganz Europa eingerichtet haben. Die Kämpfer wurden in afghanischen Guerillalagern ausgebildet, [...] und einige von ihnen sammelten in Bosnien Kampferfahrung.«[56] Die *Los Angeles Times* zitierte aus einer Ende 2000 erarbeiteten geheimen Studie des State Departments. Diesem Papier war zu entnehmen, dass die von den USA unterstützte bosnische Regierung »Hunderten von ausländischen islamistischen Extremisten« Unterschlupf gewährte. Zu diesem Personenkreis gehörten auch »hart gesottene Terroristen, die zum Teil Verbindungen zu bin Laden hatten«. Deshalb seien »amerikanische und europäische Regierungskreise ob des Umfangs und der Reichweite von bin Ladens Netzwerk im Westen zunehmend besorgt. Auch die Nähe der von Bosnien aus agierenden Terroristen zum Herzen Europas gibt Anlass zur Besorgnis.«[57]

Offensichtlich hat die amerikanische Regierung aus ihren Erfahrungen nichts gelernt. Oder sie hat doch etwas begriffen, setzt aber ihre Politik unbeirrt fort, obwohl sie sich der damit verbundenen Gefahren für das Leben amerikanischer Staatsbürger voll bewusst ist. Das Vorgehen in Bosnien wiederholte sich im Kosovo. John Kasich, Abgeordneter im Repräsentantenhaus und Mitglied des Streitkräfteausschusses, räumte öffentlich ein: »Wir banden uns an die Kosovo-

Befreiungsarmee UCK, die wiederum das Sammelbecken für bin Ladens Leute war.«[58] Auf diese Weise, über die Unterstützung der UCK durch die CIA, war die amerikanische Regierung beim Krieg gegen Jugoslawien mit bin Laden verbündet. Die *Washington Times* schrieb hierzu: »Einige Angehörige der Kosovo-Befreiungsarmee, die ihren Krieg durch den Heroinhandel finanzierte, absolvierten ihre militärische Ausbildung in Terroristen-Stützpunkten. Deren Betreiber ist der international gesuchte Osama bin Laden:«

> »Die UCK-Leute waren die Partner der Regierung Clinton während der Bombardierung Serbiens [...] durch die NATO, mit der Jugoslawiens Präsident Slobodan Milošević an den Verhandlungstisch gezwungen werden sollte. Ihre militärische Ausbildung erhielten die UCK-Mitglieder in geheimen Lagern in Afghanistan, Bosnien-Herzegowina und an anderen Orten. Das geht aus in jüngster Zeit aufgetauchten Geheimdienstberichten hervor. [...] In diesen Berichten ist auch zu lesen, dass bin Ladens Organisation al-Qaida die UCK bei der Ausbildung ihrer Soldaten und auch finanziell unterstützt hat. Belegt sind außerdem zahlreiche Grenzübertritte durch ›ausländische Kämpfer‹ in den Kosovo hinein. Unter diesen Leuten waren auch kampferfahrene Männer der militanten Organisation Islamischer Dschihad aus Bosnien, Tschetschenien und Afghanistan.«[59]

Ralf Mutschke, stellvertretender Direktor der Interpol-Direktorats für Criminal Intelligence, das sich mit der Auswertung und Analyse von Informationen zur Kriminalität beschäftigt, sagte hierzu im Dezember 2000 vor dem US-Kongress: »Das amerikanische Außenministerium führte die UCK im Jahr 1998 als Terrororganisation. Das Ministerium verwies in diesem Zusammenhang auf die Finanzierung der UCK durch Gelder aus dem internationalen Heroinhandel und Spenden von islamischen Staaten und Einzelpersonen, zu denen angeblich auch Osama bin Laden gehörte.« Mutschke bestätigte auch, dass Osama bin Laden einen seiner führenden Kommandeure in den Kosovo entsandt haben soll. Dieser Mann sollte »während des Kosovo-Konflikts eine Eliteeinheit der UCK« führen.[60]

Einen großen Teil des UCK-Budgets finanzierte laut Mutschke Osama bin Laden, und Kämpfer der UCK wurden in Lagern der al-Qaida ausgebildet. Doch auch Angehörige des amerikanischen und britischen Militärgeheimdienstes hatten direkten Kontakt mit der von al-Qaida unterstützten UCK. Sie boten ihre Hilfe sowie weitere umfassende Ausbildungsmaßnahmen an.[61]

Die Regierung Bush setzte diese Politik der Unterstützung von Teilen des Terrornetzwerks al-Qaida auf dem Balkan fort. Der Journalist William Norman Grigg beschrieb im konservativen Nachrichtenmagazin *New American*, wie »die Regierung Bush eine Terrorkampagne unterstützte, die von der Nationalen Befreiungsarmee, einem Ableger der im Kosovo aufgelösten albanischen UCK, gegen den mazedonischen Staat geführt wurde. Nach einem Bericht der *Washington Times* vom 22. Juli ist ›Osama bin Laden der wichtigste finanzielle Unterstützer der Nationalen Befreiungsarmee (UCK) in Mazedonien‹.«[62]

Diese Beispiele stützen die von Labevière formulierte These: Mehrere aufeinander folgende US-Regierungen gestatteten ihren Verbündeten, unter anderem Pakistan und Saudi-Arabien, die weitere Unterstützung der al-Qaida. Das damit verbundene Ziel war stets dasselbe: al-Qaida sollte mit ihren regionalen Operationen letztlich die Rivalen der USA destabilisieren und auf diese Weise, freilich ohne dies zu wollen, den amerikanischen Interessen dienen. Zur amerikanischen Hilfe aus der Ferne gehörten außerdem noch Ausbildungsmaßnahmen im Bereich des militärischen Geheimdienstes und direkte Unterstützung auf diesem Gebiet, wenn man es für nötig hielt. Mehrere US-Regierungen haben es deshalb auch mit der Ergreifung oder Ermordung Osama bin Ladens niemals ernst gemeint und wollten sein internationales Terrornetzwerk nicht wirklich ausschalten. Im Gegenteil: Man tolerierte nicht nur die Existenz der al-Qaida, sondern versuchte sich auch an der direkten Steuerung von Operationen dieser Organisation. Dies geschah stets mit dem Ziel, militärische Interventionen der USA in strategisch bedeutsamen Regionen abzusichern und zu unterstützen. Dabei spielte es keine Rolle, ob als Konsequenz aus dieser Politik das Leben amerikanischer Bürger gefährdet wurde.

Labevière dokumentiert eine »kurzsichtige« Politik, die zunächst nicht das Ausmaß der gegen die USA gerichteten Aggression der al-Qaida erkannte. Doch selbst nach der blutigen Ernte als Ergebnis der eigenen Politik, die zu den Botschaftsattentaten von 1998 führte, gab es nach wie vor grünes Licht für die Verbündeten, die al-Qaida mit Geld und Waffen unterstützten. Das Festhalten an der Duldung dieser Aktivitäten – daran hat sich offensichtlich seit dem ersten Anschlag auf das World Trade Center im Jahr 1993 nichts geändert – scheint auf dem Kalkül zu beruhen, dass dies den amerikanischen Interessen mehr nützen würde als die andere Option. Diese bestünde aus wirksamen Maßnahmen gegen bin Ladens Netzwerk, einschließlich massiven Drucks auf die eigenen Verbündeten in der Region. Diese Politik des »Zufluchtgewährens« für al-Qaida durch mehrere aufeinander folgende US-Regierungen wurde mit Hilfe regionaler Verbündeter umgesetzt, und die Regierung Bush blieb unbeirrt bei dieser Strategie, sogar nach dem 11. September 2001.

Geheimdienst-Sponsoren des 11. September

All dies wirft eine wichtige Frage auf: Gab es eine direkte finanzielle Unterstützung der al-Qaida durch die Geheimdienste? In diesem Zusammenhang ist ein Interview von Interesse, das Mohammed Heikal, Chefredakteur und Herausgeber der ägyptischen Tageszeitung *Al-Ahram,* dem Londoner *Guardian* gab. In diesem Gespräch bezweifelt Heikal eine alleinige Verantwortung Osama bin Ladens und seines Netzwerks für die Terroranschläge des 11. September 2001. Heikal sagte: »Bin Laden ist zu einer Operation dieser Größenordnung gar nicht in der Lage. Wenn ich Bush reden höre, der über al-Qaida spricht, als sei diese Organisation auf eine Stufe zu stellen mit Nazideutschland oder der Kommunistischen Partei der Sowjetunion, muss ich lachen, denn ich weiß, wie das in Wirklichkeit aussieht. Bin Laden stand jahrelang unter Bewachung. Seine Telefongespräche wurde alle abgehört, und alle hatten ihre Spitzel bei al-Qaida: der amerikanische Geheimdienst, der pakistanische, saudische, ägyptische Geheimdienst. Die al-Qaida-Leute hätten niemals einen Anschlag geheim halten können, der so hohe Ansprüche an Organisation und detaillierte Planung stellte.«[63]

Stan Goff, ein pensionierter Stabsfeldwebel der amerikanischen Special Forces und Fachmann für Wehrwissenschaften, kommt zu ähnlichen Schlussfolgerungen: »Zum einen geht man davon aus, dass das, was diese De-facto-Regierung gegenwärtig treibt, eine ›Antwort‹ auf den 11. September ist. Zum andern glaubt alle Welt, dass die Anschläge auf das World Trade Center und das Pentagon von Leuten verübt wurden, die ihre Stützpunkte in Afghanistan haben. Ich bin der Ansicht, dass beide Annahmen falsch sind.«

»Dieses Zerrbild von einem Schurken, zu dem man bin Laden gemacht hat, ist nicht schlüssig, wenn man sich die Komplexität und präzise Ablaufplanung der Attentate vor Augen führt. Als ehemaliger Soldat, der im Lauf der Jahre an der Ausarbeitung zahlloser Einsatzpläne beteiligt war, kann ich ihnen sagen: Das war ein äußerst anspruchsvolles und kostspieliges Unternehmen, etwas, was nach unseren Erfahrungen lange ›Schatten‹ vorauszuwerfen pflegt. Mit anderen Worten: So etwas wäre kaum geheim zu halten.«[64]

Auch eine Aussage von Milton Bearden, dem ehemaligen Leiter der CIA-Operationen in Afghanistan, ist hier von Bedeutung. CBS-Interviewer Dan Rather fragte Bearden am 12. September 2001, ob er glaube, dass bin Laden für diese Anschläge verantwortlich sei. Bearden antwortete, mit Blick auf das Ausmaß der Anschläge könne man nicht automatisch bin Laden als Täter ansehen. Es sei wahrscheinlicher, dass hinter diesen präzise koordinierten Angriffen eine sehr viel »ausgeklügeltere« Geheimdienstoperation stecke. Auf Rathers Nachfrage nach einer möglichen Verwicklung bin Ladens in das Geschehen antwortete Bearden: »Wissen Sie, wenn die keinen Osama bin Laden hätten, würden sie einen erfinden.«[65]

Es gibt Aussagen anderer Geheimdienstexperten, die ihre Ablehnung einer möglichen Alleintäterschaft der al-Qaida am 11. September noch schärfer formulierten. Der ehemalige CIA-Mitarbeiter Robert Baer, von 1976 bis 1997 Projektbetreuer (Case Officer) im Directorate of Operations, der Leitung des Bereichs Aufklärung, ein Mann, der 1997 bei seinem Ausscheiden aus dem Dienst mit der Career Intelligence Medal ausgezeichnet wurde, sagte zu diesem Thema: »Hat Osama bin Laden bei der Durchführung der Anschläge allein mit Hilfe seines terroristischen Netzwerks al-Qaida gehandelt? Hierüber weiß ich sehr viel besser Bescheid, und die Antwort ist ein entschiedenes Nein.«[66]

Prof. Anthony Cordesman, ein genauer Kenner des US-Militärgeheimdienstes, wies nachdrücklich auf die Tatsache hin, dass kein bisher bekanntes Terrornetzwerk – auch al-Qaida nicht – über die Fähigkeiten verfüge, so detailliert durchgeplante Anschläge wie die vom 11. September alleine auszuführen: »Wir haben es hier mit einem Niveau in Fragen der Planung und Koordination zu tun, das sich bisher kein Experte für Terrorabwehr auch nur vorstellen konnte. Und wir haben keine auf die Schnelle auszumachende Gruppe, die über derartige Fähigkeiten verfügt.«[67]

Ahmed Rashid verweist auf »Unterstützung für bin Laden durch Personen aus dem pakistanischen Establishment«.

Hinzu komme noch folgende Tatsache: »Die USA waren Pakistans engster Verbündeter, der auch sehr enge Kontakte zu Pakistans Streitkräften und dem Geheimdienst ISI unterhielt.«[68]

Ein sehr nahe liegender Gedanke ist, dass al-Qaida bei den Vorbereitungen zu der Operation am 11. September von einem staatlichen Geheimdienst intensiv unterstützt wurde. In einem von Moderator Dan Rather und Auslandskorrespondent Barry Peterson präsentierten Bericht der CBS-Abendnachrichten hieß es unter Berufung auf Informanten aus pakistanischen Geheimdienstkreisen: »Osama bin Laden war am Abend des 10. September 2001 in Pakistan. Dort wurde er ärztlich behandelt, und dies geschah mit Hilfe derselben Armee, die wenige Tage später ihre Unterstützung für den Krieg gegen den Terror erklärte, den die USA in Afghanistan führten:«

»CBS News erfuhr von Informanten aus dem pakistanischen Geheimdienst, dass bin Laden in aller Heimlichkeit zu einer Dialysebehandlung in ein Militärkrankenhaus in Rawalpindi gebracht wurde. Eine Mitarbeiterin des Krankenhauses, die anonym bleiben wollte, sagte, an jenem Abend seien alle regulären Mitarbeiter der Urologie nach Hause geschickt und durch ein insgeheim zusammengestelltes Spezialteam ersetzt worden. Die Frau erklärte, dabei sei es um eine besonders wichtige Persönlichkeit gegangen. Das Spezialteam habe offensichtlich etwas vorgehabt, was niemand erfahren durfte.«
›Er war von Soldaten umgeben‹, sagte ein Krankenhausmitarbeiter, der ebenfalls anonym bleiben wollte. ›Ich sah, wie sie dem geheimnisvollen Patienten aus dem Auto halfen. Seitdem habe ich viele Bilder dieses Mannes gesehen. Es war der Mann, den man als Osama bin Laden kennt. Außerdem hörte ich eine Unterhaltung zwischen zwei Armeeoffizieren mit. Sie sagten, Osama bin Laden müsse intensiv bewacht und betreut werden.‹ Wer bin Laden kennt, weiß, dass dieser Mann eine Reihe von Leiden hat, unter anderem Probleme mit dem Rü-

cken und dem Magen. Ahmed Rashid, der sehr viel über die Taliban geschrieben hat, sagt, die pakistanische Armee sei bin Laden vor dem 11. September oft behilflich gewesen.«[69]

Es gibt kaum einen Zweifel an der Tatsache, dass Pakistan bin Laden bei vielen Gelegenheiten hätte festnehmen können, wenn die USA dies gewünscht hätten. All diese Hinweise zeigen, dass der pakistanische Militärgeheimdienst ISI im Vorfeld der Anschläge vom 11. September tatsächlich eine wichtige Rolle gespielt hat – vielleicht sogar mit Billigung der USA. Doch trotz der zwielichtigen Rolle des ISI steht fest, dass die USA nach wie vor und allzu enthusiastisch ihr »Vertrauen zu Pakistan« bekundeten. Man sollte an dieser Stelle wissen, dass im Hauptquartier der pakistanischen Streitkräfte in Rawalpindi eine große Zahl von Agenten und Beratern des US-Militärgeheimdienstes ständig präsent ist. Die sich daraus möglicherweise ergebenden Verbindungen sollten dringend untersucht werden. Der *WorldNetDaily*-Korrespondent Paul Sperry kommentiert den Tatbestand so:

> »Die Regierung Bush hat erklärt, der Weg, den das Geld genommen habe, sei ein entscheidender Anhaltspunkt für die Enthüllung des Unterstützer-Netzwerks der 19 Flugzeugentführer und dessen anschließende Zerstörung. Eine wichtige Schaltzentrale dieses Netzwerks befindet sich jedoch in Pakistan, sie ist nach wie vor aktiv. [...] Es wird immer deutlicher, dass Pakistan das Epizentrum des Terrorismus ist, und es bietet bin Laden sehr wahrscheinlich auch Zuflucht. Die Regierung Bush vertraut jedoch der pakistanischen Regierung nach wie vor, zumindest in öffentlichen Erklärungen, wenn von Unterstützung bei der Verhaftung bin Ladens und anderer antiamerikanischer Terroristen die Rede ist.«[70]

Keine Ermittlungen gegen den ISI-»Mann mit dem Geld«

Man neigt eigentlich zu der Annahme, die USA müssten energisch eine gründliche Untersuchung der Rolle des ISI fordern. Doch in Wirklichkeit verhinderten sie diese Ermittlungen, indem sie hinter den Kulissen um den diskreten Rücktritt von ISI-Chef Generalleutnant Mahmud Ahmad ersuchten. Plötzlich war nämlich in Indien (später dann auch in Pakistan) enthüllt worden, dass dieser Mann Mohammed Atta vor dem 11. September finanziell unterstützt hatte. Dazu Wayne Madsen: »Die Nachricht von einer Verstrickung General Ahmads in einen Geldtransfer zu Gunsten Mohammed Attas brachte für eine nervöse und peinlich berührte Regierung Bush das Fass zum Überlaufen. Man drängte Staatschef Musharraf, General Ahmad fallen zu lassen. Musharraf verbrämte die Nachricht von der Entlassung des Generals mit der Erklärung, Ahmad habe um die vorzeitige Versetzung in den Ruhestand ›gebeten‹.«[71]

Die US-Regierung blockierte auf diese Weise eine gründlichere Untersuchung sehr effektiv. Sie verhinderte, dass der ISI-Chef verhaftet, verhört und vor Gericht gestellt wurde. Es ging immerhin um Unterstützung für Atta, den das FBI in seinen Akten so beschreibt: »Anführer der Luftpiraten im ersten Jet, der ins World Trade Center raste, offensichtlich auch der Kopf der Verschwörung«.[72] Die amerikanische Regierung verhinderte gleichzeitig auch weitere offizielle Nachforschungen zu den seit langem bestehenden institutionellen Verbindungen zwischen dem ISI und al-Qaida in Sachen 11. September. Die Überweisung von Geld an Atta auf Befehl von Generalleutnant Mahmud Ahmad war in diesem Zusammenhang nur ein Beispiel unter vielen.

Prof. Michel Chossudovsky von der Universität Ottawa schreibt in seiner ausführlichen Analyse zum Ablauf der Geschehnisse und der Rolle des ISI:

»Die Beziehungen der Regierung Bush zum pakistanischen Geheimdienst ISI – einschließlich der ›Konsultationen‹ mit General Mahmud Ahmad in der Woche vor dem 11. September – werfen die Frage der ›Vertuschung‹ auf, und zwar in Tateinheit mit ›Komplizenschaft‹. Während Ahmad bei der CIA und im Pentagon Gespräche mit amerikanischen Regierungsvertretern führte, hatte der ISI angeblich Kontakt zu den Terroristen des 11. September. Die Attentäter hatten Verbindungen zum ISI, der seinerseits Verbindungen zu US-Regierungsbehörden unterhielt. Dies wiederum legt folgenden Gedanken nahe: Wichtige Einzelpersonen im Apparat des militärischen Geheimdienstes der USA könnten von ISI-Kontakten zu Mohammed Atta, dem ›Anführer‹ der Terroristen am 11. September, gewusst haben, und dennoch untätig geblieben sein. Bisher fehlt allerdings noch ein handfester Beweis zu der Frage, ob dieses Verhalten auf eine direkte Komplizenschaft der Regierung Bush schließen lässt.«[73]

So weit Chossudovskys abschließender Kommentar, der angesichts der gegenwärtig verfügbaren Daten noch mit Vorsicht zu lesen ist. Wir sollten hier noch einmal festhalten: Die Verbindungen zwischen dem ISI-Chef und Mohammed Atta, dem Anführer der Terroristen, wurden aufgedeckt, einschließlich der Genehmigung finanzieller Unterstützung für Atta durch den Geheimdienstchef. Doch die einzige Reaktion der USA bestand aus heimlich ausgeübtem Druck auf Mahmud Ahmad, den damaligen Generaldirektor des pakistanischen Militärgeheimdienstes, dem nach der Aufdeckung seiner Aktivitäten in Indien die »Bitte« um vorzeitige Pensionierung nahe gelegt wurde.

Dies war eindeutig der Versuch, eine gründlichere Untersuchung der Rolle des ISI bei den Anschlägen am 11. September zu verhindern.

Man setzte den damaligen ISI-Generaldirektor unter Druck, ohne weiteren Skandal zurückzutreten, und zwar unter dem Vorwand einer routinemäßigen Nachfolgeregelung. Dadurch sollte jegliche Berichterstattung unterbunden werden, die sich auf die Weiterleitung von Geld an Mohammed Atta, den mutmaßlichen Anführer der Hijacker, bezog. Die USA hatten so jede Art von Ermittlungen in dieser Angelegenheit wirkungsvoll blockiert. Man verhinderte, dass die Tatsachen der breiten Öffentlichkeit bekannt wurden, und Mahmud Ahmad sowie der gesamte Apparat des pakistanischen Militärgeheimdienstes gingen trotz offensichtlicher Komplizenschaft im Vorfeld des 11. September straffrei aus.

Die Gesamtbilanz der Ereignisse sieht so aus: Die USA schützten den ehemaligen ISI-Chef wie auch die ISI selbst vor weiteren schädlichen Enthüllungen, die sich auf ihre vermutete Komplizenschaft und ihre Unterstützung der Personen bezogen, die hinter den Terroranschlägen steckten.

Die amerikanisch-pakistanische Strategie rettet al-Qaida

Was lässt sich aus der amerikanischen Reaktion auf den klaren Nachweis der ISI-Komplizenschaft schließen? Kann man, wie Chossudovsky das tut, dem Vorgang entnehmen, dass die US-Regierung selbst in irgendeiner Weise an Mahmud Ahmads Befehl zum Geldtransfer an Atta beteiligt war? Schließlich unterhält sie sehr enge Verbindungen zum ISI. Hat die US-Regierung aus eigenem Interesse verhindert, dass die Spur des Geldes bis zum ISI zurückverfolgt wird? Vielleicht, weil ein solches Nachforschen unweigerlich zum wichtigsten Unterstützer und Verbündeten des ISI führen würde, zur US-Regierung?

Oder gibt es noch eine andere Erklärung? Es ist zum Beispiel denkbar, dass die US-Regierung von der nützlichen Rolle ausgeht, die Musharrafs Pakistan in ihrem geostrategischen Konzept spielt. Man könnte folgendermaßen argumentieren: Eine Untersuchung der ISI-Komplizenschaft bei den Anschlägen des 11. September hätte die engen amerikanisch-pakistanischen Beziehungen gefährdet, die in der Geostrategie der USA eine so wichtige Rolle spielten: Die US-Regierung benötigte offensichtlich die Überflugrechte im pakistanischen Luftraum für ihren Krieg gegen al-Qaida und die Taliban.

Doch diese Erklärung befriedigt nicht. Parallel zu seinem vermeintlich harten Durchgreifen versuchte General Musharraf, die Macht des ISI zu beschneiden, der ihm letztlich selbst gefährlich werden konnte. Nach einem Bericht der *Asia Times* hat Musharraf »innerhalb der Armee bereits Veränderungen eingeleitet und mögliche Rebellen und Herausforderer seiner Macht kaltgestellt:«

> »Beim Versuch, die Kontrolle über den ISI zu gewinnen, würde Musharraf wohl kaum auf ernsthafte Schwierigkeiten stoßen. Aggressive Einzelpersonen innerhalb des ISI könnten sich allerdings mit radikalen Islamisten verbünden und für Störfeuer sorgen. Sie werden Musharraf allerdings nicht so leicht stürzen können. Diesem bereitet der ISI selbst weniger Sorgen. Viel problematischer sind die verschiedenen Kontakte, die der Geheimdienst im Lauf der Jahre geknüpft hat und von denen die Öffentlichkeit jetzt nach und nach Kenntnis erhält.«[74]

Musharraf hat also dafür gesorgt, dass der ISI seine Macht nicht gefährden kann. Eine Untersuchung der ISI-Verbindungen zu al-Qaida und den Taliban – unter besonderer Berücksichtigung des 11. September – wäre wohl kaum mit Gefahren für Musharrafs Herrschaft verbunden. Der *San Francisco Chronicle* berichtete, dass der General trotz der zwischenzeitlich eingeleiteten Maßnahmen auf eine umfassende personelle Säuberung des grundsätzlich pro al-Qaida eingestellten ISI verzichtete: Es war vor allem der Geheimdienst gewesen, der ihn im Oktober 1999 an die Macht gebracht hatte: »Experten gehen davon aus, dass Pakistans berüchtigte Sicherheitsbehörde Inter-Services Intelligence nach wie vor Kontakte zu den Taliban unterhält, obwohl Musharraf per Dekret die

Lösung dieser Verbindungen angeordnet hat. Der beängstigend unabhängig handelnde Spionagedienst war am Aufstieg des jetzt gestürzten afghanischen Regimes zur Macht beteiligt, und er steht nach wie vor unter dem Einfluss fundamentalistischer Emotionen und Überzeugungen.«[75]

Die US-Geheimdienste ignorierten offensichtlich wichtige Informationen zu al-Qaida und deren engen Verbindungen zum ISI. Bis zum heutigen Tag hat die CIA darauf verzichtet, den ehemaligen stellvertretenden Innenminister der Taliban zu verhören. Er besaß Informationen über die Stützpunkte der al-Qaida in Afghanistan und die institutionellen Verbindungen des Terrornetzwerks zum pakistanischen Militärgeheimdienst. »Hat die CIA einen potenziell nützlichen Taliban-Informanten ignoriert?«, fragte das Nachrichtenmagazin *Time*. »Mullah Hadschi Abdul Samat Chaksar, der zweitmächtigste ehemalige Talibanfunktionär in US-Gewahrsam, hat monatelang auf ein Gespräch mit der CIA gewartet. Der ehemalige Amtsträger sagt, er besitze Informationen, die für die USA wertvoll seien, und könne vielleicht helfen, den Aufenthaltsort von Mullah Omar zu ermitteln, dem ehemaligen Anführer der Taliban. [...] Doch bis vor kurzem, als *Time* die US-Militärs in Kabul auf Chaksars Gesprächswunsch hinwies, hatte sich noch kein Vertreter der amerikanischen Regierung mit ihm unterhalten:«

> »Zwei Wochen später traf sich Chaksar mit einem amerikanischen General, doch bisher ist noch kein hochrangiger Geheimdienstbeamter zu einem ausführlichen Verhör erschienen. Die CIA verweigert jeden Kommentar zu dieser Frage. Als die Taliban Kabul räumten, blieb Chaksar in der Stadt und ergab sich der Nordallianz. Nach seinen eigenen Angaben hat er seit diesem Zeitpunkt fünf Briefe an die amerikanische Botschaft in Kabul geschrieben, in denen er die Weitergabe von Informationen über Verstecke der al-Qaida in Afghanistan anbot. [...] Er behauptet, Informationen über die Verbindungen der al-Qaida zum ISI zu haben, dem pakistanischen Geheim-

> dienst, einem wichtigen Partner der USA im Krieg gegen den Terror. Im Tausch gegen diese Informationen verlangt Chaksar freies Geleit für seine Familie zu einem Ort seiner Wahl. Chaksar hatte große Mühe, bei den US-Geheimdienstleuten auch nur Gehör zu finden. Gleichzeitig fürchtet er, dass die ehemaligen Gefährten sein Tun sehr genau verfolgen und ihn zum Schweigen bringen wollen.«[76]

Mit stillschweigender Duldung durch die USA spielte Pakistan im Krieg der Amerikaner in Afghanistan letztlich die Rolle des Helfers für al-Qaida – was leicht vorherzusehen war.

Die amerikanische Armee, die die Region aus der Luft wie auch vom Boden aus überwachte, war offensichtlich über die pakistanische Hilfe für al-Qaida informiert, während Pakistan gleichzeitig behauptete, in diesem neuen Krieg ein Verbündeter Amerikas zu sein. Im November nahmen die USA bereits aktiv an solchen Geheimaktionen teil. Die Londoner *Times* berichtete:

> »General Dawud, der Kommandeur der Nordallianz, sagte, Geheimagenten des Bündnisses hätten aus Kunduz berichtet, mindestens zwei große pakistanische Flugzeuge seien auf dem Flugplatz der Stadt gelandet. Das Ziel der Aktion am Dienstagabend sei das Ausfliegen von ›Militärpersonal‹ gewesen. Am Mittwochabend habe es dann mindestens zwei weitere Flüge gegeben. Auf die Frage, warum die USA, die doch den afghanischen Luftraum kontrollierten, solche Flüge zugelassen hätten, antwortete Dawud: ›Diese Frage müssen Sie den Amerikanern selbst stellen.‹«[77]

Genau dies tat der amerikanische Journalist Seymour Hersh. Er berichtete im *New Yorker*, dass das US-Oberkommando während der amerikanischen Militäraktion im November 2001 einen Luftkorridor einrichtete, über den Taliban- und al-Qaida-Kämpfer gemeinsam mit ihren pakistanischen Helfern nach Pakistan in Sicherheit gebracht wurden. So entkamen sie den amerikanischen Bomben und den Truppen der Nordallianz: »Die Nordallianz in Afghanistan zwang im vergangenen November, unterstützt durch amerikanische Elitetruppen und ermutigt durch das präzise amerikanische Bombardement, Tausende von Kämpfern der Taliban und der al-Qaida zum Rückzug in die Stadt Kunduz:«

»Mit in dieser Falle saßen Offiziere der pakistanischen Armee und Freiwillige, die an der Seite der Taliban kämpften. Die Stadt bot Schutz vor den Bomben und eine Chance, günstige Kapitulationsbedingungen auszuhandeln, wie dies afghanische Volksgruppen bei ihren bewaffneten Konflikten häufig tun.

Die Übergabeverhandlungen begannen sofort, doch die Regierung Bush war eifrig bemüht – letztlich mit Erfolg –, einen schnellen Abschluss zu verhindern. Die Nordallianz nahm Kunduz am 25. November ein, etwa 4000 Taliban- und al-Qaida-Kämpfer gerieten dabei in Gefangenschaft. Tags darauf erklärte Bush: ›Wir räuchern sie aus. Sie laufen davon, doch wir werden sie jetzt zur Rechenschaft ziehen.‹ [...]

Amerikanische Geheimdienstmitarbeiter und hochrangige Armeeoffiziere erklärten jedoch in Interviews, dass pakistanische Staatsangehörige in Sicherheit gebracht worden seien, und zwar durch eine Reihe nächtlicher Evakuierungsflüge, die von der Regierung Bush genehmigt worden waren. [...]

Ein Experte der CIA sagte, nach seinem Verständnis des Geschehens sei die Luftbrücke vom Weißen Haus genehmigt worden. [...] Die Luftbrücke ›war zu jenem Zeitpunkt sinnvoll. Unter den Leuten, die sie heimlich hinausschafften, waren viele führende Mitglieder der Taliban.‹ [...] Nach Auskunft eines ehemaligen hochrangigen Pentagon-Mitarbeiters kam die Luftbrücke zu Stande, weil die Pakistani mit dem Begehren vorstellig wurden, dass da ›Leute waren, die herausgebracht werden mussten‹, also Geheimdienstagenten und Leute, die im Verborgenen tätig waren.«[78]

Die US-Regierung wusste um das Ausmaß der finanziellen Unterstützung, die ein auf institutioneller Ebene »im Sinne des Islam« radikalisierter ISI dem al-Qaida-Netzwerk gewährte. Dennoch entschied man sich dafür, den pakistanischen Militärgeheimdienst an den militärischen Aktionen gegen al-Qaida zu beteiligen – ohne jedoch Musharraf beim Kappen der al-Qaida-Kontakte des ISI behilflich zu sein, bei einem Vorgang, der außerdem noch durch eine Untersuchung zum 11. September ergänzt werden müsste.

Das Ergebnis war keineswegs überraschend: Angehörige des pakistanischen Militärgeheimdienstes kämpften Seite an Seite mit Taliban- und al-Qaida-Mitgliedern. Das amerikanische Oberkommando arrangierte auf Befehl des Weißen Hauses die Luftbrücke für pakistanische Regierungsbeamte, die zuvor die Taliban unterstützt hatten. Die Amerikaner brachten diese Leute aus Afghanistan heraus und in Sicherheit, und es kann als ziemlich gesichert gelten, dass sich die Organisatoren der Luftbrücke der Folgen ihres Tuns bewusst waren: Die al-Qaida-Helfer beim ISI nahmen ihre Kampfgefährten mit.

Die offiziellen Erklärungen der Regierung Bush, die eine Luftbrücke während und auch nach dem Sturz der Taliban stets vehement bestritten hat, stützen diese Vermutung. Auch Musharrafs Regierung in Pakistan behauptete im Einvernehmen mit dem amerikanischen Verbündeten, die angeblich von den USA gebilligte Luftbrücke habe es niemals gegeben:

»Verteidigungsminister Donald Rumsfeld wurde am 16. November von Journalisten zu Berichten über Evakuierungen auf dem Luftweg befragt, gab sich geringschätzig und antwortete: ›Na ja, wenn wir sie entdecken, schießen wir sie ab.‹ Fünf Tage später erklärte Rumsfeld: ›Schon der bloße Gedanke, dass man diese Leute aus irgendwelchen Gründen entkommen lassen sollte, damit sie das Land verlassen und andere Staaten destabilisieren können, ist inakzeptabel.‹ Richard B. Myers, Luftwaffengeneral und Generalstabschef der US-Streitkräfte, wurde am 26. November, dem Tag nach dem Einnahme von Kun-

duz, zu den Berichten befragt. Der General ging nicht direkt auf die Frage ein, gab aber folgende Erklärung ab: ›Die Start- und Landebahn dort ist unbrauchbar. Teile davon kann man zwar benutzen, aber sie sind zu kurz für die gängigen Transportmaschinen. Wir können uns deshalb auch nicht erklären, woher diese Berichte kommen.‹
Auch Vertreter der pakistanischen Regierung wiesen die Berichte von einer Evakuierung zurück und behaupteten unbeirrt (wie schon zuvor während des gesamten Afghanistankrieges), dass sich kein Angehöriger der pakistanischen Armee im westlichen Nachbarland aufhalte. Regierungssprecher Anwar Mehmud erklärte zu jenem Zeitpunkt gegenüber Journalisten, Berichte von einer pakistanischen Luftbrücke seien ›völliger Unsinn und reines Geschwätz‹.«[79]

Die US-Regierung war sich also völlig im Klaren darüber, dass die Kämpfer der al-Qaida über die Luftbrücke »entkommen«, »den Terror weitertragen« und andere Länder »destabilisieren« würden, und dass der bloße Gedanke an diese Möglichkeit für die Öffentlichkeit »inakzeptabel« sein würde.

Die Enthüllungen im *New Yorker* sollten vor dem Hintergrund einer gesicherten Tatsache gesehen werden: Die amerikanische Militärstrategie hatte von Anfang an auf ein Szenario gesetzt, in dem al-Qaida jederzeit und mühelos entkommen konnte. Auch ein afghanischer Stammeschef erkannte den Widersinn einer US-Strategie, die ganz bewusst »Schlupflöcher« offen hielt, durch die al-Qaida-Kämpfer entkommen konnten, was in Anbetracht der Begleitumstände jedoch vorhersagbar war. Der *Daily Telegraph* schrieb hierzu:

»›Wenn wir eine verirrte Schafherde wieder einsammeln, schicken wir die Schäfer aus vier verschiedenen Richtungen los, nicht nur aus einer‹, sagte Malik Osman Khan, ein einäugiger Stammeschef. Sein 16-jähriger Sohn Walid Ullah war einer der mehr als 100 afghanischen Zivilisten, die beim massiven US-Bombardement umkamen. [...] Pir Baksch Bardiwal, der für

Ostafghanistan zuständige Geheimdienstchef der neuen Regierung, war verblüfft, weil die Strategen im Pentagon sich vor der Schlacht um Tora Bora nicht einmal mit den unmittelbar nahe liegenden Fluchtwegen beschäftigt hatten, die von dort herausführten. Bardiwal erklärte: ›Die Grenze zu Pakistan war der Schlüssel für diese Aktion, doch niemand schenkte diesem Punkt auch nur die geringste Beachtung. Und es hätte jede Menge Landeplätze für Hubschrauber gegeben, wenn die Amerikaner nur entschlossen gehandelt hätten. Al-Qaida entkam vor ihren Augen.«[80]

Es kommt noch viel schlimmer. Die Londoner *Times* berichtete, die anhaltende Untätigkeit der Amerikaner habe einem gewaltigen Lastwagenkonvoi, in dem sich auch die al-Qaida-Führung befand, die Flucht ins benachbarte Pakistan ermöglicht: »Die Afghanen fragen sich immer noch, wie 1000 Pkw und Lastwagen bei Nacht und Nebel entkommen konnten. [...] Die Einheimischen reden immer noch über die nächtliche Flucht, die an der Festung Bala Hissar vorbeiführte, dann nach Süden durch das Logar-Tal fortgesetzt wurde, wo die Kolonne US-Luftangriffen entkam.«[81]

Newsmax *fragte* zu Recht: »Es gab Spionagesatelliten, Patrouillenflüge, abgehörte Funkbotschaften, Agenten vor Ort, alles, was man sich vorstellen kann. Wie konnten diese Verbrecher dann in ein Land flüchten, das angeblich ein Verbündeter ist? Noch dazu ein Verbündeter, den wir nach dem 11. September mit Vergünstigungen – Geld und Schuldenerlass – überhäuft haben?«[82] Vor allem mit Blick auf die hier zusammengetragenen Fakten lautet eine vernünftige Erklärung: Man ließ es ganz bewusst geschehen.

Es gibt ein paar definitive, erdrückende Beweise, die dieses zunehmend groteske Puzzlespiel vervollständigen. Sie zeigen, dass die US-Militärstrategie in Afghanistan systematisch darauf angelegt war, al-Qaida *nicht zu eliminieren*, sondern lediglich aus Afghanistan zu *vertreiben*. Die Londoner *Times* berichtete Ende November zum Beispiel über eine erstaunliche

Tatsache: »Amerikanische Kampfflugzeuge hatten al-Qaida und die Taliban-Führung in den letzten sechs Wochen zehnmal im Visier, griffen aber nicht an, weil das Feuer nicht rechtzeitig freigegeben wurde, wie Vertreter der Air Force gestern beklagten.«[83] Noch ein bizarrer Zufall?

Deshalb steht fest, dass das amerikanische Bombardement Osama bin Ladens Terrornetzwerk keineswegs zerstört hat. Es hat nur das Regime der Taliban beendet, gleichzeitig aber al-Qaida und die Taliban-Führung entkommen lassen, was beiden erlaubt, sich an einem anderen Ort erneut zu formieren. Ein Netzwerk kann auch nach doppelt so hohen Verlusten noch funktionieren: »Das erklärt sich teilweise auch aus der Tatsache, dass in einem weit verzweigten Netzwerk einige Knoten von den Verlusten gar nicht betroffen sind. Sie bemerken nichts und scheinen die Verluste der anderen gar nicht mitzubekommen. Deshalb tritt hier auch kein mit einer regulären Kriegsführung vergleichbarer Zermürbungseffekt ein.«[84]

Die vom ISI unterstützte amerikanische Militäraktion in Afghanistan war also keineswegs konsequent für die Vernichtung der al-Qaida konzipiert. Sie sollte das Taliban-Regime zerstören. Gleichzeitig wusste man aber ganz genau, dass dabei – wenn man über Pakistan vorging – nur al-Qaidas Vertreibung an einen sicheren Zufluchtsort herauskommen würde. Tatsache ist, dass die USA allzu bereitwillig die Verstrickung des pakistischen Militärgeheimdienstes in den Unterstützerkreis der al-Qaida duldeten, und das zur gleichen Zeit, in der eben dieser ISI den USA eigentlich bei der Zerstörung des Terror-Netzwerks helfen sollte.

Man kann nicht ernsthaft behaupten, dass die Verhaftung und Befragung von Generalleutnant Mahmud Ahmad, dem damaligen ISI-Chef, sowie von Ahmed Omar Sheikh, dem Zahlmeister für Mohammed Atta, die US-Strategie für die Region gefährdet hätte. Und beider Aussagen wären wichtig, wenn man den Weg des Geldes für die al-Qaida vor dem 11. September rekonstruieren will. Der pakistanische Militärgeheimdienst steht als Institution insgesamt auf Seiten der Taliban und der al-Qaida. Diese Tatsache ist aktenkundig, auch amerikanische Zeitungen und Zeitschriften aus dem Mainstream berichteten häufig, ja routinemäßig darüber. Das hinderte jedoch die US-Regierung nicht daran, dieses Land als Operationsbasis für ihren vorgetäuschten Krieg gegen al-Qaida zu benutzen. Immerhin drängte man General Musharraf zur Anwendung von Polizeistaatsmethoden gegen militante Muslime in seinem Land, was ganz offensichtlich keine negativen Auswirkungen auf das strategische Bündnis zwischen USA und Pakistan in der Region hatte.

Associated Press berichtete: »Amerikanische Regierungsvertreter haben wiederholt erklärt, die Gefangennahme oder Tötung von bin Ladens Führungskadern – von Männern wie Mohammed – sei ein zentrales Ziel des Krieges gegen den Terror.«[85] Deshalb müssen hier folgende Fragen gestellt werden: Warum bemühte sich die US-Regierung nicht darum, dass Omar Sheikh wegen seiner Verbindung zu den Attentaten am 11. September verhaftet, verhört und vor Gericht gestellt wurde? Im Oktober 2001 entdeckte man nämlich, dass er Mohammed Attas wichtigster Zahlmeister war. Warum betrieb die US-Regierung nicht Verhaftung und Befragung von sowie einen Prozess gegen Mahmud Ahmad, nachdem etwa zur gleichen Zeit aufgedeckt worden war, dass er der verantwortliche Befehlsgeber für die Sheikh-Atta-Geldtransaktion war?

Bis zum heutigen Tag gerieten weder Sheikh noch Ahmad ins Visier der Ermittler, noch wurden sie verhaftet, verhört, angeklagt oder fanden gründliche Ermittlungen statt. Auch die US-Regierung, die Geheimdienste und Strafverfolgungsbehörden leiteten bis heute kein Verfahren gegen die beiden ein. Es wäre zu begründen durch ihre Schlüsselrolle bei der finanziellen Unterstützung Mohammed Attas, des Anführers der Terrorflieger. Durch dieses Geld leisteten Sheikh und Ahmad einen wesentlichen Beitrag zur Finanzierung der gesamten Operation der al-Qaida, die am 11. September zur blutigen Vollendung gebracht wurde.

Wir sollten uns daran erinnern, dass sich die amerikanische und die pakistanische Regierung nach den Anschlägen vom 11. September 2001 darauf verständigt haben, »Sajid Sheikh weder zu verhaften noch überwachen zu lassen«. Es wurde auch nie ein Haftbefehl wegen seiner Finanzierung des 11. September ausgestellt. Inzwischen ist Sheikh jedoch wegen der Ermordung des amerikanischen Journalisten Daniel Pearl in Haft und steht unter Anklage. Die US-Regierung hat bisher jedoch keinerlei Maßnahmen ergriffen, die sich auf Sheikhs Rolle bei der Finanzierung des Mordes an 3000 Menschen beziehen. Auch seine entscheidende Rolle als Finanzchef Osama bin Ladens wird nach wie vor ganz bewusst ignoriert und ausgeblendet. Dasselbe gilt für ISI-Chef Mahmud Ahmads Rolle beim Befehl an Sheikh, Atta Geld zukommen zu lassen – bei einem Vorgang also, der Ahmads ebenso hochrangigen wie wirkungsvollen Part in der Achse bin Laden – al-Qaida – 11. September beleuchtet. Dies führt uns unweigerlich zu der Frage: Welche Aspekte dieser Sheikh-Atta-Ahmad-Verbindung versucht die amerikanische Regierung zu vertuschen? Mit Blick auf unsere bisherige Analyse lautet die einzige vernünftige Antwort: Die US-Regierung hat bei ihren äußerst engen militärgeheimdienstlichen Verbindungen zum al-Qaida-freundlichen ISI in der Tat einiges zu verbergen. Dies betrifft ganz besonders Omar Sheikh (dem Vernehmen nach ist er ein CIA-Kontaktmann) sowie den mit Sicherheit der CIA verbundenen ehemaligen ISI-Chef Mahmud Ahmad, der vor dem 11. September noch intensive Gespräche mit der US-Regierung und Vertretern der US-Geheimdienste führte.

Man sollte eigentlich annehmen, dass die von al-Qaida und ihren Unterstützern ausgehende schreckliche Bedrohung für die nationale Sicherheit der USA der Regierung Anlass genug gibt, die Verantwortlichen für den 11. September aufzuspüren und zur Rechenschaft zu ziehen. Stattdessen unterstützen die USA die verantwortlichen Institutionen im Großen und Ganzen weiterhin, während sie die verdächtigen Einzelpersonen schlicht ignorieren.

Man kann deshalb die Möglichkeit nicht einfach ausschließen, dass es auf Seiten der USA finstere Beweggründe gibt, die sie veranlassen, eine Untersuchung der ISI-Komplizenschaft beim 11. September zu blockieren, weil diese Nachforschungen direkt zu einer schuldhaften amerikanischen Verstrickung führen könnten. Mit Blick auf die weiteren hier vorgelegten Belege ist dies eine vernünftige, wenn nicht sogar plausible Erklärung des Geschehens, und weitere Ermittlungen sind dringend erforderlich.

In Anbetracht der bisher erörterten Tatsachen und angesichts der äußerst engen amerikanischen Kontakte zum pakistanischen Geheimdienst sowie der direkten Verbindungen der letztgenannten Institution zu den Terrorangriffen des 11. September ist es höchste Zeit: Die wichtigsten Persönlichkeiten der Regierung, der Streitkräfte und Geheimdienste der USA müssen in den Zeugenstand.

Der Regierung Bush hat jedoch wichtigere Ziele. Es ist offensichtlich, dass die strategischen und wirtschaftlichen Interessen der USA den politischen Grund für ihre anhaltende Förderung von Unterstützern des Terrorismus liefern. Worin diese Interessen im Einzelnen bestehen, sollte von unabhängiger Seite genau untersucht werden, etwa die Frage, ob sie bloß geostrategischer Natur sind, oder die Notwendigkeit einschließen, eine sehr viel unheilvollere US-Komplizenschaft zu vertuschen.

Eine Untersuchung hat aber bisher noch nicht stattgefunden, die Regierung Bush hat sie mit Erfolg blockiert. Das imperialistische Programm, das sich dahinter verbarg – hinter den von den USA betriebenen Umbesetzungen beim ISI, mit denen von einer Komplizenschaft bei den Anschlägen am 11. September abgelenkt werden sollte –, wurde bereits wenige Tage nach Generalleutnant Mahmud Ahmeds vorzeitiger Versetzung in den »Ruhestand« offensichtlich, als die Bombardierung Afghanistans durch die USA begann.

Die pakistanische Tageszeitung *Frontier Post* berichtete von einer Kontaktaufnahme der amerikanischen Botschafterin

Wendy Chamberlain mit dem pakistanischen Ölminister. Ein zuvor bereits aufgegebene Unocal-Pipeline, die von Turkmenistan ausgehen, über Afghanistan sowie entlang der pakistanischen Küste verlaufen sollte, mit dem Ziel, Erdöl und Erdgas nach China zu exportieren, stand plötzlich erneut auf der Tagesordnung, »unter Berücksichtigung aktueller geopolitischer Entwicklungen«.[86]

8. Der neue Krieg: Macht und Profit in den USA und im Ausland

»Das afghanische Volk wurde brutal misshandelt, [...] viele hungern und viele sind geflohen. [...] Die Vereinigten Staaten schätzen das Volk von Afghanistan – schließlich sind wir im Moment seine größte Quelle humanitärer Hilfe. Aber wir verurteilen das Regime der Taliban. [...] Unser Krieg gegen den Terror beginnt mit der al-Qaida, aber er hört dort nicht auf. Er wird nicht zu Ende sein, bevor nicht jede weltweit tätige Gruppe von Terroristen gefunden, gestoppt und besiegt wurde.«

US-Präsident George W. Bush Jr. (Erklärung zur Lage der Nation vor beiden Häusern des Kongresses, 20. September 2001)

»Wir werden die Verfassung schützen und respektieren, und ich habe nicht die Vollmacht, sie außer Kraft zu setzen. Hätte ich die Vollmacht, sie außer Kraft zu setzen, wäre das eine gefährliche Regierung, für die ich keine Achtung empfände. Wir werden uns nicht von denen dazu hinreißen lassen, unsere Freiheiten aufzugeben, die diese ja gerade zerstören möchten.«

US-Justizminister John Ashcroft (*Legal Times*, 22. Oktober 2001)

Die Bush-Krise

Vor dem 11. September 2001 steckte die Bush-Administration in einer tiefen Krise, aus der es keinen Ausweg zu geben schien. Presseenthüllungen über den Aufstieg von George W. Bush jr. zur Präsidentschaft durch die Unterdrückung von Wählerstimmen verstärkten bei Millionen Menschen in den Vereinigten Staaten und der ganzen Welt den Eindruck, dass diese Regierung nicht rechtmäßig an die Macht gekommen war.[1]

Diese negative Sicht wurde von der Tatsache gestützt, die Robert Pollin, Wirtschaftsprofessor an der Universität von Massachusetts in Amherst, so formulierte: »Die US-Wirtschaftspolitiker haben es fast ein Jahr lang versäumt, auf die heraufziehende weltweite Rezession geeignete Antworten zu finden.«[2] Tatsächlich hatte eine Gruppe wissenschaftlicher Experten im November verkündet, dass die US-Wirtschaft seit März 2001 in einer Rezession stecke, einer Rezession, die sich sogar noch weiter verschlimmern werde.[3]

Angesichts dieser sich im In- und Ausland verschlimmernden Rezession begann die Zustimmung zur Bush-Administration schnell zu schwinden. Als Folge davon traten in der Regierung Anzeichen von Meinungsverschiedenheiten und Auflösungserscheinungen auf, die noch angeheizt wurden durch die Unfähigkeit, Lösungen für sprunghaft steigende Arbeitslosenzahlen zu finden, durch die massiven Verluste auf dem Aktienmarkt und angesichts der Empörung über das neue Außenhandelsbilanzdefizit, gar nicht zu reden vom Bruch des Versprechens der Regierung, die Rücklagen der Sozialversicherungs-Fonds auf keinen Fall anzutasten.

Die *New York Times* berichtete im August über die wachsende Angst von führenden Persönlichkeiten auf der ganzen Welt, dass die Weltwirtschaft direkt auf eine globale Rezession zusteuere: »Der Aufschwung der Weltwirtschaft, der noch im letzten Jahr sehr stark war, ist inzwischen fast zum Stillstand gekommen, da derzeit die Vereinigten Staaten, Europa, Japan und einige große Entwicklungsländer eine gleichzeitige Konjunkturschwäche erleben, was sehr selten vorkommt.«

> »Die jüngsten Wirtschaftsstatistiken aus der ganzen Welt zeigen, dass viele Wirtschaftsmächte – Italien und Deutschland, Mexiko und Brasilien, Japan und Singapur – ökonomisch stagnieren und somit die Erwartungen enttäuschen, dass ein Wachstum im Ausland mithelfen könnte, die Schwächephase in den Vereinigten Staaten auszugleichen. [...] Viele Experten sagen, dass die Welt gerade einen wirtschaftlichen Rückschlag erlebt, mit Wachstumsraten, die schneller und in mehr führenden Wirtschaften zurückgehen als zu irgendeiner Zeit seit dem Ölpreisschock von 1973.«

Die verbalen Aktivitäten der Bush-Administration wurden von der *New York Times* ziemlich skeptisch kommentiert: »Die Regierung Bush versucht immer noch, das Bild (der Wirtschaftslage), soweit es geht, zu beschönigen.« Nachdem *NY Times* die Erwartung des Weißen Hauses erwähnt hatte, dass es Ende 2001 oder Anfang 2002 mit der US-Wirtschaft wieder steil nach oben gehen werde, schloss sie einen Bericht an, dass die Autofirma Ford bald weitere Entlassungen ankündigen werde. Eine Äußerung des damaligen Ford-Chef Jacques Nasser wurde zitiert: »Wir sehen nichts, was in den nächsten 12 bis 18 Monaten die Stärke und Robustheit unserer Wirtschaft wiederherstellen könnte.«[4]

Dann veröffentlichte das US-Arbeitsministerium seinen Bericht für den August 2001, der zeigte, dass die Arbeitslosenrate in einem einzigen Monat von 4,5 auf 4,9 Prozent angestiegen war. In jedem Wirtschaftszweig gab es einen Abbau von Arbeitsplätzen, was dazu führte, dass allein im August fast eine Million Jobs wegfielen. Der drohende Zusammenbruch der Konsumausgaben hatte darüber hinaus die Investoren dazu veranlasst, ihr Aktienportefeuille stark zu verkleinern. Dadurch fiel der Dow-Jones-Index um 230 Punkte und unterschritt damit bei Verkaufsschluss die 10 000-er Marke. Weil sie nicht über andere wirksame Sofortmaßnahmen mehr verfügte, senkte die amerikanische Zentralbank Federal Reserve ständig weiter die Zinsen, ohne damit viel zu bewirken. Die von Bush durchgesetzten Steuererleichterungen waren ein Fehlschlag. Die Reichen wurden für ihren Reichtum belohnt, und die Armen für ihre Armut bestraft, was die Kritik weiter Kreise hervorrief.

Im Ausland isolierte sich die Bush-Administration wegen ihrer Außenpolitik immer mehr. Die amerikanische Sanktionspolitik gegenüber dem Irak sowie die US-Pläne, im Verhältnis zu diesem Land immer mehr auf reine Konfrontation zu setzen, traf auf offenen Widerstand in Frankreich, Deutschland, Russland und China. Die Konflikte der USA mit ihren nominellen Verbündeten über viele Punkte, die auf der politischen Tagesordnung der Bush-Regierung standen – wie der Treibhauseffekt, die Raketenabwehr und der Internationale Strafgerichtshof – nahmen zu, und folglich brachten die USA ihre Resolutionen im Sicherheitsrat der Vereinten Nationen und anderen internationalen Körperschaften nicht mehr durch.

Daneben zeigte das beispiellose Anwachsen sozialer Proteste, vor allem eine wahre Welle von »Anti-Globalisierungs«-Demonstrationen, dass in den Vereinigten Staaten und der ganzen Welt die Empörung über eine Politik zunahm, die man für ungerecht und egoistisch hielt. Die Regierung Bush wurde bei diesen Protesten zunehmend als Vorreiter einer solchen Politik angegriffen.

Meinungsumfragen zeigten, dass sowohl die persönliche wie die politische Gunst der Wähler für Präsident Bush steil bergab ging und die Diskussion über die Unrechtmäßigkeit seiner Regierung wegen des Wahlbetrugs in Florida immer heftiger wurde. Aller Wahrscheinlichkeit nach würde es für die Bush-Administration äußerst schwer werden, bei den Halbzeitwahlen von 2002 ihre jetzt schon sehr knappe Mehrheit im Repräsentantenhaus zu behalten.[5] Tatsächlich wäre es auch unmöglich gewesen, die strategische und militärische Planung, die in Brzezinskis Studie für den Rat für Auswärtige Beziehungen im Jahre 1997 konzipiert wurde, zu dieser Zeit noch umzusetzen.

Die Anschläge vom 11. September kamen also zu einer Zeit, als die Bush-Administration in einer ernsten Krise steckte. Sie musste sich mit vielfältigen Problemen im In- und Ausland herumschlagen: Ihre Umfragewerte gingen in den Keller, die Verbündeten der USA begannen sich abzuwenden, und die ganze Bush-Regierung steckte in einer wachsenden Legitimitätskrise.

Der Soziologe Walden Bello, Professor an der Universität der Philippinen und geschäftsführender Direktor des in Bangkok sitzenden Forschungszentrums »Focus on a Global South« (FOCUS), das die vom Westen dominierte Globalisierungspolitik vor allem in der Dritten Welt kritisiert, fasst die schnell wachsende Legitimitätskrise, der sich die Bush-Administration zu stellen hatte, sowie die Kritik an der allgemeinen Struktur der von den Vereinigten Staaten dominierten Weltordnung gut zusammen:

> »Was die Legitimitätskrise der wichtigsten Institutionen der kapitalistischen Globalisierung so brisant werden ließ, war die Tatsache, dass sie sich mit einer tiefen Strukturkrise der Weltwirtschaft überschnitt.
> Außerdem wurden vor dem 11. September nicht nur die Institutionen der globalen Wirtschaftsführung von einer Aushöhlung der eigenen Legitimät heimgesucht, sondern auch die politischen Herrschaftstrukturen in der Ersten Welt, vor allem in den Vereinigten Staaten. Eine zunehmende Anzahl Amerikaner hatte zu begreifen begonnen, dass ihre liberale Demokratie von einer nur den Interessen des Großkapitals dienenden Politik so korrumpiert worden war, dass man sie besser eine Plutokratie nennen sollte. Im Präsidentschaftswahlkampf von 2000 hatte der konservative republikanische Senator John McCain seine populäre Wahlkampagne unter ein zentrales Motto gestellt: die Reform eines Wahlsystems, das in einem Ausmaß vom Geld der großen Firmen kontrolliert wurde, wie es das in der ganzen Welt nicht noch einmal gab. Die Tatsache, dass der Kandidat des Big Business nicht die Mehrheit der Wählerstimmen bekam – und nach einigen Untersuchungen auch nicht die Mehrheit der Stimmen der Wahlmänner – und doch Präsident der mächtigsten Demokratie der Welt werden konnte, half nicht gerade, die Legitimität eines politischen Systems zu befördern, dass sich nach Ansicht vieler Beobachter schon in einem ›kulturellen Bürgerkrieg‹ zwischen Konservativen und Liberalen befand, eine Polarisierung, die die Bevölkerung dieses Landes ungefähr in der Mitte teilte.«[6]

Den 11. 9. ausbeuten

Die schreckliche Tragödie des 11. September löste Schock und Abscheu aus. Diese Emotionen ermöglichten es der Bush-Administration, ihre alten globalen wirtschaftlichen und strategischen Ziele zu befördern. Mächtige Kreise in der US-Elite betrachteten somit die Ereignisse des 11. September als gute Gelegenheit, eine Politik durchzusetzen, die darauf abzielte, durch die Ausdehnung und den Ausbau des militärischen Einflusses der USA vor allem strategische und ökonomische Interessen abzusichern. Dementsprechend schlug die Regierung Bush sofort eine zeitlich unbegrenzte Intensivierung der amerikanischen militärischen Auslandseinsätze vor, die, verbunden mit der Unterdrückung abweichender Meinungen im Inland, auf geschickte Art und Weise den Weg zu einem »anhaltenden und gezielten Engagement Amerikas« in Zentralasien bahnte, das für eine Dominanz über Eurasien absolut notwendig war. Dies würde auch die »weltweite Vorherrschaft« der Vereinigten Staaten stützen, wie sie vor allem vom langjährigen amerikanischen Strategieberater Zbigniew Brzezinski vertreten wurde (siehe Kapitel 3).

Da die Pläne, eine militärische Invasion in Afghanistan durchzuführen, bereits bestanden, konnte man nun den 11. September zum Vorwand nehmen, eine internationale Politik zu starten, die zugleich eine Unterwerfung des ganzen Landes zum Ziele hatte. Unter dem Deckmantel einer Antwort auf die Terroranschläge vom 11. September brachten die Vereinigten Staaten eine internationale Staatenkoalition für einen Bombenkrieg gegen Afghanistan zusammen.

Aber diese US-amerikanische Reaktion zeigt deutlich, dass dieser angebliche »Krieg gegen den Terrorismus« ebensolche politisch motivierten Grausamkeiten beging, wie die Leute, die man zu bekämpfen vorgab, und damit wurde die Idee ad absurdum geführt, die Vereinigten Staaten handelten aus vorrangig humanitären Motiven heraus. Denn sogar die offizielle FBI-Definition von Terrorismus stellt fest: »Terrorismus ist die ungesetzliche Anwendung von Zwang oder Gewalt gegen Personen oder Sachen, mit der Absicht, eine Regierung, die Zivilbevölkerung oder einen Teil von ihr einzuschüchtern oder zu nötigen, und dadurch politische oder soziale Ziele zu befördern.«

Hungern und warten auf den Tod

Führende amerikanische und britische Politiker versprachen der Öffentlichkeit, dass sich das Eingreifen in Afghanistan nicht gegen die dortige Zivilbevölkerung richte. Der damalige demokratische Minderheitenführer im Repräsentantenhaus, Dick Gephardt, legte zum Beispiel Wert auf die Feststellung: »Dies ist kein Angriff auf das Volk von Afghanistan.« Aber die tatsächlichen Ereignisse strafen diese Aussagen Lügen. Die westliche Strategie, Zivilisten als Ziele auszuwählen, um dadurch regionale soziopolitische Absichten zu verwirklichen – eine Strategie, die direkt unter die Terrorismus-Definition des FBI fällt – formulierte vielleicht am besten der Chef des britischen Verteidigungsstabes, Admiral Michael Boyce. Mit Be zug auf die noch andauernde Bombardierung Afghanistans meinte er nur:

> »Dieser Druck wird so lange andauern, bis die Bevölkerung dieses Landes selbst erkennt, dass dies erst aufhört, wenn sie ihre Führung ausgetauscht hat.«[7]

Dieses Eingeständnis scheint klar darauf hinzuweisen, dass die angloamerikanische Strategie die Bestrafung der afghanischen Zivilbevölkerung als notwendiges Mittel betrachtete, um das Endziel eines Sturzes des Taliban-Regimes zu erreichen. In diesem Zusammenhang kann man die massenhafte Vernichtung von zivilen Gebäuden und die Tötung von Zivilisten, die mit den Bombenangriffen einherging, als Teil einer bewussten Strategie verstehen, das afghanische Volk kollektiv zu bestrafen. Die Tatsache, dass der Krieg gegen Afghanistan selbst ein Akt des internationalen Terrorismus ist, entlarvt die Heuchelei dieses von den Vereinigten Staaten angeführten »Kriegs gegen den Terrorismus«.

Die *New York Times* berichtete Mitte September: »Washington hat [von Pakistan] auch einen Stopp der Treibstofflieferungen verlangt und das Verbot von Lastwagenkonvois, die einen Großteil der für die afghanische Zivilbevölkerung vorgesehenen Lebensmittel und anderen Versorgungsgüter befördern.«[8] Am Ende dieses Monats meldete die Zeitung, dass pakistanische Offizielle »heute mitteilten, dass sie in ihren Anstrengungen nicht nachlassen würden, die 2300 Kilometer lange Grenze ihres Landes zu Afghanistan abzuriegeln, wie es die Bush-Administration von ihnen verlangt habe. Die Offiziellen fügten noch hinzu, dass sie dadurch sicherstellen wollten, dass sich in dieser riesigen Flüchtlingswelle keiner von bin Ladens Leuten verstecken könne.«[9]

Die Vereinigten Staaten verlangten mit anderen Worten tatsächlich den Massenmord an Millionen von Afghanen, von denen die meisten sowieso schon auf Grund der unter amerikanischem Druck verhängten Sanktionen dem Hungertod nahe waren, indem sie das Land auch noch von der letzten, spärlichen Versorgung mit Hilfsgütern abschneiden wollten. Darüber hinaus verließen fast alle Hilfsorganisationen bereits vor den Bombardierungen das Land, oder sie wurden aus Afghanistan ausgewiesen, während gleichzeitig einige Millionen unschuldiger Afghanen voller Angst in Richtung der Landesgrenzen flohen und dadurch eine massive Flüchtlingskrise auslösten.

Weil die Grenzen zu den Nachbarländern schon seit mehreren Wochen unter US-Druck geschlossen worden waren, steckten die Flüchtlinge in der Falle. Abgeschnitten von jeder Versorgung, waren die meisten hilflos dem Tod ausgeliefert, was die internationale Gemeinschaft gleichmütig hinnahm. Die indische Romanautorin Arundhati Roy gab einen beißenden Kommentar zu dieser Planung ab, die man zuerst »Operation Infinite Justice« (Operation Grenzenlose Gerechtigkeit) genannt hatte, um sie dann euphemistisch in »Operation Enduring Freedom« (was sich etwa mit »Operation Andauernde Freiheit« übersetzen ließe) umzubenennen: »Sehen Sie sich nur mal diese grenzenlose Gerechtigkeit in diesem neuen Jahrhundert an. Zivilisten, die verhungern, während sie darauf warten, umgebracht zu werden.«[10]

Nach Schätzungen der Vereinten Nationen bestand bei sieben bis acht Millionen Afghanen die akute Gefahr des Hungertods. So meldete zum Beispiel die *New York Times*, dass fast sechs Millionen Menschen auf die Nahrungsmittelhilfe der Vereinten Nationen angewiesen seien. Weitere 3,5 Millionen in Flüchtlingslagern außerhalb Afghanistans, von denen viele die Flucht gerade noch vor der Schließung der Grenzen geschafft hatten, litten ebenfalls Hunger.[11]

Der amerikanische Versuch, sich der Verantwortung für diese absehbare Katastrophe zu entziehen, zeigte sich auch in der plumpen PR-Aktion, Nahrungsmittelpakete einfach so über dem Land abzuwerfen. Aber diese verspätete Reaktion, die die an Völkermord grenzende Vorgehensweise kaschieren sollte, wurde von den internationalen Hilfsorganisationen fast einmütig abgelehnt. Führende britische humanitäre Organisationen hielten diese amerikanischen Abwürfe von Nahrungsmitteln für eine »taktisch völlig nutzlose« Art von Hilfe.[12]

Am ersten Tag der Bombenangriffe warfen die Amerikaner nur 37 500 Essenspakete ab, eine Zahl, die nicht einmal den Tagesbedarf eines einzigen großen Flüchtlingslagers gedeckt hätte. Diese Aktion sollte nur die Weltöffentlichkeit beruhigen, denn die US-Verantwortlichen wussten sehr wohl, dass die meisten Afghanen weiterhin dem Hungertod ausgeliefert waren.

Die Militäroperationen können deshalb ehrlicherweise in keinem humanitären Licht gesehen werden. Die französische Hilfsorganisation Médecins Sans Frontières (MSF) »lehnt die Idee einer humanitären Koalition neben dem militärischen

Bündnis ab«.[13] Und um die Angelegenheit noch schlimmer zu machen, stellte das Welternährungsprogramm WFP (World Food Programme) am 8. Oktober wegen der Bombenangriffe alle Nahrungsmittellieferungen nach Afghanistan auf dem Landweg ein. Ein Sonderermittler der Vereinten Nationen forderte Mitte Oktober ein Ende der Bombardements, da er als Folge der internationalen Blockade ein fast die Ausmaße eines Völkermords annehmendes Desaster in Afghanistan befürchtete. Jean Ziegler, der Sonderberichterstatter für das Recht auf Nahrung beim UN-Hochkommissar für Menschenrechte, gab dazu folgende Meinung ab:

> »Die Bombardierungen müssen sofort aufhören. Dies ist ein humanitärer Notfall. Im Winter können die Lastwagen nicht mehr ins Land kommen. Millionen Afghanen werden im Winter nicht mehr zu erreichen sein, und der Winter kommt sehr, sehr bald. Wir müssen den (humanitären) Organisationen die Chance geben, Millionen Menschen zu retten, die (in Afghanistan) auf der Flucht sind.«

Er fügte noch hinzu, dass die Hilfe nicht durchkommen werde, wenn die Bombenkampagne nicht beendet wird, und dass dann bis zu sieben Millionen Afghanen Gefahr liefen zu verhungern.[14]

Auch nach dem Ende der Bombardierungen und dem Sieg über die Taliban Anfang 2002 blieb die Versorgungslage des Landes prekär. Tatsächlich erreicht die begrenzte internationale Hilfe für Afghanistan nicht diejenigen, die sie am dringendsten benötigen. Diese Tatsache wird in ihrer ganzen Tragik in einem Artikel der Korrespondentin des Londoner *Guardian*, Suzanne Goldberg, beleuchtet, der von einem besonders bedrückenden Beispiel der Auswirkungen von Armut und Entbehrung in diesem Lande berichtet – einem Vater, der gezwungen ist, seine Tochter zu verkaufen, um seine Familie vor dem Hungertod zu retten:

»Rahim Dad hatte acht Mäuler zu stopfen, und die Dürre hatte ihn seiner Ernte, seiner Ochsen und seiner Ziegen beraubt. Da verkaufte er den wertvollsten Besitz, der ihm noch geblieben war: seine zwölfjährige Tochter. ›Ich verkaufte meine Tochter für Geld, weil wir Hunger hatten‹, sagte er, während ihn das Fieber in seiner eiskalten Hütte aus Lehm und Stroh schüttelte. ›Ich verkaufte meine Tochter, um die anderen Mitglieder meiner Familie zu retten, um sie vor dem Hungertod zu bewahren.‹«[15]

Das geschah Anfang Februar. Ende Februar schilderte die internationale Hilfsorganisation »Ärzte ohne Grenzen« (MSF) ihre Erkenntnisse über eine zunehmende Verelendung trotz internationaler Hilfe:

»Es gibt mehr Kinder in ›Feeding-Centern‹ als je zuvor. (Feeding-Center sind Einrichtungen in Lagern, in denen Menschen, meist Kinder, die dem Hungertod nahe sind, medizinisch betreut werden. A. d. Ü.) Die Zahl der extrem Unterernährten hat weiter zugenommen. Die Sterberate hat sich verdoppelt, und auch die Zahl der Inlandsflüchtlinge ist größer geworden. Von allen befragten Familien haben fast die Hälfte im letzten Jahr keine Nahrungsmittelhilfe bekommen. [...]
Die Nahrungsmittelkrise im nördlichen Afghanistan hat alarmierende Ausmaße angenommen. Médecins Sans Frontières (MSF) untersuchte den körperlichen Zustand von Leuten im Flüchtlingslager Sar-e-Pol und der südlichen Faryab-Provinz (im Januar wurden 1290 Familien mit insgesamt 8689 Personen befragt) und fand eine dramatische Situation vor. Die Zahl der Kinder, die von MSF in ihre ›Feeding-Center‹ aufgenommen werden müssen, nimmt ständig weiter zu. Auch die Zukunftsaussichten sind schlecht für eine Bevölkerung, die ihr Hab und Gut verkauft, in großer Zahl ihre Wohnorte verlässt und im Großen und Ganzen nicht über Land und Saatgut für einen Neuanfang verfügt.«

Der Einsatzleiter dieser Hilfsorganisation, Christopher Stokes, betonte die Verantwortung der internationalen Gemeinschaft, die bisher mit bemerkenswerter Gleichgültigkeit dieser eskalierenden Krise tatenlos zugesehen habe:

> »Die leeren Versprechungen der internationalen Gemeinschaft frustrieren uns immer mehr. All dieses Gerede von führenden Staatsmännern, Geberländern und internationalen Organisationen über ihre angeblichen Verpflichtungen gegenüber dem afghanischen Volk bringt vielen Leuten in den abgelegenen Gebieten herzlich wenig. Im nördlichen Afghanistan entwickelt sich gerade eine neue Katastrophe, die nur noch durch sofortiges und umfassendes Handeln abgewendet werden kann.«[16]

Der Luftkrieg

Die Behauptung, dass es sich bei den Bombenangriffen auf die größeren afghanischen Städte um so genannte »chirurgische Schläge« gehandelt habe – die angeblich »selektiv« gewesen seien und sich nur gegen militärische Einrichtungen gerichtet hätten –, kann kaum jemand ernst nehmen, der die blutige Tradition des Luftkrieges kennt.

So wurde zum Beispiel der westlichen Öffentlichkeit im Golfkrieg von ihren militärischen und politischen Führern erzählt, die alliierten Streitkräfte hätten mit größter Präzision die militärischen Einrichtungen des Irak ins Visier genommen, so dass für irakische Zivilisten kaum eine Gefahr bestanden habe. In Wirklichkeit war jedoch die irakische Zivilbevölkerung heimlich schon zu einem legitimen Ziel der Bombenangriffe erklärt worden.

Ein Bericht des Obersten Rechnungshofs (General Accounting Office) der Vereinigten Staaten stellt zum Beispiel ganz offen fest, dass die Luftkampagne der »Operation Desert Storm« im Jahre 1991 mehrere Ziele verfolgte: »Es gab fünf

Hauptkategorien von Zielen: Kommando- und Kontrolleinrichtungen, die Industrieproduktion, die Infrastruktur, die Moral der Bevölkerung und die Bodentruppen.« Die Bombardierung der zivilen Infrastruktur – Elektrizitäts- und Wasserversorgung, Kanalisation und anderer lebenswichtige Einrichtungen – sollte nach diesem Bericht »die Moral der Zivilbevölkerung schwächen«.[17] Middle East Watch (MEW), eine Tochterorganisation der in den Vereinigten Staaten sitzenden internationalen Menschenrechtsorganisation Human Rights Watch (HRW), hat zahlreiche Fälle von absichtlichen und massiven Zerstörungen von zivilen Gebäuden und Einrichtungen dokumentiert, die fast alle am helllichten Tag geschahen, ohne dass Regierungs- oder Militäreinrichtungen auch nur in der Nähe gewesen wären.[18] Die westlichen Aliierten unter amerikanischer Führung hatten es auf die Zerstörung fast der gesamten zivilen Infrastruktur des Irak abgesehen.

Bis zum heutigen Tag bombardieren die angloamerikanischen Flugzeuge, die unter dem Vorwand, die Bevölkerung vor Saddam Husseins Gräueltaten zu schützen, die Flugverbotszonen überwachen, routinemäßig nicht nur militärische, sondern auch zivile Ziele. Ein interner Sicherheitsbericht der Vereinten Nationen stellte für eine Zeitspanne von nur fünf Monaten fest:

> »41 Prozent der Bombenopfer waren Zivilisten, die sich in zivilen Zielen aufhielten: Dörfern, Fischereimolen, auf den Feldern und in breiten, baumlosen Tälern beim Hüten ihrer Schafe. Ein Schäfer, sein Vater, seine vier Kinder und sein Schaf wurden von einem englischen oder amerikanischen Flugzeug getötet, das sie sogar zweimal im Tiefflug angegriffen hatte.«[19]

Das militärische Eingreifen der NATO im Kosovo unter amerikanischer Führung folgte einem ähnlichen Muster. Im April 1999 meldete die *Washington Times*, dass die NATO plane, »Kraftwerke und die Wasserversorgung anzugreifen und so den Krieg auf die Zivilbevölkerung auszuweiten«.[20] Ähnliches berichtete die *New York Times*: »Die Zerstörung der zivilen Infrastruktur Jugoslawiens ist zu einem Teil der Strategie zur Beendigung des Kosovo-Kriegs geworden. [...] Wir fliegen Terrorangriffe gegen das serbische Volk.«[21]

Im Mai gaben Generäle der NATO zu: »Sich nur auf die Bodentruppen zu konzentrieren genügt nicht. [...] Das (serbische) Volk muss an den Punkt kommen, dass es kein Licht mehr hat und seine Brücken blockiert sind, so dass es nicht mehr zur Arbeit gehen kann.«[22] Oder wie der *San Francisco Examiner* berichtete: »Offizielle Stellen der NATO äußerten die Ansicht, dass ein starker Druck auf die Zivilbevölkerung das Regime unterminieren wird.«[23]

Nach dem 11. September war es nur folgerichtig, diesen Effekt auch in Afghanistan zu erwarten. Tatsächlich hatte sich die offizielle Geringschätzung des Lebens von Zivilisten schon deutlich gezeigt, als man willkürlich verhinderte, dass das afghanische Volk eine ausreichende Nahrungsmittelhilfe erhielt, obwohl man die fatalen Konsequenzen dieses Handelns sehr wohl kannte. Man konnte also kaum daran zweifeln, dass die angloamerikanischen Luftstreitkräfte auf die traditionellen Methoden wahlloser Bombenangriffe zurückgreifen würden, eine Methode, die man durchaus als eine Form von Terrorismus bezeichnen könnte. Eine Analyse des Verlaufs der Bombardierung Afghanistans wird dies bestätigen.

Der erste Zwischenfall, über den auch in der Tagespresse ausführlich berichtet wurde, war der Tod von vier Zivilisten (und die schwere Verletzung weiterer vier), als am 9. Oktober 2001 das Büro einer Behörde der Vereinten Nationen, der Afghan Technical Consultants (ATC) in Kabul, bombardiert wurde. Die ATC ist eine technische Hilfsorganisation, die das Minenräumen in Afghanistan überwacht.[24] Während das Pentagon behauptete, dass die ATC in der Nähe eines militärischen Funkturms liege, widersprachen UN-Beamte dieser Ausrede und wiesen darauf hin, dass dieser Turm ein stillgelegter Mittel- und Kurzwellenrundfunksender sei, der schon über ein Jahrzehnt außer Betrieb sei. Außerdem habe die ATC ihre Adresse vor Beginn der Bombardierungen an höhere UN-Beamte übermittelt und sie gebeten, das amerikanische Militär von dieser Dienststelle zu unterrichten, damit sie nicht bombardiert würde.[25]

Der zweite Fall, über den die Presse berichtete, wurde von einer großen Anzahl von unabhängigen Zeugen bestätigt. In dem nordafghanischen Dorf Karam wurden 100 bis 200 Zivilisten getötet (meist Frauen, Kinder und alte Leute), als Bomber zur Zeit des ersten Abendgebets diese »Ziel« mehrmals anflogen und dabei das ganze Dorf in Schutt und Asche legten. Das Pentagon behauptete, dass Karam ein Ausbildungslager für Osama bin Ladens Terrornetzwerk al-Qaida gewesen sei. In Wirklichkeit wurden in diesem Ort nur in den Achtzigerjahren während der sowjetischen Besatzung Mudschaheddin ausgebildet – und dies mit Unterstützung der CIA. Das Lager war von Sadiq Bacha eingerichtet worden, um Mitglieder der Hezb-i-Islami-Bewegung zu trainieren. (Die Hezb-i-Islami, die »Partei des Islam«, war die schiitische Organisation, deren Führer Gulbuddin Hekmatjar eine große Rolle im Kampf gegen die Sowjets spielte, siehe auch Kapitel 1; A. d. Ü.) Die Basis war nie von der al-Qaida benutzt worden und wurde schon 1992 geschlossen und aufgegeben, lange bevor bin Laden nach Afghanistan zog. In den Neunzigerjahren wurde Karam von Familien bewohnt, die in Lehm- und Bruchsteinhäusern wohnten, im Winter hausten dort auch noch einige Nomaden.[26]

Die Bombardierungen von Gebäuden, die dem Internationalen Komitee vom Roten Kreuz (IKRK) gehörten, zuerst am 16. und dann noch einmal am 26. Oktober 2001, liefern einen weiteren Beweis dafür, dass zivile Gebäude bei den angloamerikanischen Luftangriffen systematisch als Ziele ausgewählt wurden. Das IKRK berichtete, dass »zwei Bomben auf ein Vorratslager des IKRK in Kabul geworfen wurden, von denen eine einen Angestellten dieser Organisation tötete, der die Einrichtung bewachte«.[27]

Nur zehn Tage später wurden in demselben Areal erneut deutlich gekennzeichnete Gebäude des Roten Kreuzes von amerikanischen Bomben zerstört. Das IKRK meldete, dass »erneut Bomben auf seine Lagerhäuser in Kabul geworfen wurden. Dabei war auf dem Dach jedes Gebäudes in diesem Komplex ein dreimal drei Meter großes rotes Kreuz auf weißem Grund deutlich zu sehen.«[28]

Diese Ereignisse zeigen deutlich, dass sich die Vereinigten Staaten bei ihren Bombenangriffen nicht im Geringsten um das Leben der Zivilbevölkerung scherten. Sie zeigen aber auch, dass die Westmächte die Bestrafung des afghanischen Volkes für einen integralen Bestandteil ihrer militärischen Strategie hielten. Der amerikanische Journalist und Friedensaktivist Geov Parrish hat auf der Basis von Zeugenaussagen von Flüchtlingen und Berichten westlicher und pakistanischer Journalisten eine klare vorläufige Bilanz der seit dem Oktober registrierten systematischen Angriffe auf Zivilisten erstellt. Parrishs Analyse beschreibt eine Bombenkampagne, die sich mit System und jeden Tag gegen Zivilisten und die zivile Infrastruktur richtete. Einige wenige Beispiele seien im Folgenden herausgegriffen:

> »In Dschalalabad wurde die Sultanpur-Moschee während des Abendgebets von einer Bombe getroffen, wobei 17 Menschen im Innern eingeschlossen wurden. Als Nachbarn hinzueilten, um die Verwundeten aus den Trümmern zu befreien, fiel eine weitere Bombe und tötete mindestens 120 Personen.
>
> In dem Dorf Darunta in der Nähe von Dschalalabad fiel eine amerikanische Bombe auf eine weitere Moschee. Zwei Personen wurden getötet und Dutzende – vielleicht sogar 150 Menschen – verwundet. Viele dieser Verwundeten vegetieren ohne medizinische Betreuung im Sehat-e-Ama-Krankenhaus in Dschalalabad dahin, das nicht über die Mittel zur Behandlung der Verletzten verfügt.
>
> Die Zahl der getöteten Zivilisten geht wahrscheinlich in die Tausende und wird sich sicher durch zwei neue Entwicklun-

gen sogar noch erhöhen. Die amerikanischen Piloten dürfen nun ›nach eigenem Ermessen‹ feuern – also auf alles, was ihnen vors Visier kommt, ohne erst auf die Erlaubnis von Flugleitoffizieren und deren Auswertung von Satelliten- und Überwachungsaufnahmen warten zu müssen. Es gibt sogar jetzt Gegenden des Landes, die man zu ›Kill Boxes‹ (Tötungszonen) erklärt hat, die an die die ›Free-Fire Zones‹ (Feuer-Frei-Zonen) des Vietnamkriegs erinnern, und wo Afghanen ohne Vorwarnung angegriffen werden dürfen. Diese Kill Boxes werden Tag und Nacht von Tieffliegern überwacht, die den Auftrag haben, auf alles zu schießen, was sich in diesen Gebieten bewegt.«[29]

Die Zeugenaussagen afghanischer Flüchtlinge sind ein weiterer Beweis dafür, dass sich die Bombenangriffe praktisch gegen die gesamte Zivilbevölkerung richteten. Denn auch zivile Zonen ohne jede militärische Einrichtung wurden bei Angriffen in Schutt und Asche gelegt. Mohammed Ghaus, der mit seiner Frau und fünf Kindern über die Grenze nach Pakistan floh, gab folgenden Bericht ab:

»Donnerstagnacht um 22 Uhr, gestern um 14 Uhr und noch einmal letzte Nacht gab es schwere Bombenangriffe auf Kandahar. Der Basar an der Keptan-Kreuzung in der Innenstadt wurde dem Erdboden gleichgemacht. Das Haus meines Nachbars wurde zerstört. Deshalb sind wir geflohen.« Reuters fügte noch hinzu: »Er sagte, es habe zivile Opfer gegeben, aber er wusste nicht, wie viele. Andere Neuankömmlinge, die zu Hunderten am Samstag über den Chaman-Grenzposten hereinströmten, hatten Ähnliches zu berichten.«[30]

Aussagen von Soldaten des Teams 555 der Special Forces der US-Armee, die in ihrer 25-tägigen Rund-um-die Uhr-Zielüberwachung und -erfassung vom Boden aus 175 Flugeinsätze über Afghanistan geleitet haben, bestätigen die Angaben der afghanischen Flüchtlinge. Oberstabsfeldwebel Dave Diaz räumt ein: »Wir fingen da mit so einem Spielchen mit den Begriffen an«, um damit Flieger zu motivieren, »die zögerten,

Ziele anzugreifen, die nicht wie militärische Ziele aussahen.« Er gab gegenüber seinen neun Soldaten und einem Kampfbeobachter der Luftwaffe folgende Sprachregelung aus: »Klar ist es eine Zivilsiedlung, Lehmhütten, es sieht genauso aus wie die anderen Dörfer in diesem Land. Aber sagt das bloß nicht! Sagt, es sei ein Militärlager. Es gibt dort Gebäude, Kasernen, einen Kommandostand und einen Kontrollposten. Dasselbe gilt für die Konvois – wenn es sich in Wirklichkeit um einen Konvoi mit zivilen Transportfahrzeugen handelt, sollten wir nur sagen: ›He, ein Militärkonvoi, ein Truppentransport!‹«

Als ein Pilot ein bestimmtes Ziel nicht gleich angreifen wollte, machten die Mitglieder von Team 555 ihre Einstellung ganz deutlich. Ein Sergeant wandte sich an den Piloten: »Klar ist es eine Lehmhütte. Wir leben in Lehmhütten. Die leben in Lehmhütten. Wir kämpfen aus einer Lehmhütte heraus. Die kämpfen aus Lehmhütten heraus. Und da drüben gehört sowieso keiner mehr zu den ›Guten‹.«[31]

Die vielleicht klarste Aussage zur US-Strategie kam von dem Gefreiten der US-Armee Matt Guckenheimer, der am 6. März 2002 als Mitglied einer Kompanie von mehr als 100 Soldaten losgeschickt wurde, um an der größten von Amerika geführten Bodenoperation im Osten Afghanistans (»Operation Anaconda«) teilzunehmen. In einem Interview mit dem *Ithaca Journal* erzählte Guckenheimer, ein Ladeschütze bei der 10. Gebirgsjäger-Division in Fort Drum: »Uns wurde erzählt, es gebe dort keine freundlichen Truppen. Wer immer dort war, es war der Feind. Uns wurde ausdrücklich befohlen, wenn Kinder und Frauen dabei sein sollten, auch die zu töten.«[32]

Der »Krieg gegen den Terrorismus« benutzt also selber terroristische Methoden, um seine vorgeblichen Ziele zu erreichen. Nichts an diesem Krieg ist humanitär oder moralisch, es ist auch kein Krieg *gegen* den *Terrorismus*, sondern selbst ein Terrorkrieg *gegen Amerikas Feinde*, bei dem es nur um strategische und wirtschaftliche Interessen geht und bei dem auf rassistische und fremdenfeindliche Weise das Lebensrecht der

Afghanen und anderer dort lebender Völker völlig missachtet wird. So wie es auch der britische Mittelost-Korrespondent Robert Fisk im Londoner *Independent* beschrieben hat: »Als die afghanischen Flüchtlinge zu Tausenden an der Grenze auftauchen, ist es völlig klar, dass sie nicht vor den Taliban, sondern vor unseren Bomben und Raketen fliehen:«

> »Die Taliban vertreiben ja auch nicht ihre eigene paschtunische Bevölkerung. Die Flüchtlinge beschreiben plastisch Angst und Schrecken, den unsere Bomben in ihren Städten verbreiten. Diese Leute haben panische Angst vor unserem ›Krieg gegen den Terrorismus‹, sie werden zu Opfern, die so unschuldig sind wie die Menschen, die am 11. September im World Trade Center umgebracht worden sind. Also, wie weit wollen wir es noch treiben? [...] Dieser Krieg [...] wird nicht zu einer wie immer gearteten Form von Gerechtigkeit führen. Oder gar zur Freiheit. Er wird jedoch so viele Menschenleben kosten, dass dagegen sogar das Verbrechen gegen die Menschlichkeit vom 11. September verblassen wird.«[33]

Sicherung geostrategischer Interessen

Mit der Entmachtung der Taliban konnten die Vereinigten Staaten eine ihnen freundlich gesinnte Einheitsregierung etablieren, die zur Gewährleistung der inneren Stabilität und Sicherheit nötig ist, die man zum Bau der geplanten Öl- und Gaspipelines von Turkmenistan über Afghanistan nach Pakistan braucht. Die neue Zentralregierung stellten Kriegsherren der Nordallianz, was der Rückkehr zur Ära der Brutalität und Barbarei gleichkam, die vor den Taliban geherrscht hatte. Jetzt gab es jedoch weniger Rivalitäten und kriegerische Auseinandersetzungen zwischen den verschiedenen Gruppierungen, weil die Konflikte durch die unter der Vermittlung der USA und der UN ausgehandelten Abkommen begrenzt werden konnten.

Dass die Unterdrückung und brutale Behandlung von Frauen, Kindern und Männern endlich gestoppt wird, scheint jedoch nicht eines der Hauptanliegen der Vereinigten Staaten zu sein. Ihr Bestreben war wohl nur, eine Diktatur der vereinigten Kriegsherren zu errichten, die ihr jeweiliges afghanisches Territorium weiterhin kontrollieren dürfen. Ihr Ziel war vielmehr, die Konflikte zwischen diesen Warlords möglichst klein zu halten, aber diesen gleichzeitig zu erlauben, die Zivilisten in ihrem Herrschaftsbereich zu regieren, wie es ihnen beliebt. Fahima Vorgetts, die in Kabul ein Alphabetisierungsprogramm für Frauen leitete, bevor sie 1979 nach dem sowjetischen Einmarsch aus dem Lande fliehen musste, meint dazu: »Jahrelang haben wir versucht, die Aufmerksamkeit auf die schlimme Situation der Frauen in Afghanistan zu lenken, und jahrelang hat man uns nicht beachtet. Wir mussten Leute regelrecht anbetteln, um eine Veranstaltung überhaupt organisieren zu können:«

> »Jetzt hören die Leute auf das, was wir über die Taliban erzählen, aber sie müssen auch auf das hören, was wir über die Nordallianz zu sagen haben, damit sich für das Land als Ganzes, vor allem aber für die Frauen, nicht dieselbe Tragödie wiederholt. Die Taliban sind furchtbar, und Afghanistan wird es ohne sie viel besser gehen, aber wir dürfen nicht vergessen, dass die Nordallianz während ihrer Regierungszeit von 1992 bis 1996 so viele Gräueltaten, so viele Verbrechen begangen hat, dass sie es den Taliban leicht gemacht hat, an die Macht zu kommen. Afghanistan leidet nun schon seit 23 Jahren – es gibt keine Schulen, Arbeitsplätze, Straßen, Fabriken oder Brücken mehr. Die Bombardierungen machen es nur noch schlimmer, sie verursachen nur noch mehr Schäden.«[34]

Der frühere kanadische Diplomat Professor Peter Dale Scott, ein Politikwissenschaftler an der Universität von Kalifornien in Berkeley, schrieb im Januar 2002: »Der Eindruck verstärkt sich, dass das Kriegsherren-Unwesen nach Afghanistan zurückkehrt. Wir erleben gerade eine Wiederkehr der schlimmsten Auswüchse der Neunzigerjahre vor den Taliban: hemmungsloses Banditentum, das Plündern von Nahrungsvorräten, die für die Zivilbevölkerung bestimmt sind, ein Ausbreiten aller Arten von Schmuggelgeschäften und vor allem die Massenproduktion von Opium und Heroin.«[35]

Aber die Interessen der afghanischen Bevölkerung waren unwichtig. Wichtig war nur die Institutionalisierung der Herrschaft verschiedener Gruppierungen, die alle in Kriegsverbrechen und Menschenrechtsverletzungen verwickelt sind, um dadurch eine vereinte Föderation zu schaffen, die trotz der fortschreitenden Brutalisierung der Bevölkerung eine gewisse Stabilität gewährleisten kann. Diese Politik mag auf Dauer nicht aufgehen, aber die Bush-Administration setzt ganz klar auf dieses Konzept. In einem Kommentar über die beunruhigende Tatsache, dass hinter den Kulissen die Öl- und Gasfrage die entscheidende Rolle spielt, schrieb der *San Francisco Chronicle* Ende September 2001:

> »Der verdeckte Einsatz im Krieg gegen den Terrorismus lässt sich in einem einzigen Wort zusammenfassen: Öl. Die Landkarte der von Terroristen beherrschten Gebiete und Ziele im Mittleren Osten und Zentralasien ist ebenso in hohem Maße eine Karte der wichtigsten Energiequellen der Welt des 21. Jahrhunderts. [...] So ist es unvermeidlich, dass viele den Krieg gegen den Terrorismus als einen Krieg sehen, der für die Interessen von Amerikas Chevron, Exxon und Arco, Frankreichs TotalFinaElf, British Petroleum, Royal Dutch Shell und anderer multinationaler Ölmultis geführt wird, die Hunderte von Milliarden Dollar in dieser Region investiert haben.«[36]

Die Bedenken des *Chronicle* bestätigten sich Ende November dieses Jahres, als das Weiße Haus eine Erklärung von Bush jr. zur Eröffnung der ersten neuen Pipeline des Caspian Pipeline Consortium (Kaspischen Pipeline-Konsortium) veröffentlichte: »Das CPC-Projekt ist ganz im Sinne der nationalen Energiepolitik meiner Regierung, da es ein Netz verschiedener Pipelines im Gebiet des Kaspischen Meeres entwickelt, wozu die Baku-Tbilissi-Ceyhan-, die Baku-Supsa- und die Baku-Noworossijsk-Ölpipelines und die Baku-Tbilissi-Erzurum-Gaspipeline gehören.«[37] Die Pipeline ist ein Jointventure zwischen Russland, Kasachstan, Oman, ChevronTexaco, ExxonMobil und verschiedenen anderen Ölfirmen, die das Tengis-Ölfeld im nordwestlichen Kasachstan mit dem russischen Schwarzmeerhafen Noworossijsk verbindet. Amerikanische Firmen haben eine Milliarde Dollar der Baukosten getragen, die sich insgesamt auf 2,65 Milliarden Dollar belaufen sollen.

Das Pipeline-Konsortium, das mit dem Baku-Ceyhan-Plan befasst ist und an dessen Spitze die britische Ölfirma BP steht, wird juristisch durch die Anwaltskanzlei von Baker & Botts vertreten, deren führender Anwalt James Baker III ist. Baker III war unter Präsident Bush Senior Außenminister. Er war auch der Hauptsprecher im Wahlkampf des jüngeren Bush im Jahr 2000, als man erfolgreich die Neuauszählung der Wahlzettel in Florida verhinderte.

Über die weitere Entwicklung berichtete die *New York Times* im Dezember 2001:

> »Es gibt zwar kein Öl in Afghanistan, aber es gibt doch eine Ölpolitik, in der das Land eine Rolle spielt, und Washington fängt allmählich an, sich damit zu beschäftigen. Es nutzt dabei das Versprechen, in die Energiewirtschaft von Zentralasien zu investieren, um in dieser Region eine Reihe von sich anbahnenden politischen Allianzen zu befördern, und zwar mit Russland, Kasachstan und, bis zu einem gewissen Grad, mit Usbekistan.
>
> Seit den Anschlägen des 11. September schätzen die Vereinigten Staaten diese Region als verlässlichen Öllieferanten, vor allem im stillschweigenden Vergleich mit den Golfstaaten, die sich in letzter Zeit weniger kooperativ gezeigt haben. Das Außenministerium ist dabei, die Möglichkeit von Energieprojekten in dieser Region nach dem Sturz der Taliban zu unter-

suchen, einer Region, in der mehr als sechs Prozent der nachgewiesenen Weltreserven an Öl und fast 40 Prozent der globalen Gasreserven lagern. [...] Bessere Beziehungen zwischen Russland und den Vereinigten Staaten haben zum Beispiel dafür gesorgt, dass ein seit mehr als einem Jahr bestehender Konsens über die Routenführung von Pipelines zwischen dem Kaspischen Meer und dem Westen weiter vertieft worden ist.«[38]

An Silvester, neun Tage nachdem die von Amerika unterstützte Regierung von Hamid Karsai ihr Amt in Kabul angetreten hatte, ernannte Präsident Bush einen früheren Berater der amerikanischen Ölgesellschaft Unocal, Zalmay Khalilzad, zum Sonderbotschafter in Afghanistan. Khalilzad hatte eine Risikoanalyse einer geplanten Gaspipeline von der ehemaligen Sowjetrepublik Turkmenistan durch Afghanistan und Pakistan an den Indischen Ozean erstellt und hatte auch an Gesprächen zwischen der Unocal und den Taliban im Jahre 1997 teilgenommen, die zum Ziel hatten, eine Vereinbarung von 1995 über den Bau einer Pipeline durch das westliche Afghanistan endlich umzusetzen. Nach Berichten in der französischen *Le Monde* und der saudi-arabischen Zeitung *Al Watan* war auch der neu ernannte afghanische Regierungschef Hamid Karsai früher ein bezahlter Berater der Unocal.[39] Diese Personalentscheidungen werfen ein deutliches Licht auf die fundamentalen Interessen, die hinter dem amerikanischen Eingreifen in Afghanistan stecken,[40] die treffend von S. Rob Sobhani, einem Professor für Auswärtige Beziehungen an der Georgetown-Universität und Direktor der Ölberatungsfirma Caspian Energy Consulting, beschrieben wurden: »Es ist absolut unerlässlich, dass die Vereinigten Staaten den Bau der Pipeline zum Kernstück des afghanischen Wiederaufbaus machen.«[41]

Unocal hat öffentlich seine Verbindung zu Karsai geleugnet. Der Journalist Wayne Madsen hat sich mit den dubiosen Gründen befasst, die die Unocal zu diesem Dementi bewogen haben könnten: »Aus afghanischen, iranischen und türkischen Regierungsquellen geht hervor, dass Hamid Karsai, der vorläufige Regierungschef von Afghanistan, ein Spitzenberater der [...] Unocal-Gesellschaft war, die mit den Taliban über den Bau einer zentralasiatischen Gaspipeline (Centgas-Pipeline) verhandelt hat, die von Turkmenistan durch das westliche Afghanistan nach Pakistan führen sollte.« Madsens Informanten berichten, dass Karsai während des Kriegs der Afghanen gegen die Sowjetunion »enge Beziehungen zu CIA-Direktor William Casey, Präsident George Bush und ihren Partnern vom pakistanischen Geheimdienst Inter Service Intelligence (ISI) unterhielt.

> »Später zogen Karsai und einige seiner Brüder unter dem Patronat der CIA nach Amerika. Informanten aus dem Mittleren Osten und Südasien behaupten, dass Karsai auch weiterhin bei den Verhandlungen über den Centgas-Deal die Interessen des amerikanischen Geheimdienstes, der Familie Bush und ihrer Freunde aus dem Ölgeschäft vertreten hat. [...] Karsais Verbindungen zur Unocal und zur Bush-Administration sind der Hauptgrund, warum die CIA ihn als afghanischen Führer seinem Rivalen, dem ermordeten früheren Mudschaheddin-Führer aus Dschalalabad, Abdul Haq, und den Führern der Nordallianz vorzog, die in den Augen der CIA-Führung in Langley den Russen und den Iranern zu nahe standen.«[42]

Mitte April 2002 hielt der Chef der Weltbank, James Wolfensohn, bei der Eröffnung des Weltbank-Büros in Kabul eine Rede und teilte den Zuhörern mit, dass er Unterredungen auf höchster Ebene über die Finanzierung der durch Afghanistan führenden Gaspipeline geführt habe. Wolfensohn bestätigte nicht nur neue Kredite über 100 Millionen Dollar für die afghanische Übergangsregierung, sondern auch, dass verschiedene Firmen bereits inoffiziell ihre Interesse an diesem Projekt geäußert hätten.[43] Obwohl die Unocal weiterhin ihre Beteiligung öffentlich leugnet – keine Firma hat sich bisher festgelegt – berichten glaubhafte pakistanische Gewährsleute über bedeutende Fortschritte bei der Planung sowohl der Öl- als auch der Gaspipelines durch Afghanistan, und sie behaupten vor allem, dass die Unocal wahrscheinlich bald wieder als ein potenzieller Betreiber dieser Pipeline auftreten wird.[44]

Der Usbeke Alim Rasim, der kurze Zeit afghanischer Minister für Bergbau und Schwerindustrie war, bestätigte ebenfalls, dass Unocal bei diesem Pipeline-Projekt wahrscheinlich eine führende Rolle spielen werde, sobald die Bedingungen in seinem Land eine Verwirklichung des Plans erlauben würden. Dazu meldete BBC News: »Rasim sagte, dass das amerikanische Energieunternehmen Unocal die Führung beim Bau dieser Pipeline übernehmen werde, die jährlich 30 Milliarden Kubikmeter turkmenisches Gas auf den Weltmarkt bringen könnte.«[45] Außerdem berichtet die *Asia Times*, dass »Unocal darüber hinaus noch plant, die fast 1700 Kilometer lange ›Zentralasiatische Ölpipeline‹ zu bauen, die Chardschou in Turkmenistan mit Russlands bereits existierenden sibirischen Ölpipelines verbindet, aber auch zu den pakistanischen Häfen am Arabischen Meer führt. Diese Pipeline, deren Trasse parallel zur Gaspipeline durch Afghanistan verlaufen soll, wird über eine Kapazität von einer Million Barrel, das sind 159 Millionen Liter, Öl am Tag verfügen, die durch sie aus verschiedenen Regionen der ehemaligen Sowjetunion nach Südasien fließen können.«[46] Regionale Gewährsleute weisen noch darauf hin, das Projekt der durch Afghanistan verlaufenden Pipeline »genieße die volle Unterstützung der Regierung Bush. Man erwarte, dass noch einige andere amerikanischen Ölgesellschaften dem Konsortium beitreten werden, wodurch versucht werden soll, eine Beteiligung der argentinischen Bridas oder der russischen Gasprom an diesen gigantischen Öl- und Gaspipelineprojekten zu verhindern:«

> »Energieexperten haben signalisiert, dass die Amerikaner ihr Auge auf die ungeheuren Ölreserven am Kaspischen Meer geworfen haben, die einen Wert von fünf Billionen Dollar ver-

körpern, wobei vor allem die von Bush senior und Vizepräsident Dick Cheney geleiteten Firmen großes Interesse zeigen. Die Vereinigten Staaten erwarten auch durch Investitionen von US-Firmen über die Finanzierungsgesellschaft Overseas Private Investment Corporation (OPIC) zwei Milliarden Dollar aufzubringen, um den Plan einer Pipeline von Turkmenistan nach Pakistan endlich verwirklichen zu können.«[47]

Die US-Intervention in Afghanistan erlaubte es den Vereinigten Staaten auch, einen Vorsprung gegenüber Russland zu gewinnen und eine gewisse Dominanz über die zentralasiatischen Republiken an dessen Grenzen aufzubauen. Reuters berichtete Ende September 2001:

»Die ehemaligen Sowjet-Republiken nutzten die Krise, um ihre Unabhängigkeit von Moskau zu festigen, indem sie sofort zustimmten, den Vereinigten Staaten ihren Luftraum und möglicherweise auch ihre Flugplätze zu öffnen, was noch vor zwei Wochen völlig unvorstellbar gewesen wäre. Moskau, früher der unangefochtene Herr dieser Region, hatte kaum eine andere Wahl, als den zentralasiatischen Staaten zuzustimmen und zum ersten Mal US-Streitkräfte in diese Gebiete zu lassen.«[48]

Selbst als der Afghanistankrieg allmählich zu Ende ging, wurden die neuen Wirtschaftsprogramme noch von der Einrichtung einer ständigen Militärpräsenz in dieser Gegend begleitet. Darüber berichtete die *Los Angeles Times*: »Hinter dem Schleier von Geheimabkommen sind die Vereinigten Staaten dabei, um Afghanistan herum einen Ring von neuen und ausgedehnten Militärstützpunkten anzulegen, die die Fähigkeiten der Streitkräfte stark erhöhen, Ziele in einem Großteil der islamischen Welt bekämpfen zu können:«

»Nach Angaben des Pentagons sind seit dem 11. September Zeltstädte an über dreizehn Stellen in neun Nachbarländern Afghanistans errichtet worden, die das Netz der Stützpunkte in dieser Region beträchtlich verstärken. Alles in allem leben und arbeiten nun von Bulgarien und Usbekistan bis in die Türkei, nach Kuwait und darüber hinaus, über 60 000 amerikanische Militärangehörige in diesen vorgeschobenen Stützpunkten. Hunderte von Flugzeugen fliegen diese so genannten ›Feldflugplätze‹ an.«[49]

Zweifellos soll diese Präsenz ein Dauerzustand werden. Radio Free Europe/Liberty berichtete über weitere Entwicklungen in der Region, die darauf hindeuten, dass das US-Militär dabei ist, sich in Zentralasien häuslich einzurichten: »Auch wenn der von den Vereinigten Staaten geführte Feldzug in Afghanistan langsam zu Ende zu gehen scheint, baut Washington seine militärische Präsenz in Zentralasien weiter aus, um das zu schützen, was es seine Langzeitinteressen nennt in einem Gebiet, das sowohl Russland als auch China als Teil ihrer Einflusssphäre betrachten:«

»Die Vereinigten Staaten, die während ihres Antiterror-Feldzugs in Afghanistan in Zentralasien Fuß fassen konnten, überlegen sich jetzt, wie sie ihre militärische Präsenz dort beibehalten und damit ihr politisches Profil in diesem Teil der Welt schärfen können. Dieses Vorhaben wird wahrscheinlich in Russland und China zu einem großen Zahneknirschen führen, da diese beiden Nationen Kasachstan, Kirgistan, Usbekistan und Tadschikistan traditionell als Teil ihres Hinterhofs betrachten. [...]
In einer Stellungnahme vor dem Außenpolitischen Ausschuss des US-Senats betonte Elizabeth Jones, die Staatsekretärin für europäische und eurasische Angelegenheiten im Außenministerium, Präsident George W. Bushs Regierung hoffe, dass eine permanente US-Präsenz in Zentralasien den Aufschwung der dortigen Wirtschaft beflügeln werde. [...] Der stellvertretende Verteidigungsminister James Wolfowitz meinte, dass die Vereinigten Staaten durch die Verstärkung ihrer Militärpräsenz in Zentralasien, den dortigen Staaten – vor allem Usbekistan –

> die klare Botschaft übermitteln wollten, dass man sie nicht vergessen werde und dass die USA ›die Fähigkeit hat zurückzukommen, und auch wiederkommen wird‹, wann immer es nötig werden sollte. […] In einem am 6. Januar in der *Washington Post* erschienenen Bericht hieß es, dass die Bush-Administration darüber hinaus plane, ein aus der Zeit des Kalten Krieges stammendes Gesetz außer Kraft zu setzen, das die Handelsbeziehungen einer Anzahl früherer Sowjetrepubliken mit den USA wegen deren schlechter Menschenrechtsbilanz beschränkte. […] Diese Absicht hat schon den Widerspruch von Beobachtern dieser Region herausgefordert, die glauben, dies könne den Eindruck vermitteln, als ob die Vereinigten Staaten bereit seien, über Menschrechtsverletzungen dieser Länder als Belohnung für deren Wohlverhalten hinwegzusehen.«[50]

Die Ausdehnung der amerikanischen Hegemonie geht somit einher mit einer Legitimierung der Menschenrechtsverletzungen, der Diktaturen und der allgemeinen Unterdrückung in diesen Staaten. Die entscheidende Bedeutung, die der 11. September für diese Geostrategie hatte, hat keiner besser ausgedrückt als US-Senator Joseph Lieberman. In einer Rede vom 7. Januar 2002 auf dem Bagram-Luftstützpunkt bei Kabul stellte er fest: »Am 11. September haben wir für unsere mangelnde Beschäftigung mit Zentralasien einen sehr hohen und schmerzhaften Preis bezahlt. Dies wird uns nicht noch einmal passieren.«[51]

Die Krise und der Silberstreif am Horizont

Die Ereignisse vom 11. September gestatteten es also der Bush-Administration, ihre Legitimitätskrise zu meistern und sich mit neuer Zuversicht wieder in das Weltgeschehen einzumischen. Die *U. S. News* drückte dies so aus: »Dann kam der 11. 9. Der weltweite Abscheu und das gemeinsame Gefühl der Bedrohung eröffneten Washington eine einmalige Gelegenheit, die Karten der internationalen Politik neu zu mischen. Zehn Tage nach den Anschlägen stellten Experten des Außenministeriums für ihren Chef Colin Powell eine Liste mit einem Dutzend ›Hoffnungszeichen‹ zusammen:«

»In diesen Kriegszeiten bedeutet eine flexible Außenpolitik, dass die Vereinten Nationen wieder Ansehen genießen: Die Bush-Regierung zählt sogar auf die viel gescholtene internationale Gemeinschaft, wenn es darum geht, im Nachkriegsafghanistan eine Nation aufzubauen. Auch anderswo verändern sich weiterhin durch die neue Qualität der internationalen Politik die Beziehungen zwischen den Staaten. Noch vor vier Monaten war das russisch-amerikanische Verhältnis ausgesprochen frostig. Aber Präsident Putin zählt darauf, dass der Feldzug gegen den Terrorismus Russland dem Westen näher bringen und ihm somit wirtschaftliche und diplomatische Vorteile verschaffen wird. Putin brüskierte sogar seine militärische Führung, als er einer amerikanischen Militärpräsenz in Mittelasien zustimmte. Dies erlaubt nun den Vereinigten Staaten völlig neue Verbindungen zu Staaten wie Usbekistan. [...] Fast so beispiellos ist Pakistans ›Zwangsheirat‹ mit den Vereinigten Staaten. Früher ein Verbündeter im Kalten Krieg, war Pakistan zu einem ständigen Unruheherd geworden durch Atomwaffentests, aber auch durch den Militärputsch gegen eine gewählte Regierung und die Unterstützung militanter Islamisten in ihrem Kampf gegen Indien. Natürlich war Pakistan auch eine Stütze der Taliban. Aber konfrontiert mit den amerikanischen Forderungen, wandelte sich das Land zumindest für den Augenblick zu einem Verbündeten der Vereinigten Staaten. Sogar China findet sich mit dem von den Amerikanern geführten Krieg ab. Noch vor gar nicht so langer Zeit nannte Bush China einen ›strategischen Konkurrenten‹, und beide Seiten stritten sich über den Status Taiwans und den Einsatz von Spionageflugzeugen. Aber da China eine sich entwickelnde Freundschaft zwischen Amerika und Russland fürchtet, ist das Land jetzt dialogbereit. Schließlich geht es auch mit dem Verhältnis zu den alten Verbündeten auf dem Weg ins Jahr 2002 wieder aufwärts. Der britische Premierminister Tony Blair, ein Labour-Mann, der ideologisch den amerikanischen Demokraten näher steht als dem Präsidenten Bush, findet wieder in seine traditionelle Rolle zurück: die des verlässlichsten Verbündeten. Auch Frankreich unterstützte die amerikanischen Positionen. Selbst Deutschland und Japan, wo der Pazifismus unter der Bevölkerung immer noch sehr stark ist, leisteten beide militärischen Beistand. Im kommenden Jahr wird der Kampf gegen den Terrorismus weiterhin alle anderen politischen Fragen an Bedeutung übertreffen.«[52]

Auch nach dem Krieg in Afghanistan ist der von der Bush-Administration ausgerufene »Krieg gegen den Terrorismus« noch lange nicht vorüber. Afghanistan war nur die erste Phase in einem Feldzug ohne Grenzen und Beschränkungen, der Amerika auch weiterhin gute Bedingungen für die Ausdehnung seiner Hegemonie bieten wird.

Der militärische Informations-Onlinedienst StrategyPage meint dazu:

»Die Vereinigten Staaten und die Welt wurden mit einer Art der Kriegführung konfrontiert, der sie vorher noch nie begegnet sind. Die Loyalität des Feindes gilt nicht mehr einem Nationalstaat, sondern einer Ideologie. Einer Ideologie, die sich die Zerstörung aller Nationen und Völker zum Ziel gesetzt hat, die eben diese Ideologie nicht teilen oder sie auf irgendeine Weise bedrohen. Dieser Krieg wird Jahre dauern. Er wird nicht auf eine geografische Region der Erde beschränkt bleiben. Er wird keine klaren Grenzen mehr kennen. Er wird schmutzig, blutig und manchmal entmutigend sein. So einen Krieg hat es in der Geschichte der Menschheit noch nie gegeben.«[53]

Wir sollten uns an Bushs Worte erinnern: »Unsere Antwort wird aus sehr viel mehr bestehen als einem sofortigen Vergeltungsschlag und einzelnen isolierten Angriffen. Die Amerikaner sollten keine Entscheidungsschlacht erwarten, sondern auf einen langwierigen Feldzug gefasst sein, der nichts gleicht, was wir bis heute jemals gesehen haben.« Er betonte, dass diese neue Art von militärischem Konflikt kein kurzer und entscheidender Krieg gegen einen einzelnen Staat sein werde. Auch werde es nicht einfach ein Luftkrieg ohne beträchtliche amerikanische Opfer sein. Dieser Krieg werde ganz im Gegenteil »die Niederlage dieses globalen Terrornetzwerks« zum Ziel haben, »eine Aufgabe, die nie zu Ende gehen wird. [...] Wir werden alle Mittel, über die wir verfügen, [...] und alle für diesen Krieg notwendigen Waffen aufbieten.«

Jede Nation, die in dieser Frage nicht mit den USA übereinstimmt und dadurch ein mögliches Hindernis für die amerikanischen Pläne darstellen könnte, würde damit zu einem Unterstützer des Terrorismus werden. »Jede Nation in jeder Region der Erde muss nun eine Entscheidung treffen: Entweder Sie stehen auf unserer Seite, oder Sie stehen auf der Seite der Terroristen.« Und diejenigen Nationen, die nicht »auf der Seite« der Amerikaner zu sein scheinen, »werden von den Vereinigten Staaten als feindliche Regime betrachtet werden.« Die New Yorker Bürgerrechtsorganisation Center for Constitutional Rights (CCR, Zentrum zur Verteidigung der von der Verfassung garantierten Rechte) erstellte dazu folgenden Bericht:

> »Der Kongress hat Resolutionen verabschiedet, die dem Präsidenten 40 Milliarden Dollar und eine zeitlich unbeschränkte Vollmacht, zu militärischen Mitteln zu greifen, zubilligen. Der Senat und das Repräsentantenhaus haben ihn ermächtigt, jede Nation, Organisation oder Person anzugreifen, die in die Terroranschläge vom 11. September verwickelt war oder bei deren Ausführung oder Vorbereitung geholfen hat. Diese Resolutionen nennen kein Land und keine Gruppe als Ziel und enthalten keine zeitliche Beschränkung. Der einzig positive Aspekt dieser Entschließungen ist die Tatsache, dass der Präsident wenigstens, wie es die Verfassung vorschreibt, um die Zu-

stimmung des Kongresses gebeten und sie dann auch erhalten hat. Dennoch ist der Gebrauch unbeschränkter militärischer Mittel, den diese Resolutionen erlauben, eine gefährliche und verantwortungslose Politik. [...] Bedenklicherweise sehen diese Resolutionen auch keine zeitliche Beschränkung vor, keine Nachprüfung durch den Kongress und keine Bestimmungen, dass der Präsident für weiter gehende Vollmachten je noch einmal den Kongress einschalten müsste. Im Gegensatz zu früheren Vollmachten zur Anwendung militärischer Gewalt, wie zum Beispiel im Libanon, gibt dies dem Präsidenten eine uneingeschränkte Machtbefugnis, die dem in der Verfassung vorgesehenen gegenseitigen Kontrollsystem der höchsten Staatsorgane widerspricht. Sie schafft die Kontrolle des Kongresses über die Anwendung staatlicher Gewalt quasi ab und legt die Entscheidung über Krieg und Frieden in die Hände eines einzigen Mannes, was den gefährlichen Weg von der Demokratie zur Herrschaft eines Einzelnen eröffnet. Die Entschließung erlaubt den Gebrauch von militärischer Gewalt gegen Nationen, die bei der Ausführung der Anschläge vom 11. September ›halfen‹. ›Hilfe‹ ist ein sehr vager Begriff, der auch Angriffe auf Nationen erlauben könnte, die nur ganz entfernt etwas mit diesen Terrorangriffen zu tun hatten. Diese Entscheidung wird dann ohne die Aufsicht des Kongresses getroffen werden, ohne dass eine Zustimmung dieses Kongresses dazu erforderlich wäre.«[54]

Anzeichen, dass diese unbeschränkten Kriegsvollmachten für Absichten verwendet werden könnten, die einen frösteln lassen, einschließlich provokativer Interventionen in strategisch wichtigen Regionen, wurden im März 2002 bekannt. Die *Los Angeles Times* veröffentlichte ein vertrauliches Pentagon-Dokument: »Die Bush-Administration hat das Militär angewiesen, Alternativpläne zu entwickeln, die den Gebrauch von Nuklearwaffen gegen wenigstens sieben Länder und den Bau dazu nötiger, kleinerer atomarer Gefechtsfeldwaffen in Erwägung ziehen:«

»In dem Geheimbericht, der dem Kongress am 8. Januar zugeleitet wurde, heißt es, dass sich das Pentagon darauf vorbereiten sollte, Kernwaffen gegen China, Russland, den Irak, Nordkorea, Iran, Libyen und Syrien einzusetzen. Es heißt dort auch, dass diese Waffen in drei spezifischen Situationen eingesetzt werden könnten: gegen Ziele, die gegen konventionelle Angriffe gefeit sind; als Vergeltung für einen Angriff mit nuklearen, biologischen oder chemischen Waffen; oder ›im Falle überraschender militärischer Entwicklungen‹. [...] Der Bericht führt aus, dass das Pentagon bereit sein sollte, Kernwaffen in einem arabisch-israelischen Konflikt, in einem Krieg zwischen China und Taiwan oder bei einem Angriff Nordkoreas auf Südkorea einzusetzen. Es heißt dann weiter, dass dies auch bei einem Angriff des Irak auf Israel oder einen anderen Nachbarstaat notwendig werden könnte.«

Joseph Cirincione, ein Experte für Atomwaffen an der Carnegie-Stiftung für Internationalen Frieden in Washington, meinte dazu: »Dies macht Atomwaffen ganz eindeutig zu einem Mittel zur Führung eines Kriegs, statt zu einem Instrument der Abschreckung.«[55] Verteidigungsanalyst William Arkin äußerte sich dazu ganz ähnlich:

»Wenn Beamte der Bush-Administration in den letzten Monaten über die Auswirkungen des 11. September für die militärische Langzeitplanung gesprochen haben, haben sie sich oft auf den ›Heimatschutz‹ und die Notwendigkeit eines Raketenabwehrschilds konzentriert. In Wahrheit hat sich seit den Terroranschlägen des letzten Jahres eine integrierte, bemerkenswert weit gefasste Planung zur Führung eines Atomkriegs entwickelt.«[56]

Der neue amerikanische Polizeistaat

Dieselben kriegerischen Töne wurden auch im Inland angeschlagen. In einem Leitartikel am 14. September 2001 verlangte die *Washington Post* die Aufhebung demokratischer und bürgerlicher Rechte und eine grundlegende Änderung der Innen- und Außenpolitik der Vereinigten Staaten:

> »Wenn die Antwort auf diese Anschläge wirklich zu einem zentralen Prinzip der amerikanischen Politik werden soll, was wir für richtig halten würden – wenn sich also die Vereinigten Staaten auf den schwierigen und langwierigen Feldzug gegen diejenigen einlassen, die uns bedrohen – dann kann weder die Politik noch die Diplomatie so weitermachen wie bisher. [...] Dies gilt vor allem dann, wenn der Kongress und andere über die eventuelle Notwendigkeit diskutieren, die Unverletzlichkeit der Wohnung, das Recht auf Bewegungsfreiheit und andere persönliche Freiheiten den Zwängen der inneren Sicherheit zu opfern.«[57]

In einer Zusammenfassung der stattlichen Reihe von repressiven Maßnahmen, die von der amerikanischen Regierung durchgesetzt wurden, um kritische Stimmen im Lande zum Schweigen zu bringen, stellt der Anwalt für internationale Menschenrechte, Michael Ratner, fest: »Rechte, von denen wir dachten, dass sie in der Verfassung verankert und durch das Völkerrecht geschützt seien, sind ernsthaft in Gefahr oder wurden sogar schon abgeschafft:«

> »Es ist keine Übertreibung festzustellen, dass wir auf dem Weg in einen Polizeistaat sind. In dieser Atmosphäre sollten wir nichts als selbstverständlich betrachten. Man wird uns nicht schützen, aber genauso wenig werden der Kongress, die Gerichte oder die vielen Liberalen, die fröhlich auf den fahrenden Zug der Repression aufspringen, unsere Rechte garantieren. [...] Die Folgen des Krieges gegen den Terrorismus in un-

serem Land umfassen die vielen Verhaftungen und Verhöre von Einwanderern, die mögliche Anwendung von Folter zur Gewinnung von Informationen, die Schaffung eines besonderen neuen Ressorts im Kabinett, des Amtes für innere Sicherheit (Homeland Security), und die Verabschiedung von Gesetzen, die den Nachrichtendiensten und Strafverfolgungsbehörden viel größere Vollmachten erteilen, in das Privatleben der Amerikaner einzudringen. Kürzlich eingebrachte Gesetzesvorschläge – das Abhören von Gesprächen zwischen Anwälten und Mandanten und spezielle Militärgerichte, die mutmaßliche Terroristen aburteilen sollen – unterhöhlen zentrale, von der Verfassung garantierte Persönlichkeitsrechte und erinnern fast an Praktiken der Inquisition. [...] Der Krieg gegen den Terrorismus bedeutet auch eine Ausweitung der Zensur von Informationen durch Regierung und Medien, das Totschweigen abweichender Meinungen und eine weit gespannte, vorbeugende Überwachung von Muslimen, Arabern und Asiaten unter ethnischen und religiösen Gesichtspunkten. Und er bedeutet auch die Schaffung eines Klimas der Angst, bei dem man seine Nachbarn als Spitzel verdächtigt und die Leute Angst haben, offen ihre Meinung zu sagen.«[58]

Francis A. Boyle, Professor für Völkerrecht, stellt ebenfalls fest: »Seit dem 11. September haben wir einen Schlag nach dem andern gegen die Verfassung erlebt. Wenn wir alles zusammenzählen, was Ashcroft, Bush und sein Klüngel von Anwälten, die der Federalist Society, einer erzkonservativen Juristenvereinigung, angehören, nach dem 11. September hier veranstaltet haben, kann man das nur noch einen Staatsstreich gegen die Verfassung der Vereinigten Staaten nennen.«

»Erst neulich haben wir Justizminister Ashcroft sagen hören, er habe einseitig die Überwachung der Gespräche zwischen Anwälten und ihren Mandanten angeordnet, ohne überhaupt jemand davon zu informieren – er tat es ganz einfach, und dies trotz des im Vierten Verfassungszusatzes (Amendment) ausgesprochenen Verbots von ›unrechtmäßigen Durchsuchungen, Verhaftungen und Beschlagnahmungen‹ ohne ›einen Durchsuchungs-, Haft-, oder Beschlagnahmebefehl‹ und des durch den Sechsten Verfassungszusatz garantierten ›Rechts auf den Beistand eines Anwalts‹.«[59]

Bisher wurden etwa 1200 Personen im Zuge der Ermittlungen in Gewahrsam genommen. Aber das Justizministerium hat es bisher nicht geschafft, auch nur gegen einen einzigen amerikanischen Verdächtigen formell Anklage zu erheben. Noch am 15. November 2001 mussten die Bundesbehörden zugeben, dass sie bisher nicht die geringsten Beweise gefunden hätten, dass einer der über 1200 Personen, die immerhin eine Verurteilung zu lebenslanger Haft riskierten, irgendeine Rolle bei den Anschlägen vom 11. September gespielt haben.

Tatsächlich wurden zahlreiche, rechtlich bindende Verfassungsbestimmungen und internationale Verträge umgangen oder, schlimmer noch, gebrochen. Dazu meint Professor Boyle: »Allmählich werden wir hier in den Vereinigten Staaten eine Bananenrepublik, in der Menschen einfach so ›verschwinden‹, eine Erscheinung, die wir in den 1970-er und 1980-er Jahren in den lateinamerikanischen Diktaturen gesehen haben, wobei übrigens damals schon die Regierung der Vereinigten Staaten ihre Hände mit im Spiel hatte:«

»Wir wissen nicht, wo sie sind oder unter welchen Bedingungen sie gefangen gehalten werden. Wir haben keine Ahnung, ob sie überhaupt einen Anwalt kontaktieren dürfen. Wir wissen aber, dass einer von ihnen unter höchst verdächtigen Umständen in der Haft zu Tode kam. Es gibt Berichte, man habe ihn zu Tode gefoltert. [...] Ganz klar stehen auch Ausländer hier unter dem Schutz des ›ein ordnungsmäßiges Rechtsverfahren‹ (due process of law) garantierenden Fünften Verfassungszusatzes (Fifth Amendment) und des Artikels III, Paragraph 2, Absatz 3 des Gesetzes über die grundlegenden Verfassungsrechte in Kriminalprozessen, der sich mit der Anklageerhebung, dem Prozess vor einem Bundesbezirksrichter oder einem Geschworenengericht, dem zuständigen Gerichtsstand und ähnlichen Bedingungen befasst.«[60]

Robert B. Reich, Arbeitsminister in der Clinton-Regierung, meint zu diesem Thema:

> »Ich bin überrascht, dass es darüber keine größere öffentliche Aufregung gegeben hat. Per Notstandsdekret schafft der Präsident Rechte ab, von denen wir annahmen, dass sie per Gesetz für alle gelten würden, die sich in unserem Land aufhalten. Wir könnten uns plötzlich in einem Polizeistaat wiederfinden, ohne dass wir gemerkt hätten, welche faulen Kompomisse wir auf dem Wege dorthin gemacht haben.«[61]

Inzwischen plante das Justizministerium schon, etwa 5000 Männer, die meist aus dem Nahen und Mittleren Osten stammen und in den vergangenen beiden Jahren legal in die Vereinigten Staaten eingereist sind, »aufzugreifen« und zu befragen.

Das Justizministerium denkt auch zusammen mit dem FBI darüber nach, Folter als eine von den Vereinigten Staaten anerkannte Methode gegen Gefangene einzusetzen, die auf ihrem Recht bestehen, nicht aussagen zu müssen. Die *Washington Post* berichtet, dass die US-Regierung ernsthaft den Gebrauch von »Druckmitteln, wie sie gelegentlich von israelischen Verhörspezialisten angewendet werden«, erwägt, um damit aus Leuten in ihrem Gewahrsam »Informationen herauszuholen«.[62]

Aber ein aus dem Jahre 1998 stammender Bericht der israelischen Menschenrechtsorganisation B'Tselem stellt fest, dass israelische Untersuchungsbeamte bei Verhören von Palästinensern »routinemäßig Foltermethoden« gebrauchen. Zu den dabei angewendeten illegalen Praktiken gehören Isolationshaft, Schlafentzug, Psychofolter, aber auch die Anwendung konkreter körperlicher Gewalt wie Schläge, Tritte, heftiges Schütteln, schmerzhaftes Fesseln und der Gebrauch von Gegenständen, deren Anwendung schlimme Schmerzen verursachen. Diese Befragungen dauern gewöhnlich Monate. Menschenrechtsorganisationen bestätigen, dass die Israeli gefangene Palästinenser oft so schwer foltern, dass deren Gesundheit und Leben in Gefahr sind.[63]

Boyle meint: »Wann werden das FBI, die CIA und die National Security Agency anfangen, diese Mittel, die sie durch Ashcrofts ›Polizeistaatsgesetz‹ bekommen haben, auch gegen amerikanische Bürger einzusetzen? Ganz klar, das wird der nächste Schritt sein.«[64] Das ganze Ausmaß, in dem die Öffentlichkeit inzwischen bereit ist, die massiven Bürgerrechtsverletzungen hinzunehmen, zeigte sich, als der amerikanische Justizminister John Ashcroft verkündete, Kritiker dieser Maßnahmen der Regierung Bush wären Panikmacher, »die friedliebenden Menschen mit dem Gespenst Angst machten, ihre Freiheiten seien in Gefahr, und die damit nur den Terroristen helfen«. Offensichtlich meint John Ashcroft, dass Menschen, die mit Benjamin Franklin zu Recht der Ansicht sind, dass die Freiheit nicht um der Sicherheit willen geopfert werden darf, Unterstützer des Terrorismus sind.

Boyles Befürchtungen werden durch die Maßnahmen der Bush-Administration voll bestätigt. Der so genannte USA Patriot Act (USAPA), der von Präsident Bush am 26. Oktober 2001 unterschrieben wurde, »gab sowohl den inländischen Strafverfolgungsbehörden als auch den international agierenden Geheimdiensten extrem weit gespannte Vollmachten und beseitigte gleichzeitig die Kontrollmechanismen, die es Gerichten bisher erlaubten, darüber zu wachen, dass diese Machtmittel nicht missbraucht wurden«, meinte die Electric Frontier Foundation (EFF) in San Francisco, eine Organisation, die die Bürgerrechte auf dem Gebiet der neuen Technologien verteidigt. »Die meisten dieser Kontrollmechanismen wurden nach früheren missbräuchlichen Überwachungsaktionen dieser Behörden geschaffen, als man zum Beispiel im

Jahre 1974 entdeckte, dass das FBI und Auslandsgeheimdienste über 10 000 amerikanischen Bürgern, darunter auch Martin Luther King, nachspioniert hatten.«

Der USA Patriot Act wird der Willkür der amerikanischen Behörden gegenüber den Bürgern Tür und Tor öffnen. Einige der im USAPA festgelegten Maßnahmen seien hier aufgeführt:

> »Die staatlichen Behörden dürfen nun schon dann das Internet-Surfen von unbescholtenen Amerikanern überwachen, einschließlich der Registrierung aller in Suchmaschinen eingegebenen Begriffe, wenn sie gegenüber einem Richter irgendwo in den Vereinigten Staaten erklären, dass diese Überwachung Informationen liefern könnte, die für ein laufendes Untersuchungsverfahren ›relevant‹ wären. Die ausspionierte Person braucht nicht das Zielobjekt dieser Untersuchung zu sein. Diese Vollmacht muss erteilt werden, und die Staatsanwaltschaft ist nicht verpflichtet, dem Gericht oder der überwachten Person mitzuteilen, was sie tatsächlich unternommen hat.
>
> Das bedeutet also landesweit gültige Abhörgenehmigungen. FBI und CIA können nun von Telefon zu Telefon und von Computer zu Computer gehen, ohne nachweisen zu müssen, dass diese von einem Verdächtigen oder der in der Vollmacht benannten Zielperson überhaupt je benutzt worden sind. Die Staatsanwaltschaft kann nun eine einzelne Abhörmaßnahme für das ganze Bundesgebiet erwirken, oder eine leichter zu bekommende Abhörmaßnahme nach den Bestimmungen des FISA, des Foreign Intelligence Surveillance Act, eines Gesetzes, dass die verdeckte Spionageabwehr auf amerikanischem Boden regelt, oder eine so genannte ›Pen/Trap Order‹, bei der nur der Adressat einer Nachricht und nicht deren Inhalt registriert wird, und dies alles, egal um welche Person oder Organisation es sich dabei handelt. Es spielt nicht einmal eine Rolle, ob diese Person oder Organisation in der Genehmigung überhaupt namentlich auftaucht. Die Staatsanwaltschaft ist auch nicht

verpflichtet, vor Gericht nachzuweisen, dass die spezielle Information oder Kommunikation, die man bei dieser Abhörmaßnahme zu erhalten hofft, für die Aufklärung einer Straftat irgendwie relevant wäre. Bei den nach FISA und Pen/Trap-Regeln eingeleiteten Überwachungsaktionen muss sie nicht einmal berichten, wo die entsprechende Anordnung zur Anwendung kam oder welche Informationen man dadurch erhalten hat. Die EFF glaubt, dass die Missbrauchsmöglichkeiten dieser weit reichenden neuen Vollmachten immens sind. [...]
So wie die Überwachungsmöglichkeiten der inländischen Strafverfolgungsbehörden sehr stark ausgeweitet wurden, so nahmen auch die entsprechenden Vollmachten unter dem Foreign Intelligence Surveillance Act (dem Gesetz zur Überwachung feindlicher Ausländer auf amerikanischem Boden) stark zu. Bisher durften auf amerikanischem Boden Amerikaner, Ausländer (und Personen, die mit diesen in Kontakt standen) nur zu dem Zweck abgehört werden, um herauszufinden, ob sie Agenten einer ausländischen Macht waren. Jetzt reichte es für einen entsprechenden Antrag schon aus, wenn unter den Abhörgründen neben anderen auch noch der Verdacht auf Agententätigkeit auftauchte.«[65]

In einer detaillierten Punkt-für-Punkt-Analyse kritisierte der amerikanische Abgeordnete im Repräsentantenhaus Dennis Kucinich, ein Demokrat aus Ohio, den USA Patriot Act scharf als ein Gesetz, das in völligem Widerspruch zur amerikanischen Verfassung stehe. »Wir müssen das zugrundeliegende Prinzip des Patriot Act in Frage stellen,« stellte er fest, bevor er sich mit den Auswirkungen des Gesetzes auf die Verfassung beschäftigte:

»Dies müssen wir uns fragen: Warum sollte Amerika in der Verfassung garantierte Rechte aufgeben? Wie können wir es rechtfertigen, faktisch den Ersten Verfassungszusatz abzuschaffen, der das Recht auf freie Rede und das Recht, sich friedlich zu versammeln, garantiert? Wie können wir es rechtfertigen, faktisch auch den Vierten Verfassungszusatz abzuschaffen, wenn wir auf das Recht auf ausreichende Begründung und damit auf die Sicherheit vor unrechtmäßigen Durchsuchungen, Verhaftungen und Beschlagnahmungen verzichten? Wie können wir es rechtfertigen, faktisch den Fünften Verfassungszusatz abzuschaffen, indem wir ein ordnungsgemäßes Rechtsverfahren aufgeben und damit einer unbegrenzten Inhaftierung ohne Prozess zustimmen? Wie können wir es rechtfertigen, faktisch den Sechsten Verfassungszusatz abzuschaffen, das Recht auf ein schnelles und öffentliches Verfahren? Und wie können wir es rechtfertigen, faktisch den Achten Verfassungszusatz aufzugeben, der gegen grausame und ungewöhnliche Bestrafung schützt?

Wir können weit gespannte Abhörmaßnahmen und die Überwachung des Internets ohne, geschweige denn mit gerichtlicher Kontrolle nicht rechtfertigen. Wir können geheime Haussuchungen ohne Durchsuchungsbefehl nicht rechtfertigen. Wir können es nicht rechtfertigen, dem Justizminister zu erlauben, nach eigenem Ermessen zu entscheiden, wer als inländische Terrorgruppe zu betrachten ist. Wir können es nicht rechtfertigen, dem FBI einen totalen Zugang zu jeder Information zu gewähren, die irgendwo existieren könnte, wie zum Beispiel medizinische und finanzielle Daten.

Wir können es nicht rechtfertigen, der CIA zu erlauben, Menschen in diesem Lande zu einem Ziel ihrer Aufklärungstätigkeit zu machen. Wir können es nicht rechtfertigen, eine Regierung zu haben, die ihrem Volk das Recht auf Unversehrtheit der Person und der Wohnung nimmt und dann für ihre eigenen Machenschaften ein Recht auf völlige Geheimhaltung reklamiert.«[66]

Es sieht auch so aus, als ob Maßnahmen, die die Macht der Regierung über das amerikanische Volk vergrößern sollen, mit dem Versuch einhergehen, zur gleichen Zeit das Verständnis der Öffentlichkeit für den Gebrauch dieser Macht drastisch zu vermindern. Anfang November 2001 schrieben zwei Mitglieder des Ausschusses für Regierungsreformen des amerikanischen Repräsentantenhauses an Bush und drückten ihren Unwillen über die plötzlich ergangene Anordnung (Executive Order) über den Umgang mit Akten und Dokumenten des Weißen Hauses und deren Freigabe aus.

Bushs neue Anordnung »enthält Bestimmungen, die den Zugang der Öffentlichkeit zu wichtigen Regierungsdokumenten drastisch einschränken könnten«. Sie gehe sogar so weit, »dem amtierenden Präsidenten zu erlauben, die Akten eines früheren Präsidenten zurückzuhalten, selbst wenn dieser möchte, dass diese Dokumente veröffentlicht werden«. Außerdem »ist es nötig, dass die Öffentlichkeit ein besonderes Bedürfnis für die Freigabe eines Dokumentes an den Tag legt, bevor es freigegeben werden kann«.

In dem Brief des Kongressausschusses für Regierungsreformen wird weiterhin festgestellt:

> »Diese Bestimmungen verletzen ganz klar bestehende gesetzliche Bestimmungen. Der entsprechende Presidential Records Act wurde vom Kongress verabschiedet, um nach einer angemessenen Zeitspanne der Öffentlichkeit vollen Zugang zu den Präsidentschaftsakten zu verschaffen. Das Ziel dieses Gesetzes ist die ordentliche und systematische Freigabe von Aktenmaterial – nicht die unbeschränkte Geheimhaltung dieser historischen Dokumente. Wir sind vor allem besorgt, dass diese Executive Order das Gesetz umschreiben will, indem sogar Dokumente zurückgehalten werden sollen, die für den gesetzlichen Beratungsprozess unerlässlich sind. [...] Diese präsidentielle Anordnung steht im Widerspruch zu den Absichten des Kongresses und will die Öffentlichkeit im Dunkeln halten.«[67]

Es ist kaum zu verstehen, warum genau solche außergewöhnlichen, antidemokratischen Maßnahmen zu einer Zeit ergriffen wurden in einem Land, das von sich behauptete, es engagiere sich für die Verteidigung der Demokratie und Freiheit im Namen der Zivilisation. Es sei denn, man akzeptiert, dass der Präsident ganz andere Vorstellungen hat über die Verletzung »klar bestehender gesetzlicher Bestimmungen«, über die »unbeschränkte Geheimhaltung« präsidentieller Dokumente, über die Umgehung der Absichten des Kongresses und über den Willen, »die Öffentlichkeit im Dunkeln« zu halten.

In einem Kommentar über die Auswirkungen der neuen Executive Order von Präsident Bush schreibt der Londoner *Guardian*:

> »Der amerikanische Präsident George Bush unterschrieb gestern Abend einen Präsidentenerlass, der es sowohl einem ehemaligen als auch einem amtierenden Präsidenten erlaubt, den Zugang zu den Dokumenten des Weißen Hauses zu blockieren, ein Schritt, der Historiker, Journalisten und den ehemaligen Präsidenten Clinton verärgerte. [...] Bushs Anweisung bestimmt, dass jeder amtierende und frühere Präsident sein Veto gegen eine Freigabe von Präsidentschaftsakten einlegen kann. [...] Diese Order würde auch bedeuten, dass Bushs persönliche Papiere, die den Entscheidungsfindungsprozess im gegenwärtigen Krieg gegen den Terrorismus erhellen könnten, auf Dauer geheim bleiben würden.«[68]

Der wachsende Widerstand der Bush-Administration dagegen, dass die Öffentlichkeit die Vorgehensweise und Absichten der Regierungsbehörden und Geheimdienste besser beurteilen kann, zeigte sich in ihrer Reaktion auf eine Vorladung des Kongresses von Mitte Dezember, die Missstände im Bostoner Büro des FBI aufklären sollte. Präsident George W. Bush stoppte diese Untersuchung, was natürlich die berechtigte Frage aufwarf, was denn der FBI zu verbergen habe. Der *Boston Globe* berichtete:

> »Präsident Bush berief sich gestern auf sein ›Executive Privilege‹, um eine Vorladung des Kongresses abzuwehren, der Missstände im Bostoner Büro des FBI untersuchen wollte. (Das Executive Privilege ist das Recht des Präsidenten, Dokumente

und Informationen zurückzuhalten, obwohl sie vom Kongress oder dem Supreme Court angefordert werden. A. d. Ü.) Als Reaktion darauf stauchte der Vorsitzende eines Ausschusses des Repräsentantenhauses seine republikanischen Parteifreunde zusammen und löste damit etwas aus, was ein Kongressabgeordneter den Beginn eines ›Verfassungskonflikts‹ nannte. ›Erzählen Sie dem Präsidenten, dass es einen Krieg zwischen ihm und diesem Ausschuss geben wird.‹ Dies teilte Dan Burton, ein Republikaner aus Indiana, der dem Ausschuss für Regierungsreformen des Repräsentantenhauses vorsteht, einem Beamten des Justizministeriums mit. Dabei war man davon ausgegangen, dass es sich hier nur um eine Routinesitzung zur Vorbereitung der eigentlichen Anhörung handeln würde. ›Sein Papa hatte eine Zustimmungsrate von 90 Prozent und hat trotzdem verloren, und dasselbe kann ihm auch passieren‹, fügte Burton noch hinzu, während er seinen Finger in die Luft stieß und dabei Carl Thorsen anfunkelte, einen Abteilungsleiter des Justizministeriums, der versuchte, einen Vorgesetzten anzukündigen, der aussagen sollte. ›Wir haben einen diktatorischen Präsidenten und ein Justizministerium, das den Kongress außen vor halten will. [...] Euer Mann führt sich auf, als ob er König wäre.‹ Dieser scharfe Ton war in den nächsten vier Stunden von Republikanern und Demokraten, Liberalen und Konservativen zu hören. Alle widersprachen der Anordnung, die Bush am Mittwoch unterschrieben und gestern öffentlich verkündet hatte. Er berief sich auf sein Executive Privilege und verweigerte die Herausgabe von Unterlagen der Anklage in Kriminalfällen, einschließlich einer Untersuchung der missbräuchlichen Verwendung von Wahlkampfgeldern, mit dem Argument, dass dies ›nicht im nationalen Interesse sei‹.«[69]

Außerdem wurden unter Führung von Justizminister Ashcroft Maßnahmen ergriffen, die den Zugang zu öffentlichen Unterlagen beschränken sollen, die bisher nach den Bestimmungen des U. S. Freedom of Information Act (FOIA; Gesetz über den freien Zugang zu Regierungsinformationen) von 1974 frei zugänglich waren. Der *San Francisco Chronicle* beschreibt dieses Gesetz als »eine unserer wichtigsten demokratischen Reformen, die es dem einfachen Bürger erlaubt, von der Regierung dadurch Rechenschaft zu fordern, dass er öffentliche Akten und Dokumente anfordern und auswerten kann. Ohne dieses Gesetz würden es Journalisten, Zeitungen, Historiker und Organisationen, die den Regierenden auf die Finger schauen wollen, nie schaffen, dass die Regierung ehrlich bleibt.« Durch dieses Gesetz kann die Öffentlichkeit »erfahren, was unsere gewählten Vertreter tun, statt nur zu erfahren, was sie sagen«:

> »Aber ohne großes Trara setzte der Justizminister den FOIA quasi außer Kraft. [...] Statt von den öffentlichen Bediensteten zu verlangen, sie sollten besonders darauf achten, wann das Recht der Öffentlichkeit auf Information mit dem Bedürfnis des Staates, unsere Sicherheit zu schützen, in Konflikt gerät, forderte sie Ashcroft dazu auf, sie sollten überprüfen, ob ›institutionelle, wirtschaftliche und personelle Geheimhaltungsinteressen‹ durch die Weitergabe von Informationen verletzt werden könnten.«

Noch beunruhigender ist der Bericht des *Chronicle* über die neue Politik des Justizministeriums, Anträge abzublocken, die sich auf den FOIA beziehen, in dem die offiziellen diesbezüglichen Anweisungen des Ministeriums zitiert und dessen Auswirkungen erläutert werden:

> »›Wenn Sie Anträge, die sich auf FOIA berufen, sorgfältig untersuchen und dann entscheiden, Akten oder Dokumente ganz oder teilweise zurückzuhalten, können Sie sicher sein, dass das Justizministerium Ihre Entscheidungen unterstützen und verteidigen wird, außer wenn diese einer fundierten juristischen Basis entbehren oder ein nicht zu rechtfertigendes Risiko negativer Auswirkungen auf die Fähigkeit anderer Behör-

den in sich bergen, andere wichtige Dokumente zu schützen.‹ [...] Wenn man dann noch Präsident Bushs Executive Order vom 1. November dazunimmt, die es ihm erlaubt, alle Präsidentschaftsakten seit 1980 zu sperren, dann macht einen das Ganze doch frösteln. [...] Das halbe Land hat auch die Befürchtung, dass die Regierung die Angst vor dem Terrorismus dazu benutzen könnte, ihre Beamten vor jedweder Aufsicht durch die Öffentlichkeit zu schützen.

Nun wissen wir aber auch, dass sie gute Gründe haben, sich vor dieser Kritik zu fürchten. Mehr als ein Vierteljahrhundert lang gibt der Freedom of Information Act nun schon der Öffentlichkeit das Recht, zu erfahren, was die Regierung, ihre Behörden und deren Beamte alles gemacht haben. Statt Geheimniskrämerei herrscht jetzt Transparenz, und wir haben als Demokratie von den Wahrheiten profitiert, die dadurch ans Licht kamen. [...] Eine Liste der Enthüllungen, die in der letzten Zeit durch Anfragen nach Akteneinsicht möglich wurden, die sich auf FOIA berufen, zeigt, dass keine von ihnen die nationale Sicherheit gefährdet. Es ist wichtig, sich daran zu erinnern, dass alle Geheimdokumente vor FOIA-Anfragen geschützt sind und der Öffentlichkeit nicht zur Verfügung stehen.

Aber diese Anfragen haben alle Arten von offiziellen Mauscheleien aufgedeckt, von denen einige sogar gegen das Gesetz verstoßen haben. Sicherlich können solche Enthüllungen auch bestimmte Beamte blamieren oder sie sogar vor Gericht bringen, aber dies ist nun mal die Konsequenz – oder sollen wir sagen die Strafe – für den Missbrauch des Vertrauens der Öffentlichkeit.

Niemand bestreitet, dass wir unsere nationale Sicherheit gewährleisten müssen. Wir alle wollen unser Land vor weiteren Terroranschlägen schützen. Aber wir dürfen niemals erlauben, dass das Auskunftsrecht der Öffentlichkeit, das der Freedom of Information Act verkörpert, abgeschafft wird, damit unsere Beamten ein bequemeres Leben haben.«[70]

Professor Walden Bello hat die Situation, die sich hieraus ergibt, gut beschrieben: »Der Krieg gegen den Terrorismus kennt keine Grenzen, deshalb muss auch der Krieg im Inland mit gleicher Härte geführt werden. Der 11. September war ein neues Pearl Harbor, und die Bush-Regierung erzählt den Amerikanern, dass sie jetzt einen totalen Krieg wie den Zweiten Weltkrieg erleben werden. Nicht einmal der Kalte Krieg wurde in solchen umfassenden Begriffen dargestellt wie der Krieg gegen den Terrorismus. Gesetze und Anordnungen des Präsidenten, die das Recht auf Unverletzlichkeit der Person und Wohnung und das Recht auf Freizügigkeit beschränken, wurden mit einer Geschwindigkeit und auf eine Art und Weise durchgepaukt, dass sogar Joe McCarthy grün vor Neid geworden wäre.«[71]

Die Anschläge vom 11. September lieferten also genau die Art von »Fällen einer wirklich massiven und von breiten Bevölkerungskreisen so empfundenen Bedrohung von außen«, die »einen Konsens über außenpolitische Fragen« – wie von Brzezinski vorausgesehen (siehe Kapitel 3) – wieder möglich machte,[72] der zur Rechtfertigung eines lang anhaltenden »Kriegs gegen den Terror« unabdingbar ist, der allerdings mehr darauf abzielt, eine starke amerikanische Kontrolle über Eurasien aufzubauen und damit die weltweite Hegemonie der Vereinigten Staaten zu festigen. Der Konflikt in Afghanistan bietet dafür das Sprungbrett.

Die skrupellos nationalistische Stimmung, die nach dem 11. September aufkam und den Vereinigten Staaten eine neue Freiheit gab, die Weltordnung rein nach ihren Wünschen ohne Behinderung oder Widerspruch von innen zu gestalten, wurde im *Time Magazine* gut wiedergegeben: »Amerika ist kein einfacher Bürger der Weltgemeinschaft. Amerika ist die dominierende Weltmacht, dominierender als jede andere Macht seit dem alten Rom. Deshalb ist Amerika in der Lage, die Regeln neu festzulegen – Wie? Indem es seinen Willen unnachgiebig und ohne sich zu rechtfertigen durchsetzt.«[73]

Der Hintergrund einer solchen auf »Wut und Vergeltung«

beruhenden Denkweise wird besonders deutlich in einem Leitartikel, den Lance Morrow noch am 11. September im Magazin *Time* veröffentlichte:

> »Diesmal sollten wir nicht zu der törichten Floskel vom ›notwendigen Heilungsprozess‹ greifen. Heilen ist jetzt unangebracht, ja sogar gefährlich. Später werden wir für Tränen des Kummers vielleicht Zeit haben. Ein Tag, der von solcher Niedertracht geprägt ist, muss einfach unsere Wut erregen. Dann lasst uns wütend sein. Was wir jetzt brauchen, ist ein von uns allen empfundener und uns alle vereinigender heiliger amerikanischer Zorn, wie es ihn nach Pearl Harbor gegeben hat – eine umbarmherzige Empörung, die nicht nach ein oder zwei Wochen verfliegt. [...] Amerika muss seinerseits die vielfältigen Möglichkeiten einer Fatwa entdecken. Eine Politik zielgerichteter Brutalität fällt einer unsicheren, selbstverliebten, widersprüchlichen, vielgesichtigen und zutiefst menschlichen Nation nicht leicht. [...] Amerika muss wieder lernen [...], warum die menschliche Natur uns alle mit einer Waffe ausgestattet hat [...], die man Hass nennt.«[74]

Drei Monate später zeigte sich derselbe imperialistische, tatsächlich fast schon faschistische Unterton in einem Artikel von William Pfaff in der *International Herald Tribune*:

> »Die Weltlage des beginnenden Jahres 2002 hat es bisher so in der Geschichte der Menschheit noch nie gegeben. Eine einzige Nation, die Vereinigten Staaten, verfügt über konkurrenzlose militärische und wirtschaftliche Macht und kann ihren Willen praktisch überall durchsetzen. [...]
> Selbst ohne den Einsatz von Atomwaffen könnten die Vereinigten Staaten die Streitkräfte jeder anderen Nation der Erde vernichten. Wenn sie es wollten, könnten sie fast jeden anderen Staat gesellschaftlich und wirtschaftlich völlig zugrunderichten. [...] Für viele Amerikaner, aber auch für Menschen anderer Nationen, sieht es so aus, als ob die Vereinigten Staaten

möglicherweise schon an der Spitze einer modernen Version eines universalen Imperiums stünden. [...] Der Westen hielt es immer für eine Selbstverständlichkeit, dass er die universelle Norm vorgab und dass der Rest der Welt sich am Ende den westlichen Standards und Glaubenssätzen anpassen müsse. Sein Gefühl absoluter Überlegenheit begann auf dem Gebiet der Religion. [...] In den letzten Jahren schien für viele allein die Amerikanisierung der globalen Populärkultur auf eine baldige Amerikanisierung auch der globalen politischen und wirtschaftlichen Werte hinzudeuten. Die Amerikaner selbst haben immer geglaubt, dass die amerikanische Gesellschaft die beste und fortschrittlichste ist. [...] Die wichtigste Frage der nächsten zwei bis drei Jahrzehnte wird unzweifelhaft sein, wie die Vereinigten Staaten die erstaunliche Macht anwenden, über die sie jetzt verfügen. Vor dem 11. September verfügte das Land über einen fast universalen Einfluss und sogar über eine fast vollständige Dominanz über die internationale Gesellschaft wie kein Imperium jemals zuvor. Es fehlte nur der politische Wille, sich völlig durchzusetzen. Der 11. September schuf diesen Willen. Wesentlich für ein Imperium ist es, kulturell, aber auch militärisch und wirtschaftlich zum Maß aller Dinge zu werden. Wenn es dies erreichen will, muss es von den Eliten, die Bürger dieses Imperiums werden könnten, Wohlverhalten, wenn nicht eine totale Bekehrung zu seinen Werten verlangen.«[75]

Imperialismus im eigenen Land

Gestärkt durch dieses neu gefundene Vertrauen in eine unbeschränkte Hegemonie des amerikanischen Imperiums, zögerte die US-Regierung nicht, von den Folgen der Terroranschläge zu profitieren. Unter dem Deckmantel einer Reaktion auf die durch die Anschläge verschärfte Rezession konnte die Bush-Administration fast unbemerkt Wirtschaftsprogramme durchsetzen, gegen die es zuvor starke Widerstände gab. Obwohl die Wirtschaft im freien Fall war, wurden jetzt Milliarden Dollar in die Großindustrie und den militärisch-industriellen Komplex gepumpt. Schon fünf Tage vor den Angriffen auf das World Trade Center und das Pentagon hatte Präsident Bush jr. seine Einstellung zu den Sozialversicherungs-Fonds beschrieben: »Ich habe wiederholt gesagt, dass die einzige Zeit, wo man das Geld der Sozialversicherung angreifen darf, Zeiten des Krieges, der Rezession oder eines ernsten Notstands sind. Und ich bin immer noch dieser Meinung. Wirklich.«[76]

Der Kanadier Michel Chossudovsky, ein Wirtschaftsprofessor an der Universität von Ottawa, schrieb am 16. September 2001 in einer beißenden Kritik von Bushs neuer Politik im Zeichen des »Kriegs gegen den Terror«:

> »Die Schlagworte ›Rezession‹ und ›Krieg‹ werden dazu benutzt, die öffentliche Meinung der USA dazu zu bringen, dass sie eine massive Umleitung der nationalen Ressourcen in den militärisch-industriellen Komplex akzeptiert. [...] Die Umstellung von ziviler auf militärische Produktion macht die Rüstungsindustrie auf Kosten des zivilen Sektors reich. [...] Hinter der Bush-Administration steht die Macht der ›großen fünf‹ Rüstungsfirmen (Lockheed Martin, Boeing, Raytheon u. a.), die immer enger mit den Giganten der Ölindustrie zusammenarbeiten. [...] Die Großen Fünf haben Arbeitskräfte und Ausrüstung von den ›zivilen‹ zu den ›militärischen‹ Produktionsstraßen verlagert. Lockheed Martin (LMT), Amerikas größte Rüstungsfirma, hat zum Beispiel starke Einschnitte in ihrer Satellitenabteilung vorgenommen, da im Moment der Markt für kommerzielle Satelliten weitgehend zusammengebrochen ist. Ein Firmensprecher versicherte der Wall Street, dass Lockheed ›sich in die richtige Richtung bewegt‹, indem das Unternehmen Gelder aus ihren in der Krise steckenden zivilen Bereichen abziehe, um mit ihnen die lukrative Produktion modernster Waffensysteme auszubauen, wie das Hochtechnologie-Kampfflugzeug F-22 Raptor, das in Lockheed Martins Fabrik in Marietta, Georgia, gebaut werden soll.«

Die Neuausrichtung der amerikanischen Wirtschaft, fährt Chossudovsky fort, »wird Hunderte Milliarden Dollar zusätzlichen Gewinn bringen, der in die Taschen einer Hand voll großer Unternehmen fließen wird. Doch sie wird nur sehr wenig dazu beitragen, die in der zivilen Wirtschaft arbeitslos gewordenen Wissenschaftler, Techniker und Facharbeiter wieder in Lohn und Brot zu bringen. Stattdessen werden diese Riesengewinne von der amerikanischen Großindustrie dazu verwendet werden, in der Form so genannter ›Auslandsinvestitionen‹ die Expansion des Amerikanischen Imperiums in verschiedenen Gegenden der Welt zu finanzieren.«[77]

Die Bush-Regierung machte sich stark für ein so genanntes »Gesetz zur Stimulierung der Wirtschaft«, das speziell dazu bestimmt war, die Interessen der Industrie zu befördern. Auf diese Weise konnte die Regierung unter dem Vorwand, die Wirtschaft anzukurbeln, ihre Planungen zu Gunsten der Großindustrie weiter verfolgen. Während die Wirtschaft trotz allem weiter von einer andauernden Rezession gebeutelt wird, profitieren Bush und Co. in einem Ausmaß von dieser Situation, wie dies vor dem 11. September unvorstellbar gewesen wäre. Im Dezember 2001 schrieb der führende Wirtschaftswissenschaftler Paul Krugman, damals Professor am MIT, in der *New York Times*:

> »Vor mehr als zwei Monaten billigte George W. Bush ein ›Stimulierungs‹-Gesetz, das so einseitig die Interessen der Großindustrie förderte, dass selbst viele Konservative unangenehm berührt waren. So blieben nur zwei Wege, wie der Senat diesem Gesetz zustimmen konnte: Entweder die Parteiführung der Demokraten würde einbrechen, oder Bush würde etwas akzeptieren, das keineswegs wie ein persönlicher Sieg des Präsidenten ausgesehen hätte. Das hätte Bush nie getan, aber er brauchte es auch nicht zu tun.«

Tatsächlich zeigte sich der Eifer der Bush-Administration, Wirtschaftsprogramme durchzusetzen, die für die Mehrheit der Bevölkerung nur Nachteile bringen, während die reichen Firmen durch sie nur noch reicher werden, schon bald nach dem 11. September. »Der Kampf begann tatsächlich weniger als 48 Stunden nach den Terroranschlägen, als Bill Thomas, der Vorsitzende des Steuerbewilligungsausschusses des Repräsentantenhauses, versuchte, eine enorme Senkung der Kapitalertragssteuer durchzuboxen.«

»Selbst Gegner der Kapitalertragssteuer geben im Allgemeinen zu, dass ein Senkung dieser Steuer die Wirtschaft kurzfristig kaum anzukurbeln vermag; außerdem würden 80 Prozent der Steuerersparnis an die reichsten zwei Prozent der Steuerzahler fließen. Da zeigte Thomas, im wahrsten Sinne des Wortes bevor sich der Staub gelegt hatte, dass er entschlossen war, den Terrorismus als Ausrede für die Durchsetzung radikal rechter Politik zu benützen. Einen Monat später billigte das Repräsentantenhaus mit ganz knapper Mehrheit ein Gesetz, von dem selbst das Wall Street Journal zugab, dass es ›hauptsächlich das Bilanzergebnis der Großindustrie verbesserte‹. Es war so extrem, dass auf die Frage von Politikberatern, was sie von diesem Gesetz hielten, sich die Wähler weigerten, zu glauben, dass diese ihnen das Gesetz korrekt wiedergegeben hatten. Laut Ari Fleischer war Bush ›sehr erfreut‹ über dieses Gesetz.«[78]

In einem früheren Bericht kritisierte die *New York Times* den »Stimulierungs«-Plan der Regierung Bush scharf und stellte fest, dass »es schon bedeutsam ist, wenn der Kongress 15 Milliarden Dollar an Beihilfen und Bürgschaften für Fluggesellschaften bewilligt, aber keinen Cent für entlassene Luftfahrt-Angestellte übrig hat«.

»Es ist sogar noch bedeutsamer, wenn das Repräsentantenhaus ein ›Stimulierungs-Gesetz‹ verabschiedet, in dem fast nichts für die Arbeitslosen vorgesehen ist, das aber 25 Milliarden Dollar nachträglicher Steuererleichterungen vorsieht – das sind reine Pauschalüberweisungen an Gesellschaften, von denen die meisten hoch profitabel sind. [...] Seit dem 11. September gibt es den dauerhaften Versuch, unter dem Vorwand eines nationalen Notstands die Nutzungsrechte an öffentlichem Land an Ölgesellschaften und an die Holzindustrie zu vergeben.«[79]

Der 11. September hat so die öffentliche Aufmerksamkeit erfolgreich von der politischen Misserfolgen der Bush-Administration in der Zeit vor den Anschlägen abgelenkt und es der Regierung erlaubt, dieselbe unpopuläre Politik fortzusetzen, aber diesmal in viel größerem Maßstab – ohne dass die Öffentlichkeit begriffen hätte, was da wirklich vor sich geht.

Ein gutes Beispiel für diese Politik ist der Umgang mit den Fluggesellschaften. Eine Unterstützung dieser Firmen, die schon vor dem 11. September schwere Krisen durchgemacht hatten, war natürlich bis zu einem gewissen Grad unvermeidlich. Aber wie es in einem Bericht der *LA Times* heißt, »auch wenn mehr als 100 000 Luftfahrtangestellte arbeitslos sind, verlangte der Kongress überhaupt nichts als Gegenleistung für eine stattliche, vom Steuerzahler aufgebrachte Beihilfe«.

»Überbezahlte Firmenchefs durften einfach noch mehr Jobs vernichten, und das war's dann. Die verabschiedeten Gesetze, die sowohl von den Republikanern als auch von einer Führung der Demokratischen Partei unterstützt wurden, die von ihrer steuerlichen Enthaltsamkeit ganz hingerissen war, sahen nicht die geringsten Gelder für entlassene Arbeiter vor, die nun ohne Krankenversicherung dastanden. Sie wiesen auch kein Geld für Jobtrainings-Programme aus. Fluggesellschaften brauchten die in ihren Arbeitsverträgen festgelegten Kündigungsfristen und anderen Vereinbarungen nicht mehr einzuhalten. Selbst eine Verlängerung der Arbeitslosenhilfe von 26 auf 39 Wochen – fürwahr keine übermäßig hohe Forderung – wurde abgelehnt.«[80]

Diese traurige Realität und die Doppelzüngigkeit, mit der man sie erhalten möchte, ohne Protest herauszufordern, fasst Arthur McEwan, Wirtschaftsprofessor an der Universität von Massachusetts in Boston, gut zusammen: »Die Bush-Regierung scheint diese Tragödie ausnutzen zu wollen, um ihre Politik fortsetzen zu können, den großen Firmen Gelder zuzuschanzen und das Los der arbeitenden Bevölkerung zu ignorieren. [...] Wir dürfen nicht vergessen, dass schon vor dem 11. September eine Rezession heraufzog, so dass wir vielleicht jetzt Firmen aus der Patsche helfen, deren Probleme nichts mit der Tragödie des 11. September zu tun haben.«[81]

In Wirklichkeit hat die Bush-Administration genau das Gegenteil getan von dem, was nötig wäre, um die Wirtschaft anzukurbeln. David Swanson von ACORN, einer Interessenvertretung von Amerikanern mit geringem und mittlerem Einkommen, meint dazu: »Mit dem Bush-Plan bewegen wir uns geradewegs in die falsche Richtung. Wie könnten wir den Menschen helfen, denen es am schlechtesten geht, und dabei auch noch die Wirtschaft stützen? Wir müssten denen Geld geben, die es wegen ihrer zu geringen Einkommen am meisten brauchen. Sie werden es wahrscheinlich auch gleich wieder ausgeben und damit die unterschiedlichsten Sektoren der Wirtschaft beleben.«[82]

So kann der *Economic Letter* der Federal Reserve Bank von San Francisco feststellen, dass die Lage der großen Firmen »auf lange Sicht sehr viel positiver ist«, und zwar vor allem *wegen* des 11. September. »Warum? Weil es nun verschiedene wichtige Anreize gibt, die die Wirtschaftsaktivitäten beleben sollten. [...] Die Ereignisse des 11. September haben auch sehr geholfen, diese Trends zu verstärken.«[83]

Wer profitiert vom 11. 9.?

Die Anschläge kamen somit für die Bush-Administration, das Pentagon, die CIA, das FBI, die Rüstungsindustrie und die Ölgesellschaften wahrlich zu einem sehr günstigen Zeitpunkt. Sie alle haben von dieser Tragödie immens profitiert. Professor Walden Bello meint dazu: »Der Angriff der al-Qaida auf New York war angesichts der vor dem 11. September herrschenden historischen Situation das größtmögliche Geschenk für das amerikanische und internationale Establishment.«

»Sie behaupteten, dass jetzt eine Beschleunigung des Liberalisierungsprozesses nötig sei, um die negativen Auswirkungen des 11. September auf die Weltwirtschaft abzufedern. Der amerikanische Handelsbeauftragte Robert Zoellick, der EU-Handelskommissar Pascal Lamy und der Generaldirektor der Welthandelsorganisation WTO, Mike Moore, führten die Reihen derer an, die die Entwicklungsländer mit aller Macht dazu drängten, auf der vierten Ministerkonferenz der WTO im katarischen Doha einer neuen Phase der Handelsliberalisierung zuzustimmen. Die Erklärung von Doha konnte den Motor der Handelsliberalisierung, die WTO, der nach den Demonstrationen auf der Tagung in Seattle ins Stottern gekommen war, endlich wieder zum Laufen bringen.

Horst Köhler, der Geschäftsführende Direktor des Internationalen Währungsfonds IWF, und Jim Wolfensohn, der Präsident der Weltbank, sahen den Krieg ebenfalls als eine Gelegenheit an, die Krise ihrer Institutionen zu beenden. Köhler half freudig mit, den Fonds in einen wichtigen Bestandteil des Washingtoner Hilfsprogramms für strategisch wichtige Staaten wie Pakistan oder Indonesien zu verwandeln, auch wenn dabei Staaten ohne diese strategische Bedeutung wie Argentinien, das unmittelbar vor dem Bankrott steht, draußen vor der Tür bleiben mussten. Jim Wolfensohn, dessen Präsidentschaft und Institution von Links wie von Rechts stark kritisiert worden waren, hatte seinerseits den 11. September dazu benutzt, seine Weltbank zu einem Hauptpartner des Pentagons in dessen Krieg gegen den Terrorismus zu machen. Dabei übernahm er die ›weiche‹ Rolle, etwas gegen die Armut zu tun, die ja bekanntlich dem Terrorismus den Boden bereitet, während das Pentagon für die ›harte‹ Rolle zuständig war, nämlich die Terroristen zu vernichten.

Was die Krise des politischen Führung in den Vereinigten Staaten angeht, so wandelte der 11. September George W. Bush von einem Präsidenten der Minderheit, dessen Partei die Kontrolle über den Senat verloren hatte, zu einem der zweifellos mächtigsten Präsidenten der jüngeren Geschichte.«[84]

Die Anschläge des 11. September lieferten somit den entscheidenden Vorwand, den die Bush-Administration brauchte, um ihre Macht zu konsolidieren und eine drastische, unbeschränkte Militarisierung der Außenpolitik in die Wege zu leiten, die es in diesem Ausmaß noch nicht gegeben hatte. Diese neue Politik war seit langem von Mitgliedern der konservativen Elite gefordert worden. Gleichzeitig ließen sich mit der Reaktion auf die Anschläge auch das Zerschlagen der heimischen kritischen Opposition und die Kriminalisierung des legitimen Protests rechtfertigen. Die Ereignisse des 11. September erlaubten es der Regierung Bush, Amerikas »globale Vorherrschaft« als »die wahrhaft letzte Supermacht« durch die Invasion Afghanistans zu erweitern und zu konsolidieren, da dieses Land die Ausgangsbasis für eine unumschränkte Kontrolle Mittelasiens und damit auch ganz Eurasiens ist.

Der *New Statesman* meint dazu: »Mit den angloamerikanischen Angriffen auf Afghanistan betreten wir absolutes Neuland. Zum ersten Mal werden Amerikas Wirtschaftskriege nun von der dauernden Drohung begleitet, gegebenenfalls jedes Land ohne einen Rechtsgrund militärisch anzugreifen.«

»Zum ersten Mal wird auch die Bevölkerung im Inland bedroht. Das Endziel ist nicht die Gefangennahme eines Fanatikers, die nichts als ein reines Medienereignis wäre, sondern die Konsolidierung der imperialen Macht des Westens. [...] Die Nachricht, die heute nicht in der Zeitung steht, ist, dass der ›Krieg gegen den Terrorismus‹ ausgenutzt wird, um mit ihm Ziele zu erreichen, die die Macht Amerikas vergrößern. Dazu gehören: die Bestechung und Unterjochung korrupter und schwacher Regierungen im ehemals sowjetischen Zentralasien, die für die Ausweitung des amerikanischen Einflusses in dieser Gegend und damit der Kontrolle über die letzten unangetasteten Öl- und Gasreserven in der Welt entscheidend sind; die Besetzung Mazedoniens durch die Nato, die den letzten Akt von deren kolonialer Odyssee auf dem Balkan darstellt; der Ausbau der amerikanischen Rüstungsindustrie und die Beschleunigung der Handelsliberalisierung.«[85]

»In den Worten Colin Powells haben die verbrecherischen und blind zuschlagenden Anschläge des 11. September den ›Reset-Schalter gedrückt‹ und damit eine Neuausrichtung der amerikanischen Außen- und Militärpolitik bewirkt.«[86]

Solche historischen Entwicklungen hat es in diesem Ausmaß noch nie gegeben. Die praktisch ungehinderte Expansion des amerikanischen Imperiums zerstört gleichzeitig und systematisch gerade diejenigen Werte, die Amerika zu vertreten behauptet. Im ganzen Westen und weit darüber hinaus werden die bürgerlichen Freiheiten, die Grund- und Menschenrechte im Namen des Kampfs gegen den Terrorismus eingeschränkt, während man gleichzeitig Interventionen mit einem eventuellen Einsatz von Atomwaffen plant, die knallharte strategische und wirtschaftliche Interessen durchsetzen sollen, und all dies auf Kosten der einheimischen Bevölkerungen – und zu Gunsten der großen Unternehmen. Unter amerikanischer Führung scheint die ganze Welt auf ein globales Apartheidssystem zuzugehen, das von den im Westen sitzenden, internationalen Institutionen regiert wird und sich rasch zu einem globalen Polizeistaat entwickelt, der von den Mächtigen in ihrem eigenen Interesse verwaltet wird.

Es gibt vielleicht keine bessere und maßgeblichere Beschreibung der amerikanischen Machtentwicklung nach dem 11. 9. als die von Stephen Peter Rose, Inhaber des Kaneb-Lehrstuhls für nationale Sicherheit und militärische Angelegenheiten in Harvard und Direktor des Olin-Instituts für strategische Studien: »Ein politisches Gebilde, das an militärischer Macht allen anderen haushoch überlegen ist und diese Macht dazu einsetzt, das innere Verhalten anderer Staaten zu beeinflussen, nennt man ein Imperium. Die Vereinigten Staaten [sind] freilich genau genommen nur ein indirektes Imperium, aber eben doch ein Imperium.«

»Wenn das zutrifft, ist unser Ziel nicht die Bekämpfung eines Rivalen, sondern die Bewahrung unserer imperialen Position und die Aufrechterhaltung der imperialen Ordnung. Imperiale Kriege kann man mit weniger Beschränkungen führen (als zu der Zeit, als es auf der anderen Seite noch die Sowjetunion gab). Dabei können und sollten, so schnell es geht, umfassende Machtmittel eingesetzt werden, um damit eine starke psychologische Wirkung zu erzielen und zu demonstrieren, dass das Imperium nicht ungestraft herausgefordert werden darf. Jetzt geht es für uns darum, feindliche Regierungen zu beseitigen und stattdessen Regierungen einzusetzen, die uns freundlich gesinnt sind. Imperiale Kriege gehen zu Ende, aber dann müssen dort imperiale Besatzungstruppen jahrzehntelang stationiert werden, um Ordnung und Stabilität zu gewährleisten. Die Anfänge davon erleben wir ja gerade, zuerst auf dem Balkan, und jetzt in Zentralasien. Für diese Besatzungsaufgaben brauchen wir leicht bewaffnete Bodentruppen. Schließlich ist einer der Kernpunkte imperialer Strategie, das Auftauchen mächtiger, feindlicher Herausforderer des Imperiums zu verhindern: wenn nötig mit Krieg, wenn möglich durch imperiale Assimilation. China wird in der nächsten Generation eine größere Militär- und Wirtschaftsmacht sein, aber es ist noch nicht stark genug, das amerikanische Imperium herauszufordern, und das Ziel der Vereinigten Staaten muss sein, dass es dabei bleibt. Die Vereinigten Staaten könnten tun, was sie heute schon tun: ihren Freunden in Asien versichern, dass wir keine chinesische militärische Einschüchterung hinnehmen werden. Außerdem wäre es vielleicht gut, wenn wir unkonventionelle Waffen hätten, mit denen wir die Chinesen an die tatsächlichen Machtverhältnisse erinnern könnten.«[87]

Es erscheint somit angebracht, mit den Bemerkungen zu schließen, die Earling Carothers »Jim« Garrison, ein Bezirksstaatsanwalt von New Orleans, schon im Oktober 1967 in einem Interview äußerte. Er hatte den lokalen Geschäftsmann Clay Shaw im Zusammenhang mit der Ermordung John F. Kennedys vor Gericht gebracht. Garrison schrieb damals:

> »Am meisten macht mir Sorgen, und ich habe das in diesem Fall (der Ermittlungen zu Kennedys Ermordung, A. d. Ü.) exemplarisch erfahren, dass wir in Amerika in der großen Gefahr sind, langsam zu einem protofaschistischen Staat zu werden. Es wird ein anderer faschistischer Staat sein, als der, den es in Deutschland gegeben hat; der entstand aus der großen Depression und versprach Arbeit und Brot, während unserer, seltsam genug, anscheinend aus dem Wohlstand entspringt. Aber letzten Endes beruht er auf Macht und der Unfähigkeit, menschliche Ziele und das menschliche Gewissen über das Diktat des Staates zu stellen. Seine Ursprünge lassen sich auf die gigantische Kriegsmaschinerie zurückführen, die wir seit 1945 aufgebaut haben, der ›militärisch-industrielle Komplex‹, vor dem uns Eisenhower vergeblich gewarnt hat, der jetzt jeden Aspekt unseres Lebens dominiert. Die Bundesstaaten und der Kongress haben ihre Macht unter den Bedingungen des Krieges allmählich an die Exekutivgewalten abgegeben; und so haben wir verfolgen müssen, wie hier ein arroganter, aufgeschwemmter bürokratischer Komplex entstanden ist, der sich von allen in der Verfassung vorgesehenen Kontrollmechanismen völlig befreit hat.

In einem sehr realen und schrecklichen Sinn ist heute unsere Regierung die CIA und das Pentagon, und der Kongress ist zu einem Debattierklub herabgesunken. Natürlich entdeckt man diesen Trend zum Faschismus nicht, wenn man einfach so seine Umgebung betrachtet. Man kann nicht nach so deutlichen Zeichen Ausschau halten wie dem Hakenkreuz, denn man wird keine finden. Wir werden keine Dachaus und Auschwitze bauen; die kluge Manipulation durch die Massenmedien ist gerade dabei, ein Konzentrationslager für den Verstand zu errichten, das verspricht, das Volk viel wirksamer unter Kontrolle zu halten. Wir werden nicht eines Morgens aufwachen und plötzlich graue Uniformen anhaben und damit in Reih und Glied zur Arbeit marschieren. Aber das ist nicht der Test. Der Test ist: Was passiert mit der Person, die eine andere Meinung vertritt? In Nazideutschland wurde sie physisch vernichtet; hier ist der Prozess viel subtiler, aber am Schluss sind die Ergebnisse dieselben. Im letzten Jahr habe ich genug von den Machenschaften der CIA erfahren, um zu wissen, dass dies hier nicht mehr das Traumwelt-Amerika ist, an das ich einmal geglaubt habe. […] Ich hatte immer eine Art automatisches Urvertrauen in die Grundintegrität meiner Regierung, welchen politischen Unsinn sie auch immer veranstaltete. Aber ich musste einsehen, dass einige Leute in Washington glauben, es sei ein natürliches Vorrecht ihres Amtes, die Öffentlichkeit manipulieren und betrügen zu dürfen. Huey Long sagte einmal: ›Faschismus wird im Namen des Antifaschismus nach Amerika kommen.‹ Gestützt auf meine eigene lange Erfahrung, fürchte ich, dass der Faschismus im Namen der nationalen Sicherheit nach Amerika kommen wird.«[88]

9. Schlussfolgerungen

> *»Bei der Untersuchung jedes Verbrechens lautet die zentrale Frage: ›Wem nützt es?‹ Die Hauptnutznießer der Zerstörung des World Trade Center sind die Vereinigten Staaten: die Bush-Regierung, das Pentagon, die CIA und das FBI, die Rüstungsindustrie, die Ölkonzerne. Es ist nur vernünftig, sich die Frage zu stellen, ob diejenigen, die aus dieser Tragödie einen solchen Nutzen gezogen haben, nicht auch zu deren Entstehung beigetragen haben.«*
>
> Patrick Martin, Journalist

Nach meiner Ansicht weisen alle bekannten Tatsachen darauf hin, dass die Verantwortung für die Ereignisse des 11. September beim amerikanischen Staat liegt. Eine genaue Untersuchung aller Indizien bringt nicht nur Kabul, sondern auch Riad, Islamabad und vor allem Washington ins Spiel. Auch wenn der letzte Beweis noch fehlen mag, legen es meines Erachtens die in dieser Dokumentation zusammengestellten Informationen wirklich nahe, dass wichtige Elemente der US-Regierung, des amerikanischen Militärs und der Geheimdienste der Vereinigten Staaten schon vor dem 11. September von den Anschlägen wussten und auch auf verschiedenste Weise in diese Terrorattacken verwickelt waren. Diese Erkenntnis werden viele sicherlich nicht sehr gerne hören, aber sie erklärt einfach am besten die verfügbaren Daten.

Diese Untersuchung hat ergeben, dass seit mindestens einem Jahr die Vorbereitungen für einen Krieg in Afghanistan liefen, der im Oktober 2001 losgehen sollte. Dahinter standen wenigstens vier Jahre strategischer Planung der Amerikaner, die ihre wirtschaftlichen und strategischen Interessen in dieser Region durch einen Krieg befördern wollten. Aber auch diese Pläne sind nur ein, wenn auch entscheidender Teil einer globalen Strategie, die innerhalb eines Jahrzehnts entwickelt wurde. Alles, was man nun noch brauchte, war ein konkreter Anlass für diesen Krieg, den dann die tragischen Ereignisse vom 11. September auch tatsächlich lieferten.

Wir haben auch schlüssige Beweise dafür gefunden, dass die Regierung, das Militär und die Geheimdienste der Vereinigten Staaten zwar schon vorher wussten, was am 11. September geschehen werde, aber die Öffentlichkeit nicht warnten und auch keine geeigneten Vorbeugemaßnahmen ergriffen. Es ist eine Tatsache, dass die amerikanischen Nachrichtendienste zahlreiche ernst zu nehmende, manchmal allgemeine, manchmal spezifische Warnungen erhielten, die auf einen Terroranschlag auf die USA hindeuteten, bei dem zivile Verkehrsflugzeuge als Bomben benutzt werden sollten. Die Hauptziele sollten Gebäude in Washington und New York City sein, und der Anschlag sollte Anfang oder Mitte September stattfinden.

Ebenso ist es erwiesen, dass bei den Krisenreaktionssystemen an diesem Tag mehrere unerklärliche Pannen passierten, die es den Angreifern auf das World Trade Center und das Pentagon erlaubten, ihre Todesflüge fortzusetzen, ohne von der Luftabwehr gehindert zu werden. Eine detaillierte Untersuchung des tatsächlichen Ablaufs der Ereignisse vom 11. September liefert zahlreiche Anhaltspunkte dafür, dass diese massiven Systemausfälle nur durch gezielte Blockaden von führenden Stellen der amerikanischen Regierung und des US-Militärs möglich waren.

Es ist außerdem eine erwiesene Tatsache, dass die Bush-Administration vor dem 11. September die Nachforschungen nach den beteiligten oder der Beteiligung verdächtigen Terroristen – einschließlich Osama bin Laden, seiner Familie und Mitgliedern der saudischen Königsfamilie, die verdächtigt werden, ihn zu unterstützen – systematisch behinderten. Auch nach dem 11. September lenkte die Regierung Bush die Ermittlungen weiterhin in die falsche Richtung und blockierte immer noch angezeigte Ermittlungen. So konzentrierte sich das FBI auf am Ende vergebliche Nachforschungen in Deutschland, statt sich mit Saudi-Arabien zu beschäftigen, wo laut des bei den Anschlägen umgekommenen ehemaligen stellvertretenden FBI-Direktors John O'Neill das wirkliche Zentrum von bin Ladens Netzwerk zu finden ist. Es ist vor allem erwiesen, dass die Bush-Administration jede Untersuchung einer möglichen Verwicklung des pakistanischen Geheimdienstes ISI in die Anschläge vom 11. September eingefroren hat.

Tatsächlich gibt es gute Gründe zu glauben, dass durch den ISI, der »enge Verbindungen« zur CIA unterhält und die Rolle eines regionalen Sachwalters der amerikanischen Interessen spielt, Teile des amerikanischen militärischen Geheimdienstes eventuell direkt an der Finanzierung und Unterstützung der Terroristen beteiligt gewesen sein könnten, die die Flugzeugentführungen vom 11. September ausgeführt haben. Diese Ansicht wird noch von der Tatsache gestützt, dass der Chef der ISI, der dem mutmaßlichen Kopf der Entführer, Mohammed Atta, 100 000 Dollar zukommen ließ, auf Grund amerikanischen Drucks in aller Stille zurücktrat und dadurch einen Skandal vermied, der zu großes Aufsehen erregt hätte und vielleicht auch dazu geführt hätte, die Forderung nach einer Aufklärung des vollen Umfangs der ISI-Beteiligung am 11. September zu provozieren. Es ist erwiesen, dass dadurch die Bush-Administration den ISI erfolgreich vor weiteren verheerenden Enthüllungen über dessen Unterstützung für die Hintermänner der Anschläge bewahrte und auch den ehemaligen Chef des ISI selbst schützte.

Die Regierung Bush behinderte die Suche nach den Terroristen und unterhielt sogar eine verdeckte finanzielle, politische und sogar militärische Verbindung mit ihnen. Dadurch hat sie deren Aktivitäten tatkräftig unterstützt. Überdies war es das wichtigste Ziel der amerikanischen Politik, die strategischen und wirtschaftlichen Interessen der US-Eliten im Ausland zu sichern und gleichzeitig Forderungen nach Informationen in der Öffentlichkeit der USA zu unterdrücken. So schockierend und erschreckend diese Erkenntnisse auch klingen mögen, sie basieren auf einer gründlichen Analyse der Ereignisse vor, während und nach dem 11. September.

Es soll jedoch nicht der Anschein erweckt werden, als ob die hier vorgelegten Erkenntnisse endgültig wären. Ich bin im Gegenteil der Ansicht, dass sie nur die folgerichtigen Schlussfolgerungen aus den bis zum gegenwärtigen Zeitpunkt ans Licht der Öffentlichkeit gelangten Tatsachen darstellen. Jeder Leser muss nun selbst entscheiden, ob er mit diesen Einschätzungen übereinstimmt oder nicht. Am Schluss soll noch einmal betont werden, dass diese Untersuchung keine abschließende Darstellung sein soll, sondern vielmehr durch eine Zusammenstellung der Fakten das dringende Bedürfnis nach einer in die Tiefe gehenden Untersuchung der Ereignisse des 11. September aufzeigen will.

Eine Übersicht der belegten Fakten, die in dieser Arbeit dokumentiert worden sind, sei im Folgenden noch einmal zusammengestellt:

- Sowohl die USA als auch die Sowjetunion sind für den Aufstieg des religiösen Extremismus, Terrorismus und den Bürgerkrieg verantwortlich, den Afghanistan seit den Achtzigerjahren erlebt hat. Die Vereinigten Staaten tragen jedoch auch die ganze Verantwortung für das Aufkommen einer verqueren »Dschihad«-Ideologie, die zusammen mit den amerikanischen Waffen und der amerikanischen Ausbildung auch noch nach dem Abzug der sowjetischen Truppen Krieg und Terror im Land schürte.
- Die Vereinigten Staaten akzeptierten den Aufstieg der Taliban und unterstützten diese Bewegung auch weiterhin zumindest im Geheimen, trotz der ungeheuerlichen Menschenrechtsverletzungen, deren Opfer afghanische Zivilisten waren, und dies alles nur, um ihre regionalen strategischen und wirtschaftlichen Interessen abzusichern.
- Militär und Regierung der Vereinigten Staaten planten seit mindestens einem Jahr vor dem 11. September einen Krieg

in Afghanistan. Dieser Plan wurzelte in geostrategischen und wirtschaftlichen Überlegungen, die die Kontrolle von Eurasien und damit die Befestigung einer unangefochtenen globalen Hegemonie Amerikas zum Ziele hatten.

- Die US-Regierung behinderte ständig Ermittlungen zur Rolle der saudischen Königsfamilie, saudischer Geschäftsleute und Mitglieder der Familie bin Laden, die in Verdacht standen, Osama bin Laden sowie ihm zugeschriebene terroristische Aktivitäten zu unterstützen. Dies war gleichbedeutend mit dem Schutz führender, in Saudi-Arabien lebender Personen, die Verbindungen zu Osama bin Laden haben.
- Die US-Regierung blockierte ständig die Versuche, Osama bin Laden anzuklagen oder festzunehmen, und hat ihn dadurch wirksam und direkt geschützt.
- Die US-Regierung hat es zugelassen, dass mutmaßliche Terroristen mit Verbindungen zu Osama bin Laden auf Kosten von Saudi-Arabien jahrelang eine Ausbildung in Einrichtungen des amerikanischen Militärs erhielten sowie auf amerikanischen Flugschulen das Fliegen lernten.
- Führende Stellen der Regierung, der Streitkräfte, der Nachrichtendienste und Justizbehörden der Vereinigten Staaten erhielten zahlreiche glaubhafte und dringende Warnungen vor den Anschlägen des 11. September, die sich auch noch zunehmend gegenseitig ergänzten und verstärkten. Nur einer umfassenden Untersuchung könnte es gelingen, definitiv aufzuklären, warum die amerikanischen Geheimdienste nicht auf die erhaltenen Warnungen reagierten. Jedoch weisen die Natur dieser vielfältigen Warnungen sowie die falschen Behauptungen der US-Nachrichtendienste, sie hätten diese überhaupt nicht erhalten, darauf hin, dass jene tatsächlich im Voraus von den Anschlägen wussten, aber jetzt im Nachhinein versuchen, diese Tatsache zu vertuschen.
- Trotz dieser vielen Warnungen versagte das Krisenreaktionssystem der US-Luftwaffe am 11. September völlig. Klar

feststehende Regeln, die normalerweise auch routinemäßig eingehalten werden, wurden an diesem Tag nicht befolgt. Dies lässt sich nur dann erklären, wenn man annimmt, dass die entsprechenden Standardrichtlinien für Luftnotfälle ganz bewusst sabotiert wurden.

- Dies konnte nur dann gelingen, wenn auch hier höchste Stellen in der US-Regierung und dem amerikanischen Militär die Fäden gezogen haben. Sowohl Präsident Bush als auch General Myers, der Vorsitzende der Vereinigten Stabschefs, legten an diesem 11. September eine eigenartige Indifferenz gegenüber diesen ungeheuerlichen Ereignissen an den Tag. Dies könnte auf eine gewisse Verantwortlichkeit der beiden hindeuten. Noch einmal sei betont, dass auch hierüber nur eine gründliche Untersuchung endgültigen Aufschluss geben könnte.
- Unabhängige Journalisten deckten auf, dass Mahmud Ahmad, der Generaldirektor des ISI, amerikanische Regierungsgelder an Mohammed Atta weiterleitete, der vom FBI als »Kopf der Verschwörer« bezeichnet wurde. Die US-Regierung schützte Ahmad und sich selbst, indem sie ihn nach der Aufdeckung dieser Affäre aufforderte, still und ohne Aufsehen zurückzutreten. Damit hat sie eine weitere Untersuchung und einen möglichen Skandal verhindert.
- Die Ereignisse des 11. September waren für die Bush-Administration von entscheidendem Nutzen, da sie die Konsolidierung der Macht und des Profits der Eliten in den Vereinigten Staaten und der ganzen Welt rechtfertigten. Die tragischen Ereignisse und der Tod Tausender Zivilisten wurden von der US-Regierung dazu benutzt, im Inland gegen die Freiheiten der Bürger vorzugehen, während sie gleichzeitig einen rücksichtslosen Bombenkrieg gegen das wehrlose Volk Afghanistans begann, in dem fast doppelt so viele Zivilisten umkamen wie am 11. 9.

Es gibt verschiedene Szenarien über die Rolle der US-Regierung, die all dies erklären. Alle deuten jedoch stark darauf hin, dass die Vereinigten Staaten in die Ereignisse des 11. September verwickelt sind. Dies soll nun nicht etwa heißen, dass die USA diese Anschläge von Anfang bis Ende inszeniert haben oder dass die Angriffe auf das World Trade Center und das Pentagon von den Amerikanern »in Szene gesetzt« wurden. Auch heißt es nicht, dass die für das Verbrechen Verantwortlichen von den Vereinigten Staaten direkt finanziert wurden oder unter direktem US-Befehl standen.

Es lässt sich aber durchaus feststellen, dass die US-Regierung durch das, was sie tat, und durch das, was sie nicht tat, faktisch die Anschläge erleichterte, die dafür Verantwortlichen schützte, Versuche, die Anschläge zu verhindern, vereitelte, und enge politische, militärische und nachrichtendienstliche Verbindungen zu führenden Personen unterhielt, die jene Verantwortlichen unterstützten. Ob nun jede Phase dieser Politik das Ergebnis einer bewussten Überlegung war oder nicht, die Rolle, die die amerikanische Regierung in Vergangenheit und Gegenwart bei Ereignissen spielte, die zum 11. September führten, deutet stark auf ihre Verantwortung für diese Ereignisse hin.

Zumindest handelt es sich hier um Mithilfe durch Fahrlässigkeit oder Unterlassung, denn die US-Regierung hat systematisch und bewusst gegen jede Sorgfaltspflicht verstoßen und sich auch für die absehbaren Folgen ihres Tuns überhaupt nicht interessiert, da sie nur ihre strategischen und wirtschaftlichen Interessen verfolgte. Darüber hinaus weist die konsequente und systematische Art, wie sie diese Politik nach dem 11. September weiter verfolgte, auf eine vorsätzliche Beihilfe hin.[1]

Natürlich steht diese Mitschuld in einem größeren politischen Zusammenhang, und es dürfte auch feststehen, dass die Beziehungen der Vereinigten Staaten zu Osama bin Laden viel komplexer sind, als es uns die Medien und die Regierung glauben machen wollen. Das saudische Establishment hat bin Laden wohl vor allem mit Bestechungsgeldern unterstützt. Die Zahlungen dienten dazu, das Regime davor zu bewahren, von bin Ladens Netzwerk angegriffen zu werden. In den Worten des *New Yorker* (22. Oktober 2001) ist das Regime »so geschwächt und verängstigt, dass es seine Zukunft gekauft hat, indem es Hunderte Millionen Dollar quasi als Schutzgeld an fundamentalistische Gruppen gezahlt hat, die es stürzen wollen«. Danach waren es speziell amerikanische Einrichtungen oder Schiffe, und nicht mehr die des saudi-arabischen Establishments, die von diesen Gruppen angegriffen wurden.

Obwohl die Vereinigten Staaten vermutlich seit vielen Jahren von der Rolle des saudischen Establishments bei der Finanzierung der al-Qaida gewusst haben, unternahmen mehrere US-Regierungen nichts dagegen, weil sie sich um die Ölprofite sorgten, die man durch die amerikanische Hegemonie über das saudi-arabische Regime einstrich, dessen »Stabilität« um jeden Preis bewahrt werden soll. Anscheinend hält man dies für so wichtig, dass man bereit ist, dafür auch das Leben amerikanischer Soldaten und Zivilisten im In- und Ausland zu opfern.

Die Interessen der Wirtschaftsführer sind also weit wichtiger als die angebliche Sorge um das Leben von Amerikanern. Ein dokumentierter Präzedenzfall für diese Art von Politik waren die Bombenanschläge der al-Qaida auf die amerikanischen Botschaften in Kenia und Tansania, die, wie Richard Labevière berichtete, die indirekte Unterstützung der Clinton-Administration für bin Ladens Netzwerk nicht verhinderte, da »sie glaubten, dass die USA auf lange Sicht davon mehr profitieren würden«. Dieselbe Art von Überlegungen scheint die Fortsetzung und Stärkung der amerikanischen Verbindungen mit denjenigen bestimmt zu haben, die auch noch nach dem 11. September für die Unterstützung der al-Qaida verantwortlich sind – nämlich Pakistan und Saudi-Arabien.

Eine Erklärung dafür könnte sein, dass diese Anschläge zu einer Zeit stattfanden, die für die Bush-Administration ausgesprochen günstig war, weil sie damals in einer heimischen und internationalen Legitimitätskrise steckte. Dadurch zeigten sich Risse in der auf der amerikanischen Hegemonie beruhenden Weltordnung, die weltweit wachsenden Widerspruch und Protest auslöste.

Durch die Duldung dieser Terrorakte unterstützte die Bush-Administration mit Hilfe ihrer wichtigsten Verbündeten die al-Qaida bei der Ausführung ihrer Anschläge vom 11. September, ob nun dieses Terrornetzwerk davon wusste oder nicht. Dies bot der amerikanischen Regierung den so dringend benötigten Anlass, ihre weltweite Machtpolitik zu erneuern.

Tatsächlich scheinen die von der Bush-Administration nach dem 11. September getroffenen Maßnahmen den Zweck gehabt zu haben, die Risse in der Weltordnung, die sich im In- und Ausland schon vor den Anschlägen aufgetan hatten, wieder zu schließen.

Der Angriff auf die Bürgerrechte im Inland, verbunden mit einer Dämonisierung jeder abweichenden Meinung, war fest verbunden mit der Einräumung einer unbeschränkten Ermächtigung zum Krieg. Sie gab der Bush-Administration freie Hand, einen neuen uneingeschränkten Krieg mit jedem Staat anzufangen, der den amerikanischen Interessen im Wege stand.

Der Schutz einer stabilen Diktatur in Saudi-Arabien ist ebenfalls ein integraler Bestandteil dieses Programms zur Absicherung und Ausweitung der amerikanischen Hegemonie. Die Bush-Administration ist anscheinend der Ansicht, dass ein notwendiges Mindestmaß an regionaler Stabilität erhalten bleiben wird, solange das saudische Establishment der al-Qaida Schutzgeld zahlt. Das soll zugleich den ungehinderten amerikanischen Zugang zu den Ölreserven des Nahen und Mittleren Ostens absichern. Ob diese Politik auf Dauer praktikabel ist, steht auf einem anderen Blatt, aber bisher scheint sie ja zu »funktionieren«. Dies erklärt wahrscheinlich, warum die Regierung Bush glaubt, sie könne noch längere Zeit so weitermachen.[2]

In der Zwischenzeit spielt die zersplitterte Existenz der al-Qaida zumindest für die nächsten paar Jahre eine wichtige Rolle in dieser Weltordnung. Der Londoner *Guardian* schreibt über die Funktion, die Osama bin Laden in diesem Gesamtzusammenhang der Ziele der amerikanischen Außenpolitik ausfüllt, in einem Bericht vom 18. September 2001:

> »Wenn es Osama bin Laden nicht gäbe, müsste man ihn erfinden. In den letzten vier Jahren wurde sein Name immer dann angeführt, wenn ein amerikanischer Präsident versuchte, den Verteidigungshaushalt zu erhöhen oder aus Rüstungskontrollverträgen herauszukommen. Er wurde sogar dazu benutzt, Präsident Bushs Raketenabwehrprogramm zu rechtfertigen, obwohl weder bin Laden noch seine Kumpane dafür bekannt sind, über etwas zu verfügen, das einer Raketentechnologie auch nur nahe käme. Und jetzt ist er zur Personifikation des Bösen geworden, gegen den ein Kreuzzug für das Gute unternommen werden muss: das Gesicht hinter dem gesichtslosen Terror. [...] Sein Nutzen für westliche Regierungen liegt in seiner Fähigkeit, Schrecken einzujagen. Wenn es um Rüstungsausgaben in Höhe von Milliarden Pfund geht, werden Schurkenstaaten und Terroristenführer zu Aktivposten, gerade weil sie Bedrohungen sind.«[3]

Um die amerikanische Hegemonie zu festigen und auszudehnen und um den russischen, chinesischen und europäischen Rivalen entschlossen entgegenzutreten, braucht es eine massive Bedrohung. Nur so ist im eigenen Land ein Konsens über den unerbittlichen interventionistischen Charakter der amerikanischen Außenpolitik im Zeichen eines neuen und unbegrenzten »Kriegs gegen den Terrorismus« herzustellen.

Das Schreckgespenst, das Osama bin Ladens internationales Terrornetzwerk darstellt, spielt in den Augen der Bush-Administration eine entscheidende Rolle in der amerikanischen Gesamtplanung, die Weltordnung zunehmend unter ihren militärischen, politischen, strategischen und wirtschaftlichen Einfluss zu bringen. Dies erklärt wohl auch, warum es die Bush-Administration systematisch vermeidet, Nachforschungen über als al-Qaida-Anhänger bekannte Personen in Saudi-Arabien und Pakistan anzustellen, und sogar Zellen der al-Qaida, die auf amerikanischem Boden operieren, gewähren lässt. Ob sich Mitglieder der al-Qaida, einschließlich bin Laden selbst, dessen bewusst sind oder nicht, ist eine ganz andere Frage.

Solange die al-Qaida diese entscheidende Rolle in einer von Amerika dominierten Welt spielen wird, wird dieser Zustand fortbestehen. Zumindest hat die amerikanische Regierung diese politischen Entscheidungen auf der Basis einer kalten, aber akribischen Kosten-Nutzen-Analyse gefällt, die die möglichen Chancen und Risiken folgender politischer Möglichkeiten abwog:

- Wirksame Maßnahmen gegen die al-Qaida zu ergreifen und dadurch regionale Interessen der Vereinigten Staaten zu gefährden, die von Aliierten abhängen, die bin Laden unterstützen.
- Diesen Verbündeten die weitere Unterstützung der al-Qaida zu erlauben und auch nichts gegen ihn zu unternehmen, um wichtige amerikanische Interessen zu schützen.

Für den Moment scheint sich die Regierung Bush für die zweite Politik entschieden zu haben, und dies aus Gründen, die wir oben dargestellt haben. Es ist eine Politik, die zumindest auf eine indirekte Verwicklung in die Anschläge vom 11. September hinausläuft, indem die Vereinigten Staaten führende Verbündete weiterhin schützen, die jene unterstützen, die diese Anschläge ausgeführt haben. Folglich werden in nächster Zeit unter dem Vorwand, einzelne mit der al-Qaida verbundene Terrorzellen zu bekämpfen, verschiedene Staaten auf der ganzen Welt, die eine strategische Bedeutung für die Vereinigten Staaten haben, Bushs »neuem Krieg« für eine amerikanische Hegemonie zum Opfer fallen.

Der zunehmende und ausgeklügelte »Kampf der Zivilisationen«, der aus dieser zynischen US-Politik entstehen könnte, und das anschließende Chaos und Zerstörungspotenzial könnten schlimme Auswirkungen auf die Zukunft der Menschheit haben.

Tatsächlich hat man diese neuen Vorwände schon beschworen. Präsident Bush jr. erklärte bereits in seinem Bericht zur Lage der Nation von Dienstag, dem 29. Januar 2002, jedem Land den Krieg, das von den Vereinigten Staaten für eine Bedrohung gehalten wird. Bush warnte vor »Tausenden von gefährlichen Killern, die in allen Arten von Mord geschult sind und oft von gesetzlosen Regimen unterstützt werden«, und drohte offen mit einem Angriff besonders auf den Iran, Irak und Nordkorea. Sowohl die Regierung als auch die Medien der Vereinigten Staaten unternahmen gemeinsame Anstrengungen, um eine Verbindung zwischen der al-Qaida und den Ländern Iran und Irak zu konstruieren. »Diese Regime stellen eine ernste und stetig wachsende Gefahr dar, weil sie nach dem Besitz von Massenvernichtungswaffen streben. Staaten wie diese und ihre terroristischen Verbündeten bilden eine Achse des Bösen, die sich bewaffnet, um den Frieden der Welt zu bedrohen.« Bush fügte dann noch hinzu: »Die Vereinigten Staaten von Amerika werden es den gefährlichsten Regimen der Welt nicht gestatten, uns mit den zerstörerischsten Waffen der Welt zu bedrohen.«

Im Lichte der hier vorgelegten Dokumentation über die Rolle der Bush-Administration bei den Ereignissen des 11. September, ihrer bewussten Anwendung massiven Terrors gegen die afghanische Bevölkerung und der damit zusammenhängenden imperialistischen Politik im In- und Ausland spricht die zynische Ironie dieser Aussagen des Präsidenten für sich selbst.

Der Nahe und Mittlere Osten und Zentralasien verfügen zusammen über mehr als zwei Drittel der Weltreserven an Öl und Erdgas. Hinter Saudi-Arabien sind der Iran und der Irak die jeweils zweit- und drittgrößten Ölproduzenten dieser Region. Sowohl der Iran als auch der Irak sind strikt dagegen, dass sich die USA einen unbeschränkten Zugang zu diesen regionalen Vorkommen sichern.

Der Iran hat zum Beispiel versucht, seine eigenen Interessen in Afghanistan und Zentralasien zu sichern, was ihn natürlich in einen direkten Konflikt mit den Interessen der Vereinigten Staaten brachte, während der Irak nur deswegen seit einem Jahrzehnt toleriert wird, weil es den USA bisher nicht gelungen ist, das Regime Saddam Husseins durch eine handlungsfähige Regierung zu ersetzen.[4] Nach dem erfolgreichen »Testfall« in Afghanistan könnten die Vereinigten Staaten im Irak eine Wiederholung dieses Erfolgs versuchen. Sie könnten Saddam ausschalten und die Opposition dazu bringen, eine gefügige neue Regierung zu bilden. Ähnliche Planungen könnten auch für die Zukunft des Iran existieren.

Nordkorea grenzt an China und ist deshalb für die amerikanische politische Langzeitplanung von strategischem Interesse. Schon lange halten die amerikanischen Strategen China für ihren Hauptrivalen in Nord- und Ostasien. Das militärische Netzwerk, das die Vereinigten Staaten nach dem 11. September aufgebaut haben, kreist China systematisch ein – Usbekistan, Tadschikistan, Kirgistan, Pakistan, Indien, die Philippinen und jetzt auch noch Korea.

Der *Guardian* kommentierte diese Entwicklungen und ihre militärstrategischen Hintergründe: »Jede Wendung in diesem Krieg gegen den Terrorismus scheint einen neuen Stützpunkt des Pentagons in der asiatisch-pazifischen Region von der früheren Sowjetunion bis zu den Philippinen zu hinterlassen. Eine Langzeitfolge dieses Krieges könnte tatsächlich so etwas wie die militärische Einkreisung Chinas sein.« Zur weiteren Aufklärung des Tatbestands zitiert die Londoner Zeitung noch die Warnung der *Quadrennial Defense Review* des Pentagons vor der Gefahr, dass »ein militärischer Konkurrent, der über beachtliche Ressourcen verfügt, in dieser Region auftauchen könnte«. Die Zeitschrift empfahl eine amerikanische Politik, die »einen Schwerpunkt auf den Abschluss von Abkommen legt, die den Amerikanern zusätzliche Zugangsrechte verschaffen und die Nutzung der jeweiligen Infrastruktur gestatten«.[5] Die Ausweitung des so genannten »Kriegs gegen den Terrorismus« ist also darauf ausgelegt, Regionen von strategischem und wirtschaftlichem Interesse für die Vereinigten Staaten zu kontrollieren und eine unangefochtene amerikanische Hegemonie in diesen Gegenden zu gewährleisten.

Die US-Regierung kannte seit langem die Bedrohung, die die al-Qaida für die amerikanische nationale Sicherheit darstellte, und war sich auch im Klaren darüber, dass in der zweiten Hälfte des Jahres 2001 ein zerstörerischer Anschlag der al-Qaida auf amerikanischem Boden stattfinden würde. Trotzdem lehnte es die amerikanische Regierung ab, ihre Politik zu verändern, und hielt ihre regionalen Bündnisse mit den Hauptunterstützern der al-Qaida aufrecht, obwohl diese den Terroristen finanzielle und militärische Hilfe leisteten. Selbst nach dem 11. September hat die Bush-Administration diese Politik bis heute fortgesetzt.

Die Fakten zeigen eindeutig, dass die amerikanische Politik weiterhin absichtlich und rücksichtslos das Leben amerikanischer Büger zu opfern bereit ist, denn sie wird ausschließlich von strategischen und wirtschaftlichen Interessen geleitet. Diese Politik schließt folglich, selbst bei geringstmöglicher Verwicklung, eine absichtliche, wenn auch indirekte Mittäterschaft der Bush-Administration bei den Anschlägen vom 11. September ein.

Obwohl ich der Ansicht bin, dass die hier zusammengestellte Dokumentation sehr stark auf eine bewusste Mittäterschaft der Bush-Administration hindeutet, sollte doch noch einmal betont werden, dass diese Untersuchung nicht darauf abzielt, eine abschließende oder erschöpfende Analyse zu liefern. Meine Absicht war es, die unzähligen Fakten in einer ausführlichen Dokumentation zusammenzustellen und der Öffentlichkeit zugänglich zu machen.

Diese Fakten wurden von den Medien einfach nicht auf angemessene Weise dargestellt, und die übliche Version der

Ereignisse, die auch die Regierung Bush offiziell vertritt und die von den Medien und der akademischen Welt sklavisch wiedergekäut wird, kann die Ereignisse vom 11. September nicht befriedigend erklären. Die meisten Kommentatoren, einschließlich angeblicher Kritiker der amerikanischen Politik, sind bereit, jede Diskussion über die Rolle der US-Regierung am 11. September ohne Begründung als unwesentlich abzutun. Aber wie diese Untersuchung zeigt, sind die bekannt gewordenen Tatsachen viel zu wichtig in ihren Auswirkungen und Weiterungen, als dass sie von jemandem, der die Ereignisse des 11. September verstehen möchte, einfach vom Tisch gefegt werden könnten.

Letzten Endes weist also diese Studie auf eine Menge unbeantworteter Fragen und eklatanter Ungereimtheiten hin, die die Regierung, das Militär und die Geheimdienste der Vereinigten Staaten in einer öffentlichen Untersuchung beantworten sollten. Eine solche Untersuchung ist von höchster Dringlichkeit und muss von allen Bürgern in den USA und im Ausland gefordert werden.

Die Aktionen der US-Regierung sollten transparent, den Gesetzen entsprechend und vernünftig sein. Wenn die Regierung diese Kriterien nicht erfüllt, sollte sie sich vor dem amerikanischen Volk verantworten müssen. Dies ist ein öffentliches Recht und ein elementarer Bestandteil der Demokratie. Die Öffentlichkeit hat ein Recht darauf zu erfahren, ob amerikanische Führungskräfte und Institutionen der Mittäterschaft oder nur der schieren Inkompetenz angeklagt werden müssen. Dies ist das Mindeste, was man den Toten des 11. September schuldet. Deshalb muss so bald wie möglich eine umfassende, unabhängige und öffentliche Untersuchung stattfinden. Wenn dies nicht geschieht, wird die Wahrheit über den 11. September – und die Zeit danach – für immer verborgen bleiben oder vertuscht werden.

10. Provokation des Krieges: Ein Handlungsmuster der US-Außenpolitik

Viele Leserinnen und Leser werden die harten Schlussfolgerungen dieses Buches als krassen Gegensatz zur allgemeinen Ausrichtung der amerikanischen Politik empfinden. Doch für die gegenwärtige Politik der USA gibt es historische Präzedenzfälle. Die amerikanische Regierung und ihr Militärgeheimdienst haben schon mehrmals in der Vergangenheit Angriffe auf Symbole amerikanischer Macht gezielt provoziert, in die Wege geleitet oder schlicht erfunden, um ein militärisches Eingreifen zu rechtfertigen. Dafür gibt es Quellen und Belege. John McMurtry, der kanadische Sozialphilosoph, Professor an der Universität Guelph und Fellow der Royal Society of Canada, hat den Sachverhalt detailliert beschrieben:

> »Schockierende Angriffe auf Symbole amerikanischer Macht als Vorwand für einen aggressiv geführten Krieg: Das ist tatsächlich ein altes und vertrautes Handlungsmuster des amerikanischen politischen Systems, das von Wirtschaftsinteressen beherrscht wird. Auch das Opfern Tausender einfacher amerikanischer Bürger ist nichts Neues, obwohl noch nie so viele Menschen so schnell zu Tode gekommen sind (wie am 11. 9. 2001). [...] Die grundlegende Erkenntnis ist, dass die ›heimliche Regierung‹ der USA (um einen von Bill Moyers geprägten Begriff zu zitieren) auf eine lange Geschichte von Intrigen zurückblicken kann, bei denen Angriffe auf Symbole amerikanischer Macht ausgeheckt wurden, die dann wiederum als Vorwand für Kriegserklärungen (von Seiten der USA) dienten. Dienstbare Medien standen bereit, die alle Aufmerksamkeit auf den Feind lenkten, um so den nächsten transnationalen Massenmord zu rechtfertigen. Dieses Handlungsmuster ist so alt wie der amerikanische Staat selbst. Die Belege rei-

chen von der Versenkung des Schlachtschiffes *Maine* als Auslöser für den Spanisch-Amerikanischen Krieg von 1898 über den vorgetäuschten Angriff auf den Zerstörer *Maddox* im Golf von Tonking im August 1964 und den herbeigeführten Angriff Ägyptens auf das von Amerika abhängige Israel 1967 bis zu einer Wiederaufnahme dieses Handlungsmusters bei der Auslösung des Krieges gegen den Irak ab 1991 – eines Krieges, bei dem durch Bombardements und danach durch das Embargo monatlich rund 5000 irakische Kinder getötet wurden. Dieser Regierungskrieg ist immer noch im Gange. Beginn und ständige Fortsetzung verlaufen nach dem gleichen durchgehenden Handlungsmuster wie der 11. September. Im Fall des Irak war der Auslöser für den Krieg ein von April Glaspie, der US-Botschafterin in Bagdad, erteilter Freibrief. Glaspie hatte gesagt, die USA seien in dem sich verschärfenden Konflikt zwischen dem Irak und Kuwait um Ölfelder ›neutral‹. Diese Äußerung fiel unmittelbar vor dem irakischen Einmarsch in Kuwait. ›Saddam tappte in die Falle‹, sagte der jordanische Außenminister, ein sachkundiger Beobachter, nach dem Ereignis.

Es gibt eine durchgehende Konstante in dieser langen Geschichte der Irreführung der amerikanischen Öffentlichkeit, mit der ständig steigende Rüstungsausgaben und periodisch wiederkehrende Kriege zum Nutzen der Rüstungsproduzenten gerechtfertigt werden. Dieses Handlungs- und Entscheidungsmuster herrschte vor und während der Ereignisse des 11. September und eskalierte in der Zeit danach: Es ist gekennzeichnet durch *die Erfindung oder das Konstruieren schockierender Angriffe auf Symbole amerikanischer Macht. Diese Angriffe liefern den Vorwand und die öffentliche Empörung für den Beginn von Angriffskriegen gegen jeweils passende und schwächere Gegner. Durch diese Kriege wiederum erreicht der militärisch-industrielle Komplex in den USA seine äußerst bedeutenden und auf vielen verschiedenen Ebenen angesiedelten Ziele.*

[...] Denken Sie an diese frühe amerikanische Version des 11. September. Die ›Operation Northwoods‹ war ein vom Vereinigten Generalstab der US-Streitkräfte einstimmig gebilligter Plan, der vorsah, eine von Castros Kuba begangene Gräueltat gegen US-Bürger zu ›entwickeln‹, um damit eine mit geballter militärischer Macht vorgetragene amerikanische Invasion zu rechtfertigen. Zu den Szenarien für diese Operation gehörte auch das Deponieren von Bomben und der Abschuss eines US-Passagierflugzeugs. Diese Art des geostrategischen Denkens kommt in zahlreichen Varianten vor.«[1]

Hier nun die wichtigsten Folgerungen aus McMurtrys Argumentation: Man sollte die Möglichkeit nicht ausschließen, dass die Regierung Bush vor den Anschlägen des 11. September immer wieder gewarnt worden ist, aber absichtlich nicht reagiert hat, und zwar in der Absicht, einen Vorwand für die Konsolidierung des militärisch-industriellen Komplexes in den USA zu schaffen. Diese Skepsis nährt sich aus sehr gut belegten historischen Beispielen, die zeigen, dass eine solche Politik nichts Neues ist. McMurtry zeigt im Gegenteil, dass sie ziemlich systematisch betrieben wurde. Geht man davon aus, dass die für diese lange Tradition verantwortlichen Entscheidungsstrukturen im Wesentlichen noch heute bestehen, wäre es wohl angebracht, die jüngste Gräueltat gegen die USA einer kritischen Prüfung zu unterziehen. Diese müsste sich mit der Frage beschäftigen, ob hier ein neues Beispiel für ein grundlegendes Handlungsmuster zu finden ist.

Aus der Geschichte kennen wir in der Tat genügend andere Beispiele (einige davon nennt McMurtry) von schlüssiger Beweiskraft. Sie zeigen, dass an der Spitze des amerikanischen Militärgeheimdienstes Entscheidungsstrukturen bestehen, die es für moralisch vertretbar halten, das Leben amerikanischer Staatsbürger im Dienste geostrategischer Interessen zu opfern. Dazu gehört dann auch die Provokation oder Erfindung von Angriffen auf Symbole amerikanischer Macht, um damit die Ausübung militärischer Gewalt zu rechtfertigen. Diese Strategie könnte man, grob gesagt, auch als »Eigenterror« bezeichnen.

Eine ausführliche Dokumentation zu diesem Thema bietet ein Forschungspapier von Ed Rippy, einem politischen Beobachter in den USA, unter dem Titel »How the U. S. has Gotten into Wars«. Der Autor stützt sich bei seiner Arbeit auf eine Reihe von Forschungsarbeiten aus der Feder von Historikern und anderen Experten. Rippy kommt zu dem Ergebnis, dass in der frühen Geschichte der USA sowohl das »Massaker von Boston« als auch die Versenkung der *Maine* die Strategie der Kriegsprovokation (beziehungsweise des »Eigenterrors«) verdeutlichen.

Das Massaker von Boston

Das Massaker von Boston, bei dem britische Soldaten fünf Kolonisten erschossen, »war ein Schlüsselereignis im Rahmen der politischen Entwicklung hin zum Unabhängigkeitskrieg zwischen England und den Kolonien, die schließlich die Vereinigten Staaten bildeten:«

> »Die Bostoner Revolutionäre, an ihrer Spitze Sam Adams, schilderten den Vorfall als kaltblütigen Mord an wehrlosen Kolonisten. England habe sich als unverbesserliche, mörderische und unterdrückerische Vormacht erwiesen. Die Kolonisten nahmen das Massaker als Beweis für die These, dass es keine Alternative zum Krieg gebe. Aber die historischen Tatsachen zeigen, dass die Wirklichkeit nicht ganz so einfach aussah.«[2]

Eine an der Stanford-Universität entstandene Studie des Historikers John C. Miller über die Bluttat weist detailliert nach, wie dieser Vorfall geplant wurde, um einen Vorwand für den Krieg zu bekommen:

> »Unmittelbar vor jenem Tag [dem 5. März 1770] stießen die Bürger von Boston eines Morgens überall auf Bekanntmachungen, die von zahlreichen in der Stadt stationierten Solda-

ten unterschrieben waren. Sie kündigten einen Angriff der Soldaten auf die Bevölkerung an. Die bestürzende Neuigkeit versetzte die Stadt in große Unruhe, denn offensichtlich bezweifelten nur wenige Bürger die Echtheit der Schriftstücke. Und doch wäre es ein historisch einmaliger Vorgang, wenn Soldaten ihre Angriffsabsichten auf diese Weise mitgeteilt und Dokumente eigenhändig unterschreiben hätten, die später als stichhaltiges Beweismaterial gegen sie hätten dienen können. Diese Bekanntmachungen waren ohne Zweifel Fälschungen von Adams und seinen Anhängern. Sie wurden von den ›Loyall Nine‹ (einer geheimen Gruppe von Anführern der revolutionären Kolonisten) nachts angeschlagen, um eine explosive Situation zu schaffen und die Rotröcke aus der Stadt hinauszufegen. Es ist auffällig, dass die Anklage diese Dokumente in den Prozessen zum Massaker nicht als Beweismittel für die Schuld der Soldaten einsetzte. Die Ereignisse am Abend des 5. März bestätigen diese Erklärung zur Urheberschaft.»

Britische Wachsoldaten verjagten eine Gruppe kleiner Jungen, die mit Schneebällen nach ihnen warfen. Plötzlich sahen sie sich einem Haufen bewaffneter Schläger gegenüber: »Auf dem Platz vor dem Gerichtsgebäude drängte sich bald eine fluchende, tobende Menschenmenge. Viele Männer waren mit Knüppeln, Stöcken und gefährlich aussehenden Eisbrocken bewaffnet:«

»Diese schlagkräftige Rabaukentruppe hatte schon oft Rotröcke verprügelt. Deshalb alarmierten die Wachtposten umgehend die Hauptwache, die unter dem Befehl von Hauptmann Preston vom 29. Regiment kampfeslustig ins Gefecht stolperte. [...] Eisbrocken, Stöcke und Knüppel wirbelten durch die Luft. [...]
Bis zu diesem Zeitpunkt hatten die Soldaten den Mob mit ihren Bajonetten auf Distanz gehalten, die amerikanischen Patrioten hatten allenfalls einen derben Tritt vors Schienbein abbekommen. Ein Hagel von Geschossen prasselte auf die Solda-

ten nieder, aber sie feuerten nicht zurück, bis der Mob schrie, die ›Halunken in den roten Uniformjacken‹ trauten sich nicht zu schießen‹. Die Soldaten hielten sich mit Mühe zurück, denn eigentlich wollten sie Adams' ›Mohawks‹ (eine von diesem organisierte revolutionäre Kampfgruppe) am liebsten mit Pulver und Blei eine Lektion erteilen. Da wurde ein Soldat von einem Backsteinbrocken getroffen, ging zunächst zu Boden, bekam dann aber sein Gewehr wieder in die Hand und feuerte mitten in die tobende Menschenmenge. Auch die meisten anderen Soldaten eröffneten jetzt das Feuer – auf Befehl von Hauptmann Preston, sagten später viele Augenzeugen aus –, und nach dieser Salve lagen fünf Zivilisten tot oder tödlich verwundet am Boden.«

Die ganze Stadt wusste, dass einer der Getöteten »am Abend des 5. März in Cornhill (einem Stadtbezirk von Boston) eine Gruppe von dreißig mit Knüppeln bewaffneten Seeleuten angeführt hatte und [...] dass der gewalttätige Angriff dieses Mannes auf die Soldaten die Hauptursache für das Blutvergießen gewesen war«.[3]

Miller schreibt dazu: »John Adams war davon überzeugt, dass das Massaker eine ›Explosion‹ war, ›wohl überlegt ausgelöst von Männern, die ihr eigentliches Ziel besser kannten als die dafür verwendeten Mittel‹:«

»Beim Gerichtsverfahren tauchten Beweise auf, die in Neuengland ernsthafte Zweifel aufkommen ließen, ob das Massaker von Boston nicht doch von Sam Adams und den ›Söhnen der Freiheit‹ provoziert worden war, im verzweifelten Bestreben, die Soldaten aus der Hauptstadt hinauszubekommen. Achtunddreißig Zeugen sagten aus, es habe eine Verschwörung unter den Bürgern gegeben mit dem Ziel, die Soldaten anzugreifen. Die Verteidigung trug Beweise vor, die zeigten, dass die Angreifer auf Seiten der Stadtbevölkerung zu finden waren. [...]

Der Vorsitzende Richter Lynde sagte zu den Geschworenen:

›Ich selbst hege ein tief empfundenes Gefühl, [...] dass sich diese Angelegenheit zu einer großen Schande entwickeln wird, für jeden Einzelnen, der gegen ihn (Preston) aussagt, wie auch für die Stadt im Allgemeinen.‹ Preston wurde prompt freigesprochen, aus Mangel an Beweisen für den Vorwurf, er habe den Feuerbefehl gegeben. Nur zwei Soldaten, die auf den Mob gefeuert hatten, wurden verurteilt. Das Gericht erkannte auf Totschlag, milderte die Strafe aber zu einer Brandmarkung auf der Hand ab. [...]

Ein Zollbeamter war angeklagt worden, weil er angeblich aus dem Zollgebäude auf die Menge gefeuert hatte. Alle Zollbeamten konnten jedoch beweisen, dass sie zum fraglichen Zeitpunkt meilenweit vom Ort des Geschehens entfernt gewesen waren. Die Verteidigung entlarvte den wichtigsten Zeugen der amerikanischen Patrioten für die angebliche Verschwörung zum Mord an Zivilisten als meineidigen Lügner, ›dessen Verlogenheit von einigen hochrangigen Whigs noch übertroffen wurde. [...]‹

Eines der Opfer bekannte auf dem Totenbett, ›dass die Bürger der Stadt die Angreifer gewesen waren und die Soldaten in Notwehr geschossen hatten‹. [...]

Sam Adams pries nach dem Massaker von Boston wie andere Whig-Anführer auch den Krieg als ruhmreiche Sache, er lobte die ›edlen und männlichen Gefühle, die für gewöhnlich mit dem militärischen Geist einhergehen‹. Adams war überglücklich, wenn er sah, wie eifrig die Bürger Neuenglands ihre Musketen pflegten und in ihren Milizkompanien exerzierten, um sich für den Tag vorzubereiten, an dem sie für ihre Freiheit kämpfen mussten. Boston stand an der Spitze der Bewegung zum Aufbau einer eigenen Mililz, die es mit den regulären britischen Truppen aufnehmen konnte. Es wurden Pläne geschmiedet, wie man der nächsten Armee britischer ›Invasoren‹ einen heißen Empfang bereiten könnte.«[4]

Der mexikanisch-amerikanische Krieg

Auch die Annexion von Texas durch die Vereinigten Staaten am 29. Dezember 1845 kam erst nach der Erfindung einer Provokation zu Stande. Die Texaner warben unermüdlich für einen Krieg der USA gegen Mexiko, doch die Staaten im Norden hielten nichts von diesem Vorschlag und traten sogar aktiv dagegen auf. Sorgfältig inszenierte amerikanische Manöver provozierten schließlich die Mexikaner zu aggressiven Handlungen, und das veränderte schließlich die politische Stimmung zu Gunsten eines Krieges. John Stockwell, ein ehemaliger CIA-Mitarbeiter mit 13 Dienstjahren, erinnerte in einer Ansprache an diese historischen Zusammenhänge: »Sie boten jedem Soldaten, der sich freiwillig meldete, zwei Dollar an. Dieses Angebot rief nicht genügend Freiwillige zu den Fahnen, also boten sie jedem, der an diesem Krieg teilnahm, 100 Acres Land an. Die Resonanz war immer noch zu gering, deshalb schickte man schließlich (General) Zachary Taylor an den Ort des Geschehens, der an der Grenze – an der umstrittenen Grenze – auf- und abparadierte, bis die Mexikaner endlich auf ihn schossen. [...] Daraufhin erhob sich die gesamte Nation, und wir zogen in den Krieg.«[5]

Die in Washington, D. C., ansässige White House Historical Association schrieb über diese Ereignisse, dass Präsident James Polk von Anfang an kriegerische Absichten hatte. Er hoffte, dass ein mexikanischer Angriff den Vorwand liefern würde, war aber entschlossen, auch ohne Vorwand in den Krieg zu ziehen:

> »Polk schickte General Zachary Taylor mit 3500 Mann an den Rio Grande. Er hielt am 8. Mai 1846 im Weißen Haus eine Kabinettssitzung ab und sagte dabei, im Falle eines mexikanischen Angriffs auf die US-Streitkräfte werde er eine Botschaft an den Kongress senden und darin um die Kriegserklärung bitten. Es wurde beschlossen, nach einer Frist von drei Tagen den Krieg zu erklären, auch wenn es bis dahin keinen Angriff ge-

ben sollte. Als Polk nach der Sitzung die Treppe hinunterging, wurde er von Kongressabgeordneten erwartet. Sie berichteten dem Präsidenten, dass es zwischen mexikanischen und amerikanischen Truppen Kämpfe gegeben habe. Polk schloss die Türen des Weißen Hauses und formulierte mit großer Sorgfalt seine Kriegsbotschaft. Sie wurde dem Kongress am 11. Mai zugestellt, und zwei Tage später sandte der Kongress die Kriegserklärung an Mexiko. Soldaten marschierten Richtung Süden, und einige hielten am Weißen Haus, wo sie der Präsident grüßte und ihnen Glück wünschte. Als Ergebnis des Mexikanischen Krieges fügten die Vereinigten Staaten schließlich Texas, Neu-Mexiko und Kalifornien ihrem Territorium hinzu.«[6]

In einer Ausstellung im texanischen Brazoria County Historical Museum zog die US-Historikerin Dr. Betsy Powers die Bilanz aus ihrer Forschungsarbeit. Mexiko hatte »die Vereinigten Staaten gewarnt, dass es die Annexion von Texas als Kriegserklärung werten würde, und hatte tatsächlich auch den Krieg erklärt, als Texas annektiert wurde. Doch Mexiko hat den Krieg nicht provoziert. Das taten die Vereinigten Staaten.«

»Die Vereinigten Staaten hatten in der am aggressivsten auf territoriale Expansion ausgerichteten Phase ihrer Geschichte – die unter der Bezeichnung ›Manifest Destiny‹ bekannt ist – die feste Absicht, sich das Gebiet zwischen dem Nueces River und dem Rio Grande zu sichern. Und sie hatten nicht vor, dort Halt zu machen. Präsident Polk und die Demokratische Partei schmiedeten Pläne zum Erwerb mexikanischen Territoriums bis zum Pazifik. Nachdem die Bemühungen um Landkauf gescheitert waren, schickte Polk General Zachary Taylor mit einem Truppenkontingent an den Rio Grande. Als Polk die Nachricht von einem Scharmützel zwischen amerikanischen und mexikanischen Streitkräften erhielt, das sich am Nordufer des Grenzflusses abgespielt hatte, sandte er dem Kongress eine Botschaft: ›Mexiko hat die Grenze der Vereinigten Staaten überschritten und amerikanisches Blut auf amerikanischem Boden vergossen.‹ Der Kongress erklärte Mexiko den Krieg. [...] Führer der Opposition im Norden der Vereinigten Staaten verurteilten den Krieg als unmoralischen Landraub auf Kosten eines schwächeren Nachbarn. Die Kritiker brachten vor, dass Präsident Polk Mexiko zum Krieg provoziert habe, als er amerikanische Truppen in ein zwischen beiden Ländern umstrittenes Gebiet beorderte. Ein weiteres Argument war, dieser Konflikt beruhe auf einem expansionistischen Plan der Sklavenhalter im Süden. Diese wollten mehr Land für den Baumwollanbau erwerben und weitere Sklavenstaaten schaffen.«[7]

Vergesst die *Maine* nicht

Die Versenkung der *Maine* fand auf ähnliche Art und in einem ähnlichen Zusammenhang statt. Rippy schreibt hierzu: »Kubanische Rebellen kämpften für die Unabhängigkeit des Landes von Spanien. In den USA gab es eine große Sympathiewelle für ihre Sache. Die Presse drängte zum Krieg.« Der Zündfunke für den Spanisch-Amerikanischen Krieg ergab sich, nachdem die USA eines ihrer Kriegsschiffe, die *Maine*, im Hafen von Havanna stationiert hatten. Die *Maine* explodierte, und bei dieser Katastrophe kamen 266 Besatzungsmitglieder ums Leben. Die Schuld an der Explosion wurde Spanien zugeschoben, und so war der Vorwand für ein militärisches Eingreifen geschaffen, das zur Erweiterung des US-Machtbereiches führte. »Die US-Regierung verhandelte noch wegen eines Abkommens, doch die Versenkung der *Maine* im Hafen von Havanna führte zu einem nationalen Aufschrei, der die Nation in den Krieg riss.«[8] Der amerikanische Historiker Jerald A. Combs schreibt dazu:

»Einige Sensationsblätter und leicht erregbare Politiker jener Zeit deuteten an, die Spanier hätten die *Maine* versenkt. Die meisten amerikanischen Spitzenpolitiker wie auch die US-Marine, die von einem äußeren, nicht an Bord des Schiffes zu suchenden Grund für die Explosion ausging, äußerten jedoch keinen Sabotagevorwurf gegen Spanien. Doch Spanien war für die Sicherheit der Schiffe in seinen Häfen verantwortlich, und die Explosion der *Maine* überzeugte nahezu alle Amerikaner von Spaniens Unfähigkeit zur Verwaltung einer Kolonie, über die es die Souveränität beanspruchte.«[9]

Im Verlauf des Spanischen-Amerikanischen Krieges kam es auch zu einem amerikanischen Angriff auf den spanischen Flottenstützpunkt auf den Philippinen, was letztlich zur Besetzung der Inselgruppe durch die USA führte. Combs bezieht sich auf die Arbeit seines Kollegen Philip S. Foner. Dieser kam zu der Schlussfolgerung, der einzige Zweck des Krieges sei gewesen, den ersten Schritt in Richtung eines Imperiums zu tun. Deshalb sei die *Maine* in spanische Gewässer entsandt worden, als wohl überlegte Provokation, die die Flammen des Konflikts anfachen sollte.

»Foner wertete kubanische Dokumente aus [...] und stellte die These auf, die Rebellen seien Gegner der amerikanischen Intervention gewesen und hätten nur an Waffen und Munition kommen wollen. (Präsident William) McKinley intervenierte nicht, um ihnen zu Hilfe zu kommen, sondern um den amerikanischen Machtbereich auszudehnen. Foners Erklärung ist, dass McKinley deshalb die Forderung nach der Unabhängigkeit Kubas nicht in sein Ultimatum aufnahm und auch die Anerkennung der Rebellenregierung verweigerte. Den Krieg wollte er von Anfang an zur Eroberung der Philippinen nutzen, und die Erklärungsfrist im Ultimatum wurde für die militärischen Vorbereitungen gebraucht. Als alles bereit war, schickte er die *Maine* nach Havanna, um für ein Ereignis zu sorgen, das zur Rechtfertigung des Krieges gebraucht wurde.«[10]

Der US-Historiker Patrick McSherry schrieb, nach den vorliegenden Dokumenten liege für den Fall einer Zerstörung des Schiffes von außen, etwa durch eine Mine, der Schluss nahe, dass dies das Werk von kubanischen Revolutionären gewesen sei, mit »Unterstützung und Ausrüstung durch die Amerikaner. Waffen und Ausrüstung wurden durch die spanischen Blockadelinien nach Kuba gebracht, durch unabhängige Gruppen, die die amerikanische Regierung gewähren ließ. Dies war im Wesentlichen eine geheime Aktion prokubanischer Gruppen in den USA.«[11] Hier sollte jedoch festgehalten werden, dass nach den Erkenntnissen einer Expertengruppe, die den Fall im Jahr 1976 noch einmal aufrollte, die Explosion im Innern des Schiffes erfolgte. So berichtete das *Smithsonian Magazine*:

> »Die amerikanische Presse bediente sich bei der Erklärung dieser Tragödie sehr schnell der Theorie einer äußeren Explosion, verursacht durch eine Mine oder einen Torpedo. Eine offizielle amerikanische Untersuchung bestätigte diese Annahme. Der amerikanische Kongress erklärte Spanien am 25. April 1898 den Krieg. Am Ende jenes Sommers trat Spanien Kuba sowie die Philippinen, Puerto Rico und Guam an die Vereinigten Staaten ab.
> Admiral Hyman Rickover von der US Navy leitete 1976 eine weitere Untersuchung der Ursachen für die *Maine*-Katastrophe. Sein Expertenteam kam zu dem Ergebnis, dass der Untergang des Schiffes selbstverursacht war – vermutlich als Ergebnis eines Feuers im Kohlenbunker.«[12]

Ob die Explosion das Schiff nun von außen oder von innen versenkte, es gab keinerlei Beweise für eine Schuld Spaniens. Dennoch wurde der *Maine*-Vorfall benutzt, um die Unterstützung der US-Bürger für den Krieg zu gewinnen.

Die Versenkung der *Lusitania*

Auch im Zusammenhang mit der Versenkung der *Lusitania* gibt es Beweise, die eine gewisse Komplizenschaft auf Regierungsebene nahe legen. Der Vorfall spielte eine wichtige Rolle bei der Vorbereitung des Eintritts der USA in den Ersten Weltkrieg. Ein deutsches U-Boot versenkte am 7. Mai 1915 vor der Südküste Irlands das britische Passagierschiff *Lusitania*. Beim Untergang des Schiffes kamen 1198 Menschen ums Leben, darunter 128 Amerikaner. Rippy schreibt zu dieser Katastrophe: »Es war klar, dass dieses Schiff ein potenzielles Angriffsziel war, doch Präsident Wilson sprach sich gegenüber dem Kongress gegen eine offizielle Warnung an US-Bürger vor Reisen auf britischen Schiffen aus. Die USA traten zwar nicht sofort in den Krieg ein, doch nach der Versenkung der *Lusitania* änderte sich die Stimmung im Land zu dieser Frage.«[13]

Die Komplizenschaft seitens der US-Regierung war der letzte Schritt in einer Entwicklung, die hauptsächlich von Großbritannien aus gesteuert wurde. Marineminister Winston Churchill hatte eine Studie in Auftrag gegeben, mit dem Ziel der »Einschätzung der politischen Wirkung, die von der Versenkung eines Ozeandampfers mit amerikanischen Passagieren an Bord ausgehen würde«.[14] Nur eine Woche vor der Versenkung der *Lusitania* schrieb er an seinen Kollegen im Handelsministerium: »(Es ist) von größter Bedeutung, dass auch weiterhin Schiffe aus neutralen Staaten unsere Häfen anlaufen. Diese Überlegung ist vor allem mit der Hoffnung verbunden, dass die USA in einen Krieg mit Deutschland verwickelt werden.« Ralph Raico, Professor für Geschichte am Buffalo State College, hält hierzu fest: »Viele hochrangige Persönlichkeiten in Großbritannien und Amerika glaubten, dass die Versenkung der *Lusitania* durch Deutschland die Vereinigten Staaten in den Krieg hineinziehen würde.«[15]

Raico zitiert auch aus einer Arbeit des Historikers Patrick Beesly, *Room 40: Britisch Naval Intelligence, 1914–18*:

»Die aktuellste Studie zu diesem Thema hat Patrick Beesly vorgelegt: Sein Werk *Room 40* ist eine Geschichte des Marinegeheimdienstes im Ersten Weltkrieg. Beeslys mit großer Sorgfalt erarbeiteter Bericht ist umso überzeugender, weil er seinen eigenen Gefühlen widerspricht. Nach Beesleys Ausführungen wusste die britische Admiralität, dass die deutsche Marine ihre U-Boot-Kapitäne auf See über die Route der *Lusitania* informiert hatte. Außerdem war bekannt, dass das U-Boot, das erst wenige Tage zuvor zwei Schiffe versenkt hatte, vor der Südküste Irlands in den Gewässern bei Queenstown operierte, in einem Seegebiet, durch das auch der Kurs der *Lusitania* führen würde. Es sind keine Aufzeichnungen von einer besonderen Warnung an die *Lusitania* erhalten. Es wurde weder eine Zerstörer-Eskorte ausgeschickt, die das Schiff in den Hafen hätte geleiten können, noch wurde irgendeiner der verfügbaren Zerstörer angewiesen, Jagd auf das U-Boot zu machen. Es gab tatsächlich ›keine wirkungsvollen Maßnahmen zum Schutz der *Lusitania*‹. Beesly folgert daraus:
›[...] Solange uns keine anders lautenden Informationen vorgelegt werden, neige ich zögernd zu der Schlussfolgerung: Hier lag eine Verschwörung vor. Man war übereingekommen, die *Lusitania* ganz bewusst als Köder zu benutzen, in der Hoffnung, selbst ein erfolgloser Angriff auf das Schiff werde die Vereinigten Staaten zum Kriegseintritt bewegen. Eine solche Verschwörung hätte niemals ohne Winston Churchills ausdrückliche Erlaubnis und Zustimmung ins Werk gesetzt werden können.‹«[16]

Pearl Harbor

Ein weiteres herausragendes Beispiel für ein im Lauf der Geschichte wiederkehrendes Handlungsmuster ist Pearl Harbor. »Es gibt keinen vernünftigen Zweifel an der These, dass der japanische Angriff auf Pearl Harbor am 7. Dezember 1941 gezielt provoziert und zugelassen wurde, um die Unterstützung der Öffentlichkeit für den Eintritt in den Zweiten Weltkrieg zu gewinnen«, schreibt Rippy. »Wir haben keinen schlüssigen Beweis, dass Präsident Roosevelt den Plan kannte oder billigte, doch es gibt Beweise dafür, dass seine wichtigsten Berater für die Marine informiert waren, und es gibt eine Menge von Indizien, die eigentlich immer in dieselbe Richtung weisen: Auch FDR (Roosevelt) wusste Bescheid.«[17] Der amerikanische History Channel sendete unlängst die von der BBC produzierte Dokumentation *Betrayal at Pearl Harbor.* In dieser Sendung wurde gezeigt, wie gut der damalige US-Präsident Franklin D. Roosevelt und seine wichtigsten militärischen Berater über das Problem eines unmittelbar bevorstehenden japanischen »Überraschungsangriffs« informiert waren, eines Angriffs, den die USA provoziert hatten. Doch diese Attacke wurde absichtlich zugelassen, um damit den Eintritt der USA in den Krieg zu rechtfertigen.[18]

Robert Stinnet hat mit seiner umfassenden Studie *Day of Deceit: The Truth About FDR and Pearl Harbor* eine detaillierte Dokumentation vorgelegt, die für diese These spricht. Stinnett weiß, wovon er redet. Er diente von 1942 bis 1946 in der US-Kriegsmarine und erhielt während dieser Zeit elf Auszeichnungen: zehn Battle Stars und eine Presidential Unit Citation für besondere Taperkeit vor dem Feind. Für sein Buch wertete er in jüngster Zeit freigegebene amerikanische Dokumente aus und kam zu dem Ergebnis, dass Roosevelt nicht einfach nur den japanischen Plan für eine Bombardierung Pearl Harbors kannte, sondern sehr viel weiter ging: Er steuerte Japan mit kühler Berechnung in einen Krieg gegen Amerika hinein. Stinnett forschte für sein Buch 17 Jahre lang in Archiven, sprach mit Verschlüsselungsexperten der US-Marine und wertete über 200 000 Dokumente und Interviews aus.[19]

Die Meinungsumfragen zeigten noch im Sommer 1940, dass »die Mehrheit der Amerikaner gegen eine Beteiligung ihres Landes an den Kriegen Europas war«.[20] Doch Roosevelts Berater waren der Ansicht, dass ein Sieg Deutschlands über England eine Bedrohung für die Vereinigten Staaten, Kanada und den größten Teil Südamerikas wäre. Viele Quellen und Dokumente zeigen, dass Roosevelt die Öffentlichkeit umstimmen wollte, in Richtung eines »Ja« zum Kriegseintritt der USA. T. North Whitehead, außenpolitischer Berater des britischen Premierministers Winston Churchill für die USA, schrieb in einem Rückblick Ende der Vierzigerjahre: »Die Sache mit Amerika ist noch nicht gelaufen, aber der Präsident unternimmt wohl überlegte Schritte, um uns volle Rückendeckung zu verschaffen.«[21] James O. Richardson, der damalige Oberkommandierende der US-Flotte, zitierte Roosevelt später unter Bezug auf ein langes Gespräch mit dem Präsidenten im Oval Office mit der Bemerkung: »Früher oder später werden die Japaner einen Akt der offenen Aggression gegen die Vereinigten Staaten begehen, und die Nation wird zum Kriegseintritt bereit sein.«[22] Stinnett fasst seine Erkenntnisse wie folgt zusammen:

»Korvettenkapitän Arthur McCollum, ein Offizier des Marinegeheimdienstes, sah eine Gelegenheit, der amerikanischen Antikriegsbewegung entgegenzuwirken. Dazu musste man Japan zum Angriff auf die USA provozieren und die Voraussetzungen für gegenseitige Beistandsleistung im Rahmen des Dreimächtepakts schaffen. McCollums Vorschlag sah acht Provokationen an die Adresse Japans vor und ist in Form eines geheimen Memos vom 7. Oktober 1940 erhalten. Präsident Roosevelt handelte schnell und setzte im Lauf des Jahres 1941 sieben dieser acht Vorschläge in die Tat um. Japans autoritäres Militär nutzte die Provokationen, um die Kontrolle über das Inselreich zu übernehmen, und bereitete die Streitkräfte auf den Krieg gegen die USA, Großbritannien und die Niederlande vor. Das Weiße Haus verfolgte während der nächsten elf Monate die japanischen Kriegspläne über die abgehörte und entschlüsselte diplomatische und militärische Kommunikation. Die von den USA und ihren Verbündeten betriebenen Überwachungsanlagen fingen Tag für Tag mehr als 1000 japanische Funksprüche ab. Der Inhalt wurde ausgewertet und für das Weiße Haus zusammengefasst. Die Zusammenfassungen der Station CAST auf Corregidor Island waren stets aktuell – im Gegensatz zu den Behauptungen einiger Leute, die behaupteten, die Funksprüche seien erst Jahre später entschlüsselt und übersetzt worden – und sie waren eindeutig: Pearl Harbor würde am 7. Dezember 1941 angegriffen werden, und zwar von japanischen Streitkräften, die im zentral- und nordpazifischen Raum vorrückten.«[23]

Korvettenkapitän Arthur H. McCollum war der Leiter der Fernostabteilung im Marinegeheimdienst (Office of Naval Intelligence, ONI) und einer der führenden amerikanischen Japan-Experten. Seinen Acht-Punkte-Plan für Kriegsprovokationen an die Adresse Japans fasste er in einem Memo für zwei von Roosevelts engsten militärischen Beratern zusammen. Hier der Wortlaut:

»A. Schließen Sie ein Abkommen mit Großbritannien über die Nutzung britischer Marinestützpunkte im Pazifik durch die amerikanische Flotte. Am wichtigsten ist dabei Singapur.
B. Treffen Sie ein Abkommen mit den Niederlanden zur Nutzung von Stützpunkteinrichtungen und zum Erwerb von Nachschub und Proviant in Niederländisch-Indien (dem heutigen Indonesien).
C. Lassen Sie der chinesischen Regierung unter Tschiang Kaischek jede erdenkliche Unterstützung zukommen.
D. Entsenden Sie ein Geschwader mit schweren Kreuzern von großer Reichweite in den Orient, zu den Philippinen oder nach Singapur.
E. Schicken Sie zwei U-Boot-Geschwader in den Orient.
F. Konzentrieren Sie die Hauptstreitmacht der gegenwärtigen US-Pazifikflotte in der Umgebung der Hawaii-Inselgruppe.
G. Bestehen Sie darauf, dass die Niederlande die japanischen Forderungen nach unangemessenen wirtschaftlichen Zugeständnissen ablehnen, insbesondere, wenn es um Erdöl geht.
H. Verhängen Sie ein vollständiges Handelsembargo über Ja-

pan und koordinieren Sie dies mit einem ähnlichen, vom britischen Empire verhängten Embargo.«[24]

Hauptmann Dudley Knox, der Leiter der ONI-Bibliothek, erhielt dieses Memo ebenfalls und gab es an Hauptmann Walter Anderson, den ONI-Direktor, weiter. Dabei sagte er zu McCollum: »Ich stimme mit Ihren Vorschlägen überein.«[25] Es ist eine historische Tatsache, dass die Regierung Roosevelt die hier vorgeschlagenen Maßnahmen fast in allen Einzelheiten umgesetzt hat. Dies hat Stinnett gut belegt.

Daryl S. Borgquist war Presseoffizier bei der US-Marinereserve und arbeitete in derselben Funktion (Media Affairs Officer) auch für das Hauptquartier des Community Relations Service im Justizministerium. Ihm verdanken wir eine weitere gute Beschreibung der Ereignisse aus einer anderen Perspektive: »Präsident Franklin D. Roosevelt bat die Leitung des Amerikanischen Roten Kreuzes vor dem japanischen Angriff am 7. Dezember 1941 um die heimliche Entsendung medizinischen Materials nach Pearl Harbor:« […]

»Don C. Smith war der Leiter des Kriegsdienstes beim Roten Kreuz in der Zeit vor dem Zweiten Weltkrieg und stellvertretender Verwaltungsleiter des Dienstes für die Streitkräfte von 1942 bis 1946. Als er sein Verwaltungsamt übernahm, kannte er den Zeitpunkt des Angriffs offensichtlich bereits. Leider starb Smith 1990 im Alter von 98 Jahren. Seine Tochter Helen E. Hamman sah jedoch Berichte über die Bemühungen der Familien von Husband Kimmel und Walter Short, die das Ansehen der beiden Kommandeure von Pearl Harbor in gebührender Form wiederhergestellt sehen wollten. Helen Hamman schrieb am 5. September 1995 einen Brief an Präsident Bill Clinton, in dem sie sich auf eine Unterhaltung mit ihrem Vater bezog:

›Präsident Roosevelt bestellte ihn (Smith) 1941 kurz vor dem Angriff zu einer Besprechung mit höchster Geheimhaltungsstufe ins Weiße Haus. Bei dieser Besprechung informierte der

Präsident meinen Vater über Erkenntnisse der Geheimdienste zu einem unmittelbar bevorstehenden Angriff der Japaner. Der Präsident rechnete mit zahlreichen Toten und Verwundeten und hohen Materialverlusten. Deshalb wies er meinen Vater an, Fachkräfte und Nachschub zu einem Einfuhrhafen an der Westküste zu schicken. Die Leute sollten sich dort für die Einschiffung bereithalten, ein Ziel wurde nicht genannt. Der Präsident ließ nach dem Eindruck meines Vaters keinen Zweifel daran, dass auf Hawaii weder die Verantwortlichen bei der Marine noch die anderen Waffengattungen informiert werden durften. Mein Vater durfte auch die in diesem Gebiet bereits stationierten Rotkreuzoffiziere nicht unterrichten. Als er sich deshalb bei Präsident Roosevelt beschwerte, erhielt er zur Antwort, das amerikanische Volk werde dem Kriegseintritt in Europa erst zustimmen, wenn ein Angriff auf eigenes Staatsgebiet erfolge. [...]
Er (Smith) war in höchst geheime Operationen eingeweiht und arbeitete mit all unseren führenden Persönlichkeiten direkt zusammen. Er befolgte die Befehle seines Präsidenten, aber viele Jahre lang hat er über diese Handlungsweise nachgegrübelt. Er hielt sie unter ethischen und moralischen Gesichtspunkten für falsch. Ich kenne die Familie Kimmel nicht, verfolge keine eigenen Interessen und hätte keinen Nutzen davon, eine solche Geschichte zu erfinden. Allerdings bin ich der Ansicht, dass jetzt die Zeit gekommen ist, diese Verschwörung öffentlich zu machen und Admiral Kimmel in allen Anklagepunkten zu entlasten. Vielleicht werden dann er und mein Vater in Frieden ruhen.‹«

Borgquist dokumentiert das Vorabwissen der US-Regierung und die gegen Japan gerichteten Provokationen, die zum Angriff führten, in einem detaillierten historischen Bericht. Dieser wurde in der angesehenen Zeitschrift *Naval History* des U. S. Naval Institute veröffentlicht und stützt sich ausschließlich auf eine Analyse der Beziehungen zwischen der amerikanischen Regierung und dem Roten Kreuz.[26]

Operation Northwoods

Das letzte von Professor McMurtry angeführte Beispiel ist die Operation Northwoods. Aus inzwischen freigegebenen Geheimdokumenten geht hervor, dass hochrangige US-Militärs Anfang der Sechzigerjahre vorschlugen, Terrorakte in amerikanischen Städten zu inszenieren, um das Land in einen Krieg mit Kuba zu treiben. Der amerikanische Sicherheitsexperte James Bamford, ein ehemaliger Reporter von ABC News, dokumentierte dies in aller Ausführlichkeit in seinem Buch *NSA. Die Anatomie des mächtigsten Geheimdienstes der Welt* (Originaltitel: *Body of Secrets: Anatomy of the Ultra-Secret National Security Agency*). Bamford schreibt, dass die Mitglieder des Vereinigten Generalstabs der amerikanischen Streitkräfte »einen geheimen und blutigen terroristischen Krieg gegen ihr eigenes Land vorschlugen, um die amerikanische Öffentlichkeit für den irrwitzigen Krieg zu gewinnen, den sie gegen Kuba führen wollten. [...] Der Vereinigte Generalstab machte und verabschiedete Pläne, die vielleicht die schlimmsten waren, die je von einer US-amerikanischen Regierungsinstanz produziert worden sind.« Bamfords Bericht basiert auf Dokumenten, deren Freigabe vom Assassination Records Review Board angeordnet wurden. Das Nationalarchiv gab sie in den letzten Jahren nach und nach heraus.

Der Terrorplan firmierte unter dem Codewort Operation Northwoods und wird in Dokumenten erläutert, die von den fünf Mitgliedern des Vereinigten Generalstabs unterzeichnet, aber nie in die Tat umgesetzt wurden. Bamford schreibt, dass die Idee, einen Vorwand für die Invasion auf Kuba zu schaffen, offensichtlich in den letzten Wochen der Amtszeit von Präsident Dwight D. Eisenhower entstanden ist. Die Ausarbeitung der Pläne erfolgte, nachdem Präsident John F. Kennedy der CIA im Anschluss an den gescheiterten Invasionsversuch in der Schweinebucht die Zuständigkeit für Kuba entzogen und dem Verteidigungsministerium übertragen hatte. Das Kuba-Projekt des Pentagon war unter der Bezeichnung

Operation Mongoose bekannt und stand unter der Leitung von Edward Lansdale, dem stellvertretenden Direktor der Pentagon-Abteilung für Sondereinsätze (Special Operations), sowie von Armeegeneral Lyman Lemnitzer, dem Vorsitzenden des Vereinigten Generalstabs.

General Lemnitzer legte Präsident Kennedy den Plan für die Operation Northwoods Anfang 1962 vor. Bamford berichtet, dass Kennedy den Plan im März 1962 ablehnte, weil er gegen eine offene amerikanische Militäraktion auf Kuba war. Lemnitzer versuchte dann vergeblich, alle Beweise für die Existenz dieses Plans zu vernichten. Die amerikanischen Militärstrategen hatten unter Lemnitzers Leitung eine Invasion im großen Stil vorgesehen, um Castro zu stürzen. Die Planung gipfelte in einer ganzen Reihe von Memoranden und Empfehlungen, deren Fassung letzter Hand von Lemnitzer dann am 13. März 1962 an den damaligen US-Verteidigungsminister Robert McNamara geschickt wurde. Man weiß jedoch nicht sicher, ob McNamara die Pläne jemals erhalten hat, denn er bestreitet bis heute jedes Wissen von diesem Plan.

In Lemnitzers Begleitmemorandum ist festgehalten, dass der Vereinigte Generalstab ein beiliegendes Schriftstück »beraten hat«. Das Papier enthielt »eine Beschreibung von Vorwänden, die die Rechtfertigung für eine militärische Intervention auf Kuba liefern könnten«. In dem Memorandum mit dem Titel »Rechtfertigung für eine US-Militärintervention auf Kuba« wird die Auffassung vertreten, dass sich eine politische Entscheidung für ein amerikanisches Eingreifen »aus einer Zeitspanne verschärfter amerikanisch-kubanischer Spannungen ergeben wird. Dies versetzt die USA in die Rolle eines Konfliktbeteiligten, der berechtigte Klagen vorzubringen hat.« Die Weltmeinung wie auch die Vereinten Nationen sollten »positiv beeinflusst werden, indem man in der internationalen Öffentlichkeit ein Bild von der kubanischen Regierung zeichnet, das diese als unbesonnen und unverantwortlich und als eine erschreckende und unkalkulierbare Bedrohung des Friedens in der westlichen Hemisphäre erscheinen lässt.«

»Wir könnten eine kommunistisch-kubanische Terrorkampagne im Gebiet von Miami und anderen Städten in Florida und sogar in Washington entwickeln«, heißt es in einem vom Vereinigten Generalstab erarbeiteten Papier. »Wir könnten ein amerikanisches Schiff in der Guantanamo-Bucht in die Luft sprengen und Kuba dafür verantwortlich machen«, ist außerdem zu lesen. »Die Verlustlisten in den amerikanischen Tageszeitungen würden eine nützliche Welle der nationalen Empörung auslösen.« Und weitere Maßnahmen standen auf der Empfehlungsliste: »Die Explosion einiger Bomben mit Plastiksprengstoff an sorgfältig ausgewählten Orten, die Verhaftung kubanischer Agenten und die Herausgabe vorbereiteter Dokumente, die die kubanische Beteiligung beweisen, wären ebenfalls hilfreich. [...] Wir könnten (real oder nur simuliert) eine Schiffsladung Kubaner auf dem Weg nach Florida versenken. [...] Wir könnten Anschläge gegen kubanische Flüchtlinge in den Vereinigten Staaten fördern, sogar so, dass sie manchmal verwundet werden, was die Aufmrksamkeit in den Medien verlängern würde.« Weitere Pläne sahen unter anderem den Einsatz erfundener MiGs vor, die Zivilflugzeuge bedrängen, Schiffe angreifen und unbemannte Drohnen abschießen. Man empfahl »auf zivile Luft- und Bodenfahrzeuge ausgerichtete Entführungsversuche«. Außerdem war da noch die Idee, ein CIA-Flugzeug abzuschießen, das als reguläres Passagierflugzeug ausgegeben werden sollte, und anschließend kubanische Flugzeuge für diesen Abschuss verantwortlich zu machen. Der Northwoods-Plan zog 1962 sogar einen Fehlschlag beim Weltraumflug von John Glenn ins Kalkül: Sollte der Astronaut bei seinem Unternehmen scheitern und ums Leben kommen, war vorgesehen, dass die US-Regierung gefälschte Beweise präsentierte, dass Kuba mit Hilfe elektronischer Geräte den Flug gestört und sabotiert habe.[27]

Viele Experten halten die Tatsache, dass Amerikas wichtigste Entscheidungsträger fähig sind, die Tötung ihrer eigenen Landsleute zu inszenieren, für die wichtigste Erkenntnis aus den Northwoods-Dokumenten. Das ist jedoch ein Irrtum.

Man braucht den Fall Northwoods gar nicht, um sich darüber klar zu werden, dass der US-Politikapparat die eigenen Bürger für entbehrlich hält. Die Eilfertigkeit, mit der dieser Apparat immer mehr junge Soldaten nach Vietnam und in den Tod schickte, ist ein einleuchtendes Beispiel für die Entbehrlichkeit von Menschen. Es gibt viele weitere Belege für diese Haltung. Dazu gehören auch zahlreiche gefährliche – und potenziell tödliche – Versuche mit biologischen Kampfstoffen, denen amerikanische Bürger von ihrer eigenen Regierung bewusst ausgesetzt wurden. Wayne Madsen, ein ehemaliger Experte für sichere Informationsübertragung bei der National Security Agency, fragt, ob die »US-Regierung die Bürger wissentlich und wiederholt einem gefährlichen Test mit biologischen Waffen aussetzte«. Madsen zitiert den Biologen Malcolm Dando, einen Professor für Internationale Sicherheit am Fachbereich für Friedensstudien der Universität Bradford, und führt aus:

»In den Fünfzigerjahren des 20. Jahrhunderts setzte das Militär nicht infizierte weibliche Moskitos in einem Wohngebiet von Savannah/Georgia aus. Danach überprüfte man, wie viele Moskitos in Häuser eingedrungen und wie viele Menschen gestochen worden waren. 1956 wurden auf einem Bombentestgelände 600 000 Moskitos von einem Flugzeug aus freigesetzt. Innerhalb eines Tages kamen die Moskitos zwei Meilen weit und stachen zahlreiche Menschen. 1957 verbreitete man auf dem Dugway-Versuchsgelände in Utah von einer F-100A-Maschine aus das Q-Fieber-Toxin. Die Armee kam bei diesem Versuch zu dem Ergebnis, dass bei Verwendung einer stärkeren Dosis des Toxins 99 Prozent der Menschen in diesem Gebiet infiziert worden wären. Mitglieder der Siebenten-Tags-Adventisten, die als Kriegsdienstverweigerer aus Gewissensgründen in den Sechzigerjahren ohne Kampfauftrag bei der Armee tätig waren, setzte man Tularämie-Erregern aus, die ebenfalls auf dem Luftweg verbreitet worden waren. Ein pensionierter ziviler Beschäftigter der US-Armee, der eine hochrangige Position innegehabt hatte, berichtete, dass die Armee Anfang der Sechzigerjahre in den U-Bahn-Systemen von New York, Chicago und Philadelphia Aerosole versprüht habe, die einen Grippe-Erreger enthielten.«[28]

Der Hauptwert einer Analyse des durch das Northwoods-Dokument belegten Planes, den der Vereinigte Generalstab der US-Streitkräfte ausgeheckt hatte, liegt in einem direkten Nachweis. Das Papier zeigt, dass sich der Apparat des Militärgeheimdienstes nach wie vor gerne der altbewährten Methode bediente.

Im Archiv für Nationale Sicherheit an der George-Washington-Universität ist nachzulesen, dass die Operation Northwoods »amerikanische Pläne für die heimliche Schaffung verschiedener Vorwände beschreibt, die eine US-Invasion auf Kuba rechtfertigen sollten:«

> »Diese Vorschläge waren Teil eines geheimen, gegen Castro gerichteten Programms, das unter der Bezeichnung Operation Mongoose bekannt ist. In diesem Rahmen waren unter anderem vorgesehen: die Ermordung in den USA lebender Exilkubaner, die Vortäuschung einer ›Terrorkampagne des kommunistischen Kuba in der Gegend von Miami und anderen Städten Floridas und sogar in Washington‹, einschließlich ›der – tatsächlichen oder vorgetäuschten – Versenkung eines Schiffes mit kubanischen Flüchtlingen an Bord‹, einer fingierten Attacke der kubanischen Luftwaffe auf ein ziviles Passagierflugzeug oder eines arrangierten Zwischenfalls à la ›Vergesst die *Maine* nicht‹, bei dem ein amerikanisches Schiff in kubanischen Gewässern in die Luft gejagt und die Schuld anschließend kubanischen Saboteuren zugeschoben werden sollte.«[29]

Der Tonking-Zwischenfall

Auch aus dem Vietnamkrieg kennen wir ein Beispiel für die bewährte amerikanische Strategie: den Tonking-Zwischenfall von 1964. Die Bombardierung Nordvietnams begann nach offizieller Darstellung als Reaktion auf eine nordvietnamesische Aggression. In der offiziellen US-Version zu den Ereignissen wird behauptet, nordvietnamesische Torpedoboote hätten einen »nicht provozierten Angriff« auf einen amerikanischen Zerstörer gestartet, der sich am 2. August 1964 im Golf von Tonking auf einer »Routinepatrouille« befand. Nordvietnamesische Schnellboote hätten zudem zwei Tage später einen »vorsätzlichen Angriff« auf zwei amerikanische Schiffe unternommen.[30] Der Historiker Professor Mark P. Bradley von der Universität Wisconsin bezeichnet die offizielle Version der amerikanischen Regierung als Lüge, die einen Vorwand für den Eintritt der USA in den Krieg lieferte: »Im Golf von Tonking, ganz in der Nähe der nordvietnamesischen Küste, spielte sich eines der Schlüsselereignisse für die immer tiefere amerikanische Verstrickung in den Vietnamkrieg ab:«

> »Das heute unter der Bezeichnung Tonking-Zwischenfall bekannte Ereignis hat folgenden Hintergrund: Die amerikanische Regierung behauptete, vietnamesische Schnellboote hätten Anfang August 1964 bei zwei verschiedenen Begegnungen im Golf von Tonking auf den US-Zerstörer *Maddox* [...] gefeuert. Präsident Lyndon Johnson nutzte die Gelegenheit, um sich per Resolution des Kongresses zu ›allen notwendigen Maßnahmen für die Zurückweisung jeglicher bewaffneter Angriffe gegen die Streitkräfte der Vereinigten Staaten und zur Verhinderung weiterer Aggression‹ autorisieren zu lassen. Dies geschah, obwohl auch ernste Fragen zur Art der Angriffe gestellt wurden. Außerdem gab es Zweifel, ob eine der beiden Attacken überhaupt stattgefunden hatte. Mit der Autorisierung durch den Kongress, der ›Tonking-Resolution‹, beschaffte sich

die Regierung Johnson einen Blankoscheck für die Ausweitung des Krieges, ohne sich um weitere parlamentarische Zustimmung bemühen zu müssen.«[31]

Die Medienkritiker Jeff Cohen und Norman Solomon von der in New York ansässigen Gruppe Fairness & Accuracy in Reporting (FAIR) schreiben zu diesem Thema: »Der US-Zerstörer *Maddox* befand sich am 2. August nicht auf einer Routinepatrouille. Er führte aggressive Manöver aus, die der Informationsbeschaffung dienten, parallel zu koordinierten Angriffen auf Nordvietnam durch die südvietnamesische Marine und die laotische Luftwaffe. [...]

›Am Vortag hatten zwei Angriffe auf Nordvietnam [...] stattgefunden‹, schreibt der Wissenschaftler Daniel C. Hallin. Diese Attacken waren ›Teil einer Kampagne, mit der die Vereinigten Staaten seit Anfang 1964 zunehmenden militärischen Druck auf den Norden ausübten‹.

Am Abend des 4. August verkündete das Pentagon, an diesem Tag sei es im Golf von Tonking zu einem zweiten Angriff durch vietnamesische Schnellboote gekommen. Aus diesem Bericht zitierte Präsident Johnson in seiner Fernsehansprache am selben Abend, bei der er eine folgenschwere Eskalation des Krieges ankündigte: Luftangriffe auf Nordvietnam.

Doch Johnson befahl den Bombern einen ›Vergeltungsschlag‹ für einen nordvietnamesischen Torpedoangriff, den es nie gegeben hatte.

Hochrangige Beamte in Washington fragten sich bereits vor dem Beginn der Luftangriffe, ob es am 4. August überhaupt einen nordvietnamesischen Angriff gegeben hatte. [...] Staffelkommandant James Stockdale war einer der Navy-Piloten, die an jenem Abend den Ort des Geschehens überflogen. (Später sollte er dann als Kriegsgefangener und als Ross Perots Kandidat für das Amt das Vizepräsidenten bekannt werden.) ›Ich hatte den besten Beobachtungsposten für alles, was dort geschah‹, erinnerte er sich einige Jahre nach den Ereignissen,

›unsere Zerstörer schossen auf Phantomziele. Da draußen gab es überhaupt keine Schnellboote. [...] Ich sah nur das dunkle Meer und eine Demonstration amerikanischer Feuerkraft.‹ Lyndon Johnson kommentierte das Geschehen im Jahr 1965 folgendermaßen: ›Soviel ich weiß, hat unsere Marine dort draußen auf Wale geschossen.‹«[32]

Weitere Beweise für eine Deutung des Tonking-Zwischenfalls als US-Provokation mit dem Ziel, sich einen Vorwand für die Ausweitung des Vietnamkrieges zu beschaffen, finden sich in mittlerweile freigegebenen Regierungsdokumenten. Jerald Combs führt hierzu aus:

»Die Pentagon Papers (eine Geheimstudie der Regierung, die Daniel Ellsberg, ein Berater des Außenministeriums, an die Presse weitergegeben hatte) enthüllten unter anderem auch die geheimen Operationen, die den Tonking-Zwischenfall provoziert hatten, sowie die Planungen für eine eventuelle Bombardierung Nordvietnams. Johnson hatte die Ausarbeitung solcher Pläne befohlen, obwohl er gleichzeitig, 1964, einen Präsidentschaftswahlkampf gegen Barry Goldwater führte, in dem er größere Zurückhaltung in Vietnam propagierte.«[33]

Daniel Ellsberg, der ehemalige Mitarbeiter der Regierung Johnson, sagte bei einer vom Vietnam Veterans Institute unterstützten Konferenz von amerikanischen Kriegsveteranen, Historikern und Wissenschaftlern in Washington, D. C., dass die Regierung den Kongress bei der Information über diesen Vorfall tatsächlich belogen habe:

»Hat McNamara 1964 den Kongress belogen? Diese Frage kann ich beantworten: Ja, er hat gelogen, und ich wusste das damals. Ich arbeitete für John McNaughton [...] als dessen persönlicher Assistent. McNaughton leitete im Verteidigungsministerium die Abteilung für Internationale Sicherheit

> (International Security Affairs). Er wusste, dass McNamara gelogen hatte. McNamara wusste, dass er gelogen hatte. Er lügt heute noch. (Der ehemalige Außenminister Dean) Rusk und McNamara sagten vor dem Kongress aus [...], bevor dort abgestimmt wurde. [...] Der Kongress wurde durch Lügen [...] zu einer Erklärung bewegt, die später dann als formelle Kriegserklärung benutzt wurde. Ich wusste das. [...] Ich verspüre keinen Stolz, wenn ich an diese Situation zurückdenke.«[34]

Auch andere ehemalige Mitarbeiter der Regierung haben die Strategie der Provokation offen gelegt. George Ball, der frühere Staatssekretär im Außenministerium, sagte 1977 in einem Interview mit der BBC: »Viele Personen, die mit dem Krieg zu tun hatten, [...] suchten nach irgendeiner Rechtfertigung für die Aufnahme des Bombardements. Die DeSoto-Patrouillen waren in erster Linie als Provokation gedacht. [...] Die vorherrschende Stimmung war: Wenn der Zerstörer in Schwierigkeiten geriete, wäre das die benötigte Provokation.«[35]

Das Handlungsmuster für den Krieg

Dieser kurze Rückblick zeigt, dass viele der Kriege, in die die USA verwickelt waren, entweder mit Hilfe von Provokationen oder durch erfundene Angriffe auf Symbole amerikanischer Macht gerechtfertigt wurden. Die systematische Anwendung dieser Strategie, wann immer sie nützlich erschien, zeigt, dass sie in den Entscheidungsstrukturen der amerikanischen Politik institutionell fest verwurzelt ist.

Es ist mit Sicherheit plausibel, dass sich das System als Konsequenz dieser institutionellen Dynamik in eine neue Richtung entwickelt, dass es neue, vielleicht sogar unvorhersehbare Merkmale entwickelt. Man kann deshalb die Zukunft keineswegs vorhersagen (sonst wären wir alle politische Astrologen) oder annehmen, dass die politischen Ereignisse im Bereich einer institutionellen statistischen Kurve stattfinden.

Es gibt aber gute Gründe für die Annahme, dass sich die institutionellen Entscheidungsstrukturen in den USA im Lauf der Geschichte in eine bestimmte Richtung entwickelt haben. Es kamen immer neue, noch schlimmere Merkmale der Machtausübung hinzu, die gleichfalls konsolidiert wurden. Sieht man sich zum Beispiel die Ministerriege der gegenwärtigen Regierung Bush genauer an, dann stellt man fest: Noch niemals zuvor kamen so viele Regierungsmitglieder aus den mächtigsten Kreisen des Militärs, der Geheimdienste und der Wirtschaft. Noch nie zuvor unterhielt eine Regierung so enge Verbindungen zum skrupellosen militärisch-industriellen Komplex der USA.[36]

Es gibt deshalb viele gute Gründe für die Annahme, dass den Terrorangriffen vom 11. September 2001 dasselbe Handlungsmuster zugrundeliegt. Seine Wurzeln hat es in traditionellen politischen, sozialen und wirtschaftlichen Strukturen der US-Gesellschaft, und es lag auch früheren US-Operationen zu Grunde. Diese bewegten sich im Rahmen der »Eigenterror-«Strategie von Provokation oder Erfindung. Die hier vorgelegte Dokumentation lässt eine solche Erklärung jener schrecklichen Ereignisse leider sehr viel plausibler erscheinen, als uns die Regierung und die Medien glauben machen wollen.

Die Milzbrand-Connection

Eine Analyse der Rolle, die die US-Regierung bei den Anschlägen mit Milzbranderregern gespielt hat – sie fanden ebenfalls im September und im Oktober 2001 statt –, bestätigt wie zufällig die Schlussfolgerung zur »Eigenterror«-Strategie. Es gibt Erkenntnisse zu den Verbindungen zwischen Milzbrand-Anschlägen und US-Regierung, Militär und Geheimdiensten. Diese Erkenntnisse wiederum verbinden die historischen Informationen über die institutionalisierte Strategie der Provokation oder Erfindung von Kriegsgründen mit den in diesem

Buch dokumentierten Fakten, die zeigen, wie die Politik von US-Regierung, Militär und Geheimdiensten die Anschläge am 11. September begünstigten.[37]

Angestellte des Weißen Hauses erhielten am 11. September 2001, noch vor den Milzbrand-Anschlägen, das Anthrax-Medikament Cipro. Die Nachrichtenagentur Associated Press berichtete am 24. Oktober 2001 über diesen Vorgang:

> »Zumindest einige Beschäftigte des Weißen Hauses erhielten vor sechs Wochen das Medikament Cipro. Sprecher des Weißen Hauses verweigerten jeglichen Kommentar zu der Frage, ob – und, wenn dies zutrifft, welche – im Haus tätige Personen in diesen Tagen Milzbrand-Antibiotika erhalten. [...]
> Am Abend des 11. September 2001 gab der medizinische Dienst des Weißen Hauses das Medikament Cipro an Mitarbeiter aus, die Vizepräsident Dick Cheney nach Camp David begleiteten. Diesen Mitarbeitern sagte man nach Auskunft einer unmittelbar beteiligten Person, es handele sich um eine vorbeugende Maßnahme.«[38]

Die Organisation Judicial Watch kommt unter Bezug auf den AP-Bericht zu der Schlussfolgerung, dass »das Weiße Haus sehr viel früher von den bevorstehenden Milzbrand-Anschlägen wusste, als bisher zugegeben wurde. [...] Präsident Bush verweigerte gestern bei zwei verschiedenen Terminen die Antwort auf die Frage, ob er auf Milzbrand getestet worden sei. [...] Das legt die Schlussfolgerung nahe, dass das Weiße Haus schon seit einiger Zeit um das volle Ausmaß der Bedrohung wusste, dies aber nicht mit dem amerikanischen Volk erörtern wird.« Larry Klayman, der Vorsitzende und Chefjustiziar von Judicial Watch, kommentierte dies wie folgt: »Diese Vorgänge sind ein Skandal. Das Weiße Haus und der Kongress sind umfassend informiert und haben sich dementsprechend durch Tests und Antibiotika geschützt, während der Rest der Bevölkerung in Unwissenheit gehalten und der politischen Elite nicht gleichgestellt wird.«[39] Die Regierung wusste wohl ziemlich sicher um bevorstehende Milzbrand-Anschläge und leitete Maßnahmen zum Schutz einer politischen Elite ein, aber zum Schutz der Öffentlichkeit tat man nichts. Es kann kaum einen Zweifel daran geben, dass das Weiße Haus vor den Anschlägen gewarnt worden war.

Fünf Tage nach dem 11. September legte die Regierung Bush den USA Patriot Act vor, mit dem sie ihre Überwachungsmöglichkeiten gegenüber den Bürgern des Landes erweiterte sowie den Schutz vor Verhaftung ohne richterliche Anordnung und die Verfahrensregeln für die Haftprüfung aussetzte. Die ersten Briefe mit Milzbranderregern wurden am 18. September verschickt. Am 4. Oktober war die Milzbrand-Krise in vollem Gang, die ersten Krankheitsfälle wurden bestätigt.[40] Mittlerweile hatte der Kongress den Patriot Act sehr kühl aufgenommen. Justizminister John Ashcroft beschuldigte Tom Daschle, den Mehrheitsführer im Senat, sowie den von den Demokraten beherrschten Senat insgesamt der Verschleppungstaktik. Daschle hatte erklärt, es sei unwahrscheinlich, dass er das Gesetz innerhalb der von der Regierung gewünschten Frist von einer Woche auf die Tagesordnung setzen könne. Patrick J. Leahy, der Vorsitzende des Rechtsausschusses im Senat, hatte außerdem kritisiert, dass die Regierung mit dem von ihr vorgelegten Gesetz ein gültiges Abkommen verletze.[41]

Am 9. Oktober wurden Briefe mit tödlichen Mengen von Milzbrand-Erregern an die Büros von Daschle und Leahy verschickt.[42] Innerhalb der nächsten beiden Tage wurde diese Charge aus dem Ames-Stamm des Milzbrandbakteriums mit Genehmigung des FBI vernichtet, was die Verfolgung der Spur des bei diesen Briefen verwendeten Bakterientyps erschwerte. Die *New York Times* berichtete am 9. November:

> »Die Iowa State University in Ames zerstörte im vergangenen Monat in Absprache mit dem FBI Milzbrandsporen, die über einen Zeitraum von mehr als 70 Jahren gesammelt und in mehr als 100 Phiolen aufbewahrt worden waren. Ein Ab-

kömmling des so genannten Ames-Stamms wurde im Körper eines Mannes in Florida nachgewiesen, der nach der Inhalation von Milzbranderregern gestorben war. Die Universität hatte Sicherheitsbedenken.

Jetzt hat sich ein Streit entwickelt, an dem sich Wissenschaftler im Staatsdienst und aus der Privatwirtschaft beteiligen. Die Kritiker bemängeln, durch die übereilte Zerstörung der Sporen könnten wichtige Hinweise zur Herkunft der an Kongressabgeordnete und Medienunternehmen verschickten Milzbranderreger nicht mehr ermittelt werden.«

Eine Woche, nachdem der Milzbrand-Brief in Daschles Büro geöffnet und der Erreger bei 28 Angestellten des Kongresses nachgewiesen worden war, bestätigten die Ermittler, dass das mit den Briefen verschickte Material zum Ames-Bakterienstamm gehörte.[43] Der Senat verabschiedete am 26. Oktober die Endfassung des Patriot Act mit der vollen Unterstützung der Senatoren Daschle und Leahy.[44]

Die anschließenden Ermittlungen des FBI waren von einer konsequenten Verschleppungs- und Hinhaltetaktik geprägt. Das FBI brauchte fünf Monate, bis es schließlich doch noch Vorladungen an Laborangestellte verschickte, die mit dem bei den Anschlägen verwendeten Ames-Stamm arbeiteten. Als die Labors der Aufforderung der Ermittler nachkommen und ihre Proben einschicken wollten, erhielten sie einen Bescheid, der sie über einen weiteren Aufschub von einem Monat informierte. Das FBI musste für die Lagerung der eingesandten Proben zuvor noch einen geeigneten Raum bauen. Wissenschaftler und außenstehende Beobachter gehen deshalb von folgender Annahme aus: »Die verspätete Anfrage des FBI zu den Laborproben – und die fehlende Bereitschaft der Regierung, sie in Empfang zu nehmen – ist Teil eines Handlungsmusters, das [...] möglicherweise jede Aussicht auf Aufklärung des bioterroristischen Anschlags verhindert hat. Zu den fünf Todesopfern gehört auch die 94-jährige Ottilie Lundgren aus Oxford.« Und es gibt weitere Mosaiksteine zur Verschleppungstaktik des FBI: Es dauerte sechs Monate, bis die Überprüfung der Briefkästen in der Umgebung von Trenton, New Jersey, begann, wo die Anthrax-Briefe abgestempelt wurden, und fast ein Jahr, bis man das Gebäude von American Media in Boca Raton, Florida, unter die Lupe nahm, um nach der Anthrax-Quelle zu suchen, die das erste Opfer tötete.[45]

Warum verschleppte das FBI die Untersuchung auf diese Art und Weise? Die Nachrichtenagentur Reuters meldete unter Berufung auf Greenpeace Deutschland, dass die Milzbrandanschläge »das Werk eines Beschäftigten im US-Programm für biologische Kriegsführung« seien. »Es sieht so aus, als ob der Angreifer [...] eine Erhöhung des Etats für die amerikanische Forschung zu biologischen Waffen durchsetzen wollte.« Kirsten Brodde, eine Reporterin des deutschen *Greenpeace Magazins*, zitierte im Gespräch mit Reuters »Informationen, die sie von einem Mitglied der amerikanischen Delegation bei der UNO-Konferenz über biologische Waffen in Genf erhalten hatte. Die amerikanische Delegation geht davon aus, dass dies eine interne Angelegenheit ist. [...] Die Mitglieder der Delegation wissen außerdem mehr, als der Öffentlichkeit mitgeteilt wurde.«[46]

Im Lauf der Ermittlungen des FBI wurde der bei den Anschlägen verwendete Ames-Stamm der Milzbrandbakterien schließlich bis zu einer einzigen hochrangigen Person innerhalb der US-Armee zurückverfolgt. Die *Washington Post* berichtete: »Untersuchungen zum genetischen Fingerabdruck zeigen, dass die an den Capitol Hill verschickten Milzbrandsporen mit jenen tödlichen Bakterienstämmen identisch sind, die von der Armee seit 1980 kultiviert werden. Das bestätigen Wissenschaftler, die die aktuellsten Testergebnisse kennen:«

> »Nach Angaben der Wissenschaftler besitzen viele Laboratorien Proben aus dem Ames-Stamm der Milzbrandbakterien, die bei den bioterroristischen Anschlägen in diesem Herbst verwendet wurden, doch bisher hat man nur in fünf dieser La-

bors Sporen gefunden, die dem in den Briefen an den Senat verwendeten Material exakt entsprechen. Und all diese Labors können ihre Proben bis zu einer einzigen Quelle innerhalb des US-Militärs zurückverfolgen. Diese Quelle ist das Medizinische Forschungsinstitut der US-Armee für ansteckende Krankheiten (U. S. Army Medical Research Institute of Infectious Disease [USAMRIID]) in Fort Detrick, Maryland.«

Das FBI verfolgte die Spur weiter und landete prompt bei der CIA:

»Die Ermittlungen des FBI zu den Milzbrand-Anschlägen konzentrieren sich zunehmend auf die Frage, ob der Absender des mit der Post verschickten tödlichen Milzbrandpulvers innerhalb des Biowaffen-Forschungsprogramms der Regierung zu suchen ist, einschließlich eines von der CIA betriebenen Programms. Diese Information stammt von Personen, die den Stand der Untersuchungen kennen. Die Ergebnisse der genetischen Tests bestätigen diese Möglichkeit. Ein Informant sagte, das FBI konzentriere sich auf einen Vertragspartner der CIA.«

Informanten aus den Strafverfolgungsbehörden bestätigen die Vermutung, dass die Verbindung zur CIA »die derzeit heißeste Spur ist«.[47] Es gibt außerdem stichhaltige Beweise, dass die US-Geheimdienste den Namen des Urhebers der Anschläge bereits kennen, aber durch Druck von höherer Stelle innerhalb des Regierungsapparats an der Festnahme dieser Person gehindert wurden.

Diese Information stammt von Barbara Hatch Rosenberg, einer führenden amerikanischen Expertin für biologische Kriegsführung. Sie ist Direktorin des Programms für chemische und biologische Waffen der Federation of American Scientists und (vom Lehrbetrieb beurlaubte) Research-Professorin mit Forschungsauftrag an der State University of New York. Rosenberg, die nach Informationen der BBC-Korrespondentin Susan Watts über Verbindungen zu hohen Regierungsbeamten verfügt, erklärt, dass das FBI den Milzbrand-Attentäter vom Herbst 2001 bereits identifiziert hatte, von einer Verhaftung jedoch absah, weil man fürchtete, dass dabei geheime Aktivitäten der Regierung ans Tageslicht kommen würden. Die *Trenton Times* berichtete, dass nach Rosenbergs Angaben »das Federal Bureau of Investigation in Bezug auf den Absender der Briefe einen starken Verdacht hat. Doch das FBI könnte sich bei der Erstattung einer Anzeige ›Zeit lassen‹, denn der Verdächtige ist ein ehemaliger Wissenschaftler im Regierungsdienst und weiß um ›geheime Aktivitäten, an deren Enthüllung der Regierung nicht gelegen ist‹.«[48]

Dieser Vorwurf wurde am 18. Februar 2002 in einer Rede in der Woodrow Wilson School of Public and International Affairs in der Universität Princeton erhoben. Rosenberg zitierte Informanten, die sie als »Insider aus Regierungskreisen« bezeichnete und zu denen sie Kontakte unterhalten hatte. Sie sagte, das FBI habe bereits seit dem vergangenen Oktober die Identität der Person gekannt, die tödliche Mengen von Milzbranderregern mit Briefen an Tom Daschle, den Mehrheitsführer im Senat, an Senator Patrick Leahy sowie an mehrere Medienunternehmen geschickt habe. Ihre Informanten hatten ihr außerdem mitgeteilt, dass die fragliche Person zwar mehrmals verhört, aber nicht verhaftet worden sei. »Wir wissen, dass das FBI diese Person im Auge hat, und es ist wahrscheinlich, dass dieser Mann früher an geheimen Aktivitäten beteiligt war.«

> »Und hier stellt sich die Frage, ob sich das FBI bewusst zurückhält, weil man vielleicht nicht scharf darauf ist, die Person, die dieses Verbrechen begangen hat, ins Rampenlicht der Öffentlichkeit zu stellen.
>
> Ich weiß, dass es Insider gibt, die für die Regierung arbeiten und diese Person kennen. Sie befürchten, dass eine Art geheimer Absprache getroffen werden könnte und dieser Mann danach einfach von der Bildfläche verschwindet.
>
> Ich hoffe, dass dies nicht passieren wird, und das motiviert

mich, diese Angelegenheit weiter zu verfolgen, die Presse zu weiterer Berichterstattung zu ermuntern und das FBI so unter Druck zu setzen, dass es nachfasst und den Attentäter vor Gericht bringt.«[49]

Weitere Experten pflichteten Rosenbergs Aussagen bei. Professor Steven Block von der Universität Stanford – ebenfalls ein Fachmann für biologische Kriegsführung – sagte zum Beispiel den *Dallas Morning News*: »Wie bereits vorgetragen wurde, ist es möglich, dass sie sich zurückhalten, weil die verdächtige Person geheime Informationen haben könnte, die die Regierung der Vereinigten Staaten nicht preisgeben will.«[50] Der sowjetische Überläufer Ken Alibek – von 1988 bis 1992 Erster Stellvertretender Direktor von Biopreparat, ein Milzbrand-Experte und Berater der amerikanischen Regierung – bestätigte ebenfalls, dass die Person, die für die Milzbrand-Anschläge verantwortlich ist, »tatsächlich die US-Regierung beraten haben könnte. Alibek selbst war von jedem Verdacht befreit, weil er einen Lügendetektor-Test bestanden hatte.«[51]

Der vielleicht deutlichste Beweis für die Verbindungen der US-Regierung zu den Milzbrand-Anschlägen ist die Tatsache, dass sie die Freigabe von Informationen über die Attentate sowie über das Vorabwissen der Regierung unter Berufung auf den Freedom of Information Act verweigert hat. Die Organisation Judicial Watch berichtete im Juni 2002, sie habe »Klage eingereicht gegen das Federal Bureau of Investigation (FBI), das Gesundheitsministerium (Department of Health and Human Services, HHS), das Bundesgesundheitsamt (Center for Disease Control, CDC), das Medizinische Forschungsinstitut der US-Armee für ansteckende Krankheiten (U. S. Army Medical Research Institute of Infectious Diseases, USAMRIID) sowie gegen die US-Bundespost (U. S. Postal Service, USPS), weil diese Behörden sich weigerten, Dokumente zu den terroristischen Milzbrand-Anschlägen im Oktober 2001 herauszugeben und sich dabei auf die Bestimmungen des Freedom of Information Act (FOIA) beriefen:«

»Judicial Watch hat weitere Anfragen zum Thema Milzbrand an das Weiße Haus sowie weitere Bundesbehörden gerichtet. Diese Anfragen fallen unter den Freedom of Information Act, sind noch nicht beschieden und werden zu weiteren rechtlichen Schritten führen. [...]
Judicial Watch vertritt Hunderte von Postangestellten aus dem Vertriebszentrum Brentwood in Washington, D. C. Bis zur Schließung der Einrichtung durch das CDC bearbeitete das Personal in Brentwood die gesamte Post von Washington, D. C., darunter auch die ›Parlamentspost‹ mit den Briefen an die Senatoren Daschle und Leahy, die Milzbranderreger enthielten. Die Parlamentsangestellten im Kapitol wurden sofort medizinisch betreut, doch die Belegschaft in Brentwood erhielt von den verantwortlichen Personen bei der Post die Anweisung, in den kontaminierten Räumen weiterzuarbeiten. Zwei Arbeiter in Brentwood starben an eingeatmeten Milzbranderregern, mehrere Dutzend ihrer Kolleginnen und Kollegen leiden heute an verschiedenen Beschwerden, die auf die Milzbrand-Anschläge zurückgehen. Es werden derzeit mehrere Klagen wegen der ungleichen Behandlung und rücksichtslosen Gefährdung der Beschäftigten von Brentwood vorbereitet.
Presseberichte enthüllten im Oktober 2001, dass Beschäftigte des Weißen Hauses nach den Anschlägen vom 11. September regelmäßig das äußerst wirkungsvolle Milzbrandmedikament Cipro einnahmen. Judicial Watch verfolgt aggressiv das Ziel, dass die Fakten und die Gründe für die Entscheidung, Beschäftigte des Weißen Hauses – einschließlich des Präsidenten – fast einen Monat vor dem ersten Auftauchen von Milzbranderregern im Kapitol mit der Einnahme von Cipro zu schützen, an die Öffentlichkeit kommen.
›Das amerikanische Volk hat ein Recht auf einen vollständigen Bericht der Regierung Bush, des FBI und anderer Bundesbehörden über die Milzbrandanschläge. Die Ermittlungen des FBI scheinen in eine Sackgasse geraten zu sein [...]‹, erklärte Larry Klayman, der Vorsitzende und Chefjustiziar von Judicial

Watch. ›Man nimmt nicht einfach so und ohne besonderen Grund ein starkes Antibiotikum zu sich. Das amerikanische Volk hat ein Recht auf Informationen, die den Beschäftigten des Weißen Hauses schon vor neun Monaten zur Verfügung standen.‹«[52]

Nafeez Ahmed und John Leonard

ANHANG

Auszüge aus einem Kongress-Hearing über globalen Terrorismus und Südasien

Auszüge aus dem Protokoll: Repräsentantenhaus der Vereinigten Staaten von Amerika, »Anhörungen über globalen Terrorismus und Südasien«, Ausschuss für Internationale Beziehungen des Repräsentantenhauses, Washington, D. C., Sitzung vom 12. Juli 2000.
Den Vorsitz führt: der Abgeordnete des Repräsentantenhauses Benjamin Gilman (Republikaner aus New York), Zeugen: Michael Sheehan, Leiter der Abteilung für Terrorismusbekämpfung im US-Außenministerium; Alan Eastham jr., Abteilungsleiter für Angelegenheiten Südasiens im US-Außenministerium.

ABG. DANA ROHRABACHER (Abgeordneter des Repräsentantenhauses, Republikaner aus Kalifornien. Als ehemaliger Redenschreiber Präsident Reagans und Abgeordneter eines Teils von Los Angeles und der Küste des Orange County ist R. einer der einflussreichsten konservativen Kongressabgeordneten, der z. B. lange gegen die Meistbegünstigungsklausel für den in seinen Augen »Schurkenstaat China« kämpfte. R. interessierte sich früh für Afghanistan, war sogar einige Male dort und war der Meinung, der exilierte König könne das Land einigen; bei der politischen Einstellung von R. ist es wichtig, sich daran zu erinnern, dass zum Zeitpunkt dieses Hearings noch Clinton und seine Demokraten an der Regierung waren, er sich also gegen deren Politik wendet. A. d. Ü.):
Herr Vorsitzender, vielen Dank und vielen Dank für die Ansetzung dieser Anhörung.
Wenn wir hier über den Terrorismus in Südasien sprechen, halte ich es für wichtig, die Mitglieder dieses Ausschusses und die Öffentlichkeit an meine Anfrage zur amerikanischen Politik gegenüber den Taliban zu erinnern, die ich seit drei Jahren stelle, denn wenn wir untersuchen – wenn wir den Terrorismus in Südasien untersuchen, müssen wir einfach zugeben, dass wir eine andere Situation hätten, wenn die Taliban nicht an der Macht wären. Die Lage in Südasien sähe dann ganz anders aus.

Ein ganzes Jahr habe ich verlangt, Dokumente des Außenministeriums über die Afghanistanpolitik einsehen zu dürfen, und ich möchte den Ausschuss daran erinnern, dass ich immer wieder festgestellt habe, dass ich glaube, dass es da eine Geheimpolitik dieser Regierung gibt, eine schändliche Geheimpolitik, die Taliban zu unterstützen – und dann begann das Außenministerium, nachdem ich mich viele, viele Monate – tatsächlich waren es sogar Jahre – darum bemüht hatte, endlich Dokumente an mich herauszugeben, Herr Vorsitzender. Als ich dann diese Dokumente durchgesehen habe, habe ich nichts gefunden, was mich hätte davon überzeugen können, dass ich mit meiner Kritik falsch lag. Aber ich sollte auch noch erwähnen, dass man mir, obwohl ich all die Jahre darum gebeten hatte, keine Dokumente gegeben hat aus der Zeit, als die Taliban entstanden sind. Und ich hoffe wirklich, dass das Außenministerium es jetzt kapiert hat, dass ich erwarte, all diese Akten endlich einsehen zu können. Die Dokumente, die ich gelesen habe, Herr Vorsitzender, zeigen ganz klar, dass das Außenministerium immer wieder den Standpunkt vertreten hat, dass sie kein Problem damit hätten und dass es ihnen kein Bauchgrimmen verursachen würde, wenn die Taliban an der Macht seien. Und das zu einer Zeit, als die Taliban um die Macht in Afghanistan kämpften.

Obwohl die Regierung geleugnet hat, die Taliban zu unterstützen, ist es doch klar, dass sie allen Unterstützern der Talibangegner davon abgeraten hat, dabei mitzuhelfen, die Taliban in Afghanistan zu besiegen. Dies ging sogar so weit, dass, als die Taliban in Afghanistan nahe daran waren, am Boden besiegt zu werden, hochrangige Mitglieder der Regierung, der damalige US-Botschafter bei den UN Bill Richardson und der damalige Abteilungsleiter für Südasien im Außenministerium Karl »Rick« Inderfurth persönlich (im April 1998, A. d. Ü.) die Region besuchten, um die Gegner der Taliban davon abzuhalten, diese anzugreifen, als diese verwundbar waren, und dann in die Nachbarländer reisten, um die (Gegner der) Taliban von jeder Art von militärischer Unterstützung abzuschneiden. Und dies zu einer Zeit, als Pakistan die Taliban tatkräftig versorgte und wieder aufrüstete.

Und wozu hat das alles geführt? Es führte zur Niederlage von allen bedeutenderen Feinden der Taliban, außer einem, dem Kommandanten Massud im Norden. Damit waren die Taliban die Herrscher über Afghanistan.

Also, bei dem was wir heute alles über Terrorismus und die Krokodilstränen dieser Regierung hören werden, sollten wir uns daran erinnern, dass diese Regierung für die Taliban verantwortlich ist. Diese Regierung hat alles dafür getan, dass die Taliban an der Macht bleiben.

Eine letzte Bemerkung. Viele Leute hier wissen, dass ich öfters in Afghanistan war und enge Verbindungen zu Leuten dort habe. Ich sollte auch noch erwähnen, dass einige meiner dortigen Informanten mir mitgeteilt haben, wo bin Laden sei, sie erzählten mir, sie wüssten es und könnten es auch weitergeben, wo genau man bin Laden finden könne. Doch ich musste mich dreimal an diese Regierung wenden, bevor die auf einen, der offensichtlich persönliche Verbindungen in Afghanistan hat, überhaupt nur reagierten und mal der Mitteilung nachgingen, dass es da einen geben könnte, der ihnen diese Information liefern könnte. Als man dann meine Kontaktmänner tatsächlich kontaktierte, Kontaktleute, die sagten, die Leute, die sie kontaktiert hätten, seien nur halbherzig dabei gewesen, die hätten die Sache nicht durchgezogen und schienen auch nicht allzu interessiert zu sein, überhaupt nur mit ihnen zu sprechen, weil man sie dazu gezwungen habe.[...]

(Der Abgeordnete David E. Bonior versucht, Rohrabachers Vorwürfe zurückzuweisen, was ihm nur unzureichend gelingt, da er die Angelegenheit nur ganz allgemein behandelt, ohne auf Rohrabachers Vorwürfe im Einzelnen einzugehen. Anm. des Autors)

ABG. DAVID E. BONIOR (Fraktionsgeschäftsführer der Demokraten im Repräsentantenhaus, aus Michigan): Bei früheren Gelegenheiten hat die Regierung bereits auf die Bedeutung der Zusammenarbeit mit Pakistan bei der Terrorbekämpfung in Südasien hingewiesen. Auch ich glaube, dass eine Zusammenarbeit mit Pakistan weiterhin in unserem nationalen Interesse liegt. Gegen den globalen Terrorismus zu kämpfen, ihn sogar zu unterbinden ist eine der ernstesten Herausforderungen, der die amerikanische Außenpolitik in diesen Zeiten gegenübersteht.

Ich bin der festen Überzeugung, Herr Vorsitzender, dass Pakistan als alter Verbündeter der Vereinigten Staaten entschlossen ist, mit den Vereinigten Staaten bei diesem Kampf gegen den Terrorismus zu kooperieren. Das haben sie in der Vergangenheit bewiesen. Sanktionen gegen Pakistan werden nur dazu führen, dieses Land zu isolieren und die sozialen und wirtschaftlichen und politischen Verhältnisse in dieser Region zu verschlechtern.

Ich vertrete auch entschieden die Ansicht, dass man die Unterstützung des Terrorismus durch die Taliban und die Tatsache, dass sie Osama bin Laden Zuflucht gewährt haben, schärfstens verurteilen muss. Außerdem müssen wir auch gegen diese Bedrohung vorgehen, und dabei spielt dann Pakistan wieder eine wichtige Rolle. Wir sollten uns daran erinnern, dass Pakistan kein Interesse daran hat, dass die Taliban an seinen Grenzen sitzen. Es hat auch überhaupt kein Interesse daran, wenn Terrorgruppen auf seinem eigenen Boden tätig werden. Und es liegt auch nicht im Interesse Indiens, wenn Pakistan isoliert wird und dann eine noch viel größere Bedrohung für den Frieden und die Stabilität in Südasien darstellt. [...]

Ich weiß von meinen Gesprächen mit General Musharraf, als ich im April Pakistan und Indien besuchte, dass er entschlossen ist, das Problem der Taliban anzugehen. Er hat sich bereits mit einem Talibanführer getroffen und ist auch bereit, mit anderen in Afghanistan zu reden. Auf meiner ganzen Reise habe ich neue Einsichten über die neuen Herausforderungen bekommen, vor denen diese Gegend steht. Als ich diese Region verließ, war ich überzeugter denn je, dass die Vereinigten Staaten ganz aktiv dabei mithelfen müssen, diesen Herausforderungen zu begegnen.

In Pakistan stehen wir vor ernsthaften Herausforderungen und Bedrohungen. Aber ich weiß auch, dass General Musharraf und General Aziz genau wissen, was in Pakistan zu tun ist. [...]

(Die hohen Beamten des Außenministeriums Michael Sheehan und Alan Eastham jr. ergreifen dann das Wort und weisen ebenfalls die Vorwürfe auf sehr allgemeine Weise zurück.)

ABG. SAM GEJDENSON (demokratischer Abgeordneter des Repräsentantenhauses aus Connecticut): [...] Noch eine letzte Frage. Gibt es Länder, die den Taliban gegenwärtig Waffen liefern?

MICHAEL SHEEHAN (Leiter der Abteilung für Terrorismusbekämpfung im US-Außenministerium): Ich glaube, das darf ich nur in nicht öffentlicher Sitzung beantworten, Herr Kongressabgeordneter. Denn was ich darüber weiß, stammt aus vertraulichen Quellen. Ich werde mit Ihnen nachher gerne darüber sprechen.

ABG. GEJDENSON: Danke. Sie können ja bei Herrn Rohrabacher alle Informationen bekommen, die sie über Afghanistan brauchen. – (Heiterkeit). Er scheint über die militärische Lage dort gut Bescheid zu wissen.

ABG. GILMAN: Danke, Mr. Gejdenson. Mr. Rohrabacher?

ABG. ROHRABACHER. (Lacht.) Das ist wirklich ein Witz! Ich meine, Sie müssen in eine nicht öffentliche Sitzung gehen, um uns zu erzählen, wo all diese Waffen herkommen? Nun, wir haben da ja die Auswahl. Es ist entweder Pakistan oder Pakistan oder Pakistan. (Lacht.) Woher, glauben Sie, haben die Taliban – jetzt, in diesem Augenblick – ich habe keine Geheimdokumente gelesen. Jeder in dieser Region weiß, dass Pakistan eine riesige Menge Kriegswaffen liefert, und dies tut es, seit es die Taliban überhaupt gibt.

Lassen Sie mich fürs Protokoll noch einmal feststellen, hier, bevor ich meine Fragen stelle, dass ich glaube – und es sind nicht bloß Sie, Herr Botschafter, sondern es ist diese Regierung und vielleicht auch noch frühere Regierungen. Ich glaube nicht, dass Terrorismus aus einem Mangel an staatlicher Kontrolle heraus entsteht. Also die Staatsgewalt bricht zusammen, und plötzlich haben Sie den Terrorismus. So entsteht aber der Terrorismus nicht. Terrorismus entsteht aus einem Mangel an Freiheit und Demokratie, aus dem Mangel an

Mitteln und Wegen, seine Probleme in einem demokratischen Prozess zu lösen.
In Afghanistan ging von Anfang an – als die Reagan-Regierung die Afghanen in ihrem Kampf gegen die Russen unterstützte, die dort ein totalitäres Regime einsetzen wollten – auf Drängen Pakistans der Löwenanteil dieser Hilfe an einen Kerl namens Gulbuddin Hekmatyar, der nun mit Demokratie überhaupt nichts am Hut hatte. Und seit der Niederlage der Russen haben wir, haben die Vereinigten Staaten keine wie immer gearteten freien oder demokratischen Alternativen für dieses Land unterstützt. Und solche Alternativen gibt es durchaus, und wir alle – alle, die damit zu tun haben, wissen das auch.
Also gibt es keine Freiheit oder Demokratie in Afghanistan, wo die Leute, und es sind gute und anständige und mutige Leute, eine Chance hätten, ihre Gesellschaft von den Drogenhändlern und den Fanatikern zu befreien, die foltern und unterdrücken, und deren Opfer vor allem die Frauen von Afghanistan sind. Aber die afghanischen Männer sind auch keine Fanatiker wie die Taliban. Sie hätten gerne ein anderes Regime. Nur die Vereinigten Staaten – und ich erhebe diesen Vorwurf noch einmal – haben die Taliban die ganze Zeit unterstützt und unterstützen sie immer noch, wie ich hinzufügen möchte. Aber in Afghanistan gibt es nun wirkliche keine Demokratie. [...]
Lassen Sie mich noch erwähnen, dass ich vor drei Jahren versucht habe, Hilfe, Unterstützung, humanitäre Hilfe für einen Sektor Afghanistans zu organisieren, der nicht von den Taliban kontrolliert wurde, die Provinz Bamian. Herr Vorsitzender, das Außenministerium tat alles, was es konnte, um zu verhindern, dass diese medizinischen Hilfsgüter Bamian erreichten. Und wir haben heute gehört, dass wir sehr stolz seien, immer noch Hilfe nach Afghanistan zu schicken. Lassen Sie mich das ganz klarstellen: diese Hilfe ist immer in die Gebiete der Taliban gegangen. Also was für eine Botschaft verkünden wir damit dem afghanischen Volk? Wir haben die Taliban unterstützt, denn all unsere Hilfsgüter gehen in die Gebiete, die die Taliban kontrollieren. Und wenn dann Leute von außen versuchen, Hilfe in Regionen zu schicken, die von den Taliban nicht kontrolliert werden, werden sie von unserem eigenen Außenministerium daran gehindert.
Lassen sie mich noch hinzufügen, dass genau diese Provinz Bamian, wo ich den Leuten helfen wollte, die gegen die Taliban sind, dass dieses Bamian also heute das Hauptquartier von Herrn bin Laden ist. Überraschung! Jeder in diesem Ausschuss hat mich über die Jahre immer wieder sagen hören, dass, wenn wir nichts tun, Afghanistan zu einem Stützpunkt von Terroristen und Rauschgifthändlern werden wird. Und, Herr Vorsitzender, wie oft haben Sie mich sagen hören, dass diese Regierung dies entweder ignoriert, oder – vielleicht sogar ein Teil des Problems ist und nicht ein Teil der Lösung?

Und dann lassen Sie mich – es ist schade, dass Mr. Inderfurth nicht hier ist, um sich selbst zu verteidigen – aber lassen Sie mich das für das Protokoll feststellen: Zu einer Zeit, als die Taliban verwundbar waren, reisten führende Vertreter dieser Regierung, Mr. Inderfurth und Bill Richardson, persönlich nach Afghanistan und überzeugten alle Unterstützer der Anti-Taliban-Kräfte, diese zu entwaffnen und ihnen keine Unterstützung mehr zu gewähren. Im selben Zeitraum fing Pakistan an, den Taliban wieder so viele Hilfsgüter und Waffen zu liefern, dass dies schließlich zur Niederlage fast aller Gegner der Taliban in Afghanistan führte.

Also angesichts einer solchen Vorgeschichte ist es für mich sehr schwer, Herr Botschafter, hier zu sitzen und zu hören, wie jemand sagt: »Unser Hauptziel ist es, den Sumpf trockenzulegen.« Und er meint mit dem Sumpf Afghanistan – denn die Vereinigten Staaten haben diesen Sumpf in Afghanistan erst geschaffen. Und diese Politik der Vereinigten Staaten hat alle Bemühungen unterhöhlt, eine freiere und offenere Gesellschaft in Afghanistan zu schaffen, die auch den Wünschen des afghanischen Volkes entspräche. [...]

ABG. GILMAN: Wollen Teilnehmer der Sitzung darauf überhaupt antworten?

SHEEHAN: Ich würde gern antworten, Herr Abgeordneter.

ABG. GILMAN: Herr Botschafter Sheehan hat das Wort.

SHEEHAN: Zuerst einmal, Herr Abgeordneter, tut es mir Leid, dass Sie denken, es sei ein Witz, dass ich nicht auf Ihre Frage nach den Waffenlieferungen für die Taliban antworte, aber die Informationen, über die ich verfüge, beruhen auf Geheimdienstquellen – ich kann die Frage nicht mit öffentlich zugänglichen Informationen beantworten –, und ich habe keine Vollmacht, darüber in einer öffentlichen Sitzung Auskunft zu geben. Aber ich spreche gerne hinterher mit Ihnen oder irgendjemand anderem.

Zweitens widerspreche ich entschieden der Behauptung, die Regierung der Vereinigten Staaten sei für Afghanistan und die Lage dort verantwortlich. Die Vereinigten Staaten haben Mitte der Achtzigerjahre den Mudschaheddin gegen die sowjetische Besatzung geholfen, und das war, wie ich glaube, damals die richtige Politik. Die Situation in Afghanistan, die Verschlechterung der Lage seit 1979, hat hauptsächlich mit der Situation in diesem Lande selbst zu tun. Sicherlich gab es Leute, die dafür verantwortlich waren, ob nun die sowjetischen Besatzer oder jene, die dort seit zwanzig Jahren einen Bürgerkrieg führen. Aber die Vorstellung, die Regierung der Vereinigten Staaten sei für alles verantwortlich, was in Afghanistan passiert, ist meines Erachtens nicht richtig.

Und die Vorstellung, dass wir die Taliban unterstützen, weise ich ebenfalls entschieden zurück. Ich habe 18 Monate in diesem Job damit verbracht, die Bemühungen innerhalb der amerikanischen Regierung und dem Rest der Welt zu koordinieren, auf die Taliban Druck auszuüben. Seit ich nach den Bombenanschlägen auf die Botschaften in Ostafrika mit diesem Job betraut wurde, habe ich es zu meiner Hauptaufgabe [...] gemacht, Druck auf dieses Regime auszuüben. Die Regierung der Vereinigten Staaten steht an der Spitze dieser Bemühungen, Druck auf dieses Regime auszuüben, und meine Behörde führt diese Bemühungen innerhalb der US-Regierung an. Wir fingen im August 1999 mit einem Präsidentenerlass an, der die Taliban mit Sanktionen belegte. Wir standen an der Spitze der Bemühungen bei den Vereinten Nationen, internationale Sanktionen gegen sie zu verhängen. Und wir stehen auch gerade an der Spitze der internationalen Bemühungen, nach weiteren Maßnahmen gegen die Taliban zu suchen. Es ist die Regierung der Vereinigten Staaten, die an der Spitze dieser Bemühungen steht – und zwar vor allen anderen – Druck auf die Taliban auszuüben. Und die Taliban wissen das, und jene anderen Mitgliedsstaaten der UN und andere – der Rest der Weltgemeinschaft kennt unsere Anstrengungen, Druck auf diese Organisation auszuüben wegen ihrer Unterstützung für den [...] Terrorismus.

ABG. GILMAN: Vielen Dank.

Mr. Eastham, möchten Sie sich dazu äußern?

ALAN EASTHAM jr. (Abteilungsleiter für südasiatische Angelegenheiten im US-Außenministerium): Jawohl, Sir, das möchte ich. Ich würde gerne Herrn Inderfurth verteidigen, wenn Sie nichts dagegen haben, Mr. Rohrabacher, auch wenn er heute nicht persönlich anwesend sein kann.

Ich möchte nur betonen, dass ich fast 15 Jahre meines Lebens in diesem Teil der Welt gearbeitet habe. Ich war von 1984 bis 1987 bei den Mudschaheddin in Peschawar (Pakistan). Ich arbeitete zu dieser Zeit in unserem Konsulat in Peschawar. Ich befasse mich nun wieder mit diesem Verantwortungsbereich – ich habe jetzt, diese Woche, mein sechstes Jahr in der Südasienabteilung begonnen. Ich war in Pakistan, als Sie sich bemühten, Bamian von der Luft aus zu versorgen. Deshalb kenne ich die Geschichte dieser ganzen Angelegenheit ganz gut. Und ich kann Ihnen versichern, dass die Vereinigten Staaten von Amerika zu keinem Zeitpunkt – zu keinem Zeitpunkt – in den letzten sechs Jahren den Taliban ihre Unterstützung angeboten haben.

Dies ist meiner Meinung auch der Grund dafür, warum Sie in den fast tausend Dokumenten, die wir Ihnen auf Veranlassung des Ausschussvorsitzenden zur Verfügung gestellt haben, nichts über die Unterstützung für die Taliban haben finden können, weil es da einfach keine gegeben hat.

ABG. ROHRABACHER: Das stimmt so nicht. Und dass sage ich Ihnen auch fürs Protokoll. Das stimmt einfach nicht. Ich habe einige Hinweise darauf gefunden. Und man hat mir Dokumente vorenthalten, die sich mit der Entwicklung unserer Politik gegenüber den Taliban befassen. Also ist das nicht ganz korrekt.

EASTHAM: Nun, dann haben wir da eben fundamental unterschiedliche Meinungen über die Frage, was die amtierende Regierung im Bezug auf die Taliban unternommen hat.

Aber ich möchte noch sagen, dass wir – dass sich unsere Zielsetzung in Bezug auf die Taliban in den letzten beiden Jahren nach den Bombenanschlägen in Ostafrika doch ein wenig gewandelt hat. Als die Taliban in Afghanistan an die Macht kamen, hatten wir zuerst eine Themenliste, die umfasste den Terrorismus, Rauschgift, Menschenrechte, einschließlich der Rechte der Frauen, und den inneren Frieden in Afghanistan. Wir versuchten, dies alles gleichzeitig anzusprechen.

Nach den Bombenanschlägen in Ostafrika wurde das Problem des Terrorismus viel dringlicher und bekam eine viel höhere Priorität für unser Handeln. Aber wir haben uns mit all diesen Fragen seit dem ersten Tag befasst, als die Taliban auftauchten, und vor allem seit sie in Kabul an der Macht sind. Vielen Dank, Herr Vorsitzender. [...]

ABG. ROHRABACHER: Na gut. Lassen Sie mich bloß noch sagen, dass Sie bei der Zurückweisung meiner Vorwürfe sehr gut waren, wenn es sich um allgemeine Fragen handelte. Aber einigen meiner speziellen Vorwürfe haben Sie nicht widersprochen, deshalb möchte ich Sie jetzt danach fragen.

Ich habe den Vorwurf erhoben, dass die Hilfe, die die Vereinigten Staaten leisteten, immer in die von den Taliban kontrollierten Gebiete gegangen ist, vor allem zu der Zeit, als ein Drittel Afghanistans von Kräften kontrolliert wurde, die keine Taliban oder sogar Gegner der Taliban waren. Ich habe besonders das Beispiel von Bamian angeführt, wo wir versucht haben, den Leuten dort zu helfen, von denen meine Gewährsleute sagten, dass sie unter großen Entbehrungen litten und hungerten, und dann hat das Außenministerium unsere Bemühungen vereitelt.

Und wir haben vorher erwähnt, dass es da ein Hilfsprogramm für Afghanistan gibt. Zehn Prozent von Afghanistan wird immer noch von Talibangegnern kontrolliert. Geht auch etwas von der Hilfe, die wir leisten, in diese Anti-Taliban-Gebiete? [...]

EASTHAM: Die Antwort auf diese Frage ist »Ja«, die Hilfe geht in alle Regionen Afghanistans. Das hängt jedoch auch von der Zugänglichkeit ab, davon, wie man überhaupt zu ihnen hinkommt. Da gibt es Hilfe, die fließt über die Vereinten Nationen, die dieses Programm durchführen, in den Norden, via Tadschikistan, und auch über die Chitral-Provinz in Pakistan...

ABG. ROHRABACHER: Okay. Okay. Also ...

EASTHAM: Und natürlich auch in die anderen 80 Prozent dieses Landes.

ABG. ROHRABACHER: … okay. Also Ihre Antwort ist »Ja«, Sie bestätigen, dass gegenwärtig diese eine Gegend im Pandschirtal, die gerade von Kommandant Massud kontrolliert wird, tatsächlich humanitäre Hilfe erhält?

EASTHAM: Ich kann sie nicht speziell ins Pandschirtal bringen, weil der Zugang zum Pandschirtal von Süden her von den Taliban blockiert wird.

ABG. ROHRABACHER: Aber natürlich ist der Zugang von Tadschikistan aus nicht blockiert, richtig?

EASTHAM: Ja. Aber durch diese UN-Programme fließen Hilfsgüter in alle afghanischen Provinzen.

ABG. ROHRABACHER: Also gut. Okay. So geben Sie das jetzt zu Protokoll. Vielen Dank.

EASTHAM: Okay. Aber …

ABG. ROHRABACHER: Das stimmt nicht mit dem überein, was mir meine Gewährsleute erzählen.

EASTHAM: Was Bamian angeht, möchte ich in die Zeit von vor zwei, drei Jahren zurückgehen, auf die Sie sich beziehen. Tatsächlich habe ich ungefähr zu der Zeit selbst eine Reise von Pakistan nach Kandahar gemacht, um mit den Taliban über die Blockade zu sprechen, die sie zu der Zeit verhängt hatten, eine Blockade aller Hilfsgüter für Bamian, weil zu der Zeit Bamian von Talibangegnern kontrolliert wurde, von dem Volk der Hasara dort.

Eines der Hauptergebnisse dieser Reise von Mr. Richardson und Mr. Inderfurth, die Sie so kritisiert haben, war der Versuch, die Taliban zu überreden, genau diese Blockade aufzuheben. Und die Taliban stimmten dann auch tatsächlich einer teilweisen Aufhebung zu, damit Nahrungsmittel nach Bamian gebracht werden konnten.

ABG. ROHRABACHER: Also haben wir mit den Taliban einen Handel gemacht: Sie würden ihre Blockade aufheben und wir würden alle ihre Gegner entwaffnen.

EASTHAM: Nein, Sir, das stimmt so nicht.

ABG. ROHRABACHER: Okay. Na gut, kommen wir noch einmal zurück auf die Frage nach der Entwaffnung der Talibangegner. Und übrigens, dies ist von allem bestätigt worden, was ich an Offiziellem und Nicht-Offiziellem gelesen habe. Wollen Sie uns jetzt also erzählen, dass es nicht die Politik des Außenministeriums war, die Gegner der Taliban zu entwaffnen, und dies in diesem entscheidenden Moment, als die Taliban gerade verwundbar waren? Haben nicht Mr. Inderfurth und das Außenministerium zu allen Unterstützergruppen Kontakt aufgenommen, die den Anti-Taliban-Kräften halfen, und sie gebeten, ihre Lieferungen von militärischen Hilfsgütern an diese Talibangegner einzustellen?

EASTHAM: Zu dieser Zeit versuchten wir, eine Koalition zu bilden, die alle Kräfte in Afghanistan von einer Unterstützung von außen abgeschnitten hätte.

ABG. ROHRABACHER: Oh, und das fasse ich als »Ja« auf meine Frage auf. Aber der ...

EASTHAM: Nein, Sir. Sie haben nicht erwähnt, dass auch die Hilfen für die Taliban eingestellt wurden.

ABG. ROHRABACHER: Aber die Taliban waren mit betroffen; außer bei dem, was passierte, als alle anderen Unterstützungssysteme auf Grund von Mr. Inderfurths und Mr. Richardsons Aufforderung und der Aufforderung des Außenministeriums aufgelost worden waren? Was passierte unmittelbar nachdem – nicht nur unmittelbar nachdem –, sondern sogar zur selben Zeit, als Sie diese Bitte aussprachen, was passierte da in Pakistan? Gab es da keine Luftbrücke für Hilfsgüter und militärischen Nachschub zwischen Pakistan und Kabul und den Fronttruppen der Taliban?

Die Antwort ist »Ja«. Ich weiß.

EASTHAM: Die Antwort ist ...

ABG. ROHRABACHER: Sie können es mir nicht sagen, weil ...

EASTHAM: Die Antwort ist ...

ABG. ROHRABACHER: ... dass das geheim ist.

EASTHAM: Die Antwort kann ich Ihnen nur in nicht öffentlicher Sitzung geben, wenn Sie dann darauf zurückkommen wollen.

ABG. ROHRABACHER: In Ordnung. Okay.

EASTHAM: Ich würde dann gern darauf antworten.

ABG. ROHRABACHER: Nun, ich brauche dazu keine nicht öffentliche Sitzung, denn ich habe diese Information nicht aus irgendeinem Geheimdokument. Diese Information steht jedem zur Verfügung, der die Ereignisse dort drüben verfolgt. Die wissen alle genau, was passiert ist. Mr. Inderfurth und Mr. Bill Richardson, ein guter Freund von mir, haben auf Geheiß der Regierung alle Unterstützer der Talibangegner davon überzeugt, diese nicht länger mit den Waffen, die sie gebraucht hätten, zu beliefern. Sie behaupteten vielmehr, dass die Taliban dann ihre Waffen niederlegen würden. Und unmittelbar danach begann Pakistan, den Taliban eine große Menge an Rüstungsgütern zu liefern, was zur totalen Niederlage der Talibangegner führte.

Dies ist, soweit es diesen Kongressabgeordneten betrifft, entweder ein geheimes Einverständnis oder pure Inkompetenz von Seiten des Außenministeriums ...

Warum habe ich keine Dokumente über Analysen des Außenministeriums, die aus der Zeit stammen, als sich die Taliban formierten, ob damals diese Taliban als gute oder als böse Kraft galten? Warum habe ich nach nun zwei Jahren solche Dokumente immer noch nicht auf meinem Schreibtisch?

EASTHAM: Herr Abgeordneter, wir haben auf eine spezielle Anfrage nach

Akten aus einer ganz speziellen Zeitspanne reagiert, wobei ich glaube, dass sich diese Anforderung auf Dokumente bezog, die nach der Zeit entstanden, über die Sie reden. Wir wurden vom Vorsitzenden dieses Ausschusses gebeten, Dokumente aus der Zeit zwischen 1996 und 1999 zur Verfügung zu stellen.

ABG. ROHRABACHER: Ich verstehe. Sie haben ein Hintertürchen in den Formulierungen unseres Vorsitzenden gefunden ...

EASTHAM: Nein, Sir. Wir haben dem Wunsch des Ausschussvorsitzenden entsprochen.

ABG. ROHRABACHER: Sie haben ein Hintertürchen in den Formulierungen der Anfrage des Vorsitzenden gefunden, um mir diese Dokumente nicht vorlegen zu müssen. Ich bin nicht der Vorsitzende dieses Ausschusses. Ich bekäme nie die Gelegenheit, dass Sie mir Rede und Antwort stehen, außer bei Veranstaltungen wie dieser.

Das Außenministerium hat den genauen Text dieser Anfrage dazu benutzt, um diese Informationen nicht rausrücken zu müssen. Ich warte schon voller Ungeduld auf weitere Akten. Ich will das mal sagen, ich habe Stunden damit zugebracht, diese Akten zu sichten, und es gab in diesen Dokumenten nichts, was mich überzeugt hätte, dass meine Vorwürfe nicht stimmen, dass die gegenwärtige Regierung heimlich die Taliban unterstützt hat. Sie dürfen gern darauf antworten.

EASTHAM: Das stimmt alles nicht.

ABG. ROHRABACHER: Okay.

EASTHAM: Ich muss der gesamten These widersprechen, die hinter Ihren Behauptungen steht, Sir.

ABG. ROHRABACHER: Na gut. Dann – okay, die andere Möglichkeit wäre dann, dass das Außenministerium so unfähig ist, dass wir Sachen gemacht haben, die den Taliban geholfen haben und sie in die Lage versetzt haben, Hunderte Millionen Dollar mit Drogen zu verdienen und in Afghanistan die Macht zu übernehmen, und dass wir den Talibangegnern den Boden unter den Füßen weggezogen haben. Dies war also keine Absicht, dies war nur schiere Inkompetenz?

EASTHAM: Das kann man so sehen.

ABG. ROHRABACHER: Na gut.

EASTHAM: Und wenn Sie es so sehen wollen, können Sie das natürlich tun, Herr Abgeordneter.

ABG. ROHRABACHER: Okay.

EASTHAM: Aber ich möchte doch noch darauf hinweisen, dass es schon ein bisschen komplexer ist, mit solchen Leuten umzugehen, auf die wir so wenig Einfluss haben wie auf die Taliban. Ich war [...] sechsmal in Afghanistan, sowohl im Norden als auch im Süden. Ich habe mich unzählige Male mit Offiziellen der Taliban getroffen, um zu versuchen, amerikanische Ziele zu erreichen, und ich muss Ihnen sagen, das ist ein ganz schön harter Job.

ABG. ROHRABACHER: Ich glaube Ihnen, dass das ein harter Job ist …

EASTHAM: Ich würde Sie gerne einmal einigen von denen vorstellen.

ABG. ROHRABACHER: Oh, ich bin schon vielen Taliban begegnet, danke schön. Sie wissen ja, dass ich viele Taliban getroffen und mit ihnen gesprochen habe. Also, vor allem wenn Sie deren Gegner entwaffnen, und wenn Sie dabei mithelfen, deren Gegner zu entwaffnen zu einer Zeit, wenn man ihnen […] weiteren militärischen Nachschub liefert, glaube ich, fällt es denen ganz schön schwer, uns ernst zu nehmen, wenn wir behaupten, wir würden jetzt ganz hart gegen sie durchgreifen.

EASTHAM: Sie behaupten das weiterhin, aber es ist einfach nicht wahr.

ABG. ROHRABACHER: Nun, oh …

EASTHAM: Die Absicht …

ABG. ROHRABACHER: Sie sagen nur, nein, Sie …

EASTHAM: Unsere Absicht war es, den Nachschub für alle Gruppierungen zu stoppen.

ABG. ROHRABACHER: Das stimmt. Sie haben ja nicht abgestritten, dass wir ihre Gegner entwaffnet hätten, Sie haben nur gesagt, wir hätten das Gleiche mit den Taliban getan. Aber wie ich schon vorhin erwähnt habe, und Sie haben das ja gar nicht abgestritten, hat man die Taliban danach gleich wieder neu beliefert. Das heißt also, wir haben dabei mitgespielt, die Opfer zu entwaffnen, so dass sie sich nicht mehr gegen diese feindliche, totalitäre, antiwestliche, Drogenhandel treibende Gruppe in ihrer Gesellschaft wehren konnten, wir waren also wesentlich daran beteiligt, die Opfer zu entwaffnen, weil wir dachten, dass auch die Täter entwaffnet würden, was dann aber nicht geklappt hat, und zwar spätestens in dem Moment, als Pakistan (die Taliban) wieder mit Waffen belieferte, wie ich doch noch hinzufügen möchte.

Anmerkungen

Vorwort

1 Ahmed, Nafeez M., »Afghanistan, the Taliban und the United States: The Role of Human Rights in Western Foreign Policy«, Institute for Afghan Studies, Januar 2001. Neu veröffentlicht von Media Monitors Network, April 2001. Als Text verfügbar bei der Central Asia Section der Conflict Prevention Initiative, Program on Humanitarian Policy and Conflict Research, Cambridge MA, Universität Harvard, http://www.preventconflict.org/portal/centralasia

2 Ahmed, Nafeez, »Distortion, Deception and Terrorism: The Bombing of Afghanistan«, Media Monitors Network, Oktober 2001.
Neu veröffentlicht von Global Issues, Oktober 2001, http://globalissues.org
Neu veröffentlicht in veränderter Form von *International Socialist Review*, November–Dezember 2001.

Anmerkungen zu Kapitel 1

1 Rubin, Barnett R.: »Afghanistan: The Forgotten Crisis«, Writenet (GB), Februar 1996; Rubin, Barnett R.: »In Focus: Afghanistan«, in: *Foreign Policy in Focus*, 1. Jg., Nr. 25, Dezember 1996, http://www.foreignpolicy-infocus.org
Catalinotto, John: »Afghan feudal reaction: Washington reaps what it has sown«, in: Workers World News Service, 3. September 1998; Pentagon-Bericht: *Afghanistan: A country study*, zitiert ebda.; Rubin, Barnett R.: »The Political Economy of War and Peace in Afghanistan«, Arbeitspapier für ein Treffen der Afghan Support Group im Institut für Afghanistan-Studien am 21. Juni 1999 in Stockholm (Schweden). Weitere, detailliertere Informationen zur jüngeren Geschichte der Krise in Afghanistan bieten die folgenden Quellen: Roy, Oliver: *Islam and Resistance in Afghanistan*. Cambridge: Cambridge University Press 1990; Rubin, Barnett R.: *The Fragmentation of Afghanistan: State Formation and Collapse in the International System*. New Haven: Yale University Press 1995; Rubin, Barnett R.: *The Search for Peace in Afghanistan: From Buffer State to Failed State*. New Haven: Yale University Press 1995.
Weitere Informationen finden sich auch online unter folgender Adresse:
http://www.institute-for-afghan-studies.org

2 Agence France-Presse (AFP), 12. Dezember 2000.

3 Ebda.

4 Zitiert nach AFP, 14. Januar 1998. Vgl. hierzu auch Greg Guma: »Cracks in the Covert Iceberg«, in: *Toward Freedom*, Mai 1998, S. 2; Leslie Feinberg: »Brzezinski brags, blows cover: U. S. intervened in Afghanistan first«, in: *Workers World*, 12. März 1998.

5 *Le Nouvel Observateur*, 15. bis 21. Januar 1998, S. 76.

6 Ali, Nour: *US-UN Conspiracy Against the People of Afghanistan*, Online Center for Afghan Studies, heute: Institute for Afghan Studies, 21. Februar 1998, http://www.institute-for-afghan-studies.org

7 Hiro, Dilip: »Fallout from the Afghan Jihad«, in: *Inter Press Services*, 21. November 1995.

8 Rubin, Barnett: »In Focus: Afghanistan«, in: *Foreign Policy In Focus*, 1. Jg., Nr. 25, Dezember 1996.

9 Human Rights Watch (New York), Dezember 1992; *The Economist*, 24. Juli 1993.

10 Fisk, Robert: »Just who are our allies in Afghanistan?«, in: *The Independent*, 3. Oktober 2001.

11 Fisk, Robert: »What will the Northern Alliance do in our name now?«, in: *The Independent*, 14. November 2001.
12 Human Rights Watch, Hintergrundbericht: »Afghanistan: Poor rights record of opposition commanders«. HRW, New York, 6. Oktober 2001, http://www.hrw.org/press/2001/10/afghan1005.htm
13 HRW, Hintergrundbericht: »Military Assistance to the Afghan Opposition«. HRW, Oktober 2001, http://hrw.org/backgrounder/asia/afghanbck1005.htm
14 Scott, Peter Dale: »Afghanistan, Turkmenistan Oil and Gas, and the Projected Pipeline«. Online-Quelle zu al-Qaida und Osama bin Laden, 21. Oktober 2001, http://socrates.berkeley.edu/~pdscott/q.html
15 Amnesty International, Pressemitteilung: »Afghanistan: Thousands of civilians killed following Taliban takeover of Mazar-e Sharif«, Amnesty International, London, 3. September 1998; Sheridan, Michael: »How the Taliban Slaughtered 8,000«, in: *Sunday Times*, 1. November 1998.
16 Amnesty International, Pressemitteilung: »Afghanistan: Thousands of civilians killed following Taliban takeover of Mazar-e Sharif«, a.a.O.
17 Ebda.
18 Ebda.; Amnesty International, Pressemitteilung: »Afghanistan: International actors have a special responsibility for ending the human rights catastrophe«, London, 18. November 1999; AI, Pressemitteilung: »Afghanistan: Civilians in a game of war they have not chosen«, London, 27. Mai 1999.
19 Naji, Kasra: »UN: Taliban forcing thousands from homes in Afghanistan«, CNN, 15. August 1999. Vgl. hierzu auch den AI-Bericht: *Afghanistan: The Human Rights of Minorities*, London, November 1999.
20 AI-Bericht: *Afghanistan: Continuing Atrocities Against Civilians*, London, September 1997.
21 Clark, Kate, BBC Worldnews Services, 27. April 2000.
22 Geissinger, Aishah: »Understanding the Taliban phenomenon – a crucial task for the Islamic movement«, in: *Crescent International*, 1.–15. Mai 2000, http://www.muslimedia.org
Geissinger hält auch eine wichtige Tatsache fest, die in den Berichten über die Unterdrückungspolitik der Taliban häufig fehlt: »Die Komplizenschaft des Westens und seine Verantwortung für die Exzesse der Taliban werden meist ignoriert.« Als Beleg für diese Aussage führt sie ein sehr einleuchtendes Beispiel an: »Was kann man nach 22 Jahren des Krieges und Aufruhrs erwarten [eines Zustandes, der vom Westen aufrechterhalten wurde; er unterstützte im Verlauf des Krieges verschiedene Gruppierungen, um die eigenen strategischen Interessen abzusichern], wenn die gesamte Wirtschaft auf dem Opiumanbau basiert? Von der aktuellen Verhängung von Wirtschaftssanktionen ganz zu schweigen!« Mehr Informationen über die gezielte Förderung des Drogenhandels in Afghanistan durch die CIA bietet: Cooley, John K.: *Unholy Wars: Afghanistan, America and International Terrorism*. London: Pluto Press 1999.
Einen umfassenden und sachkundigen Bericht über die Taliban bietet: Rashid, Ahmed: »Afghanistan: Heart of Darkness«, »Wages of War« sowie »Final Offensive?«, in: *Far Eastern Economic Review*, 5. August 1999. Ahmed Rashid ist ein investigativer Reporter, der in Pakistan lebt. Vgl. hierzu auch Dumble, Lynette J.: »Taliban are still brutal villains«, in: *Green Left Weekly*, Nr. 390, 26. Januar 2000.
23 Bericht von Amnesty International: Afghanistan: *Grave Abuses in the Name of Religion*. London, November 1996; »Editorial: Who's behind the Taliban?«, in: *Worker's World*, 5. Juni 1997; Catalinotto, John: »Afghanistan: Battle deepens for Central Asian oil«, in: *Worker's World*, 24. Oktober 1996. Vgl. hierzu auch

den Bericht des investigativen Journalisten und Menschenrechtsaktivisten Jan Goodwin: »Buried Alive: Afghan Women Under the Taliban«, in: *On The Issues*, 7. Jg., Nr. 3, Sommer 1998, http://www.mosaic.echonyc.com/~onissues/index.html

24 CNN: »UN: Abuse of women in Taliban areas officially sanctioned«, 13. September 1999. Vgl. hierzu auch den AI-Bericht *Afghanistan: Grave Abuses in the Name of Religion* (Anm. 23); Dumble, Lynette J.: »Taliban are still brutal villains« (Anm. 22); Goodwin, Jan: »Buried Alive« (Anm. 23); AI-Bericht: *Women in Afghanistan: Pawns in Men's Power Struggles*, Amnesty International, London, November 1999.

25 Hiro, Dilip: »Fallout from the Afghan Jihad« (Anm. 7).

26 Suri, Sanjay: »CIA worked with Pak to create the Taliban«, India Abroad News Service, 6. März 2001.

27 Silverstein, Ken: »Blasts from the past«, in: *Salon*, 22. September 2001, http:www.salon.com

28 Interview mit Paul Findley: »Political Activism by U. S. Muslims«, in: *American Muslim*, Januar 2000.

29 *Daily Star*, 3. Jg., Nr. 342, 13. August 2000.

30 PagaNet News, 4. Jg., Nr. 6/1998.

31 Travis-Murphee, Robin C.: »Gender Apartheid: Women and the Taliban – Pure Religion or Purely Oppression?« Essays, veröffentlicht am 30. April 1999, http://members.aol.com/gracieami/Taleban.htm

32 Muslim Women's League: *Perspective on Women's Plight in Afghanistan*, November 1996, http://www.mwlusa.org/news_afghan.shtml
Es ist jedoch wichtig, sich in Erinnerung zu rufen, dass die Frauen in Afghanistan bereits lange vor den Taliban unterdrückt worden sind. Berichte zur Lage der Menschenrechte, die vor dem Dokument von 1996 erschienen, belegen das in aller Ausführlichkeit. Die Politik der Taliban verschlimmerte nur einen in dieser Hinsicht schon zuvor üblen Zustand.

Anmerkungen zu Kapitel 2

1 Frei, Matt: »Hell on earth: Afghanistan«, in: *Evening Standard*, 20. Februar 2001.

2 Naji, Kasra: »UN: Taliban forcing thousands from homes in Afghanistan«, CNN, 15. August 1999.

3 Vgl. hierzu Aburish, Said K.: *A Brutal Friendship: The West and the Arab Elite.* London: Indigo 1998.

4 Rubin, Barnett: »In Focus: Afghanistan«, in: *Foreign Policy in Focus*, 1. Jg., Nr. 25, Dezember 1996.

5 Ali, Nour: *US-UN Conspiracy Against the People of Afghanistan.* Institute for Afghan Studies, 21. Februar 1998, http://www.institute-for-afghan-studies.org
Dieses Paper bietet eine detaillierte Erläuterung zahlreicher Widersprüche in der Politik der USA und der UNO. Es zeigt, dass diese Politik von ominösen Absichten geprägt ist und – deutlich vorhersehbar – die Konflikte zwischen den einzelnen Gruppierungen und damit den Bürgerkrieg verschärfen wird.

6 Vidgen, Ben C.: »A State of Terror: How many ›terrorist‹ groups has your government established, sponsored or networked lately?«, in: *Nexus Magazine*, 3. Jg., Nr. 2, Februar/März 1996. Vgl. auch bes. Cooley, John K.: *Unholy Wars: Afghanistan, America and International Terrorism.* London: Pluto Press 1999.

7 Krakowski, Elie: »The Afghan Vortex«. *IASPS Research Papers in Strategy*, als Nr. 9 in dieser Reihe veröffentlicht vom Institute for Advanced Strategic and Political Studies, Jerusalem, April 2000.

8 AI-Bericht: *Afghanistan: Grave Abuses in the Name of Religion.* (Vgl. Kap. 1, Anm.

23.); *The Guardian*, 9. Oktober 1996; vgl. hierzu auch *Financial Times*, 9. Oktober 1996.

9 Agence France-Presse: »U. S. gave silent blessing to Taliban rise to power: analysis«, 7. Oktober 2001.

10 AI-Bericht: *Afghanistan: Grave Abuses [...]* (s. Anm. 8).

11 Chossudovsky, Michel: »Who is Osama Bin Laden?«. Veröff. vom Centre for Research on Globalisation, Montreal, 12. September 2001, http://globalresearch.ca/articles/CHO109C.html

12 Zitiert nach Suri, Sanjay: »CIA worked with Pakistan to help create Taliban«. In: *India Abroad News Service*, 6. März 2001.

13 Zitiert nach der *Frontier Post* vom 5. Mai 2000: »CIA responsible for terrorism, says Babar.«

14 Zitiert nach: Rashid, Ahmed: *Taliban. Afghanistans Gotteskrieger und der Dschihad*. München: Droemer 2001, S. 275.

15 Ebda., S. 323.

16 Agence France-Presse: »U. S. gave silent blessing [...]« (s. Anm. 9).

17 Beeman, William O.: »Follow the Oil Trail – Mess in Afghanistan Partly Our Government's Fault«, in: *Jinn Magazine* (online), Pacific News Service, San Francisco, 24. August 1998, Website unter http://www.pacificnews.org/jinn
Pakistans Bedeutung für die USA liegt – wie an Brzezinskis Anspielung erkennbar – in seiner Wirkung auf die Nachbarländer, insbesondere auf den Iran, Afghanistan und Indien. Pakistan kann in diesem Zusammenhang zu einem mächtigen Handlanger der USA werden.

18 Ebda.

19 Zitiert nach Rashid, a.a.O., S. 292.

20 BBC-Nachrichten: »Taliban in Texas for Talks on Gas Pipeline«, 4. Dezember 1997.

21 CNN: »U. S. in a diplomatic hard place in dealing with Afghanistan's Taliban«, 8. Oktober 1996.

22 Inter Press Service (IPS): »Politics: UN considers arms embargo on Afghanistan«, 16. Dezember 1997, http://www.oneworld.org/ips2/dec/afghan.html

23 Godoy, Julio: »U. S. Taliban Policy Influenced by Oil«, Inter Press Service, 16. November 2001.

24 Schurmann, Franz: »U. S. Changes Flow of History with New Pipeline Deal«, in: *Jinn Magazine* (online), Pacific New Service, San Francisco, 1. August 1997, http://www.pacificnews.org/jinn

25 Ahmad, Ishtiaq: »How America Courted the Taliban«, in: *Pakistan Observer*, 20. Oktober 2001.

26 *Wall Street Journal*, 23. Mai 1997.

27 *New York Times*, 26. Mai 1997.

28 Fitchett, Joseph: »Worries Rise that Taleban May Try to Export Unrest«, in: *International Herald Tribune*, 26. September 1998; vgl. auch Gall, Carlotta: »Dagestan Skirmish is a Big Russian Risk«, in: *New York Times*, 13. August 1999.

29 Stobdan, P.: »The Afghan Conflict and Regional Security«, in: *Strategic Analysis*, 23. Jg., Nr. 5, August 1999, S. 719–747.

30 Ahmad, Ishtiaq: »How America Courted the Taliban« (s. Anm. 25).

31 »Unocal trying to re-enter Turkmen gas pipeline project«, in: *Business Recorder*, Karatschi, 24. März 2000. Online abrufbar unter http:/users.otenet.gr/a/adgeki/afg/p006.htm

32 Info-Prod Research [Middle East] Ltd., *Middle East News Items*, 22. November 1998.

33 *National Enquirer*, 4. März 2002.

34 Pressemitteilung: »What Congress Does Not Know About Enron«, Rechtsanwalt John J. Loftus, St. Petersburg, 31. Mai 2002, http:/www.john-loftus.com/enron3.htm#congress

35 Stellungnahme des Kongressabgeordneten Dana Rohrabacher: »U. S. Policy Toward Afghanistan«, Außenpolitischer Unterausschuss des Senats zu Südasien, 14. April 1999. Rohrabacher nimmt die folgenden Punkte in seine Analyse auf: »1. Die Taliban erschienen 1996 als mysteriöse Kampftruppe auf der historischen Bühne. Sie kamen aus so genannten Religionsschulen in Pakistan und stürzten sich in einen Eroberungsfeldzug im Stil eines Blitzkriegs, bei dem sie einige sehr kampferprobte ehemalige Mudschaheddinkrieger besiegten und den größten Teil Afghanistans unter ihre Kontrolle brachten. Als so genannte ›Koranschüler-Miliz‹ hätten die Taliban niemals diese Erfolge erzielen können ohne die Unterstützung, die Organisation und Logistik von Berufssoldaten, deren Handwerk in den Religionsschulen nicht auf dem Lehrplan stand.
2. Die Vereinigten Staaten pflegen in allen Afghanistan betreffenden Angelegenheiten sehr enge Kontakte mit Saudi-Arabien und Pakistan. Unglücklicherweise lassen wir uns hierbei von diesen Ländern politisch führen, statt selbst die Führungsrolle zu übernehmen. Diese Entwicklung begann während des afghanischen Krieges gegen die Sowjets. Ich war selbst Augenzeuge im Weißen Haus, als US-Regierungsvertreter, die für das militärische Hilfsprogramm zugunsten der Mudschaheddin verantwortlich waren, absegneten, dass ein großer Teil unserer Hilfsmittel an die am meisten antiwestlichen und undemokratischsten Elemente unter den Mudschaheddin weitergeleitet wurde, an Leute wie Gulbuddin Hekmatjar. Das wurde so entschieden, um den pakistanischen militärischen Geheimdienst ISI zu beschwichtigen.
3. Im Jahr 1997 leitete ich als Reaktion auf die Appelle der afghanisch-amerikanischen Gemeinde und des offiziell akkreditierten Botschafters eine Initiative, die beim Außenministerium vorstellig wurde. Das Ministerium wollte zulassen, dass die Leitung der Botschaft von einem den Taliban ergebenen Diplomaten übernommen wurde. Anstatt einen neuen Botschafter zu akkreditieren, der von der in Gegnerschaft zu den Taliban stehenden afghanischen – und nach wie vor bei der UNO als rechtmäßig anerkannten – Regierung ernannt worden war, erklärte das Außenministerium: ›Wir sind unparteiisch.‹ Gegen den Willen der afghanischen Vertretung bei den Vereinten Nationen erzwang das Ministerium dann die Schließung der Botschaft.
4. Ende 1997 und Anfang 1998 verhängten die Taliban eine Blockade über mehr als zwei Millionen Hazara, eine ethnische Gruppe in Zentralafghanistan. In diesen harten Wintermonaten waren Zehntausende von Menschen vom Hungertod bedroht oder gerieten wegen fehlender Medikamente in Lebensgefahr. In dieser Zeit unterlief das US-Außenministerium meine Bemühungen, zwei mit Medikamenten beladene Flugzeuge in dieses Gebiet zu schicken. Die Hilfsorganisationen Americares und Knightsbridge hatten diese Güter zur Verfügung gestellt. Vertreter des Außenministeriums gaben falsche Stellungnahmen ab, in denen es hieß, die Not der Menschen werde übertrieben und es befänden sich bereits genügend medizinische Hilfsgüter im abgeschnittenen Gebiet. Die Hilfsmannschaften riskierten ihr Leben, um Medikamente auch ohne die Hilfe des Außenministeriums in diesen Teil des Landes zu bringen. Bei ihrer Ankunft stellten sie fest, dass die Krankenhäuser nicht einmal mehr über Aspirin und Verbandsmaterial verfügten. Bei Minustemperaturen gab es keine Heizgeneratoren, es fehlte an Decken, und die Nahrungsmittel waren fast aufgebraucht. Im Endeffekt unterstützte das amerikanische Außenministerium die

unmenschliche Blockade der Taliban, mit der sie Menschen aushungern wollten, die sich ihrem Diktat widersetzten.

5. Der vielleicht krasseste Beweis für die stillschweigende Unterstützung der Taliban durch diese Regierung war der Vorstoß, den Mr. Inderfurth und UNO-Botschafter Bill Richardson im Frühjahr 1998 bei einem Besuch in Afghanistan unternahmen. Diese Vertreter der US-Regierung überredeten die Nordallianz, gegen die damals geschwächten und verwundbaren Taliban nicht in die Offensive zu gehen. Stattdessen brachten sie die Anführer der Taliban-Gegner dazu, einem von Pakistan vorgeschlagenen Waffenstillstand zuzustimmen. Dieser bestand nur so lange, bis Pakistan die Taliban erneut aufgerüstet und reorganisiert hatte. Wenige Monate nach der von den USA unterstützten Verkündigung des »Ulema«-Prozesses traten die Taliban – vom pakistanischen Geheimdienst ISI frisch aufgerüstet und mit Drogengeldern ausgestattet – zu einer Großoffensive an und vernichteten die Nordallianz. Dies war nun entweder ein Beweis für die Inkompetenz auf Seiten des US-Außenministeriums und der US-Geheimdienste oder ein Indikator für die wirkliche Politik unserer Regierung, die den Sieg der Taliban sicherstellen wollte.

6. Glaubt jemand ernsthaft, die Taliban – die von den Vereinten Nationen und der DEA (Drug Enforcement Administration, US-Rauschgiftbehörde; A. d. Ü.) als einer der beiden größten Opiumproduzenten der Welt ausgemacht worden waren – wären von unseren Geheimdiensten etwa nicht sorgfältig überwacht worden? Die Dienste haben mit Sicherheit jeden Fortschritt bei der militärischen Aufrüstung registriert, die die Pakistani und die Taliban vornahmen. Außerdem planten die USA genau zu dieser Zeit ihren Schlag gegen die Terroristen-Ausbildungslager von Osama bin Laden in Afghanistan. Unseren Geheimdiensten konnte kaum entgangen sein, dass sich bin Ladens Streitkräfte nach Norden abgesetzt hatten, um die Offensive der Taliban anzuführen, bei der es zu entsetzlichen Grausamkeiten kam.

7. Außerdem gab es keinen nennenswerten Versuch, den Export von Opium aus Afghanistan zu unterbinden. Es handelt sich hierbei um die wesentliche Einkommensquelle, die den Fortbestand der Talibanherrschaft über das Land sichert, obwohl die US-Regierung mit Spionagesatelliten die Anbaugebiete beobachtet.«

36 Rall, Ted: »It's all about oil«, in: *San Francisco Chronicle*, 2. November 2001.

37 US-Repräsentantenhaus, Stellungnahme des Abgeordneten Dana Rohrabacher, Hearing des Außenpolitischen Ausschusses des Repräsentantenhauses zu »Weltweiter Terrorismus und Südasien«, Washington, D. C., 12. Juli 2000.

38 Interview von Omar Samad mit dem Afghanistan-Spezialisten Ahmed Rashid, Azadi Afghan Radio, Washington, D. C., 15. April 2000.

39 Ali, Nour: *US-UN Conspiracy Against the People of Afghanistan* (vgl. Anm. 5).

40 Interview von Omar Samad mit Ahmed Rashid (s. Anm. 38).

41 Rashid, Ahmed: »Special Report – Osama Bin Laden: How the U. S. Helped Midwife a Terrorist«, Center for Public Integrity, Washington, D. C., http://www.public-i.org/excerpts_01_091301.htm

42 Editorial: »Unocal & Afghanistan«, in: *Oil & Gas International*, 29. Oktober 2001, http://www.oilandgasinternational.com/departments/from_editor/10_29_01.html

43 Godoy, Julio: »U. S. Taliban Policy Influenced by Oil« (vgl. Anm. 23). Brisard und Dasquié verfügen beide über umfangreiche Kenntnisse auf ihrem Arbeitsgebiet. Jean-Charles Brisard war bis in die späten neunziger Jahre Direktor für wirtschaftliche Analyse und Strategie bei der französischen Firma Vivendi. Außerdem arbeitete er mehrere Jahre für den französischen Geheimdienst und

schrieb 1997 einen Bericht über das al-Qaida-Netzwerk. Guillaume Dasquié ist ein investigativer Journalist und Herausgeber des hochangesehenen Internet-Newsletters *Intelligence Online*, der auf Diplomatie, wirtschaftliche Analyse und Strategie spezialisiert ist.

44 Jean-Charles Brisard/Guillaume Dasquié: *Die verbotene Wahrheit. Die Verstrickung der USA mit Osama bin Laden*. Zürich: Pendo 2002. (Frz. Originaltitel: *Ben Laden. La verité interdite*. Paris 2001.)

45 Starr, S. Frederick: »Afghanistan Land Mine«, in: *Washington Post*, 19. Dezember 2000.

46 Ebda.

47 Bedi, Rahul: »India joins anti-Taliban coalition«, in: *Jane's Intelligence Review*, 15. März 2001. Das jeweilige Interesse Indiens und Russlands, das dem Beitritt zur Anti-Taliban-Politik unter Federführung der USA zugrunde lag, wird in diesem Bericht ebenfalls formuliert: »Oleg Tscherwow, der stellvertretende Vorsitzende des russischen Sicherheitsrats, beschrieb unlängst das von den Taliban beherrschte Afghanistan als einen Stützpunkt des internationalen Terrorismus, der sich nach Zentralasien hinein auszubreiten versucht. Auch in Pakistan seien die radikalen islamischen Gruppen bestrebt, ihren Einfluss auf das ganze Land auszudehnen, sagte er bei einem Treffen indischer und russischer Sicherheitsexperten in Moskau. ›Diese ganze Entwicklung nötigt uns beim Kampf gegen den Terrorismus unbedingt zu einer engen Zusammenarbeit zwischen Russland und Indien‹, sagte er.«

48 Sonderbericht: »India in anti-Taliban military plan«, in: *India Reacts*, 26. Juni 2001.

49 Margolis, Eric: »U. S.-Russian Crusade Against Osama Bin Laden«, in: *Toronto Sun*, 4. Dezember 2000.

50 Harding, Luke: »Chasing Monsters«, in: *The Guardian*, 24. November 2000.

51 Mahmud, Arshad: »The U. S./UN Holocaust Against the Children of Afghanistan and Iraq«, in: *Frontier Post*, 25. Oktober 2000. Vgl. hierzu auch: Institute for Afghan Studies: *Economic, Humanitarian and Political Impact of the UN-Imposed Sanctions*, November 1999.

52 Ahmad, Ishtiaq: »How America Courted the Taliban« (Anm. 25).

53 United Press International (UPI): »Richardson plans Afghan mission«, 8. April 1998.

54 Iqbal, Anwar: »U. S., Taliban talk frequently«, UPI, 15. August 1999.

55 Iqbal, Anwar: »Taliban, foreign allies, foes meet«, UPI, 4. März 2000.

56 Godoy, Julio: »U. S. Taliban Policy Influenced by Oil« (vgl. Anm. 23).

57 Ebda.

58 Ebda.

59 Leigh, David: »Attack and counter-attack«, in: *The Guardian*, 26. September 2001.

60 Steele, Jonathan et al.: »Threat of U. S. strikes passed to Taliban weeks before NY attack«, in: *The Guardian*, 22. September 2001. Die »inoffiziellen« Verhandlungen mit den Taliban waren nach dem Bericht von Steele et al. »als freies und zeitlich nicht begrenztes Forum gedacht. Die Regierungen sollten auf diesem Weg Botschaften weitergeben und den Meinungsaustausch pflegen können. Die Teilnehmer waren Experten mit langjähriger diplomatischer Erfahrung in der Region. Sie arbeiteten nicht mehr im Staatsdienst, standen aber mit ihren Regierungen in engem Kontakt.«

61 Arney, George: »U. S. ›planned attack on Taleban‹«, in: BBC News, 18. September 2001, http://news.bbc.co.uk/hi/english/world/south_asia/newsid_1550000/1550366.stm

62 »Pipelineistan: The Rules of the Game«, in: *Asia Times*, 25. Januar 2002. Nachzulesen in *Alexander Oil & Gas Connections*, 7. Jg., Nr. 4, 21. Februar 2002, http://www.gasandoil.com/goc/features/fex20867.htm
63 *Washington Post*, 19. Dezember 2000.
64 Ebda.
65 NBC-Nachrichten vom 16. Mai 2002. Zitiert nach Scott, Peter Dale: »Bush Given Invasion Plan Two Days Before 9/11.« Online-Informationen zu al-Qaida, http://ist-socrates.berkeley.edu/~pdscott/qf911.html
66 Zitiert nach Ruppert, Michael: »A Time For Fear«, in: *From The Wilderness*, Oktober 2001.

Anmerkungen zu Kapitel 3

1 Chin, Larry, in: *Online Journal*, 7. Februar 2002, http://www.onlinejournal.com
2 Zitiert nach »How Oil Interests Play Out in the U. S. Bombing of Afghanistan«, in: *Drillbits and Trailings: Electronic Monthly on the Mining & Oil Industries*, 31. Oktober 2001, 6. Jg., Nr. 8, http://www.moles.org/ProjectUnderground/drillbits/6_08/1.html
3 Editorial »Unocal & Afghanistan, in: *Oil & Gas International*, 29. Oktober 2001 (vgl. Kap.2, Anm. 42).
4 Croissant, Michael P. und Aras, Bulent (Hrsg.): *Oil and Geopolitics in the Caspian Sea Region*. London: Praeger 1999.
5 Barjiski, Robert V.: »The Caspian Oil Regime: Military Dimensions«, in: *Caspian Crossroads Magazine*, 1. Jg., Nr. 2, Frühjahr 1995.
6 Blank, Stephen J.: »The United States: Washington's New Frontier in the Trans-Caspian«, in: Croissant, Michael P./Aras, Bulent (Hrsg.): *Oil and Geopolitics in the Caspian Sea Region*, a.a.O. (vgl. Anm. 4).
7 Zitiert nach Cohn, Marjorie: »The Deadly Pipeline War: U. S. Afghan Policy Driven By Oil Interests, in: Jurist: The Legal Education Network, University of Pittsburgh, 7. Dezember 2001, http://jurist.law.pitt.edu
8 Zitiert nach Monbiot, George: »A Discreet Deal in the Pipeline«, in: *The Guardian*, 15. Februar 2001.
9 Silk Road Strategy Act von 1999, 106. Kongress. Abrufbar unter EurasiaNet, http://www.eurasianet.org/resource/regional/silkroad.html
10 Entwurf eines Pentagon-Dokuments, zitiert in: *New York Times*, 8. März 1992; *International Herald Tribune*, 9. März 1992; *Washington Post*, 22. März 1992; *The Times*, 25. Mai 1992. Zur Vertiefung der Diskussion über globale Strategien der USA vgl. Ahmed, Nafeez M.: »America in Terror – Causes and Context: The Foundational Principles of Western Foreign Policy and the Structure of World Order«, in: Media Monitors Network, 12. September 2001, http://www.mediamonitors.net/mosaddeq12.html
11 Blank, Stephen J.: »The United States: Washington's New Frontier in the Trans-Caspian«, a.a.O. (Anm. 6), S. 250.
12 Vgl. hierzu auch: Chossudovsky, Michel: »America at War in Macedonia«, Transnational Foundation for Future Peace and Research (TFF), TFF Meeting Point, Juni 2001. Chossudovsky ist Professor für Volkswirtschaftslehre an der Universität Ottawa.
13 Blank, Stephen J.: »The United States: Washington's New Frontier in the Trans-Caspian«, a.a.O., S. 256.
14 Zitiert ebda., S. 252.
15 Ebda., S. 250.
16 Zitiert ebda., S. 252.
17 Ebda., S. 266f.

18 Brzezinski, Zbigniew: *The Grand Chessboard: American Primacy and its Geostrategic Imperatives.* Deutscher Titel: *Die einzige Weltmacht. Amerikas Strategie der Vorherrschaft.* Weinheim/Berlin: Beltz Quadriga 1997. (Die hier zitierten Stichwörter »anhaltendes und gezieltes Engagement« [»sustained and directed involvement«] finden sich im Kapitel »Schlussfolgerungen« auf S. 279.) Der 1928 in Warschau geborene Brzezinski promovierte 1953 an der Harvard-Universität zum Dr. phil. Weitere berufliche Meilensteine sind: Berater des Zentrums für strategische und internationale Studien an der Georgetown-Universität in Washington, D. C.; Professor für amerikanische Außenpolitik an der Johns-Hopkins-Universität; Nationaler Sicherheitsberater während der Regierungszeit von Jimmy Carter (1977–1981); Kurator und Gründer der Trilaterial Commission International; Berater mehrerer großer amerikanischer/weltweit tätiger Firmen; Mitglied des Nationalen Sicherheitsrats und der Kommission für integrierte Langzeitstrategie im Verteidigungsministerium; Mitglied des Beratergremiums für den Auslandsgeheimdienst während der Präsidentschaft Ronald Reagans; ehemaliges Direktoriumsmitglied des Rates für Auswärtige Beziehungen; 1988 Co-Vorsitzender der National Security Advisory Task Force von Präsident Bush. Mein Dank gilt Michael C. Ruppert für die äußerst nützliche Zusammenstellung von Zitaten aus Brzezinskis Studie in seiner eigenen Veröffentlichung »A War in the Planning for 4 Years« bei *From The Wilderness Publications*, 7. November 2001.
19 Brzezinski, Zbigniew: *Die einzige Weltmacht. Amerikas Strategie der Vorherrschaft.* Weinheim: Beltz Quadriga 1997, S. 15.
20 Ebda., S. 182.
21 Ebda., S. 189 und 191.
22 Ebda., S. 192 und 194.
23 Ebda., S. 202.
24 Ebda., S. 206.
25 Ebda., S. 211.
26 Ebda., S. 215.
27 Ebda., S. 217.
28 Ebda., S. 277ff.
29 Ebda., S. 15.
30 Ebda., S. 16.
31 Ebda., S. 53.
32 Ebda., S. 54.
33 Ebda., S. 65f.
34 Ebda., S. 86f.
35 Ebda., S. 177.
36 Ebda., S. 281ff.
37 Ebda., S. 298.
38 Ebda., S. 300f.
39 Ebda., S. 45.
40 Leach, Gerald: »The Coming Decline of Oil«, in: *Tiempo*, Nr. 42, Dezember 2001. Online erhältlich bei »The Global Economy«, Centre for Political Analysis, Institute for Policy Research & Development, Brighton, http://globalresearch.org/view_article.php?aid=457120250
41 Campbell, Colin J.: »Peak Oil: An Outlook on Crude Oil Depletion«, in: *Mbendi Energy News*, Februar 2002, http://www.mbendi.co.za/indy/oilg/p0070.htm
42 Pfeiffer, Dale Allen: »Is the Empire About Oil?« In: *From The Wilderness Publications*, 8. August 2002, http://www.fromthewilderness.com/free/ww3/080802_oil_empire.html

43 Duncan, Richard C.: »The Peak of World Oil Production and the Road to the Olduvai Gorge«, vorgetragen beim Jahrestreffen 2000 der Geological Society of America in Nevada, 13. November 2000,
http://dieoff.com/page224.htm
44 Campbell, Colin J., a.a.O. (vgl. Anm. 41).
45 Mackay, Neil: »Bush planned Iraq ›regime change‹ before becoming president«, in: *Sunday Herald*, 15. September 2002, http://www.sundayherald.com/27735
46 Zu diesen Dokumenten gehören im Einzelnen: *Defense Planning Guidance for the 1994–1999 Fiscal Years* (Entwurf), vorgelegt 1992 vom Büro des Verteidigungsministers; *Defense Planning Guidance for the 1994–1999 Fiscal Years* (überarbeiteter Entwurf), Büro des Verteidigungsministers (1992); *Defense Strategy for the 1990s*, Büro des Verteidigungsministers (1993); *Defense Planning Guidance for the 2004–2009 Fiscal Years*, Büro des Verteidigungsministers (2002).
47 Armstrong, David: »Dick Cheney's Song of America: Drafting a plan for global dominance«, in: *Harper's Magazine*, Bd. 305, Nr. 1892, Oktober 2002.
48 Omicinski, John: »General: Capturing bin Laden is not part of mission«, in: *USA Today*, 23. November 2001.
49 *Daily Mirror*, 16. November 2001.

Anmerkungen zu Kapitel 4

1 Zitiert auf der Website des Public Education Center: http://www.publicedcenter.org/faaterrorist.htm in: *Washington Post*, 2. Januar 2001.
2 Warrick, Jo und Stephens, Joe, »Before Attack, U. S. Expected Different Hit, Chemical, Germ Agents Focus of Preparation« in: *Washington Post*, 2. Oktober 2001.
3 Ebda.
4 Wald, Matthew, »Earlier Hijackings Offered Signals That Were Missed« in: *New York Times*, 3. Oktober 2001.
5 Neumeister, Larry, »Trade Center Bomber's Threat Foreshadowed September Terrorist Attacks«, Associated Press, 30. September 2001.
6 *New York Times*, 3. Oktober 2001.
7 Novak, Robert, in: *Chicago Sun-Times*, 27. September 2001.
8 Agence France-Presse, »Western intelligence knew of Laden plan since 1995«, 7. Dezember 2001. Gedruckt in der *Hindustan Times*.
9 PEC-Report: »Terrorist Plans to Use Planes as Weapons Dates to 1995: WTC bomber Yousef confessed to U. S. agents in 1995«; Public Education Center, Washington, D. C., http://www.publicedcenter.org/faaterrorist.htm
10 Eine zweifelhafte Etymologie.»Bojin« heißt auf Serbokroatisch »sich fürchten«, und die Endung -ka ist eine Verkleinerungsform. Der Begriff bezieht sich eher auf eine Tat, die mit oder durch Flugzeuge der Marke »Boeing« ausgeführt werden sollte.
11 Garcia, Raphael M., »Decoding Bojinka«, in: *Newsbreak Weekly*, 15. November 2001, Band 1, Nr. 43. Siehe auch: Cooley, John, *Unholy Wars: Afghanistan, American and International Terrorism*, Pluto Press, London, 1999, S. 247.
12 Geostrategy-Direct.Com, »1995 plan selected U. S.-bound airliners from East Asia«, in: *World Tribune*, 19. September 2001, http://www.worldtribune.com/wta/Archive-2001/me_binladen_09_19.html Siehe auch: Irvine, Reed, »Letting the Cat Out of the Bag«, in: *Human Events*, 24. September 2001.
13 Monk, Paul, »A Stunning Intelligence Failure«, Australian Thinking Skills Institute, Melbourne, http://www.austhink.org/monk/index.htm

14 AIM Report Nr. 18, »Catastrophic Intelligence Failure«, Accuracy In Media, Washington D. C., 24. September 2001, http://www.aim.org/publications/aim_report/2001/18.html

15 Timmerman, Kenneth R., »What They Knew; When They Knew It«, in: *Insight On The News*, 27. Mai 2002.

16 Garcia, Raphael M., »Decoding Bojinka« (s. Anm. 11).

17 Timmerman, Kenneth R., »What They Knew; When They Knew It« (s. Anm. 15).

18 *San Francisco Chronicle*, 6. März 2002.

19 *Washington Post*, 24. September 2001. Die *Post* befasst sich in diesem Artikel auch mit dem Projekt Bojinka und den Plänen, zivile Jetflugzeuge auf wichtige US-Gebäude einschließlich des World Trade Centers stürzen zu lassen. Siehe auch: Ressa, Maria, »U. S. warned in 1995 of plot to hijack planes, attack buildings«, CNN, 18. September 2001.

20 Fainaru, Steve und Grimaldi, James V., »FBI Knew Terrorists Were Using Flight Schools«, in: *Washington Post*, 23. September 2001, http://www.washingtonpost.com/ac2/wp-dyn?pagename=article&node=&contentId=A10840-2001Sep22

21 Gertz, Bill, »For years, signs suggested that something was up«, in: *Washington Times*, 17. Mai 2002, http://www.washtimes.com/national/20020517-70217917.htm

22 Hill, Eleanor, Joint Inquiry Staff Statement Part I, House/Senate Joint Inquiry (amtliche Erklärung vor dem Gemeinsamen Untersuchungsausschuss des US-Senats und -Repräsentantenhauses), 18. September 2002. Erhältlich bei der Federation of American Scientists, http://www.fas.org/irp/congress/2002_hr/091802hill.html

23 Woodward, Bob und Eggen, Dan, »Aug. Memo Focused on Attacks in U. S.«, in: *Washington Post*, 18. Mai 2002, http://www.washingtonpost.com/wp-dyn/articles/A35744-2002May17.html

24 Limbacher, Carl, »London Report: Bin Laden May Hit New York, Stock Exchange«, in: *NewsMax*, 5. Oktober 1999.

25 Hill, Joint Inquiry Staff Statement Part I (Erklärung vor dem Untersuchungsausschuss des US-Kongresses; s. Anm. 22).

26 Zitiert bei Grigg, William Norman, »Could We Have Prevented the Attacks?«, in: *The New American*, 5. November 2001, Bd. 17, Nr. 23.

27 Lines, Andy, »Pentagon Chiefs Planned for Jet Attack«, in: *The Mirror*, 24. Mai 2002, http://www.intellnet.org/news/2002/05/24/9488-1.html

28 Grigg, William Norman, »Could We Have Prevented the Attacks?« (s. Anm. 26).

29 Fainaru, Steve und Grimaldi, James V., »FBI Knew Terrorists Were Using Flight Schools« (s. Anm. 20).

30 Hill, Joint Inquiry Staff Statement Part I (Erklärung vor dem Untersuchungsausschuss; s. Anm. 22).

31 Stafford, Ned, »Newspaper: Echelon Gave Authorities Warning of Attacks«, in: *Newsbytes*, 13. September 2001, http://www.newsbytes.com/news/01/170072.html
ECHELON ist ein riesiges elektronisches Informationssammelsystem, das die gesamten elektronischen Kommunikationskanäle der ganzen Welt zu überwachen vermag. Betreiber sind die USA, Großbritannien, Kanada, Australien und Neuseeland. Bisher haben alle Regierungsstellen dieser Staaten seine Existenz weder geleugnet noch zugegeben, doch Anfang September 2001 bestätigte ein Ausschuss der EU, der zu ECHELON mehr als ein Jahr ermittelt hatte, dass dieses System tatsächlich existiert. Der EU-Untersuchungsausschuss berichtete, dass ECHELON elektronische Datenübertragungen aufsauge »wie ein Staubsauger« und mit automatischen Suchprogrammen, die auf bestimmte

Stichwörter eingestellt sind, ungeheure Datenmengen filtere. Das System hat mit seinen 120 Satelliten die ganze weltweite elektronische Datenübertragung im Visier.

Für mehr Informationen über ECHELON siehe Bamford, James, *Body of Secrets: Anatomy of the Ultra-Secret National Security Agency*, Doubleday, 2001.

32 »Im vorbereiteten Text für ein Briefing, das Anfang Juli 2001 für höhere Regierungsbeamte abgehalten wurde, war Folgendes zu lesen: ›Basierend auf einer Bewertung der in den letzten fünf Monaten erhaltenen Nachrichten, glauben wir, das Osama bin Laden in den kommenden Wochen einen größeren Terroranschlag auf US-amerikanische und/oder israelische Ziele durchführen wird. Dieser Angriff wird spektakulär sein und darauf abzielen, die größtmögliche Anzahl an Personen zu töten. Vorbereitungen für diesen Anschlag sind bereits getroffen worden. Es wird vorher wenige oder gar keine Warnungen geben.‹« (Hill, Joint Inquiry Staff Statement Part I; Stellungnahme vor dem Kongress-Untersuchungsausschuss; s. Anm. 22).

33 Welna, David, National Public Radio, 11. September 2001, http://www.npr.org/ramfiles/me/20010911.me.18.ram

34 Wright, Lawrence, »The Counter-Terrorist«, in: *New Yorker*, 14. Januar 2002. Auf Druck des Kongresses hat das Weiße Haus endlich offiziell zugegeben, dass die US-Nachrichtendienste darüber informiert waren, dass al-Qaida eine Flugzeugentführung plante. Jedoch stritt die Nationale Sicherheitsberaterin Condoleezza Rice ab, dass diese Dienste irgendwelche genaueren Erkenntnisse gehabt hätten, etwa dass Flugzeuge als fliegende Bomben benutzt werden sollten. (BBC Newsnight, 16. Mai 2002). Diese Aussage ist jedoch offensichtlich falsch, wie es die hier angeführten öffentlich zugänglichen Berichte klar beweisen.

35 *Washington Post*, 17. Mai 2002.

36 Siehe Anm. 31.

37 Solomon, John, »CIA Cited Risk Before Attack«, Associated Press, 3. Oktober 2001.

38 Breitweiser, Kristen, (Co-Vorsitzende der September 11th Advocates) in ihrer Aussage vom 18. September 2002 über den Anschlag vom 11. 9. 01 vor den gemeinsam tagenden Geheimdienstausschüssen von US-Senat und -Repräsentantenhaus.

39 Drogin, Bob, »U.S. Tells of Covert Afghan Plan Before 9/11«, in: *Los Angeles Times*, 18 Mai 2002, http://www.latimes.com/news/nationworld/nation/la-051802strike.story

40 Sale, Richard, »NSA listens to bin Laden«, United Press International (UPI), 13. Februar 2001. Dieser Bericht enthält auch empirische Daten, die einen früheren *WorldNetDaily*-Bericht widerlegen, der behauptete, dass die Clinton-Administration al-Qaida äußerst wirksame Verschlüsselungs-Software verkauft habe, die es dieser Terrororganisation erlauben würde, ihre Botschaften so zu verschlüsseln, dass eine US-Überwachung unmöglich werde. Dieser Bericht zeigt stattdessen, dass trotz der Verschlüsselungsversuche Osama bin Ladens dessen Codes von ECHELON entschlüsselt wurden und damit seine Nachrichten aufgezeichnet werden konnten.

41 Ebda.

42 Ebda.

43 Drogin, Bob, »Hate Unites an Enemy Without an Army«, in: *Los Angeles Times*, 21. September 2001.

44 *New York Times*, 14. Oktober 2001.

45 Shane, Scott, »Bin Laden, associates elude spy agency's eavesdropping«, in: *The Baltimore Sun*, 16. September 2001.

46 Crary, David und Schwartz, David, »World Trade Center collapses in terrorist attack«, Associated Press, 11. September 2001.
47 ABC News, »Missed Opportunities«, World News Tonight, 18.–20. Februar 2002.
48 Diamond, John, »U. S. had agents inside al-Qaeda«, in: *USA Today*, 4. Juni 2002, http://www.usatoday.com/news/attack/2002/06/03/cia-attacks.htm
49 Ensor, David, et. al., »Justice may probe leaked pre 9-11 intercepts«, CNN, 21. Juni 2002.
50 Ebda.
51 Sale, Richard, »NSA listens to bin Laden« (s. Anm. 40).
52 Milligan, Susan und Schlesinger, Robert, »Panel Sets Wide Scope for Inquiry into 9/11«, in: *Boston Globe*, 5. Juni 2002.
53 *The Record*, 12. September 2001; *Economic Reform*, Oktober 2001.
54 Milligan, Susan und Schlesinger, Robert, »Panel Sets Wide Scope for Inquiry into 9/11« (s. Anm. 52).
55 »CIA pays informer $50,000 pay«, in: *Dawn*, 20. Mai 2002.
56 Vise, David A. und Adams, Lorraine, »Bin Laden Weakened, Officials Say«, in: *Washington Post*, 11. März 2000.
57 Airjet Airline World News, Washington, D. C., 23. Juni 2001, http://airlinebiz.com/wire
58 Wright, Lawrence, »The Counter-Terrorist« (s. Anm. 34).
59 Timmerman, Kenneth R., »What They Knew; When They Knew It« (s. Anm. 15).
60 Pitt, William Rivers, »The Terrorists Flew and Bush Knew«, in: *Truthout*, 16. Mai 2002, http://www.truthout.org/docs_02/05.17A.WRP.Bush.NU.htm
61 Stich, Rodney, *The Real Unfriendly Skies*, Diablo Western Press, Reno, Nevada, 2000. Siehe auch http://www.unfriendlyskies.com
62 Pasternak, Judy, »FAA, Airlines Stalled Major Security Plans«, in: *Los Angeles Times*, 6. Oktober 2001.
63 Presseerklärung der JW, »Government Incompetence, Lack of Honesty with American People Lead to Terrorist Disasters of September 11, 2001«, Judicial Watch, Washington, D. C., 12. September 2001.
64 Holnut, Randolph T., »Why is Bush Stonewalling 9/11 Probe?«, in: *Albion Monitor*, 17. Mai 2002, http://www.monitor.net/monitor/0205a/911carlyle.html
65 Sorenson, Harley, »Heads-Up to Ashcroft Proves Threat Was Known Before 9/11«, in: *San Francisco Chronicle*, 3. Juni 2002, http://www.sfgate.com/cgi-bin/article.cgi?file=/gate/archive/2002/06/03/hsorensen.DTL
66 Farah, Joseph, »The failure of government«, *WorldNetDaily*, Exklusivbericht vom 19. Oktober 2001, http://www.wnd.com
67 Reuters, 13. September 2001.
68 CBS, *60 Minutes II*, 8. Mai 2002.
69 Cave, Damien, »U. S. was warned that Moussaoui had close ties to al-Qaida, analyst says«, in: *Salon*, 23. Mai 2002, http://www.salon.com/news/feature/2002/05/23/warning/index_np.html
70 *Star-Tribune*, 29. Dezember 2001.
71 *New York Times*, 8. Februar 2002.
72 Shenon, Philip, »FBI ignored attack warning: Flight instructor told agency of terror suspect's plan«, in: *San Francisco Chronicle*, 22. Dezember 2001.
73 *New York Times*, 24. Mai 2002.
74 Seper, Jerry, »Justice Blocked FBI Warrant«, in: *Washington Times*, 3. Oktober 2001.
75 ABC News, »Missed Opportunities«, World News Tonight, 18.–20. Februar 2002.
76 Gordon, Greg, »FAA security took no action against Moussaoui«, in: *Corpus Christi Caller Times*, 13. Januar 2002.

77 Isikoff, Michael und Klaidman, Daniel, »Access Denied«, MS-NBC, 1. Oktober 2001.
78 *New York Times*, 22. Dezember 2001.
79 *Washington Post*, 3. Juli 2002.
80 Smith, Hedrick, »Inside The Terror Network: should we have spotted the conspiracy?«, PBS Frontline, http://www.pbs.org/wgbh/pages/frontline
81 ARD, 23. November 2001.
82 »Terrorists Among Us«, in: *Atlanta Journal Constitution*, 16. September 2001.
83 BBC News, 26. November 2001.
84 Landay, Jonathan S., »Agency could have overheard terror dialogue«, in: *Miami Herald*, 7. Juni 2002,
http://www.miami.com/mld/miami/news/nation/3417402.htm
85 Ebda.
86 Buncombe, Andrew, »Al-Qa'ida Still a Threat Despite Loss of Key Men«, in: *The Independent*, 15. September 2002,
http://news.independent.co.uk/world/asia_china/story.jsp?story=333411
87 Hill, Eleanor, Joint Inquiry Staff Statement, Part I, 18. September 2002 (s. Anm. 22). Der Text der Erklärung ist erhältlich beim Intelligence Resource Program, Federation of American Scientists,
http://www.fas.org/irp/congress/2002_hr/091802hill.html
88 Reuters, »CIA Knew 9-11 Hijackers Were in the U. S.«, 2. Juni 2002. Siehe auch *Newsweek*, 3. Juni 2002.
89 CNN, 30. August 2002.
90 *New York Times*, 22. September 2002.
91 Johnston, David und Becker, Elizabeth, »CIA was Tracking Hijacker Months Earlier Than It Had Said«, in: *New York Times*, 3. Juni 2002.
92 Hill, Eleanor, »The Intelligence Community's Knowledge of the September 11 Hijackers Prior to September 11, 2001«, House/Senate Intelligence Committee, Washington, D. C. (Sitzung des Gemeinsamen Untersuchungsausschusses von Senat und Repräsentantenhaus), 20. September 2002,
http://intelligence.senate.gov/0209hrg/020920/witness.htm
93 Ebda.
94 Willman, David und Miller, Alan C., »Authorities Failed to Alert Airline about Suspected Terrorists«, in: *Los Angeles Times*, 20. September 2001.
95 Crewdson, John, »Hijacker Held, Freed Before Sept. 11 Attack«, in: *Chicago Tribune*, 13. Dezember 2001,
http://www.chicagotribune.com/search/chi-0112130293dec13.story
Siehe auch *Baltimore Sun*, 14. Dezember 2001.
96 MacVicar, Sheila und Faraj, Caroline, »September 11 Hijacker Questioned in January 2001«, CNN, 1. August 2002.
97 Ebda.
98 Wheeler, Larry, »Pensacola NAS link faces more scrutiny«, in: *Pensacola News Journal*, 17. September 2001.
99 »Alleged Hijackers May Have Trained at U. S. Bases«, in: *Newsweek*, 15. September 2001.
100 *New York Times*, 16. September 2001.
101 Zitiert nach Hopsicker, Daniel, »Did terrorists train at U. S. military schools?«, *Online Journal*, 30. Oktober 2001.
102 Hopsicker, Daniel, »Pentagon Lied: Terrorists Trained at U. S. Bases«, Mad Cow Morning News, 14. Oktober 2001, http://www.madcowprod.com/index6.html
103 Hopsicker, Daniel, »Mohamed Atta Kept Terrorist ›E-List‹«, Mad Cow Morning News, 24. April 2002, http://www.madcowprod.com/index25a.html

104 Fainaru, Steve und Grimaldi, James V., »FBI Knew Terrorists Were Using Flight Schools« (s. Anm. 20).
105 Ebda.
106 Hopsicker, Daniel, »Death in Venice (Florida)«, in: *Online Journal*, 28. September 2001.
107 Hopsicker, Daniel, »What are they hiding down in Venice, Florida?«, in: *Online Journal*, 9. Oktober 2001.
108 Hopsicker, Daniel, »Was the CIA running a terrorist flight school?«, in: *Online Journal*, 7. November 2001.
109 Hopsicker, Daniel, »Jackson Stephens active in Venice, FL«, in: *Online Journal*, 25. November 2001.
110 Hopsicker, Daniel, »Rudi Dekkers and the Lone (nut) Cadre«, in: *Online Journal*, 24. Oktober 2001.
111 Hopsicker, Daniel, »Venice, Florida, Flight School Linked to CIA: Firm has ›green light‹ from local DEA«, in: *Online Journal*, 2. März 2002.
112 ABC News, »Missed Opportunities« (s. Anm. 47).
113 ABC News, »Canvass of Flight Schools Weighed Before 9/11?«, 3. Mai 2002, http://abcnews.go.com/sections/us/DailyNews/homefront020503.html
114 Timmerman, Kenneth R., »What They Knew; When They Knew It«, in: *Insight On The News*, 27. Mai 2002.
115 Cornwell, Rupert, »Finger of Blame Points Directly at FBI for Ignoring Warnings that Might Have Averted 9/11«, in: *The Independent*, 25. Mai 2002, http://news.independent.co.uk/world/americas/story.jsp?story=298692
116 *Los Angeles Times*, 25. Mai 2002. Siehe auch Martin, Patrick, »New evidence that U. S. government suppressed September 11 warnings«, WSWS (World Socialist Website der trotzkistischen Bewegung), 27. Mai 2002.
117 CNN, 20. Mai 2002.
118 *Los Angeles Times*, 25. Mai 2002.
119 Fainaru, Steve und Grimaldi, James V., »FBI Knew Terrorists Were Using Flight Schools« (s. Anm. 20).
120 *Washington Post*, 17. Mai 2002 (s. Anm. 35).
121 BBC Newsnight, »Has someone been sitting on the FBI?«, 6. November 2001.
122 Interview mit Michael Springmann, »Dispatches«, CBC Radio One, 16. Januar 2002, http://radio.cbc.ca/programs/dispatches/audio/020116_springman.rm
123 Freedberg, Sydney P., »Loopholes leave U. S. borders vulnerable«, in: *St. Petersburg Times*, 25. November 2001.
124 Mowbray, Joel, »Open Door for Saudi Terrorists«, in: *National Review*, 1. Juli 2002, http://www.nationalreview.com/mowbray/mowbray061402.asp
125 Scheer, Robert, »They're Rich, They're Spoiled, They're Supporting Terrorists«, in: *Los Angeles Times*, 16. Oktober 2001.
126 Epstein, Edward Jay, »The Jeddah Ciphers«, Netherworld: September 11, 2001, http://edwardjayepstein.com/nether_WWDK4.htm
Epstein schreibt für den *New Yorker*, das *Wall Street Journal* und das *Atlantic Monthly*.
127 Zitiert in CCR Outline, »U. S. Intelligence and the Terrorists: Pre-9-11«, Center for Cooperative Research (CCR), 5. August 2002, http://www.cooperativeresearch.org/US_intelligence_and_the_terrorists.htm [Hervorhebungen durch den Autor]
128 David P. Schippers trieb im Januar und Februar 1999 als leitender Berater der Ermittlungen der Republikaner im Repräsentantenhaus das Impeachment gegen Präsident Clinton voran. Schon 1998 beriet er in dieser Funktion den Justizausschuss des Repräsentantenhauses. Dabei leitete er die Untersuchungen die-

ses Ausschusses über mögliche Verfehlungen im Justizministerium und dessen erste Ermittlungen gegen Präsident Clinton. Schippers studierte und promovierte an der Loyola University in Chicago. Danach arbeitete er im US-Justizministerium als stellvertretender Bundesanwalt und führte für die Regierung zahlreiche Prozesse. Von 1963 bis 1967 war er Mitglied und später Chef der von Robert Kennedy initiierten Abteilung zur Bekämpfung des Organisierten Verbrechens in Chicago, wo er die Anklage gegen zahlreiche Mafiabosse leitete. Seit 1967 ist er privater Anwalt und heute Hauptteilhaber einer großen Anwaltskanzlei in Chicago. Daneben lehrt er Recht an mehreren amerikanischen Hochschulen. Er ist Träger zahlreicher Auszeichnungen.

129 Jasper, William F., »OKC Bombing: Precursor to 9-11?«, in: *New American*, 28. Januar 2002, Bd.18, Nr. 2.

130 David P. Schippers, »Government Had Prior Knowledge«, Interview in der Alex Jones Show, Talk Radio, Austin, Texas, 10. Oktober 2001, Mitschrift einsehbar auf http://www.infowars.com/transcript_schippers.html

131 David P. Schippers, »David Schippers Tells Metcalf Feds ignored warnings of WTC attacks«, *WorldNetDaily*, 21. Oktober 2001, http://wnd.com/news/article.asp?ARTICLE_ID=25008

132 David P. Schippers, »Government Had Prior Knowledge« (s. Anm. 130).

133 EFI Report, »What does nationally-renowned attorney David Schippers think of this possibility?« Eagle Forum of Illinois, 30. September 2001, http://www.ileagles.net/schippers.htm

134 Presseerklärung der JW, »Active FBI Special Agent Files Complaint Concerning Obstructed FBI Anti-Terrorist Investigations«, Judicial Watch, Washington, D. C., 14. November 2001. Siehe auch »David Schippers Goes Public: The FBI was warned«, in: *Indianapolis Star*, 13. Oktober 2001.

135 Telefoninterview mit Chief Investigative Counsel David P. Schippers, Institute for Policy Research & Development, Brighton, 26. Februar 2002.

136 Agence France-Presse, »U. S. intelligence services under fire for poor handling of data, warning signs«, 18. Mai 2002.

137 Telefoninterview mit Chief Investigative Counsel David P. Schippers (s. Anm. 135).

138 Grigg, William Norman, »Did We Know What Was Coming?«, in: *The New American*, Bd. 18, Nr. 5, 11. März 2002, http://www.thenewamerican.com/tna/2002/03-11-2002/vo18no05_didweknow.htm

139 Kuhnhenn, James und Koszczuk, Jackie, »Airlines in Sept. 11 attacks got no specific warnings«, in: *Miami Herald*, 17. Mai 2002.

140 Palast, Gregory und Pallister, David, »FBI claims Bin Laden inquiry was frustrated«, in: *The Guardian*, 7. November 2001. Mehr zu diesem Thema: siehe Kapitel 7.

141 Bruce, Ian, »FBI ›super flying squad‹ to combat terror«, in: *The Herald*, 16. Mai 2002.

142 Isikoff, Michael, »FBI Agent's Notes Pointed to Possible World Trade Center Attack«, in: *Newsweek*, 20. Mai 2002. Erhältlich bei http://www.apfa.org/public/articles/News-Events/UNHEEDED.HTML

143 *Washington Post*, 18. Mai 2002 (s. Anm. 23).

144 MS-NBC, 15. September 2001. Siehe auch Steele, Jonathan, et. al., »Threat of U. S. Strikes Passed to Taliban Weeks Before NY Attacks«, in: *The Guardian*, 22. September 2001, http://www.guardian.co.uk/international/story/0,3604,556254,00.html

145 Von einem früheren CIA-Beamten übersetzte russische Presseberichte, zitiert bei Ruppert, Michael C., »This Was Not An Intelligence Failure«, From The Wil-

derness Publications, 24. September 2001. Siehe auch *Iswestija*, 12. September 2002.

146 Agence France-Presse, »Russia Gave Clear Warning,16 September 2001.

147 Rufford, Nicholas, »MI6 warned U. S. of Al-Qaeda attacks«, in: *The Sunday Times*, 9. Juni 2002.

148 Evans, Michael, »Spy chiefs warned ministers of al-Qaeda attacks«, in: *The Times*, 14. Juni 2002.

149 *Le Figaro*, 31. Oktober 2001.

150 Gumbel, Andrew, »Bush did not heed several warnings of attack«, in: *The Independent*, 17. September 2001.

151 Cooley, John K., »Other unheeded warnings before 9/11«, in: *Christian Science Monitor*, 23. Mai 2002, http://www.csmonitor.com/2002/0523/p11s01-coop.html

152 *San Francisco Chronicle*, 14. September 2001.

153 Ananova, »German police confirm Iranian deportee phoned warnings«, 14. September 2001.

154 MS-NBC, 16. September 2001. *Los Angeles Times*, 20. September 2001.

155 Associated Press, »Egypt Leader Says He Warned America«, 7. Dezember 2001. Siehe auch *Atlanta Journal and Constitution*, 8. Dezember 2001.

156 Nicolson war früher Professor am Anderson-Krebszentrum der Universität von Texas in Houston und Professor für innere Medizin und Pathologie an der dortigen Medical School. Er ist einer der meistzitierten Wissenschaftler der Welt, hat über 480 wissenschaftliche Arbeiten publiziert, 13 Bücher veröffentlicht und war Mitglied eines Gremiums von Herausgebern von 12 medizinischen und wissenschaftlichen Zeitschriften. Heute gibt er zwei davon heraus, nämlich *Clinical & Experimental Metastasis* und das *Journal of Cellular Biochemistry*. Professor Nicolson wirkt oft als Gutachter für Forschungsstipendien und -gelder von öffentlichen und privaten Einrichtungen und Stiftungen, u. a. der US-Armee. Er erhielt für seine Forschungsarbeit wichtige Auszeichnungen.

157 Erklärung von Professor Garth L. Nicolson gegenüber dem Institute for Policy Research & Development, 3. Januar 2002.

158 Ruppe, David, »Who Did It? U. S. Searches for Terror Clues«, ABC News, 11. September 2001.

159 AFP, »Similar plot first uncovered in Philippines, says police chief«, in: *Sydney Morning Herald*, 13. September 2001.

160 *Newsweek*, 1. Oktober 2001.

161 NBC News, 4. Oktober 2001. Siehe auch *Toronto Globe & Mail*, 4. Oktober 2001.

162 *San Francisco Chronicle*, 29. September 2001.

163 »Black Tuesday: The World's Largest Insider Trading Scam?«, Herzliyya International Policy Institute for Counter-Terrorism, 21. September 2001.

164 Eichenwald, Kurt, et al, »Doubt Intensifies That Advance Knowledge of Attacks Was Used for Profit«, in: *New York Times*, 28. September 2001.

165 Doran, James, »Millions of shares sold before disaster«, in: *The Times*, 18. September 2001.

166 Ruppert, Michael C., »Suppressed Details of Criminal Insider Trading Lead Directly into the CIA's Highest Ranks« (s. Anm. 145).

167 Flocco, Tom, »Profits of Death – Insider Trading and 9-11«, FTW Publications, 6. Dezember 2001 [Hervorhebungen durch den Autor].

168 UPI, 13. Februar 2001.

169 Doran, James, »Millions of shares sold before disaster« (s. Anm. 165).

170 Ruppert, Michael C., »A Timeline Surrounding September 11th«, FTW Publications, 2. November 2001, http://www.copvcia.com/stories/nov_2001/lucy.html

Für weitere Informationen über PROMIS, die Software, die auf dieses System zurückgeht sowie den Gebrauch dieser neuen Software durch die CIA zur Überwachung des Aktienhandels siehe FTW Publications, 26. Oktober 2001, http://www.copvcia.com/members/magic_carpet.html
FTW Publications, Bd.IV, Nr. 6, 18. September, 2001, http://www.copvcia.com/members/sept1801.html
FTW Publications, Bd. 3, Nr. 7, 30. September 2000, http://www.copvcia.com/stories/may_2001/052401_promis.html
Siehe auch *Washington Times*, 15. Juni 2001; FOX News, 16. Oktober 2001.

171 Hence, Kyle F., »Making a Killing Part II – Billions in Pre-911 Insider Trading Profits Leaves a Hot Trail: How Bush Administration Naysayers May Have Let it go Cold«, Center for Research on Globalisation, Montreal, 21. April 2002, http://www.globalresearch.ca/articles/HEN204B.html

172 Zitat ebda.

173 FOX News, »EU searches for suspicious trading«, 22. September 2001. Weltekes Aussage im deutschen Original wird zitiert in »EU-Finanzminister gehen gemeinsam gegen Geldwäsche vor«, in: *Die WELT*, 24. September 2001.

174 Hooper, John, »Terror ›made fortune for Bin Laden‹«, in: *The Observer*, 23. September 2001. Weltekes Aussage im deutschen Original wird zitiert in: »Terror in den USA: Hinweise auf Insiderhandel verdichten sich«, in: *Financial Times Deutschland*, 24. September 2001.

175 *USA Today*, Oktober 2001.

176 *Montreal Gazette*, 19. September 2001.

177 CBS, *60 Minutes*, 19. September 2001.

178 Hence, Kyle, »Making a Killing Part II« (s. Anm. 171).

179 Flocco, Tom, »Profits of Death – Insider Trading and 9-11« (s. Anm. 167).

180 *The Independent*, 10. Oktober 2001, http://www.independent.co.uk/story.jsp?story=99402

181 Ruppert, Michael C., »Suppressed Details of Criminal Insider Trading Lead Directly into the CIA's Highest Ranks«, *From The Wilderness (FTW) Publications*, 9. Oktober 2001, http://copvcia.com
Die Ausführungen dieser Arbeit über die Finanztransaktionen, die zum 11. September führten, basieren auf Rupperts Analysen. Seine Bemerkungen zur Verbindung zwischen CIA und der Wall Street sind von zentraler Bedeutung und seien hier angeführt: »*Clark Clifford* – Das Nationale Sicherheitsgesetz von 1947 wurde von Clark Clifford geschrieben, einer wichtigen Figur der Demokratischen Partei, einem früheren Verteidigungsminister und ehemaligen Berater von Präsident Harry Truman. In den Achtzigerjahren gab er als Vorstandsvorsitzender der First American Bancshares den Ausschlag dafür, dass die korrupte CIA-Drogenbank BCCI eine Banklizenz für die Vereinigten Staaten bekam, als ihr erlaubt wurde, die von Clifford geführte Bank zu übernehmen. Sein Beruf: Wall-Street-Anwalt und Banker. *John Foster und Allen Dulles* – Diese beiden Brüder ›gestalteten‹ die CIA für Clifford. Beide betrieben im Zweiten Weltkrieg aktive Geheimdienstarbeit. Allen Dulles war amerikanischer Botschafter in der Schweiz, wo er sich häufig mit Naziführern traf und sich um amerikanische Investitionen in Deutschland kümmerte. John Foster wurde später unter Dwight Eisenhower Außenminister und Allen war später unter Eisenhower Direktor der CIA. Er wurde dann von Kennedy gefeuert. Ihre Berufe: Partner in der bis zum heutigen Tag mächtigsten Anwaltskanzlei an der Wall Street von Sullivan, Cromwell. *Bill Casey* – Ronald Reagans CIA-Direktor und Veteran des CIA-Vorgängers OSS, einer der Hauptakteure in der Iran-Contra-Affäre, war unter Präsident Nixon Vorsitzender der amerikanischen Aufsichtsbehörde für Wertpapier-

handel Securities and Exchange Commission. Sein Beruf: Wall-Street-Anwalt und Börsenmakler. *David Doherty* – Der aktuelle Vizepräsident der New Yorker Börse, zuständig für Rechtsaufsicht und Vollstreckung, war früher Chefjurist (General Counsel) der CIA. *George Herbert Walker Bush* – Präsident von 1989 bis Januar 1993, war davor auch 1976–1977 für dreizehn Monate CIA-Direktor. Er arbeitet jetzt als Berater der Carlyle Group, des elftgrößten Rüstungsunternehmens der USA, das mit der bin-Laden-Familie zusammen Investitionen tätigte. *A. B. ›Buzzy‹ Krongard* – Der aktuelle Exekutivdirektor der CIA war früher Vorstandsvorsitzender der Investmentbank A. B. Brown und stellvertretender Vorstandsvorsitzender von Banker's Trust. *John Deutch* – Dieser ehemalige CIA-Direktor aus der Zeit der Clinton-Administration sitzt gegenwärtig im Vorstand der Citigroup, der zweitgrößten Bank der Vereinigten Staaten, die offenkundig immer wieder in das Waschen von Drogengeld verwickelt war. Dazu gehörte Citigroups Kauf einer mexikanischen Bank namens Banamex im Jahre 2001, die bekannt dafür ist, Drogengeld zu waschen. *Nora Slatkin* – Diese ehemalige Exekutivdirektorin der CIA sitzt ebenfalls im Vorstand der Citibank. *Maurice ›Hank‹ Greenberg* – Der Chef der AIG-Versicherungsgesellschaft, Verwalter des drittgrößten Kapitalinvestmentpools der Welt, war 1995 als möglicher CIA-Direktor im Gespräch. FTW enthüllte die lang anhaltenden Verbindungen Greenbergs und der AIG zum Drogenhandel und anderen verdeckten Operationen der CIA in einer zweiteiligen Serie, die kurz vor den Anschlägen des 11. Septembers unterbrochen wurde. Die Aktien der AIG haben sich seit diesen Attentaten bemerkenswert gut erholt. Wenn Sie Näheres über diese Geschichte lesen wollen, rufen Sie bitte folgende Website auf:
http://www.copvcia.com/stories/july_2001/part_2.html

182 Flocco, Tom, »Profits of Death – Insider Trading and 9-11« (s. Anm. 167).

183 *Counterpunch*, 14. September 2001.

184 Berenson, Alex, »Stock Adviser Knew About 9/11 Attacks, U. S. Suggests«, in: *New York Times*, 25. Mai 2002, http://www.nytimes.com/2002/05/25/business/25FRAU.html?pagewanted=print&position=bottom

185 *Wall Street Journal*, 2. Oktober 2001.

186 Pender, Kathleen, »Terrorism's long, tangled money trail«, in: *San Francisco Chronicle*, 7. Oktober 2001.

187 Hamilton, Walter, in: *Los Angeles Times*, 18. Oktober 2001.

188 Hence, Kyle, »Making a Killing Part II« (s. Anm. 171).

189 Für weitere Informationen siehe zum Beispiel Grey, Barry, »Suspicious trading points to advance knowledge by big investors of September 11 attacks«, World Socialist Web Site, 5. Oktober 2001.

190 Ebda.

191 Hence, Kyle, »Making a Killing Part II« (s. Anm. 171).

192 Turnipseed, Tom, »The Fear Factor to Promote War and Trample the Truth«, Common Dreams News Center, 14. Juni 2002,
http://commondreams.org und http://www.turnipseed.net

193 Pitt, William Rivers, »The Terrorists Flew and Bush Knew«, in: *Truthout*, 16. Mai 2002, http://www.truthout.org/docs_02/05.17A.WRP.Bush.NU.htm

194 *Idaho Observer*, Oktober 2001,
http://proliberty.com/observer/20011008.htm

195 Matier, Philip, »Willie Brown got low-key early warning about air travel«, in: *San Francisco Chronicle*, 12. September 2001.

196 Cockburn, Alexander und St. Clair, Jeffrey, in: *Counterpunch*, 14. September 2001.

197 Doran, James, »Rushdie's air ban«, in: *The Times*, 27. September 2001.

198 Ananova, »Rushdie given ›U. S. air ban week before terrorist attacks‹«, 27. September 2001.
199 Thomas, Evan, in: *Newsweek*, 24. September 2001.
200 Hirsh, Michael, »We've hit the targets«, in: *Newsweek*, 13. September 2001.
201 Leuty, Ron, »Franklin unit rebuilds after 9/11 tragedy«, in: *San Francisco Business Times*, 1. Februar 2002, http://sanfrancisco.bizjournals.com/sanfrancisco/stories/2002/02/04/story3.html
202 Robinson, Matthew, »President's Flight Dramatizes Intelligence Adequacy«, in: *Human Events*, Ausgabe der Woche des 17. September 2001, http://www.humanevents.org/articles/09-17-01/robinson.html
203 Ebda.
204 Safire, William, »Inside the Bunker«, in: *New York Times*, 13. September 2001.
205 CBS Evening News, 25. September 2001.
206 *New York Times*, 23. September 2001 [Hervorhebungen durch den Autor].
207 Farah, Joseph, »The failure of government« (s. Anm. 66).

Anmerkungen zu Kapitel 5

1 Stratfor, 16. September 2001, http://www.stratfor.com
2 Stratfor: »Sept 11: What Did Bush Know and When Did He Know It?«, Strategic Forecasting LLC, 20. Mai 2002.
3 Ebda.
4 Deutch, John und Smith, Jeffrey H.: »Smarter Intelligence«, in: *Foreign Policy*, Januar/Februar 2002, s. a.: http://www.foreignpolicy.com/issue_janfeb_2002/deutch.html
5 Betts, Richard K.: »Fixing Intelligence«, in: *Foreign Affairs*, Januar/Februar 2002. Auszüge sind nachzulesen unter http://www.foreignaffairs.org/20020101faessay6556/richard-k-betts/fixing-intelligence.html
6 Karmon, Ely: *Intelligence and the Challenge of Counter-Terrorism in the 21st Century*. International Policy Institute for Counter-Terrorism, Herzliyya, 5. November 1998, http://www.ict.org.il/articles/articledet.cfm?articleid=54
7 Hoffman, Bruce: »Terrorism – a Policy Behind the Times«, in: *Los Angeles Times*, 12. November 2001.
8 Johnson, Loch K.: *Secret Agencies: U. S. Intelligence in a Hostile World*. New Haven: Yale University Press 1996.
9 CFIBA: »International Intelligence Agency Links«, Canadian Forces Intelligence Branch Association, http://www.intbranch.org/engl/elinks/us.html
10 Die US-Regierungsquelle ist zitiert nach Ruppert, Michael C.: »World War III: This Was Not An Intelligence Failure«, in: *From The Wilderness Publications*, 18. September 2001, http://www.fromthewilderness.com/free/ww3/09_18_01_ww3.html Stellungnahme von Michael C. Ruppert, einem ehemaligen Rauschgiftfahnder der Polizei von Los Angeles und Experten für verdeckte Operationen der CIA, gegenüber dem Institute for Policy Research & Development in Brighton, 15. Januar 2001.
11 Walsh, Edward und Vise, David A.: »Louis Freeh To Resign As Director Of the FBI«, in: *Washington Post*, 2. Mai 2001, S. A01.
12 »Congress Fattens Its Dossier on Sept. 11 Intelligence Errors«, in: *Los Angeles Times*, 6. Juni 2002.
13 Wright, Lawrence: »The Counter-Terrorist«, in: *The New Yorker*, 14. Januar 2002.
14 Timmerman, Kenneth: »What They Knew; When They Knew It«. Insight On The News, 27. Mai 2002,

http://www.insightmag.com/main.cfm/include/detail/storyid/253605.html
Wer die Behauptung aufrechterhalten will, die US-Geheimdienste hätten nicht genügend Informationen zu dieser Gefahr beigebracht, müsste in irgendeiner Form den Beweis antreten, dass die hier dokumentierten Tatsachen falsch sind.

15 Betts, Richard K.: »Intelligence Warning: Old Problems, New Agendas«, in: *Parameters* (Vierjahreszeitschrift des U. S. Army War College), Frühjahr 1998, S. 26–35.

16 Rowley, Coleen: »Memo to FBI Director Robert Mueller«, in: *Time Magazine*, 21. Mai 2002. Erhältlich über das Centre for Research on Globalisation, http://www.globalresearch.ca/articles/ROW205A.html

17 Vogler, Mark E.: »Methuen native at center of FBI storm«, in: *Eagle-Tribune*, 30. Mai 2002.

18 Eggen, Dan: »Halting some hijackers was ›possible‹«, in: *Washington Post*, 27. Mai 2002.

19 Moore, Steve: »The FBI's Radical Fundamentalist Unit in Washington, D. C.«. Veröffentlicht vom Centre for Research on Globalisation, Montreal, 18. August 2002, http://www.globalresearch.ca/articles/MOO208B.html

20 Rowley, Coleen: »Memo to FBI Director Robert Mueller«, a.a.O. (Anm. 16).

21 Sorensen, Harley: »Heads-Up to Ashcroft Proves Threat Was Known Before 9/11«, in: *San Francisco Chronicle*, 3. Juni 2002 (vgl. Kap. 4, Anm. 65).

22 CFIBA: »Types of Intelligence«, in: *Intelligence Note Book*, Canadian Forces Intelligence Branch Association, http://www.intbranch.org/engl/intntbk/intro.html

23 Ebda.

24 *The Commercial Appeal*, Memphis, 17. Mai 2002.

25 *Washington Post*, 17. Mai 2002.

26 *Washington Post*, 29. Januar 2002.

27 Die Vorstellung, dass die CIA die Warnungen nicht an Präsident Bush jun. und weitere hochrangige Entscheidungsträger weitergab – dass diese Warnungen also nicht in den regelmäßigen Stellungnahmen zu strategischen Informationen auftauchten –, ist nicht plausibel, und dafür gibt es einen weiteren Anhaltspunkt: Der aktuelle Präsident hat über seinen Vater, den früheren Präsidenten George Bush sen., der von 1976 bis 1977 CIA-Direktor war, enge Verbindungen zu den amerikanischen Geheimdiensten. Ein weiterer Gesichtspunkt für die geringe Plausibilität des oben angesprochenen Szenarios ist der hohe Anteil von Kabinettsmitgliedern aus den miteinander verflochtenen Bereichen Militär, Geheimdienst und Wirtschaft in der Regierung Bush jun.

28 *National Post*, 20. Mai 2002.

29 Schorr, Daniel: »Washington's secrecy battles – from 9/11 to Enron«, in: *Christian Science Monitor*, 31. Mai 2002,
http://www.csmonitor.com/2002/0531/p11s02-cods.html

30 Prothero, P. Mitchell: »Administration won't release 9/11 data«, United Press International, 18. September 2002,
http://www.upi.com/view.cfm?StoryID=20020918-035035-1042r

31 Hill, Eleanor: Joint Inquiry Staff Statement, Part I, 18. September 2002. Erhältlich über das Intelligence Resource Program, Federation of American Scientists, http://www.fas.org/irp/congress/2002_hr/091802hill.html

32 Interview mit Tyrone Powers, Bob Slade in der Open Line Show, 98.7 Kiss FM, New York, 19. Mai 2002. Zitiert nach Shipman, Dennis: »The Spook Who Sat Behind The Door: A Modern Day Tale«. IndyMedia, 20. Mai 2002, http://www.portland.indymedia.org/front.php3?article_id=11188&group=webcast
Von Powers dem Autor am 22. Mai 2002 per E-Mail übermittelte Stellungnahme.

33 Price, Joyce Howard: »September 11 attacks called avoidable«, in: *Washington Times*, 9. Juni 2002, http://www.washtimes.com/national/20020609-22093908.htm

34 Kieffer, David: »S. F. attorney: Bush allowed 9/11«, in: *San Francisco Examiner*, 11. Juni 2002.

35 CNN: »Bush asks Daschle to limit Sept. 11 probes«. Vgl. hierzu auch Fineman, Howard: »The Battle Back Home«, in: *Newsweek*, 4. Februar 2002.

Anmerkungen zu Kapitel 6

1 Szamuely, George, »Scrambled Messages«, in: *New York Press*, Bd. 14, Nr. 50, http://www.nypress.com/14/50/taki/bunker/cfm

2 Israel, Jared und Bykov, Illarion, »Guilty for 9-11: Bush, Rumsfeld, Myers Part 1«, The Emperor's New Clothes, 14. November 2001, Update vom 17. November 2001, http://emperors-clothes.com/indict/indict-1.htm

3 Siehe FAA-Order 7400.2E, »Procedures for Handling Airspace Matters«; trat in Kraft am 7. Dezember 2000 (Einschließlich Change 1, in Kraft getreten am 7. Juli 2001), Kapitel 14-1-2. Der komplette Text bei:
http://www.faa.gov/Atpubs/AIR/air1401.html#14-1-2
Siehe auch Dennis, Gregory und Torlak, Emina, »Direct-To Requirements«, http://sdg.lcs.mit.edu/atc/D2Requirements.htm

4 ABC News, 25. Oktober 1999

5 Siehe FAA-Order 7610.4J »Special Military Operations« vom 3. November 1998, mit Change 1 vom 3. Juli 2000 und Change 2 vom 12. Juli 2001; Kapitel 7, Abschnitt 1–2: »Escort of Hijacked Aircraft Requests for Service«. Text bei: http://faa.gov/ATpubs/MIL/Ch7/mil0701.html#7-1-2

6 Chairman of the Joint Chiefs of Staff Instruction 3610.01A, 1. Juni 2001, »Aircraft Piracy (Hijacking) and Destruction of Derelict Airborne Objects«, 4. Policy (Seite 1), PDF-File erhältlich bei:
http://www.dtic.mil/doctrine/jel/cjcsd/cjcsi/3610 01a.pdf

7 Air Traffic Control Center (Luftverkehrskontrollzentrum), »ATCC Controller's Read Binder«, Xavier Software, August 1998, http://www.xavius.com/080198.htm
Diese Software ist eine »völlig realistische Simulation tatsächlicher Luftverkehrsverhältnisse, Radarsektoren, Luftkontrollvorschriften und Radarsysteme, die gegenwärtig in den Vereinigten Staaten in Gebrauch sind. Sie wurde von einem Fluglotsen entworfen und ist ideal für Flugschüler und die Ausbildung künftiger Flugkontrolleure geeignet.«

8 CNN, 26. Oktober 1999.

9 Johnson, Glen, »Facing Terror Attacks Aftermath: Otis Fighter Jets Scrambled Too Late to Halt the Attacks«, in: *Boston Globe*, 15. September 2001.

10 Flaherty, John, »Canadian TV Airs Emperor's Clothes ›Guilty for 9-11‹ Evidence«, Emperor's Clothes, 5. Februar 2002, http://emperors-clothes.com/indict/deception.htm

11 ABC News, »Timeline of Disaster: From Flight School Training to Building Collapse«, 14. September 2001, http://www.ABCNews.com

12 CNN, 16. September 2001.

13 Szamuely, George, »Scrambled Messages«, in: *New York Press*, Bd. 14, Nr. 50 (s. Anm. 1), http://www.nypress.com/14/50/taki/bunker.cfm

14 Aussage von General Richard B. Myers, »US-Senator Carl Levin (Demokrat aus Minnesota) leitet ein Hearing über die Ernennung von General Richard Myers zum Vorsitzenden der Vereinigten Stabschefs«, Streitkräfteausschuss des Senats (Senate Armed Services Committee), Washington, D. C., 13. September 2001.

15 Johnson, Glen, »Otis Fighter Jets Scrambled Too Late to Halt the Attacks« (s. Anm. 9).
16 NBC News, »Meet the Press«, 16. September 2001, http://stacks.msnbc.com/news/629714.asp?cp1=1
Stan Goff, 26 Jahre lang Soldat in der US-Armee, ein wehrwissenschaftlicher Experte, pensionierter Stabsfeldwebel der Spezialtruppen (Special Forces Master Sergeant). Er war Taktiklehrer am Trainingscenter der US-Armee für Dschungelkampf (U.S. Army's Jungle Operations Training Center) in Panama, lehrte Wehrwissenschaften an der US-Militärakademie in West Point und war an Operationen in acht verschiedenen Konfliktherden von Vietnam bis Haiti beteiligt. Auch dieser Fachmann ist nach einer Analyse des zeitlichen Ablaufs der Ereignisse der Meinung, dass kein einziges amerikanisches Kampfflugzeug vor dem Angriff auf das Pentagon alarmiert wurde. Goff, Stan, »The So-called Evidence is a Farce«, Narco News, 10. Oktober 2001, http://www.narconews.com
17 Szamuely, George, »Scrambled Messages« (s. Anm. 1).
18 Siehe zum Beispiel CNN, »Government failed to react to FAA warning«, 16. September 2001.
19 Szamuely, George, »Scrambled Messages« (s. Anm. 1).
20 *New York Times*, 15. September 2001.
21 *Village Voice*, 13. September 2001.
22 *Newsday*, 23. September 2001, http://www.newsday.com/ny-uspent232380681sep23.story
23 *Daily News* (New York), 12. September 2001.
24 Aussage von General Eberhart in der »Anhörung über die Rolle des Verteidigungsministeriums in Fragen der inneren Sicherheit (Homeland Security)«, Streitkräfteausschuss des Senats (Senate Armed Services Committee), Washington, D.C., 25. Oktober 2001, http://www.ngaus.org/newsroom/HomelandDefenseTranscript.doc
25 *New York Times*, 15. September 2001 (s. Anm. 20).
26 CBS News, 21. September 2001.
27 *New York Times* (s. Anm. 20).
28 *San Diego Union-Tribune*, 12. September 2001.
29 NBC, »Meet the Press«, Sendung um 10 Uhr, Eastern Time, am 16. September 2001 (s. Anm. 16).
30 Israel, Jared und Bykov, Illarion, »Mr. Cheney's Cover Story: Guilty for 9-11: Bush, Rumsfeld, Myers Part 2«, The Emperor's New Clothes, 20. November 2001, Update vom 21. November 2001, http://emperors-clothes.com/indict/indict-2.htm
31 Berichte über den generellen Ablauf der Ereignisse finden sich bei CNN, ABC, MS-NBC, der *Los Angeles Times*, der *New York Times* und anderen Quellen.
32 *Seattle Times*, 16. September 2001.
33 *Boston Herald*, 15. September 2001.
34 *New York Times*, 15. September 2001.
35 Szamuely, George, »Scrambled Messages« (s. Anm. 1).
36 Judge, John, »Air Defenses/NORAD«, Mitschrift: Der 11. 9. und die öffentliche Sicherheit, Pressekonferenz von UnAnsweredQuestions im Nationalen Presseclub in Washington, D.C. am 10. Juni 2002, http://unansweredquestions.org/transcript/php#john
37 Goff, Stan, »The So-Called Evidence is a Farce« (s. Anm. 16).
38 *Pravda Online*, 13. September 2001, http://pravda.ru
39 »Fighter Response After Attacks Questioned«, *Washington Post*, 14. September 2001.

40 Szamuely, George, »Nothing Urgent«, *New York Press*, Bd. 15, Nr. 2, http://www.nypress.com/15/2/taki/bunker/cfm
41 Rhem, Kathleen T. (Sergeant 1st class), »Myers and Sept. 11: ›We Hadn't Thought About This‹«, American Forces Press Service, 23. Oktober 2001, http://www.defenselink.mil/news/Oct2001/n10232001 200110236.html
42 Szamuely, George, »Nothing Urgent« (s. Anm. 40).
43 Aussage von General Richard B. Myers, »US-Senator Carl Levin (Demokrat aus Minnesota) leitet ein Hearing über die Ernennung von General Richard Myers zum Vorsitzenden der Vereinigten Stabschefs«, Streitkräfteausschuss des Senats (Senate Armed Services Committee), Washington, D. C., 13. September 2001 (s. Anm. 14).
44 Rhem, Kathleen T., »Myers and Sept. 11: ›We Hadn't Thougt About This‹« (s. Anm. 41).
45 NBC, »Meet the Press«, 16. September 2001 (s. Anm. 16).
46 Zwicker, Barry, »The Great Deception«, Vision TV Insight, MediaFile, 18. Februar 2002.
47 Gil-White, Francisco und Israel, Jared, »Bush Betrayed Consciousness of Guilt on 9-11«, *The Emperor's New Clothes*, 11. September 2002, http://emperors-clothes.com/indict/conscious.htm
48 Briefing durch das Weiße Haus, »President Meets with Displaced Workers in Town Hall Meeting: Remarks by the President in Town Hall Meeting«, Office of the Press Secretary (Büro des Pressesprechers), Washington, D. C., 4. Dezember 2001, http://www.whitehouse.gov/news/releases/2001/12/20011204-17.html
49 Adcock, Sylvia, et al., »Air Attack on Pentagon Indicates Weaknesses«, *Newsday*, 23. September 2001, http://www.newsday.com/ny-uspent232380681sep23.story
50 Israel, Jared und Bykov, Ilarion, »Guilty for 9-11: Bush, Rumsfeld, Myers, Part 1« (s. Anm. 2).
51 Schiavo, Mary, »FAA/Airline Accountability«, Mitschrift der Pressekonferenz von UnAnweredQuestions über den 11. 9. und die öffentliche Sicherheit im Nationalen Presseclub in Washington am 10. Juni 2002, http://unansweredquestions.org/transcript.php#mary
52 Israel, Jared und Bykov, Ilarion, »Guilty for 9-11: Bush, Rumsfeld, Myers, Part 1« (s. Anm. 2).
53 NBC, »Meet the Press«, 16. September 2001 (s. Anm. 16 und 29).
54 Brief von Steve Butler an den Herausgeber, *Monterey County Herald*, 26. Mai 2002.
55 Isaacs, Jerry, »Air Force officer disciplined for saying Bush allowed September 11 attacks«, Center for Research on Globalisation, Montreal, 23. Juni 2002, http://globalresearch.ca/articles/ISA206A.html

Anmerkungen zu Kapitel 7

1 Christenson, Sig: »Bin Laden's building U. S. troops' housing«, in: *San Antonio Express-News*, 14. September 1998.
2 Cooley, John K.: *Unholy Wars: Afghanistan, American and International Terrorism*. London: Pluto Press 1999, S. 117f. (vgl. Kap. 1, Anm. 22).
3 Rashid, Ahmed: »How a Holy War against the Soviets turned on U. S.«, in *Pittsburgh Post-Gazette*, 23. September 2001.
4 Cooley, John K., a.a.O., S. 120.
5 Rashid, Ahmed, a.a.O.
6 Cooley, John K., a.a.O., S. 119.
7 Ebda., S. 122.
8 BBC Newsnight: »Has Someone Been Sitting On The FBI?«, BBC 2, 6. November

2001 (vgl. Kap. 4, Anm. 121), http://www.news.bbc.co.uk/hi/english/events/newsnight/newsid_1645000/1645527.stm
9 Cooley, John K., a.a.O., S. 120.
10 Rashid, Ahmed, a.a.O.
11 Labevière, Richard: *Dollars For Terror: The U.S. and Islam*. New York: Algora 2000, S. 104f.
12 UPI, zitiert nach *Newsmax*, 1. März 2002, http://www.newsmax.com/archives/articles/2001/1/3/214858.shtml
13 Mayer, Jane: »The House of Bin Laden«, in: *The New Yorker*, 12. November 2001, http://www.newyorker.com/fact/content/?011112fa_FACT3
14 *Le Figaro*, 31. Oktober 2001.
15 CBS News: »Bin Laden Family Evacuated«, 30. September 2001, http://www.cbsnews.com/stories/2001/09/30/archive/main313048.html
16 »Peeling back the layers of Saudi-funded terror net«, in: *Pittsburgh Tribune-Review*, 23. Juni 2002, http://www.pittsburghlive.com/x/tribune-review/opinion/datelinedc/s_77535.html
17 Mayer, Jane: »The House of Bin Laden«, a.a.O.
18 Golden, Daniel et al.: »Bin Laden Family Could Profit from a Jump in U. S. Defense Spending Due to Ties to U. S. Banks«, in: *Wall Street Journal*, 27. September 2001.
19 Ebda.
20 Lazarus, David: »Carlyle Profit from Afghan War«, in: *San Francisco Chronicle*, 2. Dezember 2001.
21 Pressemitteilung von Judicial Watch: »Wall Street Journal: Bush Sr. in Business with Bin Laden Family Conglomerate through Carlyle Group«, Judicial Watch, Washington, D. C., 28. September 2001, http://www.judicialwatch.org/press_release.asp?pr_id=1624
22 Pressemitteilung von Judicial Watch: »Judicial Watch to File FOIA Lawsuit Today Over Carlyle Group Documents«, Washington, D. C., 27. September 2001, http://www.judicialwatch.org/press_release.asp?pr_id=1892
23 Mayer, Jane, a.a.O. (s. Anm. 13).
24 Ebda.
25 Golden, Daniel et al., a.a.O (s. Anm. 18).
26 BBC Newsnight, a.a.O. (s. Anm. 8).
27 Palast, Gregory und Pallister, David, a.a.O. (s. Kap. 4, Anm. 140).
28 »Above the Law: Bush's Racial Coup d'Etat and Intelligence Shutdown«, in: *Green Press*, 14. Februar 2002, http://www.greenpress.org/html/GPress_2-14-02.html
29 Agence France-Presse und *Hindustan Times*, 7. November 2001.
30 *Wall Street Journal*, 19. September 2001.
31 Martin S. Indyk ist Senior Fellow für Außenpolitische Studien an der Brookings Institution in Washington, D. C. In seiner politischen und akademischen Laufbahn hatte er unter anderem folgende Ämter: US-Botschafter in Israel (1995–1997, 2000–2001); Abteilungsleiter für den Nahen Osten (Assistant Secretary of State for Near East Affairs) im Außenministerium (1997–2000); Special Assistant des Präsidenten und Leitender Direktor für den Nahen Osten und Südasien im Nationalen Sicherheitsrat (1993–1995); Geschäftsführender Direktor des Washington Institute for Near East Policy; Lehrbeauftragter an der Johns-Hopkins-Universität.
32 Indyk, Martin S.: »Back to the Bazaar«, in: *Foreign Affairs*, Januar/Februar 2002.
33 Rashid, Ahmed: »Special Report – Osama bin Laden: How the U.S. Helped Midwife a Terrorist«, a.a.O. (s. Kap. 2, Anm. 41).

34 Robinson, Gwen: »CIA ›ignored warning‹ on al Qaeda‹«, in: *Financial Times*, 12. Januar 2002; Baer, Robert: *See No Evil: The True Story of a Ground Soldier in the CIA's War on Terrorism.* New York: Random House International 2002. (Deutscher Titel: *Der Niedergang der CIA. Der Enthüllungsbericht eines CIA-Agenten.* München: C. Bertelsmann 2002.)

35 Meyer, Jane: »The House of Bin Laden«, a.a.O. (s. Anm. 13; Hervorhebungen im Zitat durch den Autor). Sprecher der saudischen Regierung haben wie gewohnt auch die jüngsten Berichte in der Presse über die Unterstützung bin Ladens und al-Qaidas durch ihr Land zurückgewiesen, allerdings ohne die Vorwürfe gegen das saudische Regime zu widerlegen. Ihr bestes Argument gegen eine ganze Reihe glaubwürdiger Informationen war dabei das Wort »Scheiße«. Dazu merkte die australische Tageszeitung *The Age* (Ausgabe vom 20. Dezember 2001) an: »Der saudische Botschafter in den USA bezeichnete am Dienstagabend die Berichte zahlreicher amerikanischer Medien über Saudi-Arabiens Unterstützung islamistischer Gewalttäter bei gleichzeitiger Verweigerung der Zusammenarbeit im Kampf gegen den Terrorismus als ›Scheiße‹. Ein wütender Prinz Bandar bin Sultan bediente sich einer sehr direkten und entschieden undiplomatischen Ausdrucksweise. Er wies Berichte zurück, denen zu entnehmen war, Saudi-Arabien lehre in seinen Schulen den Hass gegen Nicht-Muslime und habe Osama bin Laden Schutzgeld gezahlt, um Terrorangriffe auf seinem eigenen Territorium abzuwenden.«

36 Ali, Tariq: »The real Muslim extremists«, in: *New Statesman*, 1. Oktober 2001.

37 Kaiser, Robert G.: »Enormous Wealth Spilled Into American Coffers«, in: *Washington Post*, 11. Februar 2002.

38 Hopsicker, Daniel: »Spooks and Saudis in Florida«, in: Mad Cow Morning News, 26. Dezember 2001,
http://www.madcowprod.com/index11a.html

39 Hopsicker, Daniel: »Pentagon Lied: Terrorists Trained at U.S. Bases«, in: Mad Cow Morning News, 14. Oktober 2001,
http://www.madcowprod.com/index6.html

40 Labevière, Richard: *Dollars for Terror* (s. Anm. 11); AIM-Bericht: »Catastrophic Intelligence Failure«, a.a.O. (s. Kap. 4, Anm. 14).

41 Weaver, Mary Anne, in: *Atlantic Monthly*, Mai 1996.

42 Odom, Richmond: »Blind Sheik Continues to Lead Terrorists«, in: *NewswithViews*, 11. April 2002, http://newswithviews.com

43 Grigg, William Norman: »Behind the Terror Network«, in: *New American*, 5. November 2001, Bd. 17, Nr. 23,
http://www.thenewamerican.com/tna/2001/11-05-2001/vo17no23.htm

44 Odom, Richmond, a.a.O.

45 Grigg, W. N., a.a.O.

46 Labevière, Richard, a.a.O.; AIM-Bericht: »Catastrophic Intelligence Failure«, a.a.O.

47 Hays, Tom/Theimer, Sharon: »U.S. relying on double agent for details of Al-Qaeda«, Associated Press, 30. Dezember 2001.

48 »Ali Mohammed Served In the U.S. Army – And bin Laden's Inner Circle«, in: *Wall Street Journal*, 26. November 2001.

49 Neff, Joseph/Sullivan, John, in: *Raleigh News & Observer*, 24. Oktober 2001.

50 *New York Times*, 30. Oktober 1998.

51 Hays, Tom/Theimer, Sharon, a.a.O.

52 »Joseph Schumpeter beschrieb im Jahr 1919 das antike Rom mit Worten, die einem auf unheimliche Art und Weise das Gefühl vermitteln, er schreibe über die Vereinigten Staaten des Jahres 2002:

›Es gab keinen Winkel in der damals bekannten Welt, in dem nicht irgendwelche Interessen in Gefahr waren oder gar angegriffen wurden. Wenn es keine römischen Interessen waren, dann waren es die Interessen von Roms Verbündeten. [...] Der Kampf war stets von einer Aura der Rechtmäßigkeit umgeben. Rom wurde ständig von bösartigen Nachbarn angegriffen.‹«
Zitiert nach Stephen Gowans: »War in Afghanistan: A $28 Billion Racket«, 13. Mai 2002, http://www.mediamonitors.net/gowans53.html

53 Labevière, Richard: *Dollars for Terror*; AIM-Bericht: »Catastrophic Intelligence Failure«, a.a.O.

54 Ausführlichere Erläuterungen zu diesem Thema wie auch zu weiteren, damit zusammenhängenden Aspekten finden sich in Martin, Patrick: »Was the U. S. government alerted to the September 11 attack? Part 3: The United States and Mideast Terrorism«, WSWS (World Socialist Website), 22. Januar 2002, http://www.wsws.org/articles/2002/jan2002/sept-j22.shtml

55 Vgl. Ahmed, Nafeez M.: »Engineering War in Bosnia: A Case Study of the Function of NATO Peacekeeping in the Stabilization of World Order«, Media Monitors Network, Los Angeles/Kalifornien, 26. November 2001, http://www.mediamonitors.net/mosaddeq20.html

56 *Le Figaro*, August 1995.

57 *Los Angeles Times*, 7. Oktober 2001.

58 US-Kongress: Transkription der Sitzung des Streitkräfteausschusses im Repräsentantenhaus, 5. Oktober 1999.

59 Seper, Jerry, in: *Washington Times*, 4. Mai 1999.

60 Grigg, William Norman: »Behind the Terror Network«, a.a.O. (s. Anm. 43).

61 *Sunday Times*, 12. März 2000.

62 Grigg, W. N., a.a.O.

63 Moss, Stephen: »There isn't a target in Afghanistan worth a $1m missile«, in: *The Guardian*, 10. Oktober 2001, http://www.guardian.co.uk/g2/story/0,3604,566516,00.html

64 Goff, Stan: »The So-Called Evidence is a Farce«, a.a.O. (vgl. Kap. 6, Anm. 16).

65 Interview von Dan Rather mit Milt Bearden, Sonderbericht in den CBS Evening News, 12. September 2001.

66 Baer Robert: *Der Niedergang der CIA*, München: C. Bertelsmann 2002, S. 397 (s. Anm. 34). Vgl. auch die Auszüge aus der englischen Originalausgabe in: *The Guardian*, 12. Januar 2002, http://www.books.guardian.co.uk/extracts/story/0,6761,631434,00.html

67 Gannon, Kathy, Associated Press, 11. September 2001.

68 Rashid, Ahmed: »Special Report – Osama bin Laden«, a.a.O. (Anm. 33).

69 CBS Evening News: »Bin Laden Whereabouts Before 9/11«, 28. Januar 2002.

70 Sperry, Paul: »Did ally Pakistan play role in 9-11?«, in: WorldNetDaily, 30. Januar 2002, http://www.worldnetdaily.com/news/article.asp?ARTICLE_ID=26249

71 Madsen, Wayne: »Afghanistan, the Taliban and the Bush Oil Team«, Centre for Research on Globalistation, Montreal, 23. Januar 2002, http://www.globalresearch.ca/articles/MAD201A.html

72 *Weekly Standard*, Bd. 7, Nr. 7, Oktober 2001.

73 Chossudovsky, Michel: »Cover-up or Complicity of the Bush Administration? The Role of Pakistan's Military Intelligence Agency (ISI) in the September 11 Attacks«. Centre for Research on Globalisation (CRG), Montreal, 2. November 2001, http://www.globalresearch.ca
Vgl. hierzu auch: Chossudovsky, M.: »Political Deception: The Missing Link Behind 9-11«, in: *Global Outlook*, CRG, Nr. 2, Sommer 2002, http://globalresearch.ca/articles/CHO206A.html

74 Behera, Ajay: »Is Musharraf Spooked by his Spy Agency?«, in: *Asia Times*, 12. März 2002.
75 *San Francisco Chronicle*, 22. März 2002.
76 McGirk, Tim: »The Taliban Guy the CIA Won't Question«, in: *Time Magazine*, 25. Februar 2002.
77 »Alliance threatens to massacre Taleban's foreign fighters«, in: *The Times*, 16. November 2001, gedruckte Fassung. (Die Online-Version enthält die an Dawud gerichtete Frage nicht.)
78 Hersh, Seymour: »The Getaway«, in: *The New Yorker*, 21. Januar 2002.
79 Hersh, Seymour, a.a.O.
80 Smucker, Philip: »Blunder that let Bin Laden slip away«, in: *The Daily Telegraph*, 23. Februar 2002, http://www.telegraph.co.uk/news/main.jhtml?xml=/news/2002/02/23/wbin223.xml&sSheet=/news/2002/02/23/ixnewstop.html
81 Bhatai, Shyam: »How bin Laden's huge convoy gave American forces the slip«, in: *The Times*, 22. Juli 2002, http://www.timesonline.co.uk/article/0,,3-362078,00.html
82 Le Boutillier, John: »CIA Snookered Again?«, in: *Newsmax*, 13. Dezember 2001, http://www.newsmax.com/archives/articles/2001/12/13/83210.shtml
83 »Pilots had leaders of al-Qaida ›in their gunsights‹«, in: *The Times*, 19. November 2002.
84 Pisani, Francis: »Best Story, Not the Biggest Bomb: How to Fight the Terror Networks«, in: *Le Monde Diplomatique*, Juni 2002, http://MondeDiplo.com/2002/06/02networks
85 Lumpkin, John J.: »Counterterrorism official points finger at Kuwaiti as mastermind of Sept. 11 attacks«, Associated Press, 5. Juni 2002.
86 *Frontier Post*, 10. Oktober 2001.

Anmerkungen zu Kapitel 8

1 Siehe zum Beispiel »The wrong Way to Fix the Vote«, in: *Washington Post*, 10. Juni 2001; Borger Julian und Palast, Gregory, »Inquiry into new claims of poll abuses in Florida«, in: *The Guardian*, 17. Februar 2001; BBC Newsnight, »Theft of the Presidency«, 15. Februar 2001; »Florida's ›Diappeared Voters‹: Disenfranchised by the GOP«, in: *The Nation*, 5. Februar 2001; »A Blacklist Burning for Bush«, in: *The Observer*, 10. Dezember 2000; »Florida's flawed ›voter cleansing‹ program: Salon.com's politics story of the year«, in: *Salon*, 4. Dezember 2000, http://www.salon.com
Diese Berichte untermauern die Ansicht, dass eine korrekte Auszählung der Wählerstimmen Gore zum Präsidenten gemacht hätte. Bush konnte nur dadurch Präsident werden, dass schwarze Wähler in Florida ihres Wahlrechts beraubt wurden. Davon abgesehen, sollten wir uns daran erinnern, dass Bush weniger als 49 Prozent aller abgegebenen Stimmen erhielt, und dies bei einer Wahl, an der nur 51 Prozent der Wahlberechtigten tatsächlich teilnahmen. Das bedeutet, dass nur 24 Prozent aller US-Bürger für den Mann gestimmt haben, der jetzt Präsident ist.
2 *Los Angeles Times*, 24. September 2001.
3 Presseerklärung der IPA, »Recession: Now What?«, Institute for Public Accuracy, Washington, D. C., 27. November 2001, http://www.accuracy.org
4 *New York Times*, 20. August 2001.
5 Für weitere ausführliche Querverweise und Kommentare siehe die August- und Septemberausgabe des Archivs des äußerst kritischen Online-Bush-Reports http://www.bushwatch.net/busharchivesaugust01.htm *und* http://www.bushwatch.net/busharchivessept01.htm

Die hier angeführten Tatsachen werden auch im Kommentar der Herausgeber des neo-trotzkistischen WSWS kritisch bewertet: »Why the Bush Administration Wants War«, World Socialist Web Site, 14. September 2001.

6 Bello, Walden, »The American Way of War«, *Focus on Trade*, Nr. 72 vom Dezember 2001.

7 Zitiert in Weisbrot, Mark, »A War Against Civilians?«, in: *Knight Ridder/Tribune*, 2. November 2001. Weisbrot ist Co-Direktor des Center for Economic and Policy Research in Washington.

8 *New York Times*, 12. September 2001.

9 *New York Times*, 27. September 2001.

10 *The Guardian*, 29. September 2001.

11 *New York Times*, 25. September 2001.

12 Steele, Jonathan und Lawrence, Felicity, »Main aid agencies reject U.S. air drops«, *The Guardian*, 8. Oktober 2001.

13 Presseerklärung der MSF, »MSF rejects link of humanitarian and military actions«, Médecins Sans Frontières, 8. Oktober 2001.

14 Schumatow, Schamil, »UN investigator condemns bombing of Afghanistan«, Reuters, 15. Oktober 2001.

15 Goldberg, Suzanne, »Aid packages ignore starving in Afghanistan«, *The Guardian*, 4. Februar 2002.

16 MSF Report, »Alarming Food Crisis in Northern Afghanistan«, Médecins Sans Frontières (MSF), 21. Februar 2001.

17 U.S. General Accounting Office, Cruise Missiles: Proven Capability Should Affect Aircraft and Force Structure Requirements. 04/20/95, GAO/NSIAD-95-116. Zitiert in: Abunimah, Ali, Brief an die National Public Radio News, 25. Januar 1999,
http://www.abunimah.org/nprletters/nprindex.html

18 MER Report, »Needless deaths in the Gulf War: Civilian casualties during the air campaign and violations of the laws of war«, Middle East Watch (Human Rights Watch), New York, 1991.

19 *The Guardian*, 4. März 2000. Hier sollte auch auf John Pilgers außergewöhnliche Dokumentation für das britische Fernsehen hingewiesen werden, *Paying the Price: The Killing of the Children of Iraq*, ITV Carlton, 6. März 2000, in dem der zerstörerische und unmenschliche angloamerikanische Krieg gegen den Irak schonunglos entlarvt wird.

20 *Washington Times*, 25. April 1999.

21 *The New York Times*, 9. April 1999.

22 *Philadelphia Inquirer*, 21. Mai 1999.

23 Hundley, Tom, »NATO bombs Serbs into survival mode«, *San Francisco Examiner*, 26. Mai 1999.

24 Tyler, Patrick E., »4 UN Workers Killed in Initial Strike on Afghanistan«, in: *New York Times*, 9. Oktober 2001.

25 Parrish, Geov, »Where are the bodies?«, Working for Change, 22. Oktober 2001, http://workingforchange.com

26 Ebda.

27 Presseerklärung des IKRK, »ICRC warehouses bombed in Kabul«, Internationales Komitee vom Roten Kreuz, 16. Oktober 2001.

28 Presseerklärung des IKRK, »Bombing and occupation of ICRC facilities in Afghanistan«, Internationales Komitee vom Roten Kreuz, 26. Oktober 2001.

29 Parrish, Geov, »Where are the bodies?« (s. Anm. 25).

30 Reuters, »Refugees Say U.S. Planes Destroyed Kandahar Bazaars«, 22. Oktober 2001.

31 Priest, Dana, »Deadly wordplay: picking Afghan targets«, in: *Washington Post*, 21. Februar 2001.

32 Mosley, Kandea, »Fresh memories of war«, in: *Ithaca Journal*, 25. Mai 2002.

33 Fisk, Robert, »As the refugees crowd the borders, we'll be blaming someone else«, in: *The Independent*, 23. Oktober 2001.

34 IPA Press Release, »Afghan Women Warn of Northern Alliance«, Institute for Public Accuracy, Washington, D. C., 15. November 2001, http://accuracy.org

35 Scott, Peter Dale, »Many Signs Warlordism Returning to Afghanistan«, Online Resource on Al-Qaeda and Osama Bin Laden, 5. Januar 2002, http://socrates.berkeley.edu/~pdscott/qfla.html

36 Viviano, Frank, *San Francisco Chronicle*, 26. September 2001.

37 Stellungnahme des Weißen Hauses, 28. November 2001.

38 »As the War Shifts Alliances, Oil Deals Follow«, in: *New York Times*, 15. Dezember 2001.

39 *Le Monde*, 5. Dezember 2001, *Al-Watan*, 15. Dezember 2001. *Le Monde* berichtete, dass Karsai »die westliche Welt sehr gut kennt. Nach einem Jurastudium in Kabul und Indien schloss er seine Ausbildung in den Vereinigten Staaten ab, wo er eine Zeit lang Berater der amerikanischen Ölfirma Unocal war, als diese gerade über die Möglichkeit einer Pipeline in Afghanistan nachdachte.« *Al-Watan* berichtete, dass »Karsai noch 1994 keinen Widerspruch zwischen seinen Verbindungen zu den Amerikanern und seiner Unterstützung für die Taliban-Bewegung sah, in dem Jahr, als die Amerikaner – heimlich und durch die Pakistaner – die Machtübernahme durch die Taliban unterstützt hatten. [...] Zu dieser Zeit arbeitete Karsai für die riesige Ölgesellschaft Unocal, die die Taliban unterstützte und die eine Pipeline bauen wollte, durch die Öl und Gas von den islamischen Republiken Zentralasiens via Afghanistan nach Pakistan fließen sollten.« Siehe auch *Prawda*, 9. Januar 2002.

40 Für weitere Informationen darüber siehe Martin, Patrick, »Oil Company adviser named U. S. representative to Afghanistan«, World Socialist Web Site, http://www.wsws.org

41 Zitiert in Fisher, Daniel, »Afghanistan: Oil Execs Revive Pipeline from Hell«, Forbes. com, 4. Februar 2002.

42 Madsen, Wayne, »Afghanistan, the Taliban and the Bush Oil Team«, Centre for Research on Globalisation, Montreal, 23. Januar 2002, http://globalresearch.ca/articles/MAD201A.html

43 Agence France-Presse, »World Bank holds talks over massive central Asian pipeline«, *Alexander's Gas & Oil Connections*, 15. Mai 2002, http://www.gasandoil.com/goc/news/nts22408.htm

44 »Pakistan steps up efforts to reactivate Turkmen gas pipeline project«, in: *Dawn*, 9. Mai 2002. Erhältlich bei *Alexander's Oil & Gas Connections*, Bd. 7, Nr. 11, 29. Mai 2002, http://www.gasandoil.com/goc/news/nts22268.htm

45 BBC News, 13. Mai 2002.

46 »Pipelineistan: The Rules of the Game«, in: *Asia Times*, 25. Januar 2002, http://www.gasandoil.com/goc/features/fex20867.htm

47 »Pakistan, Turkmenistan and Afghanistan to sign accord«, in: *Dawn*, 17. Mai 2002, http://www.gasandoil.com/goc/news/nts22404.htm

48 Reuters, »Central Asia's Great Game Turned on its Head«, 25. September 2001.

49 Arkin, William, in: *Los Angeles Times*, 6. Januar 2002.

50 Peuch, Jean-Christophe, »Central Asia: U. S. Military Build-up Shifts Sphere of Influence«, Radio Free Europe/Liberty, 11. Januar 2002.

51 Ebda.

52 Omestad, Robert, »New world order«, in: *U. S. News*, 31. Dezember 2001.

53 The StrategyPage, http://strategypage.com/thenewwar/default.asp
54 CCR, »No Time for Cowboy Politics«, Center for Constitutional Rights, New York, 17. September 2001.
55 Richter, Paul, »U. S. Works Up Plan for Using Nuclear Arms«, in: *Los Angeles Times*, 9. März 2002.
56 Arkin, William, »Secret Plan Outlines the Unthinkable«, in: *Los Angeles Times*, 9. März 2002.
57 Leitartikel, »New Rules«, in: *Washington Post*, 14. September 2001.
58 Ratner, Michael, »Moving towards a police state (or have we arrived)?«, Centre for Research on Globalisation, Montreal, 30. November 2001, http://globalresearch.ca
59 Dennis Bernstein interviewt Francis A. Boyle, »Bush's Constitutional Coup: Kangaroo Courts and Disappearances«, Flashpoints im Radio KPFA 94,1 FM, 14. November 2001. Deutscher Text der US-Verfassung samt Amendments als PDF-File erhältlich bei http://www.erdkunde-online.de (Rubrik: Länderinformationen/Verfassungen)

Daraus der Text des 4. Verfassungszusatzes: »Das Recht des Volkes auf Sicherheit der Person und der Wohnung, auf Sicherheit von Papieren und von Besitz vor unrechtmäßigen Durchsuchungen, Verhaftungen und Beschlagnahmungen darf nicht verletzt werden, und ein Durchsuchungs-, Haft- oder Beschlagnahmebefehl darf nur erlassen werden, wenn er ausreichend begründet und durch Eid oder eidesstattliche Verpflichtung gestützt ist, in diesem Falle sind der zu untersuchende Ort und die Person, die verhaftet werden soll, oder die Sachen, die zu beschlagnahmen sind, genau zu beschreiben.«

Der Text des 6. Verfassungszusatzes: »In allen Strafverfahren soll der Angeklagte das Recht auf ein schnelles und öffentiches Verfahren durch ein unparteiisches Geschworenengericht desjenigen Staats und Bezirkes haben, in dem das Verbrechen begangen wurde, wobei dieser Bezirk gesetzlich festgelegt werden muss; ferner das Recht, über Art und Ursache der Anklage unterrichtet und den Belastungszeugen gegenübergestellt zu werden, sowie das Recht auf Zwangsvorladung von Entlastungszeugen und auf den Beistand eines Anwalts zu seiner Verteidigung.«
60 Ebda. Der angesprochene Fünfte Verfassungszusatz (ebenfalls erhältlich auf http://www.erdkunde-online.de (Rubrik: Länderinformationen/Verfassungen) lautet: »Niemand darf wegen eines Kapitalverbrechens oder eines sonstigen schweren Verbrechens zur Verantwortung gezogen werden, es sei denn aufgrund des Antrags oder der Anklage eines Gerichtshofes; ausgenommen sind Fälle, die bei Land- und Seestreitkräften vorkommen, ferner bei der Miliz während des aktiven Dienstes in Kriegszeiten oder Zeiten öffentlicher Gefahr; auch darf niemand desselben Delikts wegen zweimal in Leibes- und Lebensgefahr gebracht werden; niemand darf gezwungen werden, in einem Strafverfahren, gleich welcher Art, gegen sich selbst auszusagen; niemand darf des Lebens, der Freiheit oder des Eigentums ohne ordnungsgemäßes Rechtsverfahren beraubt werden; auch darf privates Eigentum zu öffentlichen Zwecken nicht ohne angemessene Entschädigung enteignet werden.«
61 Bollyn, Christopher, »In the Name of Security, Thousands Denied Constitutional Rights«, American Free Press, 29. November 2001.
62 *Washington Post*, 21. Oktober 2001.
63 PCJ Briefing, »Proposed U. S. Torture Policy?«, Partners for Civil Justice, Januar 2002, http://www.civil-rights.net
64 Dennis Bernstein interviewt Francis A. Boyle, »Bush's Constitutional Coup: Kangaroo Courts and Disappearances« (s. Anm. 59).

65 EFF Report, »EEF Analysis Of The Provisions Of The USA Patriot Act«, Electronic Frontier Foundation, San Francisco, 31. Oktober 2001, http://www.eff.org/Privacacy/Surveillance/Terrorism militias/20011031 eff usa patriot analysis.html
66 AlterNet, 25. Februar 2002.
67 Brief von Henry A. Waxman und Janice D. Schakowsky an den Präsidenten, 6. November 2001, http://www.house.gov/reform/min/pdfs/pdf inves/pdf admin records let.pdf
68 Left, Sarah, »Bush blocks public access to White House papers«, in: *The Guardian*, 2. November 2001.
69 Johnson, Glen, »Bush Halts Inquiry of FBI and Stirs Up Firestorm«, in: *Boston Globe*, 14. Dezember 2001.
70 Leitartikel von Ruth Rosen, »The day Ashcroft censored Freedom of Information«, in: *San Francisco Chronicle*, 6. Januar 2002.
71 Bello, Walden, »The American Way of War« (s. Anm. 6).
72 Für die nähere Behandlung von Brzezinskis Vorstellungen siehe Kapitel 3, Anmerkung 38, und den dazu gehörenden Text.
73 Zitiert bei Lapham, Lewis, »The American Rome«, in: *Harper's Magazine*, August 2001, S. 32f.
74 Lance Morrow, »The Case for Rage und Retribution«, in: *Time Magazine*, 11. September 2001.
75 Pfaff, William, »Will the New World Order Rest Solely on American Might?«, in: *International Herald Tribune*, 29. Dezember 2001.
76 U. S. Newswire, Inc, 6. September 2001.
77 Chossudovsky, Michel, »War is Good for Business«, Centre for Research on Globalisation, Montreal, 16. September 2001, http://globalresearch.ca
78 Krugman, Paul, »A No Win Outcome«, in: *New York Times*, 21. Dezember 2001.
79 Krugman, Paul, »An Alternate Reality«, in: *New York Times*, 25. November 2001.
80 Goldin, Greg, »Bailout – Another Free Lunch for Fat Cats«, in: *Los Angeles Times*, 4. November 2001.
81 Presseveröffentlichung der IPA, »The Economy: Now What?«, Institute for Public Accuracy, Washington, D. C., 24. September 2001, http://accuracy.org
82 Presseveröffentlichung der IPA, »United We Stand?«, Institute for Public Accuracy, Washington, D. C., 1. November 2001, http://accuracy.org
Für Informationen und Kommentare zu den neuen Wirtschaftsprogrammen der Bush-Administration, siehe How Dare They, http://howdarethey.org
83 FRBSF *Economic Letter*, »The U. S. Economy After September 11«, Federal Reserve Bank of San Francisco Chronicle, 7. Dezember 2001.
84 Bello, Walden, »The American Way of War« (s. Anm. 6).
85 Pilger, John, »The ultimate goal of the attacks on Afghanistan is not the capture of a fanatic, but the acceleration of western power«, in: *New Statesman*, 9. Oktober 2001.
86 Gerson, Joseph, »The East Asian Front of World War III«, in: *Peacework*, Dezember 2001/Januar 2002.
87 Rose, Stephen Peter, *Harvard Magazine*, Mai–Juni 2002, S. 30f.
88 Zitiert in Dilouie, Craig, *Disinformation*, 29. November 2001, http://www.disinfo.com
Für eine ausführliche Behandlung der effektiven Abschaffung der Demokratie und dem Auftauchen von proto-faschistischen Tendenzen in den Vereinigten Staaten nach dem 11. September, siehe Stanton, John und Madsen, Wayne, »The Emergence of the Fascist American Theocratic State«, in: *Online Journal*,

17. Februar 2002, auf http://www.onlinejournal.com/Special Reports/Stanton-Madsen021702/02-17-02 Stanton-Madsen.pdf
Siehe auch Stanton und Madsen, »The Caligulan American Justice System: UN Intervention is Necessary«, in: *Online Journal*, 6. März 2002, http://www.onlinejournal.com

Anmerkungen zu Kapitel 9

1 Ein typischer Einwand gegen diese Schlussfolgerungen ist, es sei ein *a priori* unmögliches Szenario, dass die Regierung eine Zerstörung des World Trade Center, des Pentagons und möglicherweise des Weißen Hauses zugelassen – oder gar bewusst veranlasst – haben könnte. Schließlich habe niemand die möglichen Auswirkungen auf die Weltwirtschaft und die Vereinigten Staaten voraussehen und kontrollieren können. Dies ist jedoch eine unzulässige Position, die auf der falschen Annahme beruht, dass die Nebeneffekte des 11. 9. nicht kontrollierbar sein könnten.
Nehmen wir einmal an, dass die Schlussfolgerungen dieser Untersuchung stimmen: Dann ist es durchaus vorstellbar, dass die Regierung zwar einen Angriff auf das World Trade Center erwartete, sich aber nicht vorstellen konnte, dass als Folge davon die Türme tatsächlich einstürzen würden. Die Architekten und Ingenieure, die die Zwillingstürme entworfen haben, behaupteten, dass sie auch alptraumhafte Szenarien, wie den Einschlag eines Flugzeugs, überstehen würden.
Vor den Anschlägen auf das World Trade Center hätte wohl jeder den Versicherungen der Architekten Glauben geschenkt. Es ist eine Tatsache, dass keiner der Topmanager des World Trade Center bei den Anschlägen getötet wurde. Es ist eine Tatsache, dass die Tausende von Opfern, die bei den Angriffen umkamen, nur einen Bruchteil aller im WTC arbeitenden Personen ausmachten. Es ist eine Tatsache, dass keiner der im Pentagon Getöteten zur Spitze der militärischen Führung gehörte. Es ist eine Tatsache, dass das innere Kommandozentrum des Pentagons sogar einen Atomangriff überstehen kann. Das Maximum an Schäden, das ein einschlagendes Flugzeug verursachen konnte – und dann auch tatsächlich verursacht hat – war die Zerstörung von ein paar Mauern und Segmenten der äußeren Teile des Gebäudes. Dazu kam noch der Verlust von nicht sehr hochrangigem Pentagon-Personal.
Es ist eine Tatsache, dass selbst die völlige Zerstörung des Weißen Hauses als Gebäude (was auf Grund seiner breiten und stabileren Struktur kaum durch einen Flugzeugabsturz geschehen kann) tatsächlich nicht die Führungsposition und den wirtschaftlichen Wohlstand der Bush-Administration, der Ölgesellschaften, der Rüstungsindustrie und so weiter hätte beschädigen können.
Es ist eine Tatsache, dass die Sicherheit der führenden amerikanischen Politiker zur Zeit der Anschläge gewährleistet war. Es ist eine Tatsache, dass eine Bombardierung von zivilen Gebäuden als solche noch nicht die Wirtschaft schädigt. Es ist eine Tatsache, dass die Weltwirtschaft zwar von diesen Ereignissen hart getroffen wurde, aber auch schon lange vor dem 11. September in einer tiefen Rezession steckte und auch ohne diese Anschläge noch viel tiefer abgerutscht wäre.
Es ist eine Tatsache, dass dieser Absturz der Wirtschaft dann doch gestoppt werden konnte, und zwar weitgehend dank der indirekten Auswirkungen des 11. September, wie zum Beispiel neben anderen Maßnahmen dem Sanierungsplan für die Großindustrie. Es ist eine Tatsache, dass die Anschläge der Wirtschaftselite die Gelegenheit boten, den ärgsten Auswirkungen dieser Rezession zu entkommen, und dass deswegen dieser Wirtschaftsabschwung Bush & Co. über-

haupt nicht getroffen hat. Wenn also führende amerikanische politische Planer tatsächlich daran gedacht haben sollten, so etwas wie den 11. 9. zu gestatten oder sogar zu initiieren, hätten sie dies alles bestimmt bedacht und erkannt, dass den Interessen von Bush & Co. kein Schaden zugefügt würde. Man musste nur einige Sicherheitsvorkehrungen für sie treffen.

2 Zweifellos denken amerikanische Strategen jedoch bereits über andere Wege zur Absicherung der amerikanischen Interessen in der Region nach, die man ergreifen müsste, falls die bisherige Politik scheitern sollte. Siehe dazu Peters, Ralph, »The Saudi Threat«, in: *Wall Street Journal*, 4. Januar 2002. Tatsächlich sind sich sowohl die amerikanische als auch die saudische Regierung der Gefahren bewusst, die der gegenwärtige Zustand in sich birgt. Dies scheint auch der Grund zu sein, warum sie beide zugestimmt haben, über eine beträchtliche Reduzierung der US-Militärpräsenz in Saudi-Arabien zu verhandeln, um damit den Druck zu vermindern, dem das saudische Regime von Gruppen, vor allem von denen, die mit bin Laden sympathisieren, ausgesetzt ist, die für ein Ende der amerikanischen Präsenz in der Region eintreten.
Der Stabschef des Weißen Hauses, Andrew Card, bestätigte zwar, dass die Saudis »wundervolle Verbündete in diesem Krieg gegen den Terrorismus« seien, gibt aber auch zu: »Seit dem Ende des Golfkriegs versuchen wir ständig, die Aufenthaltsdauer und den Umfang der amerikanischen Truppen in Saudi-Arabien zu vermindern. [...] Sie haben uns schon lange gebeten, und wir haben schon lange mit ihnen darauf hingearbeitet – nicht nur unter dieser Administration, sondern auch schon während früherer Administrationen – die Truppen zu reduzieren. Ich denke, es ist ein Langzeitinteresse beider Regierungen. [...] Dies wird mit der Zeit auch geschehen. [...] Es gibt gute Gründe für uns, in dieser Region zu sein, aber wir versuchen doch, im Einklang mit Amerikas Interessen und den Interessen Saudi-Arabiens unsere Präsenz hier zurückzufahren.« (CNN, »Saudis ask U. S. to reduce forces, W. House admits«, 27. Januar 2002).
Die Reduktion der amerikanischen Militärpräsenz soll ganz spezifisch die gemeinsamen Interessen der Amerikaner und des saudi-arabischen Regimes befördern – zum einen deren innere Stabilität und weitere Herrschaft, zum andern die regionalen Ölinteressen der Vereinigten Staaten. Dies alles verbindet sich mit der von dem früheren Ölminister Saudi-Arabiens, Ahmed Saki Jamani, festgehaltenen Tatsache, dass »die USA das strategische Ziel haben, das Öl des Kaspischen Meers zu kontrollieren und ihre Abhängigkeit vom Öl des Persischen Golfs zu beenden«. ArabicNews, »Yamani: importance of Gulf oil collapses in the interests of the Caspian Sea«, 1. Februar 2002,
http://www.arabicnews.com/ansub/Daily/Day/020201/2002020118.html

3 Monbiot, George, »The need for dissent«, in: *The Guardian*, 18. September 2001.

4 Siehe dazu Ahmed, Nafeez M., »The 1991 Gulf Massacre: The Historical and Strategic Context of Western Terrorism in the Gulf«, Media Monitors Network, Los Angeles, CA, 2. Oktober 2001,
http://www.mediamonitors.net/mosaddeq14.html

5 *The Guardian*, 29. Januar 2002.

Anmerkungen zu Kapitel 10

1 McMurtry, John: »Reply to ZNet Commentary of May 22, 2002: What Did Bush Know?«, ZNet, 8. Juni 2002,
http://www.zmag.org/content/TerrorWar/mcmurtry.cfm
Eine ausführliche Analyse des Handlungsmusters findet sich in: John McMurtry: *Value Wars. The Global Market Versus the Life Economy*. London: Pluto Press 2002.

2 Rippy, Ed: »How the U. S. has Gotten into Wars«, in: IndyMedia, Juli 2002, http://www.indymedia.org/display.php3?article_id=182889&group=webcast
3 Miller, John C.: *Sam Adams: Pioneer in Propaganda*. Palo Alto: Stanford University Press 1936.
4 Ebda., S. 186–191.
5 Stockwell, John: »The CIA and the Gulf War«, Rede im Louden Nelson Community Center in Santa Cruz/Kalifornien, 20. Februar 1991, http://serendipity.magnet.ch/cia/stock2.html
6 The Learning Center: »The White House and Western Expansion«, White House Historical Association, http://www.whitehousehistory.org/02_learning/subs_4/frame_b_405a.html
7 Die Ausstellung beruhte auf der Dissertation von Betsy Powers an der Universität von Houston/Texas. Powers, Betsy: »The U. S.-Mexican War of 1845–48«. War, Reconstruction and Recovery in Brazoria County, Ausstellung im Brazoria County Historical Museum, Texas, http://www.bchm.org/wrr/war/p4cw.html
8 Rippey, a.a.O. Vgl. auch Offner, John: »Why Did the United States Fight Spain in 1898?«, in: *OAH Magazine of History*, hrsg. von der Organization of American Historians, Frühjahr 1998, Bd. 12, Nr. 3, http://www.oah.org/pubs/magazine/1898/offner.pdf
9 Combs, Jerald A.: *The History of American Foreign Policy*. New York: Alfred A. Knopf 1986, S. 144f.
10 Ebd., S. 153. Vgl. auch Foner, Philip S.: *The Spanish-Cuban-American War and the Birth of American Imperialism, 1895–1902*. New York: Monthly Review Press 1972.
11 McSherrry, Patrick: »The Loss of the Battleship Maine and the World Trade Center Towers: A Historical Comparison«, The Spanish-American War Centennial Website, http://www.spanamwar.com/MaineWTC.htm
12 Miller, Tom: »Remember The Maine«, in: *Smithsonian Magazine*, Februar 1998, http://www.smithsonianmag.si.edu/smithsonian/issues98/feb98/maine.html
13 Rippy, a.a.O.
14 Zitiert nach Perloff, James: »Pearl Harbor«, in: *New American*, 8. Dezember 1986, Bd. 2, Nr. 30.
15 Zitiert nach Raico, Ralph: »Rethinking Churchill«, in: Denson, John V.: The Costs of War: America's Pyrrhic Victories, 1997 erschienen beim Ludwig von Mises Institute. Wichtige Auszüge aus dem Text findet man unter http://www.lewrockwell.com/orig/raico-churchill2.html
16 Ebda.
17 Rippey, a.a.O.
18 History Channel: »Betrayal at Pearl Harbor«, 7. Dezemer 2001.
19 Stinnett, Robert B.: *Day of Deceit: The Truth About FDR and Pearl Harbor*. New York: Simon & Schuster 2000.
20 Ebda., S. 7.
21 Ebda., S. 4.
22 Ebda., S. 11.
23 Stinnett, Robert B.: »Pentagon Still Scapegoats Pearl Harbor Fall Guys«, in: *Providence Journal*, The Independent Institute, Oakland, 7. Dezember 2001.
24 Ebda., S. 8.
25 Ebda., S. 9.
26 Borgquist, Daryl S.: »Advance Warning? The Red Cross Connection«, in: *Navy History*, The Naval Institute, Mai/Juni 1999.
27 Bamford, James: *NSA. Die Anatomie des mächtigsten Geheimdienstes der Welt*. München: C. Bertelsmann 2001 (Originaltitel: *Body of Secrets: Anatomy of the*

Ultra-Secret National Security Agency. New York: Doubleday 2001). Zur Operation Northwoods vgl. bei Bamford vor allem S. 85–95.
Vgl. auch ABC News: »Friendly Fire«, 1. Mai 2001; Shane, Scott und Bowman, Tom: »New book on NSA sheds light on secrets«, in: *Baltimore Sun*, 24. April 2001; Spannaus, Edward: »When U. S. Joint Chiefs Planned Terror Attacks on America«, in: *Executive Intelligence Review*, 12. Oktober 2001.

28 Vgl. Madsen, Wayne: »Anthrax and the Agency: Thinking the Unthinkable«, in: *Counterpunch*, 8. April 2002, http://www.counterpunch.org/madsenanthrax.html

29 NSA News: »Pentagon Proposed Pretexts for Cuba Invasion in 1962«, National Security Archive, George-Washington-Universität, 30. April 2001, http://www.gwu.edu/~nsarchiv/news/20010430

30 Cohen, Jeff/Solomon, Norman: »30-Year Anniversary: Tonkin Gulf Life Launched Vietnam War«, in: *Media Beat*, Fairness and Accuracy in Reporting (FAIR), New York, 27. Juli 1994, http://www.fair.org/media-beat/940727.html

31 Bradley, Mark P.: »Gulf of Tonkin«, The Vietnam War, University of Wisconsin, http://www.uwm.edu/People/mbradley/gulfoftonkin.html

32 Cohen/Solomon, a.a.O.

33 Combs, a.a.O. (Anm. 9).

34 Zitiert nach: Ford, Captain Ronnie E.: »New Light on Gulf of Tonkin«, The History Network, 28. Juli 1997, abzurufen unter http://www.hartford-hwp.com/archives/54/106.html

35 Ebda. Weitere Ausführungen und Quellenangaben bei Rippy, a.a.O. (Anm. 2).

36 Vgl. hierzu das Interview von Mike McCormick mit Stan Goff, 24. Oktober 2001, http://www.interlog.com/~cjazz/goff.htm

37 Die folgenden Ausführungen stützen sich vor allem auf die Arbeit von Paul Thompson vom Center for Cooperative Research. Thompson ist der Autor der umfangreichsten Faktensammlung zum 11. September 2001. Sie ist, nach Themen und zeitlicher Abfolge geordnet, abzurufen unter http://cooperativeresearch.org/completetimeline/timeline.htm

38 Sobieraj, Sandra: »White House Mail Sorters Anthrax-Free«, Associated Press, 24. Oktober 2001, http://www.phillyburbs.com/terror/news/1024beth.htm

39 Pressemitteilung von Judicial Watch: »The Government is Lying About the Full Extent and Source of Anthrax Attacks: Evidence Mounts that White House and Federal Agencies are Covering Up Key Information«, Judicial Watch, Washington, D. C., 24. Oktober 2001, http://www.judicialwatch.org/1060.shtml

40 CNN: »FBI Tests Leahy Anthrax Letter«, 18. November 2001, http://www.cnn.com/2001/HEALTH/conditions/11/18/anthrax.letter

41 Lancaster, John: »Anti-Terrorism Bill Hits Snag on the Hill: Dispute Between Senate Democrats, White House Threatens Committee Approval«, in: *Washington Post*, 3. Oktober 2001.

42 »Chronology of Anthrax Events«, in: *South-Florida Sun Sentinel*, Dezember 2001, http://www.sun-sentinel.com/sfl-1013anthraxchronology.story

43 Broad, William J. et al.: »Anthrax Probe Hampered by FBI Blunders«, in: *New York Times*, 9. November 2001: »Chronology of Anthrax Events«, a.a.O.

44 Rosen, James et al.: »Bush Signs Anti-Terror Bill«, Fox News, 26. Oktober 2001.

45 Altimari, Dave: »Anthrax Killer Outlasting the Hunters«, in: *Hartford Courant*, 7. September 2002, http://www.ctnow.com/hc-911anthrax.artsep07.story

46 Reuters: »U. S. Expert Said Behind Anthrax Mails«, 29. November 2001.

47 Weiss, Rick/Schmidt, Susan: »Capitol Hill Anthrax Matches Army's Stocks«, in: *Washington Post*, 16. Dezember 2001,

http://www.washingtonpost.com/ac2/wp-dyn?pagename=article&node=&contentId=A49502-2001Dec15&notFound=true

48 Dee, Joseph: »Anthrax Suspect ID'd«, in: *Trenton Times*, 19. Februar 2002, http://www.nj.com/mercer/times/index.ssf?/mercer/times/02-19-IZARIIUB.html
Vgl. hierzu auch BBC Newsnight: »Anthrax attacks«, 14. März 2002, http://news.bbc.co.uk/hi/english/audiovideo/programmes/newsnight/archive/newsid_1873000/1873368.stm

49 Einen detaillierten, aus mehreren Presseveröffentlichungen schöpfenden Bericht bietet: Martin, Patrick: »FBI knows anthrax mailer but won't make an arrest, U. S. scientist harges«, World Socialist Web Site (WSWS), 25. Februar 2002, http://www.wsws.org/articles/2002/feb2002/anth-f25.shtml
Vgl. hierzu auch Rosenberg, Barbara Hatch: »Analysis of the Anthrax Attacks«, Federation of Americation Scientists, September 2002, http://www.fas.org/bwc/news/anthraxreport.htm

50 Madsen, Wayne: »Anthrax and the Agency: Thinking the Unthinkable«, a.a.O. (Anm. 28).

51 Ebda. Madsen zitiert einen Bericht von Brian Ross, einem Enthüllungsjournalisten von ABC News, der am 4. April 2002 in den ABC World News Tonight gesendet wurde.

52 Pressemitteilung von Judicial Watch: »FBI and Bush Administration Sued Over Anthrax Documents«, 7. Juni 2002, http://www.judicialwatch.org/1967.shtml